La gobernación y administración de China

XI JINPING

La gobernación y administración de China

 EDICIONES EN LENGUAS EXTRANJERAS

Primera Edición 2014

ISBN 978-7-119-09059-7

Ediciones en Lenguas Extranjeras Cía. Ltda.
Copyright 2014
Publicación:
Ediciones en Lenguas Extranjeras Cía. Ltda.
Baiwanzhuang No.24, Beijing Zona postal 100037
http://www.flp.com.cn
E-mail: flp@cipg.org.cn
Distribuidor:
Corporación China de Comercio Internacional del Libro
Chegongzhuang Xilu No.35 Zona postal 100044
Apartado postal 399, Beijing
Impreso en la República Popular China

Nota del editor

Desde el XVIII Congreso Nacional del Partido Comunista de China celebrado en noviembre de 2012, la nueva dirección central con Xi Jinping como secretario general ha dirigido a todo el Partido y el pueblo de las diversas etnias del país a afrontar activamente las dificultades y desafíos surgidos en nuestro camino de avance, profundizar con firmeza la reforma y la apertura, impulsar enérgicamente la modernización del sistema y la capacidad de gobernación del Estado y aglutinar la poderosa fuerza para la materialización del sueño chino de la gran revitalización de la nación china, iniciando la nueva expedición de su reforma, apertura y modernización. Bajo la dirección del Partido Comunista de China, el pueblo chino lucha tenazmente por crear un futuro brillante para el socialismo chino.

En la actualidad la comunidad internacional concentra cada vez más su atención en China. Desea saber qué cambios suceden en la China moderna y qué impacto tendrá esta en el resto del mundo.

Como líder del Partido y del Estado, Xi Jinping ha pronunciado un sinnúmero de discursos en torno a la gobernación del país y el tratamiento de los asuntos administrativos. Ha planteado nuevos lineamientos, puntos de vista y conclusiones, y respondido a las importantes cuestiones teóricas y reales del desarrollo del Partido y el Estado en las nuevas condiciones históricas. Sus palabras encarnan la filosofía de la nueva dirección central.

A fin de responder a los intereses de la comunidad internacional y ayudarle a aumentar su entendimiento de los conceptos y el camino del desarrollo de China, así como sus políticas interior y exterior, la Oficina de Información del Consejo de Estado, la Oficina de Investigación de la Literatura del Partido Comunista de China y Ediciones en Lenguas Extranjeras han compilado conjuntamente este libro: *Xi Jinping: la Gobernación y Administración de China*.

El libro es una colección de importantes discursos, conversaciones, instrucciones, respuestas a preguntas y mensajes de felicitación de Xi Jinping fechados entre el 15 de noviembre de 2012 y el 13 de junio de 2014. Se compone de 18 capítulos que recogen 79 artículos, ordenados cronológicamente, con notas al pie para ayudar a los lectores a comprender mejor el sistema, la historia y la cultura de China.

El libro también contiene 45 fotos de Xi Jinping en su trabajo y vida cotidiana, con atención especial al periodo a partir del XVIII Congreso Nacional del Partido.

ÍNDICE

IV. Impulsar el desarrollo económico continuo y sano

V. Construir una China regida por la ley

VI. Construir un país socialista fuerte en cultura

VII. Fomentar la reforma y desarrollo del bienestar social y la gestión social

VIII. Fomentar la civilización ecológica

IX. Impulsar la modernización de la defensa nacional y las fuerzas armadas

XVII. Fomento de la lucha contra la corrupción y por la moralización administrativa

XVIII. Elevar el nivel de dirección del Partido

Apéndices

Directorio   563

Foto tomada en 1972 cuando regresó a Beijing a ver a sus padres de un pueblo en la provincia de Shaanxi, donde trabajaba como "joven instruido".

Foto tomada en 1977 cuando estudiaba en la Universidad de Tsinghua (derecha).

*Foto tomada en 1979 cuando trabajaba en el Depar-
tamento General de la Comisión Militar Central del
Comité Central del Partido Comunista.*

Foto tomada en 1983. Xi Jinping, entonces secretario del Partido Comunista del distrito Zheng-ding, provincia de Hebei, salió a la calle para conocer las opiniones de los pobladores.

Foto tomada durante una visita al extranjero cuando era teniente de alcalde de la ciudad de Xiamen, provincia de Fujian.

En el campo en 1989, cuando era secretario del Comité del Partido Comunista de la prefectura Ningde, provincia de Fujian.

Diciembre de 1995. Xi Jinping trabajando en el reforzamiento del dique para evitar inundaciones en el curso inferior del río Minjiang, en el distrito Minhou. Entonces era subsecretario del Comité Provincial del Partido Comunista de Fujian y secretario del Comité Municipal del Partido Comunista de Fuzhou, provincia de Fujian.

Enero de 2007. Xi Jinping cocinando para los ancianos del asilo del cantón Pingdu, distrito Qingyuan, provincia de Zhejiang. Entonces era secretario del Comité Provincial del Partido Comunista de Zhejiang.

Septiembre de 2007. Con los niños con deficiencia auditiva de la escuela Qiyin en el distrito Minhang, Shanghai. Entonces era secretario del Comité Municipal del Partido Comunista de Shanghai.

Enero de 2008. Xi Jinping visita a Tang Zhaowei y su familia, de la etnia Dong, en la prefectura Tongren, damnificados por la tormenta de nieve que azotó la provincia de Guizhou. Entonces era miembro permanente del Buró Político del Comité Central del Partido Comunista, y miembro del secretariado del Comité Central del Partido Comunista.

Febrero de 2012. Xi Jinping con algunos de sus amigos estadounidenses que había conocido hace 27 años en su visita al estado de Iowa, EE.UU., como vicepresidente de China.

Febrero de 2012. Haciendo dominio del balón durante su visita a la Asociación Atlética Gaélica de Irlanda en calidad de vicepresidente de China.

Xi Jinping y su esposa, Peng Liyuan.

En bicicleta con su hija en la ciudad de Fuzhou, provincia de Fujian.

Con su esposa, hija y padre, Xi Zhongxun.

Con su madre, Qi Xin.

I.
Defender y desarrollar con firmeza el socialismo con peculiaridades chinas

La aspiración del pueblo a una vida hermosa representa el objetivo de nuestra lucha*

15 de noviembre de 2012

Los amigos periodistas han hecho gran cantidad de reportajes sobre el XVIII Congreso, transmitiendo al mundo muchas "voces de China". Quisiera, en nombre de la Secretaría del Congreso, expresar a todos el más sincero agradecimiento.

Hace un rato, hemos celebrado la I Sesión Plenaria del XVIII Comité Central del Partido Comunista de China, la cual ha elegido a los organismos de la dirección central para el nuevo período y me ha elegido secretario general del Comité Central. En representación de los miembros de los organismos de la dirección central del nuevo período quisiera agradecerles a los camaradas de todo el Partido por la confianza. No hemos de defraudar la importante tarea como tampoco empañar la misión.

La importante tarea de los camaradas de todo el Partido y la aspiración del pueblo de las diversas etnias de todo el país constituyen un enorme estímulo para que hagamos bien el trabajo y también supone una gran responsabilidad sobre nuestros hombros.

Esta gran responsabilidad es la que asumimos para con la nación. La nuestra es una gran nación. Durante los más de cinco milenios de evolución de su civilización, la nación china ha hecho contribuciones imperecederas al progreso de la civilización humana. A partir de la época moderna, nuestra nación experimentó múltiples penalidades hasta llegar a un momento peligrosísimo. Desde entonces, innumerables personas con elevados ideales se alzaron en luchas por materializar la gran revi-

---

* Fragmentos de las palabras pronunciadas en la entrevista de los miembros del Comité Permanente del Buró Político del XVIII Comité Central con periodistas chinos y extranjeros.

talización de la nación china, sufriendo, sin embargo, un fracaso tras otro. Después de su fundación, el Partido Comunista de China unió y dirigió al pueblo en su avance en las sucesivas gestas y en la tenaz lucha, logrando convertir a la vieja, pobre y atrasada China, en una Nueva China que avanza día a día hacia la prosperidad y la fortaleza, y abriendo a dicha revitalización las perspectivas de una brillantez sin precedentes. Nuestra responsabilidad consiste en unir y dirigir a toda la militancia y al pueblo de las diversas etnias del país en la toma del relevo histórico para continuar nuestro esfuerzo en la lucha por hacer realidad la gran revitalización de la nación china, con el objetivo de que esta nación pueda mantenerse independientemente con mayor firmeza y fuerza entre las demás del mundo, y hacer nuevas y aún mayores contribuciones a la humanidad.

Esta gran responsabilidad es la responsabilidad ante el pueblo. El nuestro es un gran pueblo. En el prolongado curso de la historia, el pueblo chino, apoyándose en su laboriosidad, valentía y sabiduría, ha creado un hermoso hogar de convivencia armoniosa para todas las etnias y ha cultivado una excelente cultura de larga existencia pero cada día más lozana. Nuestro pueblo ama la vida y anhela tener una educación mejor, trabajos más estables, ingresos más satisfactorios, una seguridad social mejor garantizada, servicios médicos y sanitarios de un nivel más alto, condiciones habitacionales más cómodas y un ambiente más bello, al tiempo que espera que sus hijos crezcan, trabajen y vivan mejor. La aspiración del pueblo a una vida hermosa representa el objetivo de nuestra lucha. Toda felicidad humana necesita apoyarse en el trabajo laborioso para crearse. Nuestra responsabilidad radica en unir y dirigir a todo el Partido y al pueblo de las diversas etnias de todo el país, continuar emancipando la mente, persistir en la reforma y apertura, liberar y desarrollar ininterrumpidamente las fuerzas productivas sociales, esforzarnos por resolver las dificultades de las masas populares en la producción y la vida y seguir firme e inquebrantablemente el camino de la prosperidad conjunta.

Esta gran responsabilidad es la responsabilidad ante el Partido. El nuestro es un partido que sirve de todo corazón al pueblo. El Partido ha dirigido al pueblo para conseguir éxitos mundialmente llamativos. Tenemos razones más que suficientes para sentirnos orgullosos de ello. Pero estamos orgullosos y no estamos satisfechos. No nos dormiremos en absoluto en los laureles del pasado. Bajo la nueva situación, nuestro Partido se enfrenta a numerosos y difíciles desafíos. En el seno del Partido existen muchos problemas que esperan urgente solución. Sobre todo hay que solucionar con mucha energía los problemas como la malversación y corrupción, el divorcio de las masas populares, el formalismo, el burocratismo, etc., en los que se han visto involucrados ciertos cuadros dirigentes miembros del Partido. Todo el Partido debe estar alerta. Para su trabajo, el herrero necesita contar con habilidades competentes. Nuestra responsabilidad radica, junto con los camaradas de todo el Partido, en persistir en que el Partido debe velar por su propia administración y disciplinarse con rigor, resolver efectivamente los problemas destacados existentes en sus propias filas, mejorar el estilo de trabajo, estrechar sus vínculos con las masas populares, y hacer de nuestro Partido un núcleo dirigente sólido por siempre de la causa del socialismo con peculiaridades chinas.

El pueblo es el creador de la historia y las masas populares, los verdaderos héroes. Ellas son la fuente de nuestra fuerza. Comprendemos profundamente que la fuerza individual es limitada, pero no hay dificultad insuperable siempre y cuando nos unamos como un solo ser y actuemos con la voluntad unánime de todos; el tiempo laboral de cada persona tiene límite, pero el servicio de todo corazón al pueblo es ilimitado. La responsabilidad pesa más que el monte Taishan y la causa significa una tarea ardua y un camino largo. Hemos de tener el corazón unido al del pueblo, compartir las penas y las alegrías con el pueblo, luchar unidos con el pueblo, dedicar día y noche al servicio del pueblo, trabajar con diligencia, esforzarnos por dar una respuesta calificada al pueblo.

China necesita conocer más al mundo y el mundo también necesita conocer más a China. Deseo que los amigos periodistas continúen haciendo más esfuerzos y contribuciones dirigidos a incrementar el conocimiento mutuo entre China y los diversos países del mundo.

Actuar estrechamente en el mantenimiento y el desarrollo del socialismo con peculiaridades chinas para estudiar, difundir y aplicar el espíritu del XVIII Congreso Nacional del Partido[*]

17 de noviembre de 2012

El Informe presentado ante el XVIII Congreso Nacional ha trazado un grandioso plan para consumar la construcción integral de una sociedad modestamente acomodada[2], impulsar aceleradamente la modernización socialista y conquistar nuevas victorias del socialismo con peculiaridades chinas bajo las nuevas condiciones históricas. El Informe constituye el manifiesto político y el programa de acción de nuestro Partido para unir y dirigir al pueblo de las diversas etnias de todo el país en su marcha por el camino del socialismo con peculiaridades chinas y en su lucha para materializar la construcción integral de la sociedad modestamente acomodada. Además, señala el rumbo a seguir en la labor de nuestro nuevo colectivo dirigente del presente período. La dirección central ya ha emitido una circular acerca del estudio y aplicación concienzudos del espíritu del XVIII Congreso Nacional. En la misma, se exige a los comités del Partido conducir profundamente el estudio, difusión y aplicación del espíritu del XVIII Congreso Nacional del Partido.

El XVIII Congreso del Partido hizo énfasis en la necesidad de enarbolar la gran bandera del socialismo con peculiaridades chinas. Destacó que el socialismo con peculiaridades chinas es el éxito fundamental de la lucha, la creación y la historia de más de 90 años del Parti-

---

[*] Discurso pronunciado cuando presidía el 1er Estudio Colectivo del Buró Político del XVIII Comité Central[1].

6

do y el pueblo, de ahí que sea preciso estimarlo al doble, mantenerlo siempre y desarrollarlo constantemente. El Congreso llamó a todo el Partido a explorar y dominar sin fatiga las leyes del socialismo con peculiaridades chinas, conservar siempre la vitalidad y el vigor del Partido, conservar siempre la fuerza motriz del desarrollo estatal, luchar con valentía por abrir una perspectiva más amplia para desarrollar el socialismo con peculiaridades chinas. Se puede decir que el mantenimiento y el desarrollo del socialismo con peculiaridades chinas constituyen la línea principal que atraviesa el Informe presentado al XVIII Congreso Nacional del Partido. Debemos asirnos firmemente a esta línea principal, considerar el mantenimiento y el desarrollo del socialismo con peculiaridades chinas como punto de concentración de la atención, punto de apoyo y punto de destino del estudio y aplicación del espíritu del XVIII Congreso Nacional del Partido. Solo haciéndolo, se podrá estudiar el espíritu del XVIII Congreso Nacional del Partido más a fondo, comprenderlo plenamente y aplicarlo con mayor conciencia.

¿Por qué enfatizo en este punto? Esto se debe a que la prolongada práctica del Partido y del país ha demostrado plenamente que solo el socialismo puede salvar a China y que solo el socialismo con peculiaridades chinas puede desarrollarla. Únicamente enarbolando la gran bandera de este socialismo podremos unir a todo el Partido y al pueblo de todas las etnias del país, y conducirlos al coronamiento de la construcción integral de una sociedad modestamente acomodada en el centenario de la fundación del Partido Comunista de China. Igualmente, guiarlos a la culminación de la transformación de nuestro país en un país socialista moderno, próspero, poderoso, democrático, civilizado y armonioso en el centenario de la fundación de la Nueva China, logrando así un futuro aún más feliz y hermoso para el pueblo chino y la nación china.

Para estudiar, difundir y aplicar estrechamente el espíritu del XVIII Congreso Nacional del Partido en el mantenimiento y desarrollo del socialismo con peculiaridades chinas, según mi entendimiento, se deben manejar, en la combinación de la teoría y la práctica, los siguientes aspectos:

En primer lugar, comprender a fondo que el socialismo con peculiaridades chinas es un logro fundamental alcanzado por el Partido y el pueblo en la prolongada práctica. El socialismo con peculiaridades chinas se empezó a aplicar en la nueva época de la reforma y apertura, se constituyó sobre la base de la lucha prolongada de nuestro Partido y se ha logrado gracias a que el colectivo dirigente central de varias generaciones de nuestro Partido, unió y lideró a todo el Partido y a todo el pueblo tras sufrir incontables penalidades, pagar muy diversos precios y a través de las exploraciones sucesivas. Nuestro Partido, apoyándose en el pueblo, cambió de raíz el porvenir y el destino del pueblo y la nación chinos. Puso fin irreversible al trágico destino de China desde los tiempos modernos caracterizado por el sufrimiento y los disturbios internos y externos, la pobreza y la debilidad acumuladas. Inició la marcha histórica de la nación china hacia el desarrollo y el fortalecimiento constante, y la gran revitalización, permitiendo a la nación china, poseedora de una civilización e historia de más de 5.000 años, erguirse en actitud totalmente nueva en el bosque de las naciones del mundo.

Hemos de recordar siempre las contribuciones históricas del colectivo dirigente central de tres generaciones del Partido y del Comité Central del Partido con el camarada Hu Jintao[3] como secretario general al socialismo con peculiaridades chinas. El colectivo dirigente central de la primera generación del Partido con el camarada Mao Zedong[4] como núcleo proporcionó valiosas experiencias, sentó los preparativos teóricos y la base material para iniciar en el nuevo período el socialismo con peculiaridades chinas. El colectivo dirigente central de la segunda generación del Partido con el camarada Deng Xiaoping[5] como núcleo, inició exitosamente el socialismo con peculiaridades chinas. El colectivo dirigente central de la tercera generación del Partido con el camarada Jiang Zemin[6] como núcleo impulsó con éxito el socialismo con peculiaridades chinas hacia el siglo XXI. En el nuevo siglo y nueva época, el Comité Central del Partido con el camarada Hu Jintao como secretario general, mantuvo y desarrolló exitosamente el socialismo con peculiaridades chinas, tomando un nuevo punto de partida. Podemos ver que el socialismo con peculiaridades chinas recoge el ideal y las exploraciones de los comunistas chinos de varias generaciones y es portador de los grandes deseos y aspiraciones de innumerables personas de nobles ideales, de la lucha y sacrificios realizados por centenares de millones de personas. El socialismo es la opción necesaria del desarrollo de la sociedad china desde los tiempos modernos y el camino inevitable para desarrollar y estabilizar a China.

La práctica ha demostrado cabalmente que el socialismo con peculiaridades chinas es la bandera de la unidad, del valiente avance y de la victoria tanto del Partido Comunista como del pueblo chinos. Si queremos culminar la construcción integral de una sociedad modestamente acomodada, acelerar la modernización socialista y materializar la gran revitalización de la nación china, hemos de enarbolar siempre la gran bandera del socialismo con peculiaridades chinas y mantenerlo y desarrollarlo con la mayor firmeza posible. Este es el motivo fundamental por el cual el XVIII Congreso Nacional del Partido exigió a todo el Partido afianzarse en la fe en el camino, la teoría y el sistema del socialismo con peculiaridades chinas.

En segundo lugar, comprender a fondo que el socialismo con peculiaridades chinas contempla tres elementos: el camino, la teoría y el sistema. El XVIII Congreso Nacional del Partido ha expuesto claramente la connotación científica y los enlaces mutuos del camino del socialismo con peculiaridades chinas, la teoría sistémica del socialismo con peculiaridades chinas y el sistema del socialismo con peculiaridades chinas, enfatizando en que el camino del socialismo con peculiaridades chinas es la ruta de la materialización; la teoría sistémica del socialismo con peculiaridades chinas es la guía de acción y el sistema del socialismo con peculiaridades chinas es la garantía fundamental. Los tres aspectos se unen en la gran práctica del socialismo con peculiaridades chinas. Esta es la característica más clarividente del socialismo con peculiaridades chinas.

Este resumen nos enseña que el socialismo con peculiaridades chinas combina estrechamente la práctica, la teoría y el sistema. Sintetiza la exitosa práctica hasta convertirla en teoría, utiliza estas teorías correctas para guiar la nueva práctica, incorpora oportunamente los principios y políticas que han surtido efecto en la práctica al sistema del Partido y el Estado. Es por eso, que el socialismo con peculiaridades chinas es especial en su camino, su teoría y su sistema, en los enlaces intrínsecos entre su ruta de materialización, su guía de acción y su garantía fundamental, en que los tres aspectos se unen en la gran práctica del socialismo con peculiaridades chinas. En la China contemporánea, el mantener y desarrollar el socialismo con peculiaridades chinas significa persistir auténticamente en el socialismo.

El camino del socialismo con peculiaridades chinas es la vía ineludible para materializar la modernización socialista de nuestro país y ofrecer una buena vida al pueblo. Este camino mantiene con firmeza la asunción de la construcción económica como tarea central y, al mismo tiempo, promueve la construcción en todos los terrenos, incluidos el económico, el político, el cultural, el social y el de la civilización ecológica; y se atiene tanto a los cuatro principios fundamentales[7] como a la reforma y la apertura; emancipa y desarrolla sin cesar las fuerzas productivas sociales, y materializa paulatinamente la prosperidad común de todo el pueblo y el desarrollo integral de las personas.

La teoría sistémica del socialismo con peculiaridades chinas es el último logro de la adaptación del marxismo[8] a las condiciones de China. Incorpora la teoría de Deng Xiaoping[9], el importante pensamiento de la "triple representatividad"[10], la concepción científica del desarrollo[11], cuyas relaciones con el marxismo-leninismo[12] y el pensamiento de Mao Zedong[13] son heredadas, desarrolladas, continuadas e innovadas. No se puede abandonar en absoluto el marxismo-leninismo ni el pensamiento de Mao Zedong; de hacerlo, se perdería lo fundamental. Al mismo tiempo, hemos de tener como centro de atención los problemas prácticos de la reforma y apertura, la modernización de nuestro país y todo lo que estamos haciendo, y considerar la aplicación de la teoría marxista, la reflexión teórica de los problemas prácticos, las nuevas prácticas, así como los nuevos acontecimientos. En la China contemporánea, persistir en la teoría sistémica del socialismo con peculiaridades chinas significa persistir auténticamente en el marxismo.

El sistema del socialismo con peculiaridades chinas insiste en combinar orgánicamente sistemas concretos, tales como el sistema político fundamental[14] y los sistemas políticos básicos[15] con el sistema económico básico[16], así como los regímenes y mecanismos de diversas áreas. Persiste en combinar orgánicamente el sistema democrático de nivel estatal y el sistema democrático de base. Persiste en combinar orgánicamente la dirección del Partido con la máxima de que el pueblo sea dueño de su propio destino y del gobierno del país a la luz de la ley, lo cual concuerda con la situación nacional de nuestra nación. Demuestra fehacientemente las características y superioridad del socialismo con peculiaridades chinas y constituye la garantía del sistema fundamental para el desarrollo y progreso de China.

El sistema del socialismo con peculiaridades chinas tiene características clarividentes. Pese a ser altamente eficaz aún no es perfecto, maduro ni estereotipado. La causa del socialismo con peculiaridades chinas se desarrolla sin cesar y el sistema del socialismo con peculiaridades chinas también necesita perfeccionarse constantemente. El camarada Deng Xiaoping indicó durante su recorrido de inspección por el sur del país en 1992: "Probablemente nos tome otros 30 años desarrollar un sistema más maduro y bien estereotipado en cada sector"[17]. El XVIII Congreso Nacional del Partido subraya que es necesario colocar el fomento del sistema en un lugar destacado, poner en pleno juego la superioridad del sistema político socialista de nuestro país. Hemos de persistir en impulsar la innovación sistémica mediante la innovación teórica basada en la práctica, mantener y perfeccionar los sistemas actualmente existentes, partir de la realidad, crear oportunamente algunos sistemas nuevos, estructurar un sistema institucional cabal en términos de sistema, carácter científico, regulación y funcionamiento. Permitir que los sistemas en las diversas áreas sean más maduros y estereotipados para proporcionar una garantía sistémica segura a la conquista de las nuevas victorias del socialismo con peculiaridades chinas.

En tercer lugar, comprender a fondo el fundamento general, la distribución general y la tarea general de la construcción del socialismo con peculiaridades chinas. El XVIII Congreso Nacional del Partido puntualizó que, en la construcción del socialismo con peculiaridades chinas, el fundamento general es la etapa primaria del socialismo[18], la disposición general es el quinteto[19] o sea la construcción en cinco áreas, y la tarea general es la materialización de la modernización socialista y la gran revitalización de la nación china. En resumen, en estos tres términos globales predomina una posición estratégica ventajosa, se recalcan los elementos esenciales, además de ser concisos y compendiosos. Comprender a fondo y dominar estas nuevas definiciones contribuirá a que entendamos y conozcamos la verdad y la esencia del socialismo con peculiaridades chinas.

El énfasis en el fundamento general se debe a que la etapa primaria del socialismo es la situación nacional más importante y la mayor realidad de la China contemporánea. Bajo cualquier circunstancia hemos de dominar sin titubeos esta gran situación nacional y poner firmemente los pies en esta mayor realidad, al impulsar la reforma y el desarrollo en todos los aspectos. No sólo hace falta tener los pies bien puestos en la etapa primaria de la construcción económica, sino también de la construcción política, cultural, social y de la civilización ecológica. Nunca debemos olvidar la etapa primaria. No sólo hay que tener los pies bien puestos en la etapa primaria en los momentos en que el volumen global de nuestra economía es pequeño, sino también recordar la etapa primaria luego de agrandarlo. No sólo hay que tener los pies bien puestos en la etapa primara cuando se hacen planes a largo plazo, sino también debemos recordar bien la etapa primaria en el trabajo cotidiano. La línea básica del Partido en la etapa primaria del socialismo es la línea vital del Partido y el Estado. En la práctica debemos adherirnos sin vacilación al precepto de "un centro, dos puntos básicos"[20]. No nos desviaremos del "centro", pero tampoco descuidaremos "los dos puntos básicos". Tenemos que unificar la práctica del ideal conjunto del socialismo con peculiaridades chinas y la persistencia en el elevado ideal del comunismo, boicotear con resolución los diversos tipos de pronunciamientos erróneos de abandonar el socialismo, corregir conscientemente los conceptos, políticas y medidas que sobrepasen la etapa. Tan sólo actuando de este modo, nunca llegaremos a despreciarnos a nosotros mismos ni a engreírnos, y conquistaremos a paso firme nuevas victorias para el socialismo con peculiaridades chinas.

La razón por la cual se destaca la distribución general es porque el socialismo con peculiaridades chinas es un socialismo de desarrollo integral. Debemos asumir enérgicamente la tarea primordial del Partido en la gobernación y revigorización del país, siempre representar la demanda del desarrollo de las fuerzas productivas avanzadas de China, persistir en considerar la construcción económica como centro y, sobre la base del desarrollo constante de la economía, impulsar de modo coordinado la construcción en los sectores político, cultural, social, civilización ecológica y otros. A medida que se consolida el desarrollo económico y social, la posición y el papel de la construcción en el campo de la civilización ecológica sobresalen con el paso del tiempo. El XVIII Congreso Nacional del Partido incluye la construcción en el dominio de la civilización ecológica en la distribución general de la causa del socialismo con peculiaridades chinas, haciendo que la posición estratégica de la construcción en el dominio de la civilización ecológica esté más definida. Asimismo, favorece la inclusión de la construcción en el campo de la civilización ecológica en la construcción en los diversos frentes –económico, político, cultural y social. Este es un fruto significativo de la profundización constante por parte de nuestro Partido de la comprensión de la ley de la construcción del socialismo en la práctica. Hemos, según esta distribución general, de fomentar la coordinación de los diversos aspectos de la modernización, impulsar la coordinación entre las relaciones de producción y las fuerzas productivas y entre la superestructura y la base económica.

La razón por la cual se hace énfasis en la tarea general se debe a que nuestro Partido, desde el día de su fundación, lleva sobre sus hombros la misión histórica de materializar la gran revitalización de la nación china. Nuestro Partido ha dirigido al pueblo en la realización de la revolución, la construcción y la reforma, precisamente con el objetivo de posibilitar que el pueblo se enriquezca, el Estado se haga poderoso y próspero y se revitalice la gran nación china. De acuerdo con la disposición estratégica de la modernización "en tres pasos"[21], el construir un país socialista moderno, poderoso, democrático, civilizado y armonioso es la meta de la lucha de nuestro Partido y el Estado en la etapa primaria del socialismo. La solemne misión de nuestro Partido, el objetivo fundamental de la reforma y apertura, la meta de la lucha de nuestro Estado concentran la atención en esta tarea general y se resumen en esta tarea general. Hemos de adherirnos firmemente a esta tarea general y trabajar perseverantemente de generación en generación.

En los distintos períodos históricos, nuestro Partido, siempre basándose en la voluntad del pueblo y las necesidades del desarrollo de la causa, ha planteado metas de lucha inspiradoras y ha unido y dirigido al pueblo en la lucha para alcanzarlas. El XVIII Congreso Nacional del Partido, basándose en los nuevos cambios de la situación interna y externa, atendiendo a las condiciones del nuevo desarrollo socioeconómico de nuestro país y las nuevas aspiraciones de las grandes masas populares, completa y perfecciona las metas orientadas a la construcción integral de una sociedad modestamente acomodada, plantea nuevas exigencias con una guía política mucho más transparente, más enfocadas a las dificultades del desarrollo y mejor adaptadas a las aspiraciones del pueblo. Estas metas y nuevas exigencias se complementan con las metas de la lucha para la construcción integral de la sociedad modestamente acomodada formuladas en el XVII Congreso Nacional del Partido. También están en consonancia con la disposición general de la causa del socialismo con peculiaridades chinas. El Partido y el país deben tener la misma voluntad, trabajar arduamente, con un elevado espíritu de innovación, abriéndose paso y luchando por materializar las metas para la consumación de la construcción integral de la sociedad modestamente acomodada planteadas por el XVIII Congreso Nacional del Partido y las de la profundización integral de la reforma y apertura.

En cuarto lugar, entender a fondo los requerimientos básicos sobre la lucha de la conquista de nuevas victorias del socialismo con peculiaridades chinas. El XVIII Congreso Nacional del Partido ha formulado nuevas exigencias básicas que se deben manejar firmemente para conquistar nuevas victorias para el socialismo con peculiaridades chinas en las nuevas condiciones históricas. Estas exigencias básicas han sido planteadas atendiendo a la teoría, la línea, el programa y las experiencias básicos, resumiendo las prácticas de la construcción socialista de nuestro país durante más de 60 años, sobre todo las referentes a la construcción del socialismo con peculiaridades chinas. Estas son las más esenciales, son prácticas que demuestran la ley de gobernación del Partido Comunista, las leyes de la construcción socialista y las leyes del desarrollo social de la humanidad; manifiestan que nuestro Partido ha alcanzado un nuevo nivel en la comprensión de la ley del socialismo con peculiaridades chinas.

Las nuevas exigencias planteadas por el XVIII Congreso Nacional del Partido han contestado los problemas básicos sobre qué hacer para poder conquistar nuevas victorias para el socialismo con peculiaridades chinas en el nuevo trayecto de la lucha. El socialismo con peculiaridades chinas es la causa propia de centenares de millones de chinos, por eso es preciso poner en juego el espíritu de dueño que tiene el pueblo, garantizar en mejor medida que el pueblo sea dueño de su propio destino. La liberación y el desarrollo de las fuerzas productivas sociales constituyen una tarea fundamental del socialismo con peculiaridades chinas. Por eso es preciso persistir en considerar como centro la construcción económica y al desarrollo científico como temática, además de materializar un desarrollo científico cabal, coordinado y sostenible que siempre tenga al ser humano como eje fundamental. La reforma y apertura es el camino inevitable para mantener y desarrollar el socialismo con peculiaridades chinas, de ahí que sea imperativo aplicar siempre el espíritu de reforma e innovación a todos los eslabones de la gobernación del país y el manejo de los asuntos administrativos e impulsar constantemente el perfeccionamiento y desarrollo propios del sistema socialista de nuestro país. La equidad y justicia son exigencias intrínsecas del socialismo con peculiaridades chinas, por eso es necesario, sobre la base de la lucha mancomunada de todo el pueblo y el desarrollo socioeconómico, intensificar el fomento de los sistemas que desempeñan un importante papel en la garantía de la equidad y la justicia sociales, consumar la construcción gradual de un sistema de garantía social imparcial. La prosperidad conjunta es un principio fundamental del socialismo con peculiaridades chinas y esa es la razón por la que se precisa posibilitar que los frutos del desarrollo beneficien más y con mayor equidad a todo el pueblo, permitiéndole marchar a paso firme y seguro por el sendero de la prosperidad conjunta. La armonía social constituye la propiedad esencial del socialismo con peculiaridades chinas. Por lo tanto, es imperativo unir a todas las fuerzas susceptibles de ser unidas, aumentar al máximo los factores armoniosos, intensificar la vitalidad creadora social, garantizar que el pueblo viva en paz y trabaje con alegría, conseguir la estabilización de la sociedad y, por ende, el orden y la paz duraderos del Estado. El desarrollo pacífico es una opción inevitable del socialismo con peculiaridades chinas y demás está decir que es preciso persistir en el desarrollo abierto, cooperativo y de beneficio mutuo; incrementar los puntos confluentes de los intereses de las diversas partes, promover la construcción de un mundo armonioso que goce de paz prolongada y prosperidad conjunta. El Partido Comunista de China es el núcleo dirigente de la causa del socialismo con peculiaridades chinas, por eso es necesario reforzar y mejorar la dirección del Partido, poner en pleno juego el papel clave de dirección, dominar la situación general y coordinar a las diversas partes.

Las exigencias básicas formuladas por el XVIII Congreso Nacional del Partido se hacen eco positivamente de los destacados problemas existentes en el desarrollo socioeconómico de nuestro país — problemas difíciles que enfrentan tanto la conquista de imponentes fortalezas en la reforma como el aceleramiento del cambio de la modalidad de desarrollo económico, problemas peliagudos a los que los cuadros y las masas populares prestan atención universal. También nos han ofrecido una guía correcta para la reforma, el desarrollo y la estabilidad, los asuntos internos, la diplomacia, la defensa nacional, la gobernación del Partido, el país y el ejército, cuando nuestra nación entra en la etapa decisiva de la materialización de la construcción integral de la sociedad modestamente acomodada. Estos requerimientos básicos se relacionan tanto con las fuerzas productivas como con las relaciones de producción, y tanto con la base económica como con la superestructura, y se relacionan, por un lado, con la gran causa del socialismo con peculiaridades chinas y, por el otro, con el gran y novedoso proyecto de la construcción del Partido. Al mismo tiempo, se relacionan con la planificación de la situación general tanto nacional como internacional. El XVIII Congreso Nacional del Partido, al planear y dictar los diversos renglones del trabajo, sigue y observa, sin excepción, estas exigencias básicas. Aprovechando estas exigencias básicas, se podrá aglutinar mejor la fuerza, sobreponerse a las dificultades, continuar promoviendo el desarrollo científico, fomentar la armonía de la sociedad, seguir mejorando las condiciones de vida del pueblo, aumentar el bienestar del pueblo y coronar las tareas gloriosas y arduas que nos impone la época.

En quinto lugar, comprender cabalmente la garantía de que el Partido será siempre el núcleo dirigente sólido de la causa del socialismo con peculiaridades chinas. El XVIII Congreso Nacional del Partido enfatiza que nuestro Partido lleva sobre sus hombros la gran misión de unir y dirigir al pueblo para consumar la construcción integral de la sociedad modestamente acomodada, impulsar la modernización socialista y materializar la gran revitalización de la nación china. Cuando el Partido es sólido y fuerte y mantiene vínculos de uña y carne con el pueblo, el Estado prospera y se mantiene estable, y el pueblo se siente feliz y goza de paz y salud. El desarrollo de la situación, el emprendimiento de la causa y la aspiración del pueblo nos exigen, sin excepción, que impulsemos integralmente con espíritu reformista e innovador el gran y nuevo proyecto de la construcción del Partido y elevemos integralmente el nivel científico de la construcción del Partido. Para gobernar el país, hay que gobernar primero al Partido y al gobernar el Partido es imprescindible hacerlo con rigor.

Para eso, el XVIII Congreso Nacional del Partido formuló los requerimientos globales y las diversas tareas para la elevación integral del nivel científico de la construcción del Partido bajo la nueva situación. Todo el Partido debe estudiarlos y comprenderlos a fondo, así como ponerlos en práctica punto por punto.

Al plantear las exigencias globales para la construcción del Partido, el XVIII Congreso Nacional del Partido lo hizo teniendo en cuenta la continuación y el despliegue del carácter de vanguardia que durante más de 90 años viene manteniendo y desarrollando nuestro Partido como partido marxista. También lo hizo teniendo en cuenta cómo adaptarse y responder a los nuevos cambios de la situación mundial, nacional y del Partido. Durante estos años, impulsamos integralmente el gran proyecto nuevo de la construcción del Partido, con lo cual, la capacidad de gobierno del Partido ha experimentado un gran progreso, el carácter de vanguardia y la pureza del Partido han podido mantenerse y desarrollarse, al tiempo que la dirección del Partido ha podido reforzarse y mejorar. Asimismo, en comparación con el desarrollo y los cambios en el panorama nacional e internacional, con la tarea histórica que asume el Partido, hay una disparidad nada despreciable en términos de nivel de dirección y gobernación del Partido, del estado de la construcción de los organismos del Partido y de la constitución cualitativa, la capacidad y el estilo de los cuadros miembros del Partido. Sobre todo, ante la nueva situación, el fortalecimiento y el mejoramiento de la construcción del Partido se enfrenta a "cuatro grandes pruebas"[22], a "cuatro tipos de peligros"[23]. La tarea de poner en práctica la necesidad de que el Partido administre los asuntos del Partido y a su vez se administre al Partido con rigor es más ardua y apremiante que en cualquier otro momento del pasado. El Partido en pleno debe interiorizar el sentido de apremio y responsabilidad, dominar las exigencias globales de su construcción, aumentar constantemente su nivel de dirección y gobernación, elevar la capacidad de lucha contra la corrupción, evitar la degeneración y boicotear los riesgos para hacer posible que siempre esté en la primera fila del proceso histórico de los profundos cambios de la situación mundial, y lograr

que siempre sea el pilar del pueblo en el proceso histórico de enfrentamiento a los diversos tipos de riesgos y pruebas, tanto internos como
externos, y el núcleo dirigente firme y fuerte del proceso histórico del
mantenimiento y desarrollo del socialismo con peculiaridades chinas.

Tener un ideal absoluto y fe inquebrantable y defender la búsqueda espiritual de los comunistas siempre ha sido un fundamento de los
comunistas para tener garantizada su subsistencia. La creencia en el
marxismo y la fe en el socialismo y el comunismo constituyen el alma
política y el pilar espiritual de los comunistas para experimentar cualquier prueba. Hablando figurativamente, el ideal y la fe son el "calcio"
en lo espiritual de los comunistas. Sin ideal ni fe, al carecer de firmeza
de ideales y fe, en lo espiritual sufrirán de "deficiencia de calcio" y
podrán padecer de "condropatía". En la vida real, suceden problemas
tales y cuales en un número de miembros del Partido y cuadros, lo
que, al fin y al cabo, se debe al aturdimiento en la creencia y desorientación en lo espiritual. Todos los miembros del Partido debemos, de
acuerdo con la disposición del XVIII Congreso Nacional del Partido,
estudiar y aplicar exhaustivamente el sistema teórico del socialismo
con peculiaridades chinas, sobre todo la concepción científica del
desarrollo, prestar atención al espíritu del Partido, conceder importancia a la moral y la conducta y ser ejemplo y luchar sin vacilar para
materializar el ideal común del socialismo con peculiaridades chinas.

Es preciso estrechar las relaciones entre el Partido y las masas
populares y entre los cuadros y las masas populares, mantener vínculos de uña y carne con las masas populares porque son el cimiento
sobre el cual se erige nuestro Partido sin ser jamás derrotado. Para un
partido político y un poder, su porvenir y destino dependen al final
de los pros y los contras del corazón de la gente. Si nos divorciamos
de las masas populares y perdemos el apoyo y el respaldo brindados
por el pueblo, terminaremos yendo hacia la derrota también. Hemos
de adaptarnos a las nuevas características y exigencias del trabajo relacionado con las masas populares en las nuevas circunstancias, realizar
bien el trabajo de organizar y educar a las masas, hacer propaganda
entre estas, y servir a las masas populares, aprender con modestia

de estas, aceptar sinceramente la supervisión ejercida por las masas, arraigarnos siempre entre el pueblo y crear felicidad para él, mantener siempre vínculos de uña y carne entre el Partido y las masas populares, unirnos de corazón siempre con el pueblo, respirar junto con él y compartir el mismo destino del pueblo. Hemos de absorber en la gran práctica del pueblo sabiduría y fuerzas, hacer bien las cosas reales que responden a la voluntad del pueblo, librarle de preocupaciones y beneficiar su vida y rectificar los actos que perjudiquen los intereses de las masas populares. El XVIII Congreso Nacional del Partido indica que es necesario desplegar en todo el Partido actividades de educación y práctica en materia de su línea de masas[23] centradas a la actuación pragmática, honesta y en bien del pueblo. La dirección central hará disposiciones sobre estas actividades, los comités del Partido a todos los niveles deben llevarlas a vías de hecho, dedicar su energía a resolver los destacados problemas sobre los cuales las masas populares tienen enérgicas quejas y garantizar que sus actos tengan un impacto real.

Combatir la corrupción, fomentar la política limpia y mantener la salud física del Partido siempre han sido una posición política clara mantenida permanentemente por nuestro Partido. El fomento del estilo del Partido y la moralización administrativa es un importante problema político al que los cuadros y las masas populares prestan siempre especial atención. "Un objeto se pudre primero y luego aparecen los gusanos"[25]. En los últimos años, en ciertos países, las contradicciones acumuladas con el paso del tiempo han sido motivo de quejas del pueblo por doquier, de conmoción social y en algunos casos, hasta del resquebrajamiento del poder. La malversación y la corrupción han tenido mucho que ver en ello, al punto de constituir una de las causas más importantes. Gran cantidad de hechos nos enseñan que el problema de la corrupción evoluciona cada vez con mayor fuerza y acabará sumiendo en la ruina al Partido y al Estado. ¡Hemos de mantenernos alerta! En los últimos años, en el seno de nuestro Partido se han dado graves casos de violación disciplinaria y de la ley. Su naturaleza es muy mala, la influencia política es muy fea, cosa bien alarmante. Los comités del Partido a todos los niveles han de combatir con absoluto convencimiento la corrupción, prevenir y combatir la corrupción de manera más científica y eficazmente con vistas a lograr que se mantengan íntegros los cuadros, honestos los gobiernos y transparente la política y conservar siempre el color natural político de los comunistas limpios, honestos e incorruptibles. Los cuadros dirigentes a los diversos niveles, sobre todo, los de alto rango, han de observar conscientemente las normas de honestidad, ser estrictos en la disciplina y, al mismo tiempo, intensificar la educación y el condicionamiento de los familiares y el personal de trabajo a su lado, no permitir en absoluto los abusos de poder en busca del provecho personal o de privilegios. Se castigará con severidad todo acto que viole la disciplina y la ley estatal, sin que nos tiemble la mano.

El XVIII Congreso Nacional del Partido señala enfáticamente que el desarrollo del socialismo con peculiaridades chinas es una tarea histórica prolongada y ardua. Es preciso prepararse para librar una gran lucha poseedora de numerosas características históricas. Los camaradas de todo el Partido han de mantener firme la convicción, esforzarse con mayor tenacidad, insistir sin vacilación alguna en desarrollar el socialismo con peculiaridades chinas marchando a la par de los tiempos, enriquecer constantemente la característica práctica, la característica nacional y la característica de la era del socialismo con peculiaridades chinas, unir y dirigir al pueblo de las diversas etnias de todo el país, esforzarse por materializar las diversas tareas y metas de la culminación de la construcción integral de la sociedad modestamente acomodada, continuar haciendo realidad las tres grandes tareas históricas, a saber, impulsar la modernización, consumar la reunificación de la patria, defender la paz mundial y fomentar el desarrollo mancomunado. He aquí la misión histórica de esta generación de nuestros comunistas. Debemos aportar a ello toda nuestra sabiduría y fuerza.

Notas

[1] El estudio colectivo del Buró Político del Comité Central se refiere al sistema de estudio periódico del Buró Político del Comité Central. El secretario general del Comité Central del Partido Comunista de China preside el estudio y pronuncia un discurso. Todos los miembros del Buró Político del Comité Central participan en el estudio, invitando a responsables, expertos académicos de los departamentos correspondientes para que hagan exposiciones temáticas sobre importantes problemas económicos, políticos, históricos, culturales, sociales, científicos y tecnológicos, militares, internacionales, etc.

[2] La consumación de la construcción integral de una sociedad modestamente acomodada se refiere al objetivo de lucha formulado en el XVIII Congreso Nacional del Partido para la materialización de la modernización en 2020. El contenido principal aborda el desarrollo sostenido y saludable de la economía, materialización de la duplicación del PIB y el ingreso per cápita de los habitantes urbanos y rurales respecto a 2010, ampliación constante de la democracia popular, fortalecimiento evidente de las fuerzas blandas culturales, elevación integral del nivel de vida del pueblo, importantes avances logrados en la construcción de una sociedad ahorradora de recursos y ecológica.

[3] Hu Jintao, nacido en 1942, en Jixi, provincia de Anhui. Fue secretario general del Comité Central del Partido Comunista de China, presidente de la República Popular China, presidente de la Comisión Militar Central del Partido Comunista de China y presidente de la Comisión Militar Central de la República Popular China. Creador principal de la concepción científica del desarrollo.

[4] Mao Zedong (1893-1976), oriundo de Xiangtan, Hunan. Marxista, revolucionario proletario, estratega, teórico, fundador principal del Partido Comunista de China, el Ejército Popular de Liberación de China y la República Popular China, líder del pueblo de las diversas etnias de China. Creador principal del pensamiento que lleva su nombre, Mao Zedong.

[5] Deng Xiaoping (1904-1997), natural de Guang'an, Sichuan. Marxista, revolucionario proletario, político, estratega militar, diplomático, destacado dirigente del Partido Comunista de China, el Ejército Popular de Liberación de China y la República Popular China, arquitecto general de la reforma y apertura y la modernización socialista de China. Creador principal de la teoría que lleva su nombre, Deng Xiaoping.

[6] Jiang Zemin, nacido en 1926, oriundo de Yangzhou, Jiangsu. Fue secretario general del Comité Central del Partido Comunista de China, presidente de la República Popular China, presidente de la Comisión Militar Central del Partido Comunista de China y presidente de la Comisión Militar Central de la República Popular China. Creador principal del importante pensamiento de la "triple representatividad".

[7] Los cuatro principios fundamentales se refieren a persistir en el camino socialista, persistir en la dictadura democrática popular, persistir en la dirección del Partido Comunista de China y persistir en el marxismo-leninismo y el pensamiento de Mao Zedong. Los cuatro principios fundamentales son el pilar estatal de China y piedra angular política de la subsistencia y el desarrollo del Partido Comunista de China y el Estado.

[8] El marxismo es un sistema teórico científico completo creado por Carlos Marx y Federico Engels que abarca la concepción científica del mundo, la doctrina de desarrollo social e histórico, la teoría sobre la revolución del proletariado, así como la teoría sobre la construcción del socialismo y el comunismo, y es base teórica y pensamiento guía de la clase obrera y sus partidos políticos. Surgió en la década del 40 del siglo XIX, producto de la agudización de las contradicciones del capitalismo y el desarrollo del movimiento obrero. Abarca tres componentes principales: filosofía, o sea el materialismo dialéctico y el materialismo histórico, la economía política y el socialismo científico. De las postrimerías del siglo XIX hasta principios del siglo XX, el capitalismo entró en la etapa del monopolio o la etapa del imperialismo. Vladimir Ilich Lenin, resumiendo las experiencias de la revolución proletaria de Rusia y la construcción socialista, desarrolló de modo creador el marxismo, llevándolo a una nueva etapa, la del leninismo. El Partido Comunista de China, desde el momento de su fundación, aplicó solemnemente los principios básicos del marxismo-leninismo a la lucha revolucionaria china, a la práctica de la revolución socialista y de la reforma, enriqueciendo y desarrollando el marxismo-leninismo. El Partido Comunista de China cosechó frutos teóricos adaptando el marxismo a las condiciones de China: el pensamiento de Mao Zedong y el sistema teórico del socialismo con peculiaridades chinas. El pensamiento de Mao Zedong y el sistema teórico del socialismo con peculiaridades chinas es un sistema teórico científico que garantiza la continuidad del marxismo-leninismo y avanza a la par del tiempo.

[9] La teoría de Deng Xiaoping es un importante componente del sistema teórico del socialismo con peculiaridades chinas y pensamiento guía del Partido Comunista de China. La teoría de Deng Xiaoping responde preliminarmente, por primera vez y de modo relativamente sistemático, a una serie de problemas básicos relativos a cómo construir, consolidar y desarrollar el socialismo en China, un país relativamente atrasado económica y culturalmente. Su creador principal fue como su nombre lo indica Deng Xiaoping.

[10] El importante pensamiento de la "triple representatividad" es un elemento importante del sistema teórico del socialismo con peculiaridades chinas y pensamiento guía del Partido Comunista de China. El importante pensamiento de la "triple representatividad" enfatiza de modo destacado que el Partido Comunista de China ha de representar siempre las exigencias del desarrollo de las fuerzas productivas avanzadas de China, el rumbo hacia el cual marcha la cultura avanzada

de China y los intereses fundamentales del sector más amplio del pueblo chino. Su creador principal fue Jiang Zemin.

[11] La concepción científica del desarrollo es una importante parte componente del sistema teórico del socialismo con peculiaridades chinas y pensamiento guía del Partido Comunista de China. El primer sentido esencial de la concepción científica del desarrollo es el desarrollo como tal. La clave radica en considerar al ser humano como lo fundamental. La exigencia básica es el desarrollo integral, coordinado y sostenible. El método fundamental es proceder con una visión de conjunto. Su creador principal fue Hu Jintao.

[12] Véase la nota 8 del presente texto.

[13] El pensamiento de Mao Zedong es un pensamiento guía al que se ha adherido el Partido Comunista de China durante largo tiempo. Se trata de un resumen teórico y síntesis de una serie de experiencias de creación exclusiva logradas en la práctica de la revolución y construcción de China, obra de los comunistas chinos con Mao Zedong como representante principal, sobre la base de los principios básicos del marxismo. Es un principio teórico y sistema ideológico científico que la práctica ha demostrado es correcto en cuanto a la revolución y construcción de China y cristalización de la sabiduría colectiva del Partido Comunista de China. Su creador principal fue Mao Zedong.

[14] El sistema político fundamental se refiere al sistema de asambleas populares. Las asambleas populares constituyen una forma organizada de poder de la República Popular China. El pueblo elige a los diputados que integran la Asamblea Popular Nacional y las asambleas populares a los diversos niveles locales, los órganos que ejercen el poder del Estado. La Asamblea Popular Nacional es el órgano supremo de poder, se encarga de modificar la Constitución, promulgar las leyes y tomar decisiones sobre importantes problemas estatales. Las asambleas populares a los diversos niveles locales son los órganos de poder estatal local, que en cumplimiento de los límites establecidos en la Constitución y otras leyes, deciden los importantes asuntos locales.

[15] Entre los sistemas políticos básicos figuran el sistema de cooperación de múltiples partidos y consulta política dirigido por el Partido Comunista de China, el de autonomía étnica territorial, el de autogobierno de las masas en las instancias de base, etc. El sistema de cooperación de múltiples partidos y consulta política dirigido por el Partido Comunista de China se refiere al sistema de consulta de problemas políticos entre el Partido Comunista de China y los demás partidos, así como personalidades sin afiliación partidista. El sistema de autonomía étnica territorial se refiere a que bajo la dirección unificada del Estado, las donde territorial viven en comunidades compactas las diversas minorías étnicas tienen establecidos órganos autonómicos para ejercer el poder autonómico. El sistema de autogobierno de las masas en las instancias de base es un ejemplo de sistema de participación del pueblo

en la administración de los asuntos estatales y sociales. Se instituyen en la ciudad y el campo, según las zonas donde viven los habitantes, comités de vecinos o comités de aldeanos que constituyen organismos autonómicos de carácter masivo de base.

[16] El sistema económico básico se refiere al sistema económico que tiene la propiedad pública como sujeto y el desarrollo conjunto de las economías de propiedades múltiples.

[17] Véase "Puntos esenciales de las conversaciones en Wuchang, Shenzhen, Zhuhai y Shanghai", *Textos Escogidos de Deng Xiaoping*, tomo III, Ediciones en Lenguas Extranjeras, pág.199.)

[18] La etapa primaria del socialismo es una etapa histórica específica de la sociedad socialista de China, durante la cual China se librará gradualmente del subdesarrollo y materializará la modernización socialista. Esta etapa, que comenzó en los años 50 del siglo XX, cuando se completó la transformación socialista de la propiedad de los medios de producción, y terminará con la materialización preliminar de la modernización socialista, se extenderá más de cien años.

[19] El quinteto se refiere a la disposición global de construcción del socialismo con peculiaridades chinas, que abarca la construcción económica, la construcción política, la construcción cultural, la construcción social y la construcción en términos de civilización ecológica.

[20] "Un centro, dos puntos básicos" es el contenido principal de la línea básica del Partido Comunista de China en la etapa primaria del socialismo. Un centro se refiere a la construcción económica como centro; los dos puntos básicos se refieren a la persistencia en los cuatro principios fundamentales y la persistencia en la reforma y apertura.

[21] La disposición estratégica "a tres pasos" se refiere a la estrategia de desarrollo para materializar básicamente la modernización. El XIII Congreso Nacional del Partido Comunista de China celebrado en 1987 indica que el primer paso es hasta finales de la década del 80 del siglo XX, para materializar la duplicación del PIB respecto al de 1980, resolviendo el problema de la ropa y la alimentación; el segundo paso, hasta finales del siglo XX, para duplicar el PIB de fines de la década del 80, con la vida del pueblo que llega al nivel modestamente acomodado; el tercer paso, hasta mediados del siglo XXI, para que el PIB per cápita alcance al nivel de los países medianamente desarrollados, la vida del pueblo alcance la comodidad relativa y se materialice básicamente la modernización.

[22] Por las "cuatro grandes pruebas" se entienden la prueba de la gobernación, la prueba de la reforma y apertura, la prueba de la economía de mercado y la prueba del ambiente externo.

[23] Los "cuatro tipos de peligros" se refieren al peligro de relajamiento espiritual, el peligro de insuficiente capacidad, el peligro de divorciarse de las masas y el peligro de pasividad y corrupción.

[24] Las actividades de educación y práctica en materia de la línea de masas del Partido se refieren a las actividades de educación y práctica desplegadas en todo el Partido desde el XVIII Congreso Nacional del Partido Comunista de China en torno a la conservación del carácter de vanguardia y la pureza, teniendo como contenido principal la actuación en bien del pueblo, realista y limpia. Teniendo como prioridad los órganos dirigentes, los equipos directivos y cuadros dirigentes de nivel de distrito y división para arriba, se fortalece la educación en los puntos de vista de las masas del marxismo y en la línea de masas, se resuelven enérgicamente los problemas de los que las masas populares se quejan vehementemente, tales como el formalismo, el burocratismo, el hedonismo, el despilfarro, etc. Las actividades se iniciaron en la segunda mitad del año 2013, dividiéndose en dos series de arriba abajo.

[25] Su Shi: *Acerca de Xiang Yu y Fan Zeng*. Su Shi (1036-1101), natural de Meishan, Meizhou (actualmente perteneciente a la provincia de Sichuan). Literato, calígrafo y pintor de la dinastía Song (960-1279).

Mantener y desarrollar sin vacilaciones el socialismo con peculiaridades chinas*

5 de enero de 2013

El camino es la vida del Partido y el primer problema relacionado con el florecimiento o la declinación, el éxito o el fracaso de su causa. El socialismo con peculiaridades chinas es la unidad dialéctica de la lógica teórica del socialismo científico[1] y la lógica histórica del desarrollo social de China. El mismo que arraiga en la tierra china, refleja la voluntad de su pueblo y corresponde a los requerimientos del progreso nacional y de la época. Es el camino ineluctable para edificar de forma integral una sociedad modestamente acomodada, aligerar el paso en el fomento de la modernización socialista y materializar la gran revitalización de la nación china.

Los camaradas de todo el Partido debemos tener como guía la teoría de Deng Xiaoping, el importante pensamiento de la "triple representatividad" y la concepción científica del desarrollo, mantener y desarrollar sin vacilaciones el socialismo con peculiaridades chinas, persistir en el punto de vista marxista del desarrollo y en que la práctica es el criterio para verificar la realidad, poner en juego la iniciativa y creatividad de la historia, comprender con lucidez el cambio y la constancia de la situación en el mundo, en el país y en el Partido, tener para siempre la voluntad de abrir caminos entre las montañas y de tender puentes sobre los ríos, avanzar con espíritu emprendedor, hacer exploraciones audaces, saber analizar y responder con valor a los problemas de la vida real y de las masas que necesitan solución apremiantemente,

---

* Puntos esenciales del discurso pronunciado en el simposio de estudio y aplicación del espíritu del XVIII Congreso Nacional del Partido para los nuevos miembros titulares y suplentes del Comité Central.

continuar profundizando la reforma y la apertura para descubrir, crear y avanzar en el esfuerzo por impulsar la innovación que se acomete en materia teórica, práctica y sistémica.

El espíritu del XVIII Congreso Nacional del Partido es, en último término, mantener y desarrollar el socialismo con características chinas. La teoría formulada por Deng Xiaoping cumple ya 31 años. El líder chino creó la causa del socialismo con peculiaridades chinas, contestando por primera vez en forma sistemática y preliminar a las importantes cuestiones fundamentales sobre cómo edificar el socialismo y cómo fortalecerlo y desarrollarlo en un país económica y culturalmente atrasado como China, continuando y enriqueciendo el marxismo con nuevos pensamientos y puntos de vista, abriendo nuevos horizontes marxistas y elevando a un nuevo nivel científico el conocimiento del socialismo.

El socialismo con peculiaridades chinas es el socialismo y no otros ismos y si se pierde el principio fundamental del socialismo científico, tampoco es socialismo. En cuanto a qué ismo aplica un país, lo importante radica en si este ismo puede o no resolver los temas históricos que aquel enfrenta. La historia y la realidad nos hacen saber que sólo el socialismo puede salvar a China y sólo el socialismo con peculiaridades chinas puede ayudar al país a desarrollarse. Esto es una conclusión histórica y opción del pueblo. A medida que se desenvuelva el socialismo con peculiaridades chinas, nuestro sistema ganará en madurez cada vez más, su superioridad se hará obvia en mayor grado y nuestro camino a seguir será más amplio. Hemos de tener esta clase de convicción en el camino, la teoría y el sistema, y llegar verdaderamente a la altura descrita por estos versos: "Tras innumerables sufrimientos y golpes, se mantiene firme desafiando a los cuatro vientos"[2].

Nuestro partido ha dirigido al pueblo en la construcción socialista antes de la reforma y apertura y después de ella, dos periodos históricos relacionados mutuamente y distintos sustancialmente. A pesar de ello, la esencia reside en que nuestro Partido dirige al pueblo en la práctica y exploración de dicha construcción. El socialismo con características chinas se creó en el nuevo periodo histórico de la reforma y apertura, sobre la base de la institución del sistema socialista fundamental en la Nueva China y la práctica de más de 20 años en su construcción. Aunque estos dos periodos históricos tienen grandes diferencias en el pensamiento guía, los principios y políticas y los trabajos reales en la edificación socialista, no son entes separados ni contrarios radicales. No se debe repudiar el antes de la reforma y apertura con el después, ni viceversa. Hay que persistir en la línea ideológica de buscar la verdad en los hechos, distinguir lo principal de lo secundario, atenerse a la verdad, corregir los errores, aplicar las experiencias y extraer las lecciones, a fin de continuar llevando adelante, sobre esta base, la causa del Partido y el pueblo.

El marxismo se desarrollará ineludiblemente en función del progreso de la época, la práctica y la ciencia, sin que fuera invariable. El socialismo siempre avanza emprendiendo el camino. El mantener y desarrollar el socialismo con peculiaridades chinas es una gran causa sobre la que el camarada Deng Xiaoping definió el pensamiento y principio fundamental. La colectividad directiva central de la tercera generación con el camarada Jiang Zemin como núcleo y el Comité Central con el camarada Hu Jintao como secretario general dejaron escritos magníficos. En la actualidad, la tarea de los comunistas de nuestra generación es continuar escribiendo este artículo. La perseverancia en el marxismo y el socialismo debe contar con criterio de desarrollo. Cuanto más avance y se desarrolle nuestra causa, encontraremos más y nuevas circunstancias y problemas, enfrentaremos más riesgos y desafíos y encararemos más imprevistos. Debemos incrementar la concienciación sobre posibles adversidades y pensar en peligros eventuales aun en tiempo de paz, reconociendo lo que comprendemos y lo que no. Nos esforzaremos por crear condiciones para hacer lo comprendido y estudiar con diligencia para esclarecer lo incomprendido, sin admitir la menor ambigüedad.

Los miembros del Partido Comunista, sobre todo los cuadros dirigentes militantes han de ser firmes creyentes en el gran ideal del comunismo y en el ideal común del socialismo con peculiaridades chinas y practicantes conscientes de la concepción socialista. Además de la convicción de seguir firmemente el camino socialista con peculiaridades chinas, debemos abrigar los ideales honorables del comunismo, llevando a efecto de modo firme e inconmovible la línea y el programa fundamentales del Partido en la etapa primaria del socialismo y cumpliendo cabalmente cada tarea actual. El ideal revolucionario está por encima de todo. Sin el gran ideal, no será un militante calificado; no lo será tampoco si habla del ideal con palabras vacías apartándose de la realidad. Hay normas objetivas para evaluar a un militante y cuadro dirigente con o sin el ideal comunista: verlo si se adhiere al propósito fundamental de servir al pueblo de todo corazón; si es el primero en soportar las penalidades y el último en gozar de las comodidades; si trabaja con diligencia y empeño y desempeña su función pública con integridad moral; si puede librar una lucha tenaz desafiando el riesgo personal y dedicando toda su energía, hasta la vida. Son desadaptados todos los criterios perplejos e indecisos, ideas de entregarse oportunamente a los placeres, conductas de persecución de intereses egoístas y estilo de la inacción.

Notas

[1] El socialismo científico se refiere, en el sentido más amplio, al sistema ideológico completo del marxismo; y en el más estricto, a que es una de las tres partes del marxismo. Es una ciencia que estudia el carácter, las condiciones y el objetivo común del movimiento de liberación del proletariado, denominada también comunismo científico. Este socialismo, fundado por Karl Marx y Federico Engels, apareció en los años 40 del siglo XIX. Como un sistema teórico integral, el socialismo científico tiene los siguientes rasgos fundamentales: abolir la propiedad privada y establecer la pública; desarrollar enérgicamente las fuerzas productivas para crear una riqueza material de la sociedad muy abundante; aplicar la economía planificada y eliminar la producción de mercancías y el intercambio de monedas; implementar el principio de distribución a cada uno según su trabajo; abolir las clases y sus diferencias, y desaparecer gradualmente el Estado, convirtiéndose en un conjunto de individuos libres.

[2] Zheng Xie (1693-1765): *Bambú y piedra (Zhu Shi)*. Calígrafo, pintor y literato de la dinastía Qing

Mantener y aplicar bien el alma viva del pensamiento de Mao Zedong[*]

26 de diciembre de 2013

El alma viva del pensamiento de Mao Zedong no es más que la posición, los puntos de vista y los métodos que lo atraviesan y que contemplan tres aspectos básicos: la búsqueda de la verdad en los hechos, la línea de masas, la independencia y la autodeterminación. En las nuevas condiciones, hemos de mantener y aplicar bien el alma viva del pensamiento de Mao Zedong, construir nuestro Partido y continuar impulsando la gran causa del socialismo con peculiaridades chinas.

Buscar la verdad en los hechos es un punto de vista fundamental del marxismo, una exigencia fundamental a los comunistas chinos para conocer y transformar el mundo, es un método ideológico básico, un método de trabajo básico y un método de dirección básico de nuestro Partido. Tanto en el pasado como en el presente y el futuro hemos de persistir en partir en todo de la realidad, combinar la teoría con la práctica y contrastar la verdad y desarrollar la verdad en la práctica.

El camarada Mao Zedong dijo: "Por 'hechos' entendemos todas las cosas que existen objetivamente, por 'verdad' los vínculos internos de las cosas objetivas, es decir, las leyes que las rigen, y por 'buscar', estudiar"[1]. El camarada Mao Zedong, además, metaforizó la búsqueda de la verdad en los hechos como "disparar una flecha al blanco". Hemos de persistir en utilizar la "flecha" del marxismo para disparar al "blanco" de la revolución, la construcción y la reforma de China.

---

[*] Fragmentos del discurso pronunciado en el Foro Conmemorativo por el Aniversario 120 del Natalicio del Camarada Mao Zedong.

31

Al insistir en buscar la verdad en los hechos hemos de conocer a fondo la fisonomía original de las cosas. Hay que ver la esencia a través de la apariencia, descubrir los vínculos necesarios existentes en el seno de las cosas por los fenómenos desordenados, partir de la ley de la existencia y desarrollo de las cosas objetivas y actuar de acuerdo con la ley objetiva en la práctica. Persistir en buscar la verdad en los hechos no es cosa de una vez para siempre, llegar a buscar la verdad en los hechos en un tiempo y en un sitio no equivale a poder llegar a buscar la verdad en los hechos en otro tiempo u otro sitio; las conclusiones obtenidas al buscar la verdad y las experiencias logradas en los hechos en un tiempo y un sitio no equivalen a que puedan ser aplicables en otro tiempo y otro sitio diferentes. Hemos de afianzarnos en la fe de la búsqueda de la verdad en los hechos a conciencia, aumentar las habilidades de buscar la verdad en los hechos y recordar en todo momento y lugar la búsqueda de la verdad en los hechos y aplicarla a nuestros actos.

Al persistir en buscar la verdad en los hechos hemos de conocer ingeniosamente y manejar de modo correcto esta situación nacional básica: nuestro país sigue, y lo estará durante mucho tiempo, en la etapa primaria del socialismo. Cuando impulsamos la reforma y el desarrollo y elaboramos principios y políticas debemos poner los pies firmemente en la mayor realidad que es la etapa primaria del socialismo, demostrar a plenitud la exigencia necesaria de esta situación nacional básica, persistir en partir en todo de esta situación nacional básica. Es preciso esforzarse para evitar toda tendencia de superar la realidad y sobreponerse a la etapa buscando éxitos precipitados. Hay que ser resueltos para rectificar todo concepto y modo de actuar que quede obsoleto frente a la realidad y que niegue los hechos objetivos que se encuentran en profundo cambio, siguiendo la rutina y encerrándose en sí mismo.

Al persistir en buscar la verdad en los hechos, hemos de insistir en mantener la verdad y corregir los errores en interés del pueblo. Hay que ser francos, desinteresados y valientes con los hechos como fundamento y atreverse a decir la verdad de los hechos, descubrir y rectificar oportunamente las desviaciones de pensamiento y cono-cimiento, fallas en la toma de decisiones y defectos en el trabajo. Descubrir y resolver oportunamente las diversas contradicciones y problemas existentes, posibilitando que nuestros pensamientos y actos estén en consonancia con la ley objetiva, con las exigencias de los tiempos y las aspiraciones del pueblo.

Para buscar la verdad en los hechos se ha de impulsar constante-mente la innovación teórica sobre la base de la práctica. Los principios del marxismo son una verdad universal, poseedores de valor ideológi-co eterno. Sin embargo, los clásicos del marxismo no han agotado la verdad, sino que han abierto constantemente el camino para buscar la verdad y desarrollarla. Hoy en día, al mantener y desarrollar el socialis-mo con peculiaridades chinas, profundizar integralmente la reforma, enfrentarse eficazmente a los diversos tipos de dificultades y ries-gos previsibles y difícilmente previsibles que aparecen en el camino, pueden surgir nuevos temas que nos urgen dar nuevas respuestas científicas en lo teórico. Debemos aplicar oportunamente las nuevas experiencias acumuladas por el Partido al dirigir al pueblo, abrir ininte-rrumpidamente nuevos horizontes para la adaptación del marxismo a las condiciones de China, y dejar que el marxismo chino resplandezca aún más.

La línea de masas es la línea de trabajo fundamental y línea de vida de nuestro Partido e importante tradición inapreciable, gracias a la cual nuestro Partido conserva siempre el vigor y la fuerza combativa. En el pasado, el presente y el futuro hemos de persistir en servir en todo a las masas, apoyarnos en las masas en todo trabajo, de las masas para las masas, convertir las políticas correctas del Partido en acciones conscientes de las masas y aplicar la línea de masas a todas las activi-dades de gobernación del país y el tratamiento de los asuntos adminis-trativos.

Lo que demuestra en esencia la línea de masas es el principio básico del marxismo acerca de que las masas populares son creado-ras de historia. Sólo persistiendo en este principio básico podremos manejar la ley básica de la marcha de la historia. Sólo actuando de acuerdo con la ley histórica podremos ser invencibles. La historia corrobora una y otra vez que las masas populares son la fuerza principal del desarrollo de la historia y el progreso de la sociedad. El camarada Mao Zedong dijo: "Una vez que el destino de la patria esté en sus manos, China, como el Sol naciente en el Este, iluminará todos los rincones de la tierra con su brillante llama"[2].

Al persistir en la línea de masas, se ha de insistir en que el pueblo es la fuerza fundamental que decide nuestro porvenir y destino. Es preciso mantener la posición del pueblo como sujeto y movilizar el entusiasmo del pueblo, la siempre base poderosa sobre la cual nuestro Partido se erige invencible. Ante el pueblo somos siempre alumnos de la escuela primaria. Debemos venerar conscientemente al pueblo como maestro, pidiéndoles a los hábiles instrucciones y a los sabios, tácticas. Es preciso respetar los deseos del pueblo, las experiencias acumuladas por el pueblo, los derechos del pueblo y el papel que el pueblo desempeña. Debemos estimar los poderes que nos confiere el pueblo, usar correctamente los poderes otorgados por el pueblo, posibilitar al pueblo la supervisión de los poderes y apoyarnos firmemente en el pueblo para crear hazañas históricas, para que el fundamento de nuestro Partido sea siempre tan sólido como la roca inmovible.

Al persistir en la línea de masas se ha de persistir en el objetivo fundamental de servir de todo corazón al pueblo. "El poder prospera porque se acomoda al corazón del pueblo y el poder se anula porque va en contra del corazón del pueblo"[3]. El servir de todo corazón al pueblo es el punto de partida fundamental y el punto de destino de toda acción de nuestro Partido, así como el rasgo fundamental que diferencia a nuestro Partido de los demás partidos políticos. Todo trabajo del Partido tiene que considerar como su norma máxima los intereses fundamentales del más amplio sector del pueblo. Para comprobar el impacto de todo nuestro trabajo, al final hay que ver si el pueblo recibe de veras beneficios reales, si las condiciones de vida del pueblo experimentan realmente una mejora, si los derechos e intereses del pueblo están verdaderamente garantizados. Frente a la nueva aspiración del pueblo a una vida mejor, no podemos darnos por satisfechos ni relajarnos en lo más mínimo, tenemos que hacer esfuerzos constantes para posibilitar que los frutos del desarrollo beneficien más, con mayor equidad, a todo el pueblo y marchar a paso seguro por la senda de la prosperidad conjunta.

Al persistir en la línea de masas, el Partido y las masas populares han de mantener vínculos de uña y carne. La mayor superioridad política de nuestro Partido es el poder vincularse estrechamente con las masas y el mayor peligro, el poder divorciarse de las masas. El camarada Mao Zedong dijo: "Los comunistas somos las semillas y el pueblo, la tierra. Dondequiera que vayamos, debemos unirnos con el pueblo, echar raíces y florecer en el seno del pueblo"[4]. Todos los miembros del Partido deben tener muy presente los puntos de vista de las masas y la línea de masas y llevarlos a la práctica, dedicar ingentes esfuerzos a resolver los problemas existentes en el seno del Partido, sobre todo aquellos que provocan el descontento de las masas populares para que nuestro Partido siempre goce de la confianza y el apoyo de las masas populares.

Adherirse a la línea de masas es permitir que el pueblo evalúe nuestro trabajo. "Los que saben de la pérdida del poder se encuentran en el campo"[5]. El porvenir y destino de todo partido político depende al final de si la voluntad popular está en pro o en contra. "El corazón humano representa la fuerza". Cuantitativamente los miembros de nuestro Partido son la minoría dentro del pueblo. Los objetivos grandiosos de la lucha de nuestro Partido no encontrarán modo de materializarse divorciándose del apoyo del pueblo. El nivel de gobernación y los efectos de la gobernación de nuestro Partido no los deciden nuestras propias expresiones sino que tienen que someterse a la valoración del pueblo y el pueblo es el único capaz de evaluarlos. El pueblo es el máximo árbitro y el evaluador final del trabajo de nuestro Partido. Si un partido se estima sabio, se divorcia del pueblo o se sobrepone al pueblo termina siendo abandonado por el pueblo inevitablemente. Eso le sucede a todo partido político. Esta es una ley acérrima del desarrollo de la historia y no tiene excepción ni en los tiempos antiguos ni hoy día, ni en China, ni en el mundo.

La independencia y la autodecisión son conclusiones necesarias sacadas por nuestro Partido, partiendo de la realidad china, apoyándose en las fuerzas del Partido y el pueblo para llevar a cabo la revolución, la construcción y la reforma. Tanto en el pasado, en el presente como en el futuro hemos de colocar el desarrollo del Estado y la nación en los puntos básicos de nuestras propias fuerzas, mantener el sentido de dignidad y confianza nacionales y seguir firmemente y sin vacilación nuestro propio camino.

La independencia y la autodecisión constituyen una excelente tradición de la nación china e importante principio del Partido Comunista de China y la República Popular China para establecerse como Partido y Estado. La situación nacional y la misión de un país oriental grande con población numerosa y atrasado económica y culturalmente como China han decidido que no podamos sino seguir nuestro propio camino.

Parados en la vasta tierra de 9.600.000 kilómetros cuadrados, absorbiendo los elementos nutritivos culturales acumulados en la prolongada lucha de la nación china, con la fuerte unión de los 1.300 millones de habitantes que conforman el pueblo chino, al seguir nuestro propio camino contamos con un escenario incomparablemente vasto, poseemos un trasfondo histórico incomparablemente profundo y rico y tenemos una determinación incomparablemente poderosa de marchar hacia adelante. El pueblo chino debe tener esta confianza y cada uno de los chinos debe tener esta confianza, sin excepción.

Al persistir en la independencia y autodecisión es preciso que el propio pueblo chino tome decisiones sobre los asuntos chinos y los aborde él mismo. En el mundo no hay modelo de desarrollo concreto que se ajuste a todos ni camino de desarrollo inmodificable. La diversidad de las condiciones históricas decide la diversidad del camino de desarrollo escogido por los diversos países. En la historia humana no hay una nación ni un país que puedan materializar el fortalecimiento y la revitalización a través del apoyo en las fuerzas externas y siguiendo cada paso de los demás. Tal proceder resulta en inevitable derrota o el país o nación convertido en apéndice de otros inevitablemente.

Nuestro Partido, en la prolongada práctica de dirigir la revolución, la construcción y la reforma persiste siempre en abrirse independientemente su propio camino de marcha. Semejante exploración independiente, auto-decisiva y espíritu de práctica, semejante fe y decisión inquebrantable de seguir su propio camino constituyen el punto en el cual se coloca toda la teoría y práctica de nuestro Partido, y, también la garantía fundamental para que la causa del Partido y el pueblo marche constantemente de una victoria en otra.

Al persistir en la independencia y la autodecisión, se ha de ser firme e inconmovible a la hora de seguir el camino del socialismo con peculiaridades chinas. No marcharemos por el viejo camino del encierro y el estancamiento, como tampoco por el camino desviado que conduce al cambio de bandera. Debemos incrementar nuestra fuerza política, afianzar la fe en el camino, en la teoría y en el sistema. Debemos basarnos en el desarrollo y los cambios de la situación y las tareas para, a través de la profundización integral de la reforma, extender constantemente el camino del socialismo con peculiaridades chinas, enriquecer sin cesar el sistema teórico del socialismo con peculiaridades chinas y mejorar ininterrumpidamente el sistema del socialismo con peculiaridades chinas. Hemos de ser modestos en el aprendizaje y tomar como referencias todos los frutos de la civilización creados por la sociedad humana, pero no podemos olvidar nuestra historia y nuestro origen, no podemos copiar modelos de desarrollo de otros países ni aceptar en absoluto las instrucciones de ningún país.

Al persistir en la independencia y la autodecisión, se ha de insistir en la política exterior independiente y de paz y seguir firme e inquebrantablemente el camino del desarrollo pacífico. Hemos de enarbolar la bandera de la paz, el desarrollo, la cooperación y el beneficio mutuo; persistir en los nexos amistosos con los diversos países sobre la base de los Cinco Principios de la Coexistencia Pacífica[6], desplegar activamente los intercambios y la cooperación con todos los países sobre la base de la igualdad y el beneficio recíproco, defender con firmeza la paz mundial y fomentar el desarrollo conjunto. Hemos de decidir nuestra propia posición y políticas, basándonos en el sí y el no propios de los asuntos, defender la equidad, promover la justicia, respetar los derechos de los pueblos de los diversos países a optar por el camino de desarrollo independiente sin imponer nuestra voluntad a otros ni permitir en absoluto que nadie imponga su voluntad al pueblo chino. Abogamos por la solución de las disputas internacionales de forma pacífica, nos oponemos al hegemonismo y a las políticas de fuerza de cualquier tipo. Nunca buscaremos la hegemonía ni la expansión. Hemos de defender con firmeza la soberanía, la seguridad y los intereses del desarrollo estatales. Ningún país debe esperar que hagamos transacciones con nuestros propios intereses clave. No deben esperar que traguemos frutos amargos que perjudiquen la soberanía, la seguridad y los intereses del desarrollo de nuestro país.

Notas

[1] Mao Zedong: "Reformemos nuestro estudio", *Obras Escogidas de Mao Zedong,* t. III, Ediciones en Lenguas Extranjeras, 1976, pág. 19.

[2] Mao Zedong: "Discurso pronunciado en la reunión preparatoria de la nueva Conferencia Consultiva Política del Pueblo Chino" *Obras Escogidas de Mao Zedong,* t. IV, Ediciones en Lenguas Extranjeras, 1976, pág. 422.

[3] *Guan Zi,* es una colección de escritos de eruditos de Jixia, del Período de los Reinos Combatientes (475-221 a.n.e.), compilada por Liu Xiang de la dinastía Han del Oeste (206 a.n.e.-25), a petición de Guan Zhong (¿?-645 a.n.e.). Liu Xiang (77 -6 a.n.e.), erudito confuciano, bibliógrafo y literato de la dinastía Han. Guan Zhong, conocido también como Guan Zi, fue político del reino Qi en el Período de Primavera y Otoño.

[4] Mao Zedong: "Acerca de las negociaciones de Chongqing" *Obras Escogidas de Mao Zedong,* t. IV, Ediciones en Lenguas Extranjeras, 1976, pág. 57.

[5] Wang Chong: *Lunheng.* Wang Chong (27-97), natural de Shangyi, Kuaiji (hoy perteneciente a la provincia de Zhejiang). Filósofo, pensador y crítico literario durante el período de la dinastía Han del Este (25-220). Su obra *Lunheng (Acerca del balance),* que asimiló ampliamente los pensamientos de las escuelas Confuciana, Taoísta, Moísta, etc. de los tiempos anteriores a la fundación de la dinastía Qin (221-206 a.n.e.) y los logros de las ciencias naturales de la dinastía Han, criticó la teología y las doctrinas adivinadoras de la época.

[6] Los Cinco Principios de la Coexistencia Pacífica se refieren al respeto mutuo de la soberanía e integridad territorial, a la no agresión mutua, a la no intervención

en los asuntos internos de otros países, a la igualdad y la cooperación de beneficio recíproco y a la coexistencia pacífica. Entre diciembre de 1953 y abril de 1954, delegaciones de los gobiernos de China e India mantuvieron negociaciones en Beijing sobre las relaciones de ambos países con las regiones tibetanas de China. El 31 de diciembre de 1953, o sea el primer día de las negociaciones, el entonces primer ministro chino, Zhou Enlai (1898-1976), formuló estos principios por vez primera. Posteriormente, los Cinco Principios de la Coexistencia Pacífica fueron incluidos en el Acuerdo sobre el Comercio y el Transporte entre las Regiones Tibetanas de China e India. En junio de 1954, durante su visita a India y Birmania (actual Myanmar), el primer ministro chino, Zhou Enlai, en declaraciones conjuntas con sus homólogos de ambos países, Jawaharlal Nehru y U Nu, respectivamente, llamó a tomar los Cinco Principios de la Coexistencia Pacífica como normas básicas para las relaciones entre los países.

II.
Materializar el sueño chino de la gran revitalización de la nación china

La materialización de la gran revitalización de la nación china constituye el sueño más grandioso abrigado por nuestra nación desde la época moderna[*]

29 de noviembre de 2012

Esta exposición El Camino hacia la Revitalización es una mirada retrospectiva al ayer de la nación china, muestra el presente de la nación china y manifiesta el mañana de la nación china, transmitiendo una profunda enseñanza y sirviendo de fuente de inspiración al pueblo. El ayer de la nación, se puede decir, era "No digas que es como de hierro el imponente paso"[1]. La grandeza del sufrimiento de la nación china y la inmensidad de los sacrificios hechos por la nación china en la era moderna raramente se han visto en la historia mundial. Pero el pueblo chino no se dejó doblegar, se levantó una y otra vez en la resistencia y la lucha, y por fin logró dominar su propio destino y emprendió el grandioso proceso de la construcción de su propio país, lo cual expone el gran espíritu nacional que tiene el patriotismo como núcleo. El presente de la nación china es como lo describe este verso: "Es ley del mundo que el mar de ayer se torne hoy en campo de moras"[2]. A partir del inicio de la reforma y apertura, a través de la síntesis de la experiencia histórica y de arduas y continuas exploraciones, hemos encontrado finalmente la vía correcta para materializar la gran revitalización de la nación china y hemos obtenido logros que concitan la atención del mundo. Esta vía es el socialismo con peculiaridades chinas. El mañana de la nación china se puede calificar como "Ha llegado el momento de surcar las olas a lomo del viento"[3].

---

[*] Palabras pronunciadas en la visita a la exposición "El Camino hacia la Revitalización".

Mediante las luchas sostenidas que han durado más de 170 años desde la Guerra del Opio[4], la gran revitalización de la nación china deja notar una perspectiva luminosa. Ahora más que en cualquier período de la historia estamos más próximos al objetivo de la gran revitalización de la nación china, más que en cualquier período de la historia contamos con la confianza y la capacidad para materializar este objetivo.

Al rememorar el pasado, todos los camaradas del Partido hemos de tener muy en cuenta que el atraso expone a los ataques y que solo el desarrollo trae la auto-superación. Al examinar con detenimiento el presente, todos los camaradas del Partido hemos de tener muy en cuenta que el camino determina el destino, que encontrar el camino correcto no ha sido en absoluto fácil y que debemos seguirlo invariablemente. Al levantar la mirada al futuro, todos los camaradas del Partido hemos de tener muy presente que para hacer realidad nuestro plan nos queda un largo trecho por recorrer, por lo que deberemos hacer grandes esfuerzos durante mucho tiempo.

Todo el mundo tiene sus ideales, aspiraciones y sueños. Ahora, todos nosotros estamos hablando del sueño chino. En mi opinión, la materialización de la gran revitalización de la nación china constituye el sueño más grandioso abrigado por nuestra nación en la era moderna. Este sueño aglutina los deseos acariciados desde hace mucho tiempo por varias generaciones de chinos, encarna el conjunto de los intereses de la nación china y su población, y representa el anhelo común de todos los hijos de la nación. La historia nos enseña que el futuro y el destino de cada individuo están estrechamente vinculados a los del Estado y la nación. Solo si al Estado y a la nación les va bien, nos irá bien a cada uno de nosotros. El cumplimiento de la gran revitalización de la nación china es una causa gloriosa pero ardua que exige los esfuerzos mancomunados de varias generaciones de chinos. Hablar en vano perjudica al país, mientras que trabajar arduamente lo revitaliza. Los comunistas de nuestra generación hemos de perseverar en la continuación de la causa de nuestros antecesores y en la apertura de nuevas perspectivas para construir bien nuestro Partido. Uniendo a todos los hijos de la nación china, construiremos nuestro país, garantizaremos el buen desarrollo de nuestra nación y proseguiremos valientemente nuestro avance hacia la gran revitalización de la nación china.

Estoy firmemente convencido de que podremos lograr el objetivo de que en el centenario de la fundación del Partido Comunista de China culminaremos la construcción integral de una sociedad modestamente acomodada y de que en el centenario de la fundación de la Nueva China llegaremos a transformar nuestro país en un país socialista moderno, próspero, poderoso, democrático, civilizado y armonioso, haciendo así realidad el sueño de la gran revitalización de la nación china.

Notas

[1] Mao Zedong: "El paso de Loushan –según la melodía Yi Chin E", *Poemas de Mao Zedong*, Ediciones en Lenguas Extranjeras, 1978, pág. 16.

[2] Mao Zedong: "La toma de Nakin por el Ejército Popular de Liberación –un lüshi, Ediciones en Lenguas Extranjeras, 1978, pág. 25.

[3] Li Bai: "Tres poesías sobre el camino difícil –primera". Li Bai (701-762) fue poeta de la dinastía Tang.

[4] La Guerra del Opio se refiere a la guerra de agresión del Reino Unido contra China que se extendió de 1840 a 1842. En 1840, el gobierno británico, por la oposición china a la introducción del opio, envió fuerzas armadas a invadir China so pretexto de proteger el comercio. El ejército chino, dirigido por Lin Zexu, gobernador de Guangdong y Guangxi, hizo resistencia. El pueblo de Guangzhou se organizó espontáneamente en la lucha armada antibritánica golpeando a los agresores ingleses. Los habitantes de Fujian, Zhejiang y otros lugares también, por propia y espontánea voluntad, se unieron a la resistencia contra la invasión inglesa. En 1842, el ejército inglés tomó la zona del río Yangtsé y obligó al gobierno de la dinastía Qing a firmar el Tratado de Nanjing, el primer tratado desigual en la historia moderna de China.

Discurso ante la I Sesión
de la XII Asamblea Popular Nacional

17 de marzo de 2013

Estimados diputados:

Esta Asamblea me ha elegido presidente de la República Popular China. Quisiera expresar mi más sincero agradecimiento a los estimados diputados y al pueblo de las diversas etnias de todo el país por la confianza que en mi persona depositan.

Soy consciente de que este noble cargo de presidente de la República significa una misión gloriosa y una responsabilidad de causa mayor. Cumpliré fielmente las funciones y responsabilidades que me confiere la Constitución, seré leal a la patria y al pueblo, observaré y cumpliré cabalmente mis deberes, trabajaré día y noche por el bien del pueblo, serviré al pueblo, agotaré todas mis energías al servicio del Estado, aceptaré conscientemente la supervisión ejercida por el pueblo y no defraudaré bajo ningún concepto la confianza y la misión que en mí ponen los estimados diputados y el pueblo de las diversas etnias de todo el país.

Estimados diputados:

La República Popular China ha transitado por un trayecto brillante. Bajo la égida del colectivo dirigente central de la primera generación con el camarada Mao Zedong al frente, del colectivo dirigente central de la segunda generación con el camarada Deng Xiaoping como núcleo, del colectivo dirigente central de la tercera generación con el camarada Jiang Zemin como núcleo, y del Comité Central del Partido con el camarada Hu Jintao como secretario general, el pueblo de las distintas etnias de todo el país, actuando como un solo hombre y una sola fuerza, luchando con fuerza sin par y venciendo todo tipo de dificultades, peligros y obstáculos en el camino de avance, ha conquistado brillantes éxitos de reconocimiento mundial.

Hoy nuestra República Popular se yergue con una postura elevada en el Oriente del mundo.

Durante los diez años que fungió como presidente de la República, el camarada Hu Jintao, con su rica sabiduría política, habilidades de dirección excelentes y espíritu de trabajo diligente, hizo méritos sobresalientes al mantenimiento y desarrollo del socialismo con peculiaridades chinas, que le valieron el sincero amor del pueblo de las diversas etnias de todo el país y el elogio universal de la comunidad internacional. Manifestemos al camarada Hu Jintao nuestro sincero agradecimiento y noble sentido de respeto.

Estimados diputados:

En su ininterrumpida historia de más de cinco mil años de civilización, la nación china ha creado una rica y profunda cultura propia y ha hecho contribuciones indelebles al progreso de la civilización humana. Lo que a lo largo de milenios de vicisitudes ha logrado cohesionar estrechamente a las 56 etnias de nuestro país, a más de 1.300 millones de personas, han sido las extraordinarias luchas que hemos librado juntos, el hermoso hogar que hemos construido juntos y el espíritu nacional que hemos cultivado juntos. Lo que impregna todo el proceso y es lo más importante, son los ideales y convicciones a los que, juntos, hemos permanecido adheridos firmemente.

El cumplimiento de los objetivos de nuestra lucha –la culminación de la construcción integral de una sociedad modestamente acomodada y la transformación de nuestro país en un país socialista moderno, próspero, poderoso, democrático, civilizado y armonioso– y la materialización del sueño chino de la gran revitalización de la nación china tienen precisamente como objetivo hacer realidad un país floreciente y fuerte, una nación vigorosa y un pueblo feliz, objetivo que no solo encarna a fondo los ideales de los chinos de hoy, sino que refleja profundamente la gloriosa tradición de nuestros antepasados de batallar incansablemente por el progreso.

Ante la impetuosa corriente de la época y las anhelantes expectativas del pueblo de llevar una vida mejor, no podemos permitirnos ninguna autocomplacencia ni relajamiento alguno, sino que debemos redoblar los esfuerzos y avanzar con intrepidez para continuar llevando adelante la causa del socialismo con peculiaridades chinas, y seguir luchando sin desmayo por la materialización del sueño chino que es la gran revitalización de la nación china.

—Para materializar el sueño chino hay que seguir el camino chino, es decir, el del socialismo con peculiaridades chinas. Este camino, al que no ha sido nada fácil llegar, se ha perfilado en medio de la gran práctica de la reforma y apertura durante más de tres décadas; de la incesante exploración llevada a cabo en los más de 60 años transcurridos desde la fundación de la República Popular China; de la profunda síntesis de la trayectoria de la evolución de la nación china a lo largo de los más de 170 años desde el inicio de la época moderna; y de la continuación de la larga civilización de más de cinco milenios de la nación china. Por tanto, posee profundos orígenes históricos y una amplia base en la realidad. Como nación dotada de una creatividad excepcional, hemos construido la gran civilización china y tenemos asimismo la capacidad de continuar expandiendo y siguiendo este camino de desarrollo adaptado a la realidad china. El pueblo de todas las etnias del país ha de fortalecer su convicción en la teoría, el camino y el sistema del socialismo con peculiaridades chinas, y avanzar intrépidamente y sin titubear por esta acertada vía china.

—Para materializar el sueño chino hay que fomentar el espíritu chino, que consiste en un espíritu nacional centrado en el patriotismo y un espíritu de la época centrado en la reforma y la innovación. Este espíritu constituye el alma de la revigorización y el fortalecimiento del país. Desde siempre, el patriotismo ha sido la fuerza espiritual que ha cohesionado firmemente a la nación china; y la reforma y la innovación, la fuerza espiritual que nos ha estimulado a avanzar con los tiempos en la reforma y la apertura. El pueblo de todas las etnias del país ha de desplegar el gran espíritu nacional y de la época, fortalecer constantemente el lazo espiritual que aglutina las voluntades e incrementar sin cesar la fuerza motriz espiritual de la auto-superación permanente, con miras a marchar, siempre rebosantes de vitalidad, hacia el futuro.

–Para hacer realidad el sueño chino hay que aglutinar las fuerzas chinas, es decir, la fuerza de la gran unión del pueblo de todas las etnias del país. El sueño chino representa el de la nación y el de cada uno de los chinos. Siempre que nos unamos estrechamente y actuemos con una misma voluntad en la lucha por realizar nuestro sueño común, nos asistirán fuerzas infinitamente poderosas para su materialización y ganaremos extensos espacios para el empeño de cada uno de nosotros en el cumplimiento de nuestros sueños. Todos los chinos, que vivimos en nuestra gran patria y en esta gran época, disfrutamos en común de la oportunidad de hacer relucir nuestras vidas, de hacer realidad nuestros sueños y de crecer y progresar juntos con la patria y con la época. Siempre que se tengan sueños, oportunidades y empeños, será posible crear la belleza. Nosotros, el pueblo de todas las etnias del país, debemos tener bien presente nuestra misión y aunar nuestras voluntades y fuerzas para que la sabiduría y la energía de estos 1.300 millones de personas confluyan en una fuerza arrolladora invencible.

El sueño chino es, en definitiva, el sueño del pueblo, y hemos de realizarlo apoyándonos firmemente en el pueblo y creando constantemente beneficios para él.

Debemos perseverar en la integración orgánica de la dirección del Partido con la condición del pueblo de dueño del país y con la administración legal del Estado, y atenernos al estatus protagonista del pueblo y ampliar la democracia popular. Tenemos que promover una administración del país acorde con la ley, así como mantener y mejorar el sistema de asambleas populares –nuestro sistema político fundamental– y los de cooperación multipartidista y consulta política bajo la dirección del Partido Comunista de China, de autonomía étnica territorial y de autogobierno de las masas en las instancias de base, entre otros sistemas políticos básicos. Tenemos que construir un gobierno de servicio, responsable, honesto y regido por la ley, y poner en pleno juego la iniciativa del pueblo.

Debemos perseverar en el pensamiento estratégico de que el desarrollo es lo que cuenta y en la consideración de la construcción económica como tarea central, llevar adelante integralmente la construcción socialista en los ámbitos económico, político, cultural, social y de la civilización ecológica, profundizar la reforma y la apertura, e impulsar el desarrollo científico, sentando de manera constante una sólida base material y cultural para la materialización del sueño chino.

Debemos en todo momento prestar atento oído a la voz del pueblo y responder a sus expectativas. Hemos de asegurarle su derecho a una participación y un desarrollo equitativos, proteger la equidad y la justicia sociales, hacer nuevos y constantes progresos para que todos tengan la oportunidad de estudiar, recibir una retribución por su trabajo, asistencia médica en caso de enfermedad, sustento en la vejez y tener un lugar donde vivir, y materializar, salvaguardar y fomentar ininterrumpida y debidamente los intereses fundamentales de las masas populares más amplias, de modo que los logros del desarrollo beneficien en mayor medida y de forma más equitativa a todo el pueblo, y que este marche con paso seguro hacia la prosperidad común sobre la base de un desarrollo continuo de la economía y la sociedad.

Debemos consolidar y desarrollar el más amplio frente único patriótico[1], fortalecer la unidad y cooperación entre el Partido Comunista de China y los otros partidos democráticos y las personalidades sin afiliación partidista, reforzar y desarrollar las relaciones inter-étnicas socialistas de igualdad, unidad, ayuda mutua y armonía, y desplegar el papel positivo que las personalidades del ámbito religioso y las masas creyentes desempeñan en el impulso del desarrollo económico y social, para unir al máximo a todas las fuerzas susceptibles de ser unidas.

Estimados diputados:

"La aspiración determina la acumulación de logros y la expansión de una causa depende de la laboriosidad"[2]. Nuestro país permanece y seguirá durante mucho tiempo en la etapa primaria del socialismo, por lo que el cumplimiento del sueño chino y la creación de una vida más hermosa para el conjunto del pueblo nos obligarán a asumir una gran responsabilidad y recorrer un largo sendero. Asimismo, requerirán que cada uno de nosotros continúe contribuyendo con trabajo diligente y arduos esfuerzos.

Los obreros, campesinos e intelectuales del país tienen que hacer valer su inteligencia y talento, trabajar con diligencia y empeño, y desplegar activamente su papel de fuerza principal y pujante del desenvolvimiento económico y social. Todo el personal de las instituciones estatales tiene que trabajar con abnegación por el interés público, conducirse con honestidad y diligencia en la función pública, y preocuparse por las vicisitudes del pueblo y emprender acciones reales que lo favorezcan. En sintonía con la exigencia dirigida a fortalecer un Ejército dirigido por el Partido, capaz de conseguir la victoria en la batalla y ser ejemplo de conducta, todos los mandos y combatientes del Ejército Popular de Liberación de China y todos los oficiales y soldados de la Policía Popular Armada de China deben elevar su capacidad de cumplir misiones; salvaguardar firmemente la soberanía del Estado y la seguridad y los intereses del desarrollo del país; y proteger con firmeza la vida y los bienes del pueblo. Todas las personalidades de la economía de propiedad no pública y de otros nuevos estratos sociales deben hacer valer su espíritu creativo del trabajo y su espíritu emprendedor, retribuir a la sociedad y beneficiar al pueblo, deviniendo así en cualificados constructores de la causa del socialismo con peculiaridades chinas. Por su parte, los niños y jóvenes del país deben abrigar elevados ideales, asimilar más conocimientos y templar su voluntad, para que el tiempo de su juventud brille con esplendor en medio del progreso de la época.

Los compatriotas de la Región Administrativa Especial de Hong Kong y de la Región Administrativa Especial de Macao han de hacer primar los intereses globales del país, incluidos los de Hong Kong y Macao, y salvaguardar y promover en común la prosperidad y la estabilidad duraderas de esas dos regiones. Los compatriotas de Taiwan y de la parte continental deben tomarse de la mano para respaldar, defender y propulsar el desarrollo pacífico de las relaciones entre las dos orillas del estrecho de Taiwan, a fin de ofrecer un mayor bienestar a los compatriotas de ambas orillas y construir juntos un nuevo porvenir para la nación china. Los compatriotas de ultramar tienen que fomentar las bellas tradiciones de laboriosidad y bondad de la nación china, y esforzarse por contribuir a la promoción del desarrollo de la patria y al estímulo de la amistad del pueblo chino con el pueblo del país donde viven.

El pueblo chino ama la paz. Enarbolando la bandera de la paz, el desarrollo, la cooperación y el beneficio recíproco, seguiremos invariablemente el camino del desarrollo pacífico, aplicaremos inalterablemente la estrategia de apertura basada en el beneficio mutuo, nos entregaremos al desarrollo de la amistad y la cooperación con los demás países, cumpliremos nuestras debidas responsabilidades y obligaciones internacionales, y continuaremos promoviendo la noble causa de la paz y el desarrollo de la humanidad junto con los demás pueblos del mundo.

Estimados diputados:

El Partido Comunista de China es la fuerza núcleo que dirige y une al pueblo de las diversas etnias de todo el país en la construcción de la grandiosa causa del socialismo con peculiaridades chinas. Lleva sobre sus hombros una gran misión histórica, experimenta las pruebas de estos tiempos, tiene que servir a los intereses del pueblo y gobernar el país en bien del pueblo, persistir en velar por su propia administración y disciplinarse con rigor, intensificar integralmente la construcción del Partido, elevar constantemente el nivel de dirección y el nivel de gobernación del Partido, elevar la capacidad de oponerse a la corrupción y evitar la degeneración y repeler los riesgos. Todos los miembros del Partido Comunista, sobre todo, los cuadros dirigentes del Partido, debemos afianzar los ideales y la convicción, colocar siempre en el sitio más alto del corazón al pueblo, dar mayor esplendor a la gloriosa tradición y excelente estilo del Partido, oponernos resueltamente al formalismo y al burocratismo, combatir enérgicamente el hedonismo y la extravagancia, luchar resueltamente contra todo tipo de fenómenos negativos y corruptos, conservar siempre el color político comunista original y luchar sin vacilación por la causa del Partido y el pueblo.

Estimados diputados:

Para materializar los grandes objetivos es necesario esforzarse ardua e incansablemente. Los diversos partidos, las distintas agrupaciones, las diferentes etnias, los diversos estratos y las personalidades de los distintos sectores de todo el país deben unirse más estrechamente en torno al Comité Central del Partido Comunista de China, aplicar y poner en práctica íntegramente el espíritu del XVIII Congreso Nacional del Partido Comunista de China, guiados por la teoría de Deng Xiaoping, el importante pensamiento de la triple representatividad y la concepción científica del desarrollo, ser siempre modestos y prudentes, luchar duro, siempre trabajar mucho, con un elevado espíritu, conquistar constantemente nuevas y mayores victorias para la culminación de la construcción integral de la sociedad modestamente acomodada, el aceleramiento de la modernización socialista, así como hacer nuevas y mayores contribuciones a la humanidad.

Notas

[1] Por frente único se entiende la alianza política concertada sobre la base de ciertos intereses conjuntos por las distintas fuerzas políticas sociales (incluidas las clases, estratos, partidos políticos, grupos e incluso etnias, etc.) en determinadas condiciones históricas para hacer realidad determinados objetivos comunes. El frente único dirigido por el Partido Comunista de China es el frente único revolucionario más amplio, el frente único socialista y el frente único patriótico concertado en el proceso histórico de la revolución de la nueva democracia, construcción socialista y reforma en aras a materializar la independencia, la democracia, la abundancia estatal y la gran revitalización de la nación china por las diversas etnias, los distintos partidos y facciones, los diferentes estratos clasistas y las personalidades de todos los campos.

[2] *Shangshu-Libro de Zhou. Shangshu*, llamado también *Shu*, es una recopilación de documentos y discursos de los gobernantes de las dinastías Shang (1600-1046 a.n.e.) y Zhou.

Los sueños se cumplen trabajando seriamente[*]

28 de abril de 2013

Hemos ya definido los objetivos de la venidera lucha, que son la consumación de la construcción integral de la sociedad modestamente acomodada para el centenario de la fundación del Partido Comunista de China y la materialización de la modernización socialista de China para que sea un país próspero, poderoso, democrático, civilizado y armonioso y hacer realidad el sueño chino de la gran revitalización de la nación china.

Aunque el camino es tortuoso y las tareas de la reforma, desarrollo y estabilidad siguen siendo arduas y exigentes, de cara al futuro estamos llenos de fe. La clase obrera de nuestro país ha de desempeñar el papel de promotor ejemplar en la perseverancia en el camino chino, enaltecer el espíritu chino y aunar fuerzas chinas, unirse como un solo hombre, levantar una muralla inexpugnable con voluntades unidas y luchar por materializar el sueño chino de la gran revitalización de la nación china.

El pueblo escribe la historia y el trabajo forja el futuro. El trabajo constituye la fuerza esencial que impulsa el progreso de la sociedad humana. La felicidad no cae del cielo, ni los sueños se convierten automáticamente en realidad. Para alcanzar los objetivos de nuestra lucha y construir un futuro hermoso, hemos de apoyarnos firmemente en el pueblo, estar siempre para el pueblo y basarnos en el trabajo laborioso, honesto y creativo. Cuando decimos que "hablar en vano perjudica al país, mientras que trabajar seriamente lo revitaliza", entendemos que el "trabajar seriamente" supone, ante todo, obrar con los pies bien puestos en la tierra.

---

[*] Fragmentos de las palabras pronunciadas en una conversación con los representantes de los trabajadores modelo nacionales.

En el trayecto hacia el futuro tenemos que poner en pleno juego el importante papel de la clase obrera de nuestro país, hacer relucir su espíritu de iniciativa histórica, movilizar su entusiasmo laboral y creador.

En primer lugar, hay que desplegar plenamente el papel de fuerza principal de la clase obrera, la cual, como clase dirigente, representa las fuerzas productivas avanzadas de nuestro país, las relaciones de producción avanzadas, la base clasista más firme y más confiable de nuestro Partido, y constituye la fuerza principal para la culminación de la construcción integral de una sociedad modestamente acomodada y para el mantenimiento y desarrollo del socialismo con peculiaridades chinas.

Desde la reforma y apertura, la clase obrera de nuestro país viene engrosando sin cesar su contingente, elevando integralmente su constitución cualitativa, optimizando más su estructura, renovando su fisonomía y fortaleciendo constantemente su carácter de vanguardia. Mirando al futuro, para mantener y desarrollar el socialismo con peculiaridades chinas, es preciso apoyarse de todo corazón en la clase obrera, consolidar la posición de la clase obrera como clase dirigente, poner en pleno juego el papel de fuerza principal de la clase obrera. El apoyarse de todo corazón en la clase obrera no puede servir sólo de consigna para gritar, de etiqueta para pegar, sino que ha de ser aplicado a todo el curso de la elaboración de políticas del Partido y el Estado y el impulso del trabajo y puesto en práctica en todos los aspectos de la producción y negocio de las empresas.

En segundo lugar, hay que apoyarse estrechamente en la clase obrera para desarrollar el socialismo con peculiaridades chinas. El socialismo con peculiaridades chinas constituye el rumbo fundamental del desarrollo y el progreso de la China de hoy, así como la vía ineludible para materializar el sueño chino y conducir a la clase obrera de nuestro país hacia un futuro aún más brillante. La clase obrera de nuestro país debe fortalecer su conciencia de que tiene una misión histórica y su sentido de la responsabilidad; basarse en las ocupaciones propias de cada uno y, a la vez, tener presente la situación en general;

integrar conscientemente la felicidad familiar y los ideales de la vida en la magna empresa de la prosperidad, fortaleza del país y la revitalización de la nación. Además, debe vincular estrechamente los sueños individuales con el sueño chino para contribuir, siempre desde su posición de dueña del país, al mantenimiento y desarrollo del socialismo con peculiaridades chinas.

La clase obrera de nuestro país ha de tener firmemente presente el ideal y la fe en el socialismo con peculiaridades chinas, la fe en seguir inquebrantablemente al Partido, apoyar resueltamente el sistema socialista, respaldar con resolución la reforma y apertura y ser siempre piedra angular de la perseverancia en el camino chino. Es menester practicar conscientemente la concepción de los valores socialistas clave[1], desplegar la gran cualidad y estilo de la clase obrera de nuestro país, influir y movilizar a toda la comunidad con pensamiento avanzado y acciones ejemplares, inyectar constantemente nuevas energías al espíritu chino y ser siempre modelo para dar mayor esplendor al espíritu chino. También hay que asumir la revigorización de China como misión propia, explotar al máximo la grandiosa fuerza creadora, desarrollar la gloriosa tradición de la clase obrera de tener presente los principios fundamentales y preocuparse por la situación en general, salvaguardar conscientemente un entorno político seguro, estable y unido y ser siempre columna vertebral en el aglutinamiento de las fuerzas chinas.

En tercer lugar, hay que perseverar en honrar el trabajo y en crear beneficios para los trabajadores. El trabajo es fuente de riqueza y felicidad. Únicamente con el trabajo honesto se pueden concretar los bellos sueños humanos; solo con él se pueden solucionar los múltiples problemas difíciles que encierra el desarrollo; y solo con él se puede dar forma a todo el esplendor que hay en la vida. El trabajo ha creado a la nación china, así como su historia esplendorosa, y con toda seguridad le deparará un futuro luminoso. "No hay nada en el mundo que la persona laboriosa no pueda superar". Hace falta tener firmemente presente la idea de que el trabajo es la virtud más honorable, más noble, más grandiosa y más bella, de modo que todo el pueblo vaya

más allá en su motivación por el trabajo y en la liberación de su potencial creativo, construyendo una vida más esplendorosa mediante el
trabajo.

Toda la sociedad debe aplicar el importante principio de respetar
la labor, respetar el saber, respetar a las personas de valía y respetar
la creación, defender y desarrollar los intereses de los trabajadores
y garantizar los derechos de los trabajadores. Hay que persistir en la
equidad y la justicia sociales, eliminar los obstáculos que impiden la
participación de los trabajadores en el desarrollo y goce de los frutos
del desarrollo, esforzarse por posibilitar que los trabajadores tengan
condiciones de trabajo decentes y se desarrollen integralmente. Toda
la sociedad debe amar el trabajo, considerar como gloria la labor diligente y como vileza, el amor al ocio y el odio al trabajo.

En cuarto lugar, es necesario hacer un gran esfuerzo por dar un
mayor esplendor al espíritu de los trabajadores modelo y poner en
juego su papel. La fuerza de las figuras ejemplares es inagotable. Los
trabajadores modelo son la élite de nuestra nación y un ejemplo para
el pueblo. A lo largo de los años, han hecho méritos extraordinarios
en su trabajo ordinario, han forjado el espíritu modelo del "amor y
entrega al trabajo, han pugnado por obtener logros de primer orden,
han hecho derroche de lucha ardua, de valentía en la innovación, de
desdén por la fama y los beneficios, y de disposición ante el trabajo
abnegado", espíritu que ha enriquecido en contenido el espíritu de la
nación y la época, y que constituye una riqueza espiritual sumamente
valiosa.

Para alcanzar el objetivo de nuestro desarrollo debemos ser poderosos no solo en lo material, sino también en lo espiritual. Es preciso
que el pueblo de las diversas etnias del país aprenda de los trabajadores modelo, los tome como ejemplo y fomente el espíritu luchador de
aprovechar cada día y cada hora, para consagrarse en común a la grandiosa causa de materializar la gran revitalización de la nación china.
Los trabajadores ejemplares y personalidades vanguardias deben
apreciar los honores, hacer esfuerzos constantes, amar sus puestos de
trabajo y dedicarse devotamente a sus quehaceres, hacer contribucio-

nes desinteresadas, ser ejemplos de ideal y fe, ejemplos de labor diligente y de unidad. Los obreros de este tiempo no sólo deben contar con fuerza, sino también con sabiduría y técnica. Deben ser capaces de inventar, innovar y tocar la melodía principal de la época con sus acciones prácticas. Los comités del Partido, gobiernos y organizaciones sindicales de los diversos niveles deben prestar especial atención a los trabajadores modelo, conceder solicitud a los trabajadores modelo, apoyar a los trabajadores modelo para que desempeñen el papel de fuerza vertebral y promotora, ayudar a los trabajadores modelo a resolver los problemas que encuentran en la producción y en la vida, difundir las hazañas de los trabajadores modelo para posibilitar el desarrollo constantemente del espíritu del trabajador modelo.

El Partido deposita grandes expectaciones en el sindicato y la masa obrera cifra sus esperanzas en el sindicato. Los sindicatos de China constituyen organizaciones de masa de la clase obrera dirigidas por el Partido Comunista de China, son el puente y el lazo por los cuales el Partido se comunica con la masa obrera y son un importante pilar social del poder estatal socialista. El camino de desarrollo del sindicato del socialismo con peculiaridades chinas es importante parte componente del camino del socialismo con peculiaridades chinas, refleja a fondo la naturaleza y las características de los sindicatos de China y constituye una importante garantía para que las organizaciones sindicales y el trabajo sindical marchen adelante siguiendo el rumbo correcto. Es preciso persistir siempre en este camino, extender constantemente este camino y esforzarse por hacer cada vez más amplio este camino.

Los tiempos evolucionan, la causa es innovada, de ahí que la labor del sindicato también necesite desarrollarse y ser objeto de la innovación. Hay que adaptarse a las exigencias de los tiempos, adaptarse a los cambios sociales, saber crear métodos de trabajo científicos y eficaces, permitiendo a la masa obrera sentir auténticamente que el sindicato es "el hogar de los obreros", que los cuadros sindicales son los "miembros de la familia materna" más confiables. Hay que considerar el servir con toda sinceridad a la masa obrera como puntos de partida y destino de todo trabajo sindical, servir de todo corazón a las grandes masas de obreros, prestar oído concienzudo a los gritos de la masa obrera, salvaguardar los derechos e intereses legales de la masa obrera, incluidos los trabajadores emigrados del campo, hacer cosas buenas, cosas reales y cosas orientadas a resolver las dificultades de la masa obrera, fomentar constantemente las relaciones laborales armoniosas y socialistas. Hay que prestar suma atención a las demandas diversificadas de la gran masa obrera, ampliar el espacio que permite a los obreros crecer y convertirse en talentos, formar enérgicamente un grupo numeroso de obreros preparados, con pericia técnica y carácter innovador, imbuido de una elevada constitución cualitativa. Los comités del Partido y gobiernos a diversos niveles deben reforzar y mejorar la dirección sobre los sindicatos, apoyarlos en la realización de su trabajo, proporcionarles más recursos y medios en el desempeño de su labor y crear mejores condiciones para que cumplan sus funciones.

La marcha de los mil *li* comienza por el primer paso. Nuestro país tiene ante sí perspectivas de desarrollo muy brillantes, pero no es posible que nuestro camino sea del todo llano y expedito, ni que el plan se cumpla de golpe, ni que el sueño se concrete de la noche a la mañana. Todas las cosas del mundo emergen de las vicisitudes, por lo que cuanto más hermoso sea el futuro que deseemos, tanto más arduos habrán de ser los esfuerzos que le dediquemos.

Solo la ocupación real puede superar lo más duro y lo más dificultoso, y solo el trabajo arduo puede hacer realidad los sueños. Por consiguiente, tenemos que fomentar enérgicamente en toda la sociedad los buenos hábitos de dedicación real y trabajo arduo, entrega total y concentrada. Los cuadros dirigentes de todos los niveles deben encabezar el espíritu del trabajador modelo; elaborar políticas orientadas a la realidad, demostrar la dedicación real, emprender acciones concretas; abstenerse de buscar la fama banal y resultados ficticios; y oponerse resueltamente a las cuatro formas de decadencia que suscitan fuertes quejas entre los cuadros y las masas —el formalismo, el burocratismo, el hedonismo y la extravagancia, dirigiendo a las masas con el ejemplo de su propia conducta en el cumplimiento de su labor.

Estoy profundamente convencido de que con la firme dirección del Comité Central del Partido, con la marcha intrépida unida de la clase obrera y todas las masas trabajadoras de nuestro país, con la lucha mancomunada del pueblo de las diversas etnias de todo el país, sin duda podremos crear un mañana más hermoso y el sueño chino de la gran revitalización de la nación china se hará realidad sin lugar a dudas.

Notas

¹ En el informe *Avanzar con toda firmeza por el camino del socialismo con peculiaridades chinas y luchar por la consumación de la construcción integral de una sociedad modestamente acomodada,* presentado en noviembre de 2012 ante el XVIII Congreso Nacional del Partido Comunista de China, se formuló la concepción de los valores socialistas clave. Estos son: la prosperidad y la fortaleza, la democracia, la civilización, la armonía, la libertad, la igualdad, la justicia, la legalidad, el amor a la patria, la dedicación profesional, la honestidad y la credibilidad y la amistad.

Dar alas a los sueños juveniles en la práctica viva del cumplimiento del sueño chino de la gran revitalización de la nación china[*]

4 de mayo de 2013

El XVIII Congreso Nacional del Partido delineó un ambicioso plan para culminar la construcción integral de una sociedad modestamente acomodada y acelerar el impulso de la modernización socialista, lanzando el llamamiento contemporáneo a avanzar hacia los objetivos de la lucha fijados para los dos centenarios[1]: el del Partido en 2021 y el de la Nueva China en 2049. Conforme al espíritu del XVIII Congreso Nacional del Partido, hemos planteado explícitamente la necesidad de materializar el sueño chino de la gran revitalización de nuestra nación. Ahora, todos hablamos de este sueño y pensamos tanto en su relación con nosotros como en las responsabilidades que cada uno debe cumplir para hacerlo realidad.

—El sueño chino es histórico y actual, pero también pertenece al futuro. Este sueño aglutina los infatigables esfuerzos de innumerables personas con elevados ideales, porta las aspiraciones compartidas por todos los hijos de la nación y muestra las espléndidas perspectivas de la prosperidad y la fortaleza del país, la vigorización de la nación y la felicidad del pueblo.

—El sueño chino es un sueño del Estado y la nación, y de cada uno de los chinos. Solo si al Estado y a la nación les va bien, nos irá bien a cada uno de nosotros. Solo cuando todos y cada uno de nosotros luchemos por hermosos sueños, confluirá la fuerza arrolladora que materializará el sueño chino.

---

[*] Fragmentos de las palabras pronunciadas en una charla con los jóvenes sobresalientes representantes de los diversos sectores sociales.

61

—El sueño chino es nuestro pero es más de la generación de ustedes, los jóvenes. La gran revitalización de la nación china terminará haciéndose realidad en la lucha del relevo de los jóvenes.

En los diversos períodos de la historia de revolución, construcción y reforma, el Partido Comunista de China siempre ha concedido suma importancia a los jóvenes, es solícito con los jóvenes, confía en los jóvenes y deposita vehemente sus esperanzas en la joven generación. El Partido Comunista de China siempre ha considerado a los jóvenes como el futuro de la patria y la esperanza de la nación. Siempre ha considerado a los jóvenes como la fuerza fresca del desarrollo de la causa del Partido y el pueblo, y los ha apoyado en la materialización del ideal de vida propia en la gran lucha del pueblo.

Ahora estamos más próximos a cumplir el objetivo de la gran revitalización de la nación china y tenemos mayor confianza y capacidad para lograrlo que en cualquier otro periodo de la historia. "El último décimo del recorrido exige la mitad del esfuerzo"[2]. Por consiguiente, cuanto más cerca estemos de coronar este objetivo, tanto menos podemos relajarnos y tanto más debemos redoblar nuestros esfuerzos e intensificar la movilización de las grandes masas juveniles para que luchen por él.

Si se mira al futuro, no cabe duda de que las jóvenes generaciones de nuestro país están capacitadas para grandes causas y lograrán mayores logros. Esto constituye no solo una ley histórica objetiva expresada en el proverbio "las olas del río Yangtsé que vienen detrás empujan a las de adelante", sino una responsabilidad de la juventud, puesto que "las generaciones posteriores sobrepasan a las precedentes". Los jóvenes deben llevar valientemente sobre sus hombros la importante misión que los tiempos le asignan, tener elevadas aspiraciones, proceder con seriedad y firmeza, y esforzarse por dar alas a sus sueños juveniles en la práctica viva del cumplimiento del sueño chino de la gran revitalización de la nación china.

En primer lugar, las grandes masas jóvenes deben ser portadoras de firmes ideales y fe. "La aspiración determina la acumulación de éxitos y la expansión de una causa depende de la laboriosidad"[3]. Los ideales sirven de guía en la vida y las convicciones determinan el éxito o el fracaso de las causas. La carencia de ideales y convicciones provoca una "falta de calcio" espiritual. El sueño chino es el ideal común del pueblo de todas las etnias de nuestro país y un elevado ideal del que las jóvenes generaciones deben imbuirse fuertemente. El socialismo con peculiaridades chinas es el camino correcto para llevar a cabo este sueño, un camino que ha conseguido encontrar nuestro Partido después de haber conducido al pueblo en la superación de innumerables obstáculos; y es, asimismo, la convicción sobre la vida que las grandes masas juveniles deben abrigar con firmeza.

Los jóvenes deben armar su mente con la teoría de Deng Xiaoping, el importante pensamiento de la triple representatividad y la concepción científica del desarrollo, tener ideales y fe en la identificación racional de la teoría científica, el correcto conocimiento de la ley de la historia y el dominio pleno de la situación nacional básica, afianzarse constantemente en la fe en el camino, la fe en la teoría y la fe en el sistema, intensificar la fe en la persistencia en la dirección del Partido, seguir de cerca siempre al Partido para enarbolar la gran bandera del socialismo con peculiaridades chinas.

En segundo lugar, los jóvenes han de ejercitarse en habilidades proficientes. El aprendizaje constituye los peldaños del crecimiento y el progreso, y la práctica constituye la vía para elevar las aptitudes. La constitución cualitativa y las habilidades de la juventud influyen directamente en el proceso de la materialización del sueño chino. Un viejo refrán dice: "El aprendizaje es el arco y la competencia es la flecha"[4]. Significa que la base del conocimiento es como el arco y la competencia, la punta de la flecha. Con tal de apoyarse en abundantes conocimientos como guía, es posible lograr que la competencia desempeñe muy bien su papel. Los jóvenes se encuentran en el período dorado del aprendizaje. Deben tomar como tarea primordial el estudio, como una suerte de responsabilidad, de búsqueda espiritual y de modo de vida. Instituir el concepto de comenzar los sueños por el estudio y hacer exitosa la causa en dependencia de las habilidades, dejar que el aprendizaje se convierta en la fuerza motriz de la larga navegación de

la juventud y permitir que el incremento de habilidades sea la energía
de la lucha de la juventud.

Los jóvenes deben orientarse a la modernización, al mundo y al
futuro, sentir la urgencia de actualizar sus conocimientos, estudiar con
mucho afán; sentar sólidos conocimientos y al mismo tiempo renovar
oportunamente los conocimientos; estudiar exhaustivamente la teoría
y al mismo tiempo ganar habilidades, elevar constantemente la constitución cualitativa y habilidades técnicas de forma tal que respondan
a las demandas del desarrollo de los tiempos y la causa. Tienen que
aplicar lo aprendido, profundizar en la base y adentrarse en las masas
populares; en el gran horno de fundición de la reforma y apertura y la
modernización socialista y en la gran escuela de la sociedad hacer gala
de auténticas habilidades y conocimientos, ganar en aptitud, esforzarse
por ser talentos dignos, capaces de llevar sobre sus hombros las misiones más exigentes.

En tercer lugar, los jóvenes deben ser valientes en la innovación
y la creación. La innovación es el alma del progreso de una nación,
la fuente inagotable para la prosperidad y el desarrollo de un país, y
el don natural más profundo de la nación china. Como dice uno de
nuestros clásicos: "Si se puede ser nuevo un día, hay que mantenerse
nuevo todos los días y hay que renovar incluso lo nuevo"[5]. La vida
jamás se muestra interesada por quienes se aferran a las viejas reglas y
se contentan con el estado actual de las cosas, ni espera a los que no
quieren progresar ni a los que se quedan sentados disfrutando de los
logros ajenos; por el contrario, la vida siempre da más oportunidades a
quienes saben innovar y se atreven a hacerlo. Los jóvenes constituyen
la masa más vital y creativa de la sociedad. Por tal razón deben ocupar
las primeras filas de la innovación y la creación.

Las grandes masas juveniles deben imbuirse del ímpetu de la
vanguardia, el pionerismo. Han de tener la valentía de emancipar la
mente y avanzar con los tiempos, y el coraje de explorar aquí y allá y
abrirse camino para avanzar, debiendo interiorizar el elevado ideal y la
noble aspiración de superar a sus predecesores sobre la base de hacer
suyo lo que estos han conseguido, para crear con su juventud un país

y una nación juveniles. Deben dotarse de la voluntad de abrirse paso entre las montañas y de tender puentes sobre los ríos, e ir siempre adelante, aunque sufran cien reveses por el bien de la innovación y la creación. Deben adoptar la actitud de explorar conocimientos auténticos, buscar la verdad y prestar atención a los hechos a fin de acumular experiencias y obtener logros incesantemente, partiendo de la innovación y la creación en su propio trabajo.

En cuarto lugar, los jóvenes han de jurar mantenerse firmes en su determinación de librar las más arduas luchas. "La espada tiene mucho filo porque se afila una y otra vez y el aroma de la flor del ciruelo proviene del amargo frío". Los bellos ideales de la humanidad no se alcanzan a manos sueltas, y no pueden separarse de las luchas arduas para la conquista de empresas difíciles donde las manos y los pies se llenan de callos. Nuestro país y nuestra nación han logrado alcanzar paso a paso su desarrollo y prosperidad actuales partiendo de una pobreza y una debilidad profundamente arraigadas, gracias a la tenaz pugna librada generación tras generación y al espíritu de lucha y auto-superación de la nación china. Actualmente nos enfrentamos a importantes oportunidades de desarrollo pero también encaramos dificultades y desafíos nunca antes vistos. El sueño está delante, el camino está bajo los pies. Quienes triunfan sobre sí mismos se hacen fuertes y los fuertes, triunfan. Para materializar los objetivos de nuestro desarrollo es necesario que los jóvenes luchen perseverantemente y sin detenerse.

Los jóvenes han de recordar firmemente que "las palabras vacías perjudican al país, mientras que trabajar arduamente lo fortalece". Los jóvenes deben cumplir sus funciones, enfrascarse en el trabajo arduo, empezar por sí mismos y los asuntos pequeños, para construir con su laboriosidad y éxitos de primera una vida brillante que les pertenezca a sí mismos. No han de temer a las dificultades, a vencer los obstáculos, a ser valientes al ir a la base de condiciones duras, a la primera línea de la construcción estatal ni al asalto a las fortalezas de los proyectos. Han de templar su ser y mejorar sus capacidades. Deben ser valientes a la hora de emprender, atreverse a desbrozar y abrir nuevos senderos, crear nuevas empresas en medio de la reforma y apertura e iniciar nuevos espacios de desarrollo de la causa.

En quinto lugar, las grandes masas juveniles han de forjarse en la noble virtud. El socialismo con peculiaridades chinas es un socialismo sustentado por el progreso material y cultural. Ninguna nación carente de fuerza espiritual puede sostenerse ni desarrollarse; y ninguna causa carente de apoyo cultural puede perdurar mucho tiempo. Los jóvenes constituyen la fuerza social que lidera la tendencia social. La constitución cualitativa de una nación es el resultado en gran cuantía del nivel moral y la fisonomía espiritual de la joven generación.

Los jóvenes deben combinar el correcto conocimiento moral, la consciente cultivación moral y la activa práctica moral, establecer y practicar concienzudamente la concepción de los valores socialistas clave y ser vanguardias en la difusión de una buena atmósfera social. Deben reforzar la auto-cultivación ideológica y moral, enaltecer conscientemente las ideas patrióticas, colectivistas y socialistas, abogar activamente por la ética pública social, la ética profesional y la virtud familiar. Tienen que recordar siempre que la razón de "adherirse a la bondad equivale a escalar montañas y arrimarse a la maldad es la hecatombe".[6] Los jóvenes deben mantener siempre una actitud activa ante la vida, una buena conducta moral y el gusto por la vida sana. Deben promover una nueva atmósfera social civilizada, ser los primeros en aprender de Lei Feng[7], participar activamente en los servicios de voluntarios, tomar la iniciativa en las responsabilidades sociales, dar una cálida atención a los demás, involucrarse en más acciones reales de ayuda a los pobres y socorro a los que se encuentran en dificultades, ayuda a los más débiles y personas con discapacidades, así como fomentar con acciones prácticas el progreso de la sociedad.

La lucha por cumplir el sueño chino de la gran revitalización de la nación china constituye el tema principal de nuestro movimiento juvenil actual. La Liga de la Juventud Comunista tiene que llevar a cabo actividades educativas prácticas con el tema "Mi sueño chino" para sembrar y hacer brotar en los niños y jóvenes este sueño con el fin de que un mayor número de ellos tenga el valor de atesorar sueños, de perseguirlos y la diligencia necesaria para cumplirlos, además de que todos ellos adquieran una mayor cuota de energía juvenil para la materialización del sueño chino. Hay que consolidar con el sueño chino la base ideológica común de los jóvenes, educarlos y ayudarlos a adquirir una correcta concepción del mundo, de la vida y del valor. Procurar que siempre amen a nuestra gran patria, que siempre amen a nuestro gran pueblo, a nuestra gran nación china y que sigan firmemente al Partido por el camino del socialismo chino. Tenemos que estimular con el sueño chino el sentido de responsabilidad histórica de los jóvenes y desplegar la gloriosa tradición de "cuando el Partido llama, la Liga de la Juventud actúa". Tenemos que hacer que los jóvenes combinen su trabajo con el del Partido y el Estado, organizarlos y movilizarlos para que apoyen la reforma, fomenten el desarrollo y salvaguarden la estabilidad. Hay que proporcionar activamente servicios a los jóvenes en la materialización de los sueños, mejorar efectivamente el estilo de trabajo, adentrarse en la base y entre los jóvenes, saber lo que piensan, escuchar sus preocupaciones y necesidades, representar y defender sus intereses universales y esforzarse por crear un ambiente que favorezca su crecimiento y desarrollo.

Los jóvenes modelo son el mejor ejemplo a seguir en el aprendizaje por el resto de la juventud porque llevan sobre sus hombros mayores responsabilidades sociales y expectativas del pueblo, interpretan el papel de líderes tanto de la juventud como de toda la sociedad. Deseo que los jóvenes ejemplares continúen esforzándose, disciplinándose con rigor, avanzando impetuosamente y sirviendo de ejemplo a las grandes masas juveniles con su desarrollo personal, búsqueda espiritual y acciones ejemplares.

Cuando la juventud prospera, el Estado prospera y cuando los jóvenes son fuertes, el Estado también es fuerte. Desde el día de su fundación en 1921, nuestro Partido siempre ha representado a las grandes masas juveniles y se ha apoyado en ellas. Los comités del Partido y gobiernos a diversos niveles deben dar crédito a los jóvenes, preocuparse y ser muy exigentes con la juventud, abrir un firmamento más vasto para su pensamiento, construir más amplios escenarios para que los jóvenes practiquen e innoven, proporcionar abundantes oportunidades para que los jóvenes consigan sus objetivos en la vida y crear condiciones más favorables para su realización. Los cuadros dirigentes a los diversos niveles deben prestar atención a las aspiraciones de los jóvenes, ayudarlos a crecer, apoyarlos en el emprendimiento, convertirse en sus amigos y mostrar entusiasmo por el trabajo de la juventud.

En la vida solo se es joven una vez. Ahora es el momento de explotar al máximo su juventud y el futuro será el momento de recordarlo. En la senda de la vida hay tramos llanos y cuestas empinadas; extensiones planas y peligrosos bajíos; rectas y curvas. Ante las múltiples opciones, la clave para los jóvenes está en dejarse guiar por la concepción correcta del mundo, de la vida y de los valores. El sinnúmero de vidas exitosas demuestra que, en la juventud, quien elige sufrir elige cosechar; quien elige contribuir elige la opción noble. Las caídas, los reveses y las pruebas de la juventud hacen más fácil seguir una buena senda en la vida. Hay que ser fuertes de carácter para mantenerse imperturbable ante los favores y las humillaciones, cultivar una fuerte voluntad de avance, mantener el optimismo y el espíritu de superación, transformar los reveses en fuerza motriz, y aprender de las lecciones para trascender en la vida. En resumen, solo una juventud que haya luchado con pasión, bregado con tenacidad y hecho aportaciones al pueblo podrá atesorar recuerdos juveniles plenos, hermosos, imperecederos y libres de remordimientos.

Estoy firmemente convencido de que a mediados de siglo, siempre que el pueblo de todas las etnias del país permanezca estrechamente unido, trabaje de forma ardua y realista, y avance a paso firme bajo la dirección del Partido, habremos logrado convertirnos en un país socialista moderno, próspero, poderoso, democrático, civilizado y armonioso. Las grandes masas juveniles de nuestro país, junto con el pueblo de las diversas etnias, serán testigos de la materialización del sueño chino y participarán en su disfrute.

Notas

¹ Los objetivos de lucha fijados para los dos centenarios fueron planteados en el XVIII Congreso Nacional del Partido Comunista de China para construir el socialismo con peculiaridades chinas. Las dos metas son: para el año 2021, año del centenario de la fundación del Partido Comunista de China, se habrá consumado la construcción integral de una sociedad modestamente acomodada y para el año 2049, año del centenario de la fundación de la Nueva China, se habrá materializado la construcción de un país socialista moderno, rico, poderoso, democrático, civilizado y armonioso.

² *Libro de los Reinos Combatientes (Zhan Guo Ce)*, una compilación de historias de estrategas políticos del Período de los Reinos Combatientes (475-211 a.n.e.)

³ Véase nota 1 del "Discurso ante la I Sesión Plenaria de la XII Asamblea Popular Nacional" del presente libro, pág. 53.

⁴ Yuan Mei: *Suplemento de clasificación de poetas (Xu Shi Pin)*. Yuan Mei (1716-1797) fue poeta y crítico literario de la dinastía Qing (1644-1911).

⁵ *El Gran Aprendizaje (Da Xue)*, uno de "Los Cuatro Clásicos del Confucianismo" junto con las *Analectas de Confucio, Mencio*, y la *Doctrina del Justo Medio*.

⁶ *Registros de los Reinos (Guo Yu)* recoge importantes acontecimientos de la dinastía Zhou del Oeste (1716-771 a.n.e.) y el Período Primavera y Otoño (770-476 a.n.e). Se cree que es la obra de Zuo Qiuming (556-451 a.n.e.), renombrado historiador del reino Lu.

⁷ Lei Feng (1940-1962), soldado del Ejército Popular de Liberación de China, héroe y ejemplo. Persistió en servir de todo corazón al pueblo, gustaba de ayudar a los demás, amaba cada trabajo que hacía. Sacrificó su vida en un accidente. En 1963, Mao Zedong escribió: "Aprender del camarada Lei Feng", sentencia que dio paso a una campaña entusiasta por aprender de las hazañas del joven. En China cada 5 de marzo se conmemora el día nacional del aprendizaje de Lei Feng.

El cumplimiento del sueño chino beneficiará no solo al pueblo chino, sino también a los demás pueblos del mundo*

Mayo de 2013

Pese a las múltiples vicisitudes sufridas, la nación china se ha superado sin cesar y no ha renunciado nunca a su anhelo y aspiración de hacer realidad sus bellos sueños. La materialización del sueño chino de la gran revitalización de la nación china es un deseo que esta lleva acariciando desde el inicio de la época moderna.

En este nuevo periodo histórico, la esencia del sueño chino reside en la prosperidad y la fortaleza del país, el fortalecimiento de la nación y la felicidad del pueblo. Los objetivos de nuestra lucha son: para el 2020, duplicar el PIB y la renta per cápita de la población urbana y rural comparado con 2010, culminando así la construcción integral de una sociedad modestamente acomodada; y, para mediados de siglo, concluir la transformación de nuestro país en un país socialista moderno, próspero, poderoso, democrático, civilizado y armonioso, haciendo con ello realidad el sueño chino de la gran revitalización de la nación china.

Para materializar el sueño chino, debemos perseverar en el camino del socialismo con peculiaridades chinas. Llevamos ya más de treinta años avanzando por él, y la historia ha demostrado que es un camino acertado, que se adapta a la situación china y que nos permite lograr la prosperidad del pueblo y la fortaleza del país, razón por la cual hemos de continuar avanzando invariablemente por esta vía.

---

* Fragmentos de la respuesta a una entrevista conjunta concedida a medios de comunicación de tres países latinoamericanos y caribeños: Trinidad y Tobago, Costa Rica y México.

La realización del sueño chino requiere dar un mayor esplendor al espíritu chino. Para incentivar el ánimo de toda la nación, debemos valernos del espíritu de la nación, centrado en el patriotismo, y del espíritu de la época, centrado en la reforma y la innovación.

La culminación del sueño chino nos exige aunar las fuerzas chinas. Hablar en vano perjudica al país, mientras que trabajar arduamente lo fortalece. Para construir nuestro país y desarrollar nuestra nación, tenemos que recurrir a la sabiduría y la fuerza de los 1.300 millones de integrantes del pueblo chino y a los incansables esfuerzos de una generación tras otra.

Para cumplir el sueño chino, hay que persistir en el desarrollo pacífico. Seguiremos inalterablemente el camino del desarrollo pacífico y aplicaremos invariablemente la estrategia de apertura basada en el beneficio mutuo. Pero no solo nos dedicaremos a desarrollar China, sino que también continuaremos subrayando nuestras responsabilidades con el mundo y nuestras contribuciones a este; y beneficiaremos no solo al pueblo chino, sino también a los pueblos del mundo. El cumplimiento del sueño chino traerá al mundo paz, no conflictos; oportunidades, no amenazas.

América Latina y China están separadas por océanos pero unidas de corazón. A una y a otra las une no solo una profunda, tradicional amistad e intereses comunes, sino la persecución afín de bellos sueños.

En los últimos años, los países latinoamericanos y caribeños no han dejado de dar nuevos pasos en su unión y auto-superación. El establecimiento de la Comunidad de Estados Latinoamericanos y Caribeños constata plenamente que América Latina está llevando adelante con dinamismo el sueño de solidaridad, colaboración y desarrollo conjunto preconizado por los precursores del movimiento de independencia de América Latina.

China está dispuesta a unirse estrechamente a los países de América Latina y el Caribe, a fomentar un apoyo recíproco y una cooperación sincera entre ambas partes para avanzar cogidos de la mano por el camino conducente al bello sueño del desarrollo y la prosperidad.

Buena época para la innovación
y la realización del sueño*

21 de octubre de 2013

La culminación de la construcción integral de una sociedad modestamente acomodada, el impulso de la modernización socialista y la materialización de la gran revitalización de la nación china suponen una causa gloriosa y grandiosa y un luminoso y espléndido porvenir. Todos aquellos dispuestos a dedicarse a esta grandiosa causa podrán acometer grandes empresas. En la gran expedición por la que avanzamos los cientos de millones de chinos, los muchos que cursan estudios en el extranjero están en el momento más propicio para volcarse en la innovación y en el más adecuado para realizar su sueño. Deben integrar el sentimiento patriótico, la aspiración a la fortaleza nacional y el servicio a la patria, incorporar los sueños individuales a la impetuosa lucha del pueblo por cumplir el sueño chino, y dejar escrito su nombre en los brillantes anales históricos de la gran revitalización de la nación china.

Aquí, quisiera expresar cuatro deseos míos a los estudiantes en el extranjero.

Primero, deseo que todos ustedes persistan en el patriotismo. En el largo y milenario río histórico del desarrollo de la nación china, el patriotismo siempre ha sido la vibrante tónica y la poderosa fuerza que ha animado al pueblo de las diversas etnias del país a autosuperarse constantemente. Por mucho que se alargue la sombra de un árbol, sus raíces estarán siempre en la tierra; estén donde estén, los chinos que estudian en el extranjero deben llevar siempre la patria y el pueblo en

---

* Fragmentos del discurso pronunciado en la reunión celebrada con motivo del centenario de la Asociación de Estudiantes Retornados de Occidente.[1]

72

su corazón. Qian Xuesen[2] dijo: "Como trabajador científico y tecnológico de China, tengo como objetivo en mi vida servir al pueblo. Si el pueblo está contento con el trabajo de toda mi vida, lo tomaré como el máximo premio".

Espero que los numerosos chinos que estudian en el extranjero continúen y desarrollen la gloriosa tradición de estudiar fuera del país para servir a la patria, que sean firmes guardianes y difusores del patriotismo, y que, albergando el ideal de vida de "velar antes de que todo el mundo vele y gozar después de que todo el mundo goce",[3] tomen siempre como norte de sus esfuerzos la prosperidad y la fortaleza del país, la vigorización de la nación y la felicidad del pueblo, y hagan conscientemente que el fruto de sus éxitos personales brote del árbol perenne del patriotismo. El Partido y el gobierno respetan las opciones de los estudiantes en el extranjero, y los recibiremos con los brazos abiertos si regresan a la patria a trabajar, pero si se quedan en ultramar, esperaremos a que puedan servir a la patria a través de las distintas formas. Todos ustedes deben tener bien presente que sin importar donde estén son hijos de la nación china, que la patria y el pueblo siempre los tendrán en su corazón, y que la patria siempre será su cálido hogar espiritual.

Segundo, deseo que sean aplicados en el estudio. El estudio es el tema eterno en la vida y también la importante base para servir a la patria y al pueblo. Los sueños comienzan en el estudio y las causas empiezan en la práctica. En el mundo actual, los conocimientos y la información se actualizan rápidamente, por lo que la más mínima relajación en el estudio lo deja a uno a la zaga. Hay quienes dicen que el mundo de cada persona es como un círculo cuyo radio es el estudio y que, cuanto más largo es el radio, más amplio es el mundo que se posee.

Espero que los estudiantes en el extranjero sigan orientándose a la modernización, al mundo y al futuro, y enfocándose en los avanzados conocimientos, tecnología y experiencias administrativas del mundo. Asimismo, deseo que se esfuercen por ampliar el radio de sus conocimientos como en las historias de Confucio[4], Sun Jing y Su Qin[5], Kuang

Heng[6], y Chen Yin y Sun Kang[7]. Deben aprender no sólo de los libros sino también de las experiencias del pueblo, elevar su moral, ser más competentes y ejercitarse en habilidades proficientes. Los estudiantes que han terminado sus estudios deben ampliar sus horizontes y su visión, acelerar la actualización de conocimientos optimizando su estructura, para convertirse en excelentes talentos capaces de cumplir con sus responsabilidades grandiosas y emprender grandes causas.

Tercero, deseo que todos ustedes dediquen más energía a la innovación. La innovación es el alma del progreso de una nación, una fuente inagotable para la prosperidad y el desarrollo de un país, y el don natural más profundo de la nación china. En la rigurosa competencia internacional, sólo el innovador podrá progresar, hacerse más poderoso y lograr la victoria. Por su amplia visión, los estudiantes en el extranjero deben marchar en la primera fila de la innovación. El enérgico proceso de la reforma y apertura y de la modernización socialista de la patria proporciona un vasto escenario a todos los que deseen entregarse a la innovación, creación y al emprendimiento de nuevas causas.

Espero que los estudiantes en el extranjero se entreguen activamente a las prácticas de la innovación y la creación, tengan el ímpetu de atreverse a ser pioneros, perseveren en la exploración aquí y allá, lideren y promuevan una nueva tendencia social, luchen por hacer realidad la superación, el desarrollo y otros logros. En la vasta tierra de China, para hacer méritos o tener éxito, la clave está en que, con los pies en la gran tierra natal y con los anhelos del pueblo en el corazón, encontremos con certeza el punto de convergencia entre las ventajas profesionales y el desarrollo social, y entre los conocimientos avanzados y la realidad de nuestro país, para que la innovación y la creación puedan realmente echar raíces, florecer y rendir frutos.

Cuarto, deseo que todos ustedes fomenten activamente el intercambio con el exterior. El desarrollo chino no puede separarse del mundo y la prosperidad del mundo necesita también a China. Con una postura más abierta, debemos intensificar las relaciones y la interacción con el mundo, profundizar la comprensión y la amistad con los pueblos de los diversos países. Los estudiantes en el extranjero cuentan con experiencia de vida no sólo en la patria, sino también en ultramar, disponen a la vez de amplias conexiones personales y de ricas experiencias de intercambio entre diferentes culturas. A través de ustedes, muchos extranjeros han conocido y entendido a China, y muchos chinos han conocido y entendido el mundo.

Espero que los estudiantes en el extranjero aprovechen al máximo sus ventajas, intensifiquen las relaciones entre los chinos y los extranjeros, sirvan de puente entre ellos, desempeñen mejor el papel de embajadores populares en el intercambio amistoso entre China y los países foráneos, relaten mejor la historia china y difundan la voz de China por las formas y vías que los extranjeros puedan escucharla, comprenderla y aceptarla, a fin de que el mundo entienda y apoye más a China.

La Asociación de Estudiantes Retornados de Occidente (AERO), se fundó hace más de cien años en una crisis nacional. Una vez fundada, la SERO practicó activamente el patriotismo, organizó a sus miembros para participar en el movimiento patriótico y democrático, entregarse a la salvación nacional y la liberación popular, convirtiéndose en una sociedad popular patriótica de su época, que perseguía la democracia y abogaba por la ciencia. Después de la fundación de la República Popular China, la AERO movilizó activamente a los estudiosos chinos en ultramar para su regreso a la patria, convirtiéndose en una sociedad progresista bajo la dirección del Partido y el gobierno. Luego de aplicada la política de reforma y apertura, la AERO llevó a cabo con gran energía el "plan de servicio a la patria", transformándose en una sociedad popular dedicada a la causa del socialismo con peculiaridades chinas. En 2003, previa autorización de la dirección central, la AERO adoptó el nombre de "Asociación de Estudiantes Chinos de Ultramar", por lo que su esfera de trabajo se extendió a todo el país, y los objetos de su trabajo se diseminaron en todo el globo, convirtiéndose en una sociedad popular más influyente.

Frente a la nueva situación y las nuevas tareas, la AERO —Asociación de Estudiantes Chinos de Ultramar— debe explotar sus peculiaridades y ventajas como organización popular, grupo de intelectuales de alto nivel y frente único, explorar ultramar basándose en el interior del país para transformarse en el banco de talentos al servicio de la patria con el estudio, en el grupo asesor que proporcione propuestas y recomendaciones, en la fuerza vertebral de la diplomacia popular, en el puente y el lazo entre el Partido y los estudiantes en el extranjero, en el ayudante del Partido en la mejora de su trabajo con los estudiantes en el extranjero, y en el hogar de estos últimos, con el fin de unirlos estrechamente alrededor del Partido. Debe preocuparse por ellos en su trabajo, estudio y vida, preocuparse por sus deseos y reclamaciones, salvaguardar sus derechos e intereses legítimos e intensificar constantemente la fuerza atractiva y cohesiva.

"La exaltación del virtuoso es lo fundamental para el gobierno"[8]. Los comités del Partido y los gobiernos a las distintas instancias deben aplicar concienzudamente las políticas y principios del Partido y el Estado para con los estudiantes en el extranjero y formar de manera más amplia y eficaz a los talentos necesarios de distintos niveles e índoles para la reforma, la apertura y la modernización socialista. Con un mejor ambiente proliferan los talentos y prospera la causa; con un peor ambiente, se dispersan los talentos y declina la causa. Hay que sanear los mecanismos de trabajo, reforzar la conciencia del servicio, intensificar la orientación y la educación, estructurar la plataforma de innovación, y ser capaces en la búsqueda de talentos, unirlos y utilizarlos, con el fin de crear un excelente ambiente para que los estudiantes en el extranjero regresen a la patria a trabajar y a servirla y sobresalgan los excelentes talentos. Hay que preocuparse por y apoyar el trabajo de la SERO –Sociedad de Estudiantes Chinos de Ultramar–, fomentar su construcción organizativa, perfeccionar sus organismos de trabajo, dotarla de una poderosa fuerza laboral y crearle condiciones de trabajo.

La China en desarrollo necesita más talentos de ultramar, y la China abierta da la bienvenida a los talentos procedentes de los distintos lugares del mundo. "Las palabras vacías perjudican al país y el trabajo arduo lo fortalece". Estamos convencidos de que, siempre que los estudiantes en el extranjero tengan presente esta frase, se pongan al lado del pueblo y luchen junto con él, lograrán escribir una brillante página en la historia de la materialización del sueño chino de la gran revitalización de la nación china, una página digna de nuestros tiempos, de nuestro pueblo y de la historia.

Notas

[1] La Asociación de Estudiantes Retornados de Occidente se fundó en octubre de 1913. Esta es una entidad popular organizada voluntariamente por los estudiantes chinos, quienes habían retornado a la patria después de cursar sus estudios en el extranjero. En 2003, adoptó el nombre de Asociación de Estudiantes Chinos de Ultramar.

[2] Qian Xuesen (1911-2009) viajó en 1935 a los Estados Unidos de América para estudiar y en 1955 regresó a la patria. Se desempeñó como subdirector de la Comisión de Ciencia e Industria de la Defensa Nacional, fue presidente de la Asociación China de Ciencia y Tecnología, entre otros cargos. Tomó participación directa, organizó y dirigió la investigación y producción de cohetes portadores, misiles y satélites terrestres, haciendo destacadas contribuciones a la navegación espacial china.

[3] Fan Zhongyan: *Sobre la Torre Yueyang (Yue Yang Lou Ji)*. Fan Zhongyan (989-1052) fue político y literato de la dinastía Song del Norte (960-1127).

[4] En su vejez, Confucio se dedicó al estudio del *Libro de los Cambios*. Como lo hojeó y leyó innumerables veces, las tiras que ensartaban las tablas de bambú se rompieron tres veces. Con esta historia se describe el estudio aplicado.

[5] Sun Jiang de la dinastía Han (206 a.n.e.-220), era muy estudioso y ataba su cabello a una viga para no dormirse y auto-estimularse en el estudio. Su Qin del Período de los Reinos Combatientes (475-221 a.n.e.) estudiaba hasta bien avanzada la noche y cuando sentía sueño se pinchaba el muslo con un punzón. Con estas historias se describe el estudio aplicado.

[6] Kuang Heng de la dinastía Han, estudioso muy aplicado nacido en una familia extremadamente pobre que no tenía dinero ni para comprar velas. En la pared de la casa vecina, que sí podía darse ese lujo, Kuang Heng hizo un agujero para que la luz pasara y así poder leer. Con esta historia se describe el estudio aplicado.

[7] Che Yin de la dinastía Jin (317-420), amante del estudio, vivía en una familia pobre que no tenía aceite para encender la lámpara. En verano, apresaba luciérnagas, las metía en una bolsa de seda blanca y leía a la luz de ellas en las noches oscuras. Sun Kang de las Dinastías del Sur (420-589) vivía en una familia pobre que no tenía dinero para comprar velas y en las noches de invierno leía con la luz que se reflejaba en la nieve. Con estas historias se describe el estudio aplicado.

[8] *Mozi*, una colección de obras de la escuela Moísta.

La revitalización de la nación china es el sueño común de todos los chinos[*]

6 de junio de 2014

La nación china unida y unificada es la raíz común para los chinos tanto del país como de ultramar. La profunda cultura china es su alma común y la materialización de la gran revitalización de la nación china es su sueño común. La raíz común fomenta la eterna hermandad, el alma común enlaza nuestros corazones y el sueño común nos mantiene unidos. Seguramente podremos escribir juntos nuevos capítulos del desarrollo de la nación china en nuestros tiempos.

Los chinos solemos decir: "los ojos se llenan de lágrimas al encontrarse con paisanos en la tierra lejana". Al verles a todos, me siento como en casa. En nombre del Comité Central del Partido Comunista de China y del Consejo de Estado quisiera expresar mi más sincera felicitación por la convocatoria de la VII Conferencia Mundial para la Amistad de Asociaciones de Chinos de Ultramar. Doy mi más cálida bienvenida a todos los amigos presentes en la reunión y extiendo mis más atentos saludos a los chinos de ultramar y extranjeros de origen chino de todo el mundo.

En los diversos lugares del mundo viven decenas de millones de compatriotas de ultramar, que son todos miembros de la gran familia de la nación china. Durante mucho tiempo, heredando de generación en generación las excelentes tradiciones de la nación china, han tenido siempre presente a la patria, sus orígenes y la sangre china que circula por sus venas. Han apoyado entusiastamente la revolución, la construcción y la reforma de China y han hecho importantes contri-

* Puntos esenciales del discurso pronunciado en la VII Conferencia Mundial para la Amistad de Asociaciones de Chinos de Ultramar.

buciones a la gran causa de la reunificación pacífica de la patria y al fomento de la cooperación amistosa entre China y otros países. Estas contribuciones quedan para siempre en la memoria de la patria y el pueblo.

En la actualidad, el pueblo chino está esforzándose por alcanzar los objetivos de la lucha fijados para los dos centenarios –el del Partido en 2021 y el de la Nueva China en 2049– y por cumplir el sueño chino de la gran revitalización de la nación china. En este grandioso proceso, los compatriotas residentes en el exterior desempeñarán sin lugar a dudas un papel importante e irremplazable. El sueño chino es el sueño del Estado, de la nación y de cada uno de los hijos de la nación china. Con un fervoroso amor a la patria, fuerte capacidad económica, ricos recursos intelectuales y múltiples conexiones de negocios, los chinos de ultramar constituyen una importante fuerza para hacer realidad el sueño chino. Siempre que los chinos, tanto del país como de ultramar, se unan como uno sólo, contribuyan todo lo que puedan, ya sea con su fuerza o sabiduría, podrán reunir una fuerza poderosa para la realización del sueño.

La civilización china data de más de cinco milenios y es la poderosa fuerza espiritual de la autosuperación permanente y el desarrollo y robustecimiento de la nación china. No importa donde vivan, nuestros compatriotas llevan evidentes sellos de la cultura china. La cultura china es el gen común de todos los chinos. Espero que todos sigan heredando y enalteciendo la cultura china. Al tiempo que absuelven su fuerza espiritual, deben promover activamente el intercambio y aprendizaje mutuo entre la civilización china y las extranjeras, contar bien la historia de China, difundir bien su voz y fomentar la comprensión y el entendimiento entre el pueblo chino y los del resto del mundo, con el fin de crear un mejor ambiente para la materialización del sueño chino.

El sueño chino es el deseo del pueblo chino de buscar la felicidad y está ligado, al mismo tiempo, al bello sueño similar albergado por los pueblos de los demás países. El pueblo puede alcanzar la felicidad sólo cuando el Estado y la nación prosperan. China prospera sólo cuando el mundo hace lo mismo. China proporciona energía positiva a la prosperidad y al desarrollo mundiales cuando persiste en seguir por el camino del desarrollo pacífico. Aprovechando sus ventajas y condiciones propias, los numerosos compatriotas de ultramar deben servir de puente de intercambio y cooperación en los distintos terrenos entre China y los países que hoy los acogen. Deben integrarse y retribuir mejor a las comunidades locales, y hacer continuamente nuevos aportes a la paz y el desarrollo del mundo.

III.
Profundizar integralmente
la reforma

La reforma y apertura sólo cuenta
con tiempo presente y no tiene pretérito perfecto*

31 de diciembre de 2012

La reforma y apertura es una causa prolongada y ardua que requiere de los esfuerzos de una generación tras otra a modo de relevos. Se debe persistir en la economía de mercado socialista como rumbo de la reforma y en la apertura al exterior como política estatal básica, y profundizar las reformas en sectores importantes con mayor valentía política y sabiduría y sin perder oportunidades, avanzando intrépidamente hacia el rumbo de la reforma definido por el XVIII Congreso Nacional del Partido Comunista de China.

La historia, el presente y el futuro están interconectados. La historia es el presente que ya pasó, y el presente es la historia del futuro. Con miras a llevar a buen término las importantes disposiciones de la reforma y la apertura establecidas en el XVIII Congreso Nacional del Partido, debemos hacer un concienzudo repaso retrospectivo y resumir a fondo el proceso de la reforma y apertura, conocer en mayor profundidad su inevitabilidad histórica, dominar con mayor conciencia sus leyes y asumir con mayor firmeza las importantes responsabilidades en la profundización de esta causa.

Es necesario sintetizar y aplicar conscientemente las experiencias exitosas de la reforma y apertura.

Primero, la reforma y apertura es una revolución profunda en la cual se debe persistir en el rumbo correcto, y avanzar por el camino correcto. En lo referente al rumbo, tenemos que mantener nuestra mente lúcida, promover sin cesar el autoperfeccionamiento y autode-

* Puntos esenciales del discurso pronunciado cuando presidía el 2º Estudio Colectivo del Buró Político del XVIII Comité Central.

sarrollo del sistema socialista, y seguir con toda firmeza el camino del socialismo con peculiaridades chinas.

Segundo, la reforma y apertura es una causa sin precedentes, en la cual se debe persistir en la correcta metodología y su promoción a través de continuas prácticas y exploraciones. El "vado del río tanteando guijarros" es el método de reforma que denota ricas peculiaridades chinas y se corresponde con las condiciones nacionales del país. Vadear el río tanteando guijarros se entiende como buscar las leyes y conseguir conocimientos verdaderos en la práctica. La actuación cuidadosa y el diseño de máximo nivel constituyen una unidad dialéctica. El impulso de la reforma y apertura parcial y por fases debe estar sujeto al diseño de máximo nivel, y la consolidación del diseño de máximo nivel se debe proyectar sobre la base del fomento de la reforma y apertura parcial y por fases. Para intensificar constantemente la reforma y la apertura necesitamos fortalecer nuestro pensamiento macroscópico y el diseño de máximo nivel, y poner mayor énfasis en lo sistemático, lo íntegro y lo coordinado de la reforma. Al mismo tiempo, debemos estimular la experimentación y el salto adelante con audacia.

Tercero, la reforma y apertura es un proyecto sistemático, en el cual se debe perseverar de manera integral en la reforma y avanzar mediante una coordinación de las diversas partes. La reforma y apertura es una transformación social profunda e integral. Cada reforma tiene un impacto significativo en las demás y requiere de la coordinación y colaboración de estas. Hay que conceder mayor importancia al fomento mutuo y la interacción positiva de las reformas, a la promoción global y a la superación prioritaria, formando fuerzas conjuntas que impulsen la reforma y apertura.

Cuarto, la estabilidad es el prerrequisito de la reforma y el desarrollo. Hay que persistir en la integración de la reforma, el desarrollo y la estabilidad. Con la estabilidad social se logrará promover de continuo la reforma y el desarrollo; con la promoción constante de la reforma y el desarrollo, la estabilidad social contará con una base sólida. Se debe unificar la intensidad de la reforma, la velocidad del desarrollo y el grado de tolerancia social y tomar la mejora de la vida del pueblo como el punto de convergencia para tratar de modo acertado la relación entre reforma, desarrollo y estabilidad.

Quinto, la reforma y apertura es la causa de los cientos de millones de integrantes del pueblo, de ahí que sea preciso respetar su espíritu de iniciativa e impulsar dicha causa bajo la dirección del Partido. No hay gran salto adelante ni desarrollo conseguidos en el entendimiento y puesta en práctica de la reforma y la apertura, ni surgimiento ni evolución de ninguna de sus novedades, ni experiencia obtenida o acumulada en ninguno de sus aspectos que no proceda de la práctica y la sabiduría de este pueblo de cientos de millones.

Cuanto más ardua sea la tarea de la reforma, el desarrollo y la estabilidad, tanto más se nos requerirá reforzar y mejorar la dirección del Partido, y tanto más mantener sus vínculos de uña y carne con las masas populares, para lo cual debemos ser hábiles en conducir al pueblo en su avance valiéndonos de la formulación y aplicación de las líneas, directrices y políticas acertadas, y saber mejorar nuestras políticas y postulados partiendo de la práctica y la creación del pueblo, así como de su exigencia de desarrollo, de modo que los frutos de la reforma y del desarrollo beneficien al pueblo en mayor medida y de forma más equitativa, compactando más y más la base de masas para profundizar la reforma y apertura.

La reforma y apertura sólo cuenta con tiempo presente y no tiene pasado. Sin la reforma y apertura, China no sería lo que es hoy día, y tampoco podría tener un mañana mejor. Las contradicciones surgidas en la reforma y apertura sólo podrán resolverse a través de la reforma y apertura. Debemos aplicar integralmente el espíritu del XVIII Congreso Nacional del Partido, persistir en tomar como guía la teoría de Deng Xiaoping, el importante pensamiento de la triple representatividad y la concepción científica del desarrollo, dar respuesta activa al fuerte clamor y las anhelantes expectativas de las masas populares sobre la profundización de la reforma y apertura, consolidar el consenso de la sociedad, promover de manera coordinada la reforma en los diversos terrenos y eslabones, haciendo esfuerzos por llevar adelante la reforma y la apertura.

Explicaciones sobre las
Resoluciones del Comité Central del Partido Comunista de China acerca de algunos problemas importantes relativos a la profundización integral de la reforma[*]

9 de noviembre de 2013

Por encargo del Buró Político del Comité Central, ahora voy a exponer ante el pleno las explicaciones sobre las *Resoluciones del Comité Central del Partido Comunista de China acerca de algunos problemas importantes relativos a la profundización integral de la reforma*.

I. Curso de la elaboración de las Resoluciones de la Sesión Plenaria

Desde el inicio de la reforma y apertura, los temas que se estudiarán, las decisiones que se tomarán, las medidas que se adoptarán y las señales que se emitirán en cada III Sesión Plenaria del Comité Central constituyen los fundamentos importantes en base a los cuales la gente juzga la política y los puntos importantes del trabajo del colectivo dirigente del nuevo Comité Central y que a su vez revisten de un gran significado para mejorar el trabajo en los próximos cinco e incluso diez años.

Al concluir el XVIII Congreso Nacional del Partido, la dirección central empezó a considerar los temas que se debatirían en la III Sesión Plenaria del XVIII Comité Central. El XVIII Congreso Nacional del Partido formuló de manera unificada las metas para consumar la construcción integral de una sociedad modestamente acomodada y

[*] Explicaciones dadas ante la III Sesión Plenaria del XVIII Comité Central del Partido Comunista de China.

86

la profundización integral de la reforma y apertura, haciendo hincapié en la necesidad de profundizar las reformas en sectores importantes con mayor valor político y sin perder las oportunidades, dar al traste con firmeza con todo concepto ideológico y defecto de régimen y mecanismo que obstaculicen el desarrollo científico, estructurar un sistema de regímenes sistemáticamente completo, científico, reglamentado y de funcionamiento eficaz, permitiendo que los sistemas en los diversos dominios sean más maduros y mejor concebidos. Consideramos que para alcanzar las diversas metas estratégicas y disposiciones laborales formuladas en el XVIII Congreso Nacional del Partido, es preciso aprovechar bien el tiempo para promover la reforma integral.

Desde la decisión histórica tomada por la III Sesión Plenaria del XI Comité Central del Partido[1] de trasladar el centro de gravedad del trabajo del Partido y el Estado a la construcción económica y practicar la reforma y apertura han transcurrido 35 años. La fisonomía del pueblo chino, la fisonomía de la China socialista y la fisonomía del Partido Comunista de China han experimentado profundos cambios y nuestro país ha podido ganarse una posición importante en la comunidad internacional, lo cual se ha logrado precisamente apoyándose en la promoción constante e incansable de la reforma y apertura.

En 1992, el camarada Deng Xiaoping afirmó en sus declaraciones durante sus visitas al Sur del país: "Sin persistir en el socialismo, sin efectuar la reforma y apertura, sin desarrollar la economía, sin mejorar las condiciones de vida del pueblo, no nos queda sino el camino de la muerte"[2]. Al hacer una mirada retrospectiva, comprendemos más a fondo estas palabras del camarada Deng Xiaoping. Por eso decimos que sólo el socialismo puede salvar a China y que únicamente mediante la reforma y la apertura es posible desarrollar el país, el socialismo y el marxismo.

Precisamente partiendo de las experiencias de la historia y de las necesidades reales, desde la celebración del XVIII Congreso Nacional del Partido, la dirección central ha enfatizado repetidamente que la reforma y apertura es un medio clave que decide el destino de la China contemporánea y también un medio clave que decide el cumplimiento de los objetivos de lucha fijados para los dos centenarios –el del Partido en 2021 y el de la Nueva China en 2049– y de la gran revitalización de la nación china. La práctica y el desarrollo jamás conocerán fin, la emancipación de la mente nunca tendrá límites, la reforma y apertura no cesarán, y detenerse y retroceder no serán la alternativa. La reforma y apertura sólo cuenta con tiempo presente y no tiene pretérito perfecto. Frente a la nueva situación y las nuevas tareas, tenemos que, a través de la profundización integral de la reforma concentrar las energías para dar solución a una serie de contradicciones y problemas relevantes que enfrenta el desarrollo de nuestro país y promover constantemente el automejoramiento y desarrollo del sistema socialista con peculiaridades chinas.

En la actualidad, el ambiente interno y externo está experimentando cambios extremadamente amplios y profundos. El desarrollo de nuestro país encara una serie de contradicciones y desafíos prominentes. En el camino de avance hay aún muchas dificultades y problemas. Por ejemplo en el desarrollo, los desequilibrios, la descoordinación y la insostenibilidad siguen siendo problemas destacados, la capacidad de innovación científica y tecnológica es insuficiente, la estructura sectorial no es racional, el modelo de desarrollo sigue siendo extensivo, las disparidades en el desarrollo entre la ciudad y el campo, entre las regiones y en la distribución de los ingresos de la población continúan siendo marcadas, las contradicciones sociales aumentan evidentemente, son bastante numerosos los problemas que conciernen a los intereses vitales de las masas populares, tales como la educación, el empleo, la seguridad social, la asistencia médica, la vivienda, el medio ecológico, la seguridad alimentaria y farmacéutica, la seguridad en la producción, el orden público, la aplicación de la ley, la justicia, etc.; parte de los ciudadanos vive en condiciones difíciles; existen serios problemas relacionados con el formalismo, el burocratismo, el hedonismo y la extravagancia; siendo la corrupción en algunos ámbitos un fenómeno frecuente y que se produce con facilidad; la situación de la lucha contra la corrupción sigue siendo crítica, etc. Para dar solución a estos problemas, la clave reside en profundizar la reforma.

En abril del año en curso, el Buró Político del Comité Central, luego de profundas reflexiones, investigaciones y estudios, y tras escuchar las opiniones de las diversas partes, tanto del Partido como fuera del mismo, decidió que la III Sesión Plenaria del XVIII Comité Central del Partido estudiara el problema de la profundización integral de la reforma y tomara las resoluciones al respecto.

El 20 de abril, el Comité Central emitió una "Circular para solicitar opiniones sobre los problemas de la profundización integral de la reforma que estudiaría la III Sesión Plenaria del XVIII Comité Central del Partido". Las diversas regiones y departamentos consideraron que estudiar los problemas relativos a la profundización integral de la reforma en la III Sesión Plenaria del XVIII Comité Central del Partido obedece a las aspiraciones de los numerosos militantes, cuadros y las masas populares en general, ya que dicha profundización constituye la cuestión a la que la sociedad presta mayor atención.

Cada III Sesión Plenaria desde la reforma y apertura ha estudiado y debatido los problemas relativos a la profundización de la reforma y ha transmitido la importante señal de que nuestro Partido enarbolará con firmeza la bandera de la reforma y apertura, adhiriéndose sin vacilación a la teoría, la línea, los principios y las políticas elaborados desde la III Sesión Plenaria del XI Comité Central. En resumidas cuentas, significa que hace falta responder a las cuestiones sobre qué bandera enarbolar y qué camino seguir bajo las nuevas condiciones históricas.

La III Sesión Plenaria del XVIII Comité Central del Partido tiene como temática principal profundizar integralmente la reforma. Esto constituye un importante manifiesto de que nuestro Partido, persistiendo en tomar como guía la teoría de Deng Xiaoping, el importante pensamiento de la triple representatividad y la concepción científica del desarrollo, aplica invariablemente, bajo la nueva situación, la línea, el programa, la experiencia y la exigencia fundamentales del Partido y enarbola resueltamente la gran bandera de la reforma y apertura.

Después de definir la temática, el Buró Político del Comité Central decidió formar el Equipo de Redacción de Documentos, cuyo jefe fui yo, los camaradas Liu Yunshan[3] y Zhang Gaoli[4] fueron los subjefes, los camaradas responsables de los departamentos correspondientes y los camaradas dirigentes de algunas provincias y municipios también participaron. Bajo la dirección del Comité Permanente del Buró Político del Comité Central se realizaron los trabajos de redacción de las Resoluciones de la Sesión Plenaria.

Luego de fundarse el Equipo de Redacción de Documentos y durante cerca de siete meses, se solicitaron ampliamente opiniones sobre el tema, se llevaron a cabo fundamentaciones de temas específicos, se realizaron investigaciones y estudios, y se sucedieron los debates y las modificaciones. Durante este tiempo, el Comité Permanente del Buró Político del Comité Central se reunió tres veces; el Buró Político del Comité Central examinó las Resoluciones en dos de sus reuniones; el proyecto de las Resoluciones de la Sesión Plenaria fue emitido a determinados ámbitos en el seno del Partido para solicitar opiniones, también se sometió a la opinión de los camaradas veteranos del Partido, y se atendieron especialmente a las opiniones de los comités centrales de los diversos partidos democráticos, de los responsables de la Federación Nacional de Industria y Comercio y de las personalidades sin afiliación partidista.

Teniendo en cuenta las informaciones, los diversos sectores consideraron de manera unánime que las Resoluciones de la Sesión Plenaria analizan a fondo las importantes cuestiones teóricas y prácticas que nuestro país enfrenta en la reforma, el desarrollo y la estabilidad, exponen con claridad el significado trascendental de la profundización integral de la reforma y el rumbo a seguir, formulan el pensamiento guía, las metas, las tareas y los principios importantes para la profundización integral de la reforma, describen un nuevo plan, perspectiva y metas para este fin, reúnen nuevos pensamientos, conclusiones y medidas pertinentes, reflejan el clamor, la petición y la aspiración sociales y aglutinan el consenso ideológico y la sabiduría de acción de todo el Partido y toda la sociedad en la profundización integral de la reforma.

Los diversos sectores consideraron unánimemente que las Resoluciones de la Sesión Plenaria distribuyen racionalmente los puntos prioritarios estratégicos, el orden preferencial, la orientación de acción principal, los mecanismos de trabajo, la forma de promoción, el itinerario y trayectoria de la profundización integral de la reforma, establecen una serie de nuevas superaciones importantes en lo que se refiere a la teoría y políticas de la reforma, constituyen otra disposición general y movilización global para profundizar integralmente la reforma y, sin lugar a dudas, ejercerán una importante y profunda influencia a largo alcance sobre el impulso del desarrollo de la causa del socialismo con peculiaridades chinas.

En el curso de la solicitud de opiniones, los diversos sectores formularon numerosas opiniones y sugerencias valiosas. La dirección central encargó al Equipo de Redacción de Documentos ordenarlas concienzudamente. El Equipo de Redacción de Documentos hizo importantes modificaciones a las Resoluciones de la Sesión Plenaria.

II. Acerca del marco conjunto y los problemas prioritarios de las Resoluciones de la Sesión Plenaria

El Buró Político del Comité Central considera que frente a la nueva situación, nuevas tareas y nuevas exigencias, para profundizar integralmente la reforma, la clave radica en seguir formando un ambiente de desarrollo caracterizado por la competencia equitativa, reforzar en mayor grado el vigor del desarrollo socioeconómico, elevar en mayor medida la eficiencia y los efectos del gobierno, hacer realidad la equidad y la justicia sociales en mayor escala, fomentar la armonía y la estabilidad sociales y elevar el nivel dirigente y la capacidad administrativa del Partido.

Destacamos que en torno a estas importantes temáticas hace falta tener conciencia absoluta de los problemas, y teniendo tales problemas como punto de orientación, proceder a estudiarlos y reflexionarlos en profundidad y dar solución a la serie de contradicciones y problemas destacados a los que se enfrenta el desarrollo de nuestro país. Al llevar a cabo la revolución, la construcción y la reforma, los comunistas chinos siempre nos hemos empeñado en solucionar los problemas reales de China. Se puede decir que la reforma deriva de los problemas y, a su vez, se profundiza en la solución constante de los problemas.

Durante los últimos 35 años, hemos resuelto una serie de problemas surgidos en el curso del desarrollo de la causa del Partido y el Estado aprovechándonos de los medios de la reforma. Al mismo tiempo, mientras se conoce y transforma el mundo se resuelven los viejos problemas, pero surgen nuevos. El sistema requiere de la mejora constante, por eso en la reforma no es posible lograr el éxito de un golpe ni es posible que se consiga la victoria final en una sola acción.

En la redacción de las Resoluciones de la Sesión Plenaria se destacaron reflexiones en cinco aspectos. Primero, adaptarse a las nuevas exigencias del desarrollo de la causa del Partido y del Estado, poner en práctica las tareas estratégicas planteadas en el XVIII Congreso Nacional del Partido para profundizar integralmente la reforma y la apertura. Segundo, teniendo como hilo principal la reforma, destacar nuevas medidas de la profundización integral de la misma, no escribir medidas generales, medidas repetidas ni medidas puramente pertenecientes al desarrollo. Tercero, abordar los puntos prioritarios en torno a la solución con éxito de los problemas que suscitan fuertes quejas entre las masas populares, responder al clamor y las expectativas del pueblo, resaltar las áreas importantes y eslabones clave, destacar el papel guía de la reforma sobre el régimen económico. Cuarto, persistir en trabajar de manera activa y prudente para diseñar medidas de reforma con osadía y a paso seguro. Quinto, diseñar la planificación para el año 2020, formular tareas de reforma según este periodo y obtener logros decisivos en las reformas ejecutadas en áreas importantes y eslabones clave para el año.

En lo que se refiere a la estructura del marco, las Resoluciones de la Sesión Plenaria toman como su programa general la solución de los problemas trascendentales y apremiantes y se extienden según artículos. Aparte de la introducción y la conclusión, el texto se divide en 16 partes agrupadas en tres grandes bloques. La primera parte integra el primer bloque, constituyendo la tesis global que expone principalmente la importancia capital, el pensamiento guía y los lineamientos generales de la profundización integral de la reforma. El segundo bloque está compuesto desde la segunda hasta la decimoquinta partes que son disertaciones por separado que hacen un arreglo concreto de las tareas principales y medidas importantes para profundizar integralmente la reforma, principalmente en seis dominios: economía, política, cultura, sociedad, civilización ecológica, defensa nacional y ejército. De ellos, el dominio de la economía abarca seis partes (de la segunda a la séptima), el de la política, tres (de la octava a la décima), el de la cultura, una (la undécima), el de la sociedad, dos (la duodécima y la decimotercera), el de la ecología, una (la decimocuarta), el de la defensa nacional y el ejército, una (la decimoquinta). La parte decimosexta compone el tercer bloque, y trata de la organización y la dirección, exponiendo principalmente el fortalecimiento y mejoramiento de la dirección del Partido en la profundización integral de la reforma.

Aquí quisiera detenerme a presentar las consideraciones de la dirección central acerca de las Resoluciones de la Sesión Plenaria relacionadas con varios problemas y medidas importantes.

Primero, hacer que el mercado juegue un papel decisivo en la distribución de los recursos y que el gobierno mejore el desempeño de sus funciones. Este es un importante criterio teórico planteado en las Resoluciones de la Sesión Plenaria. Ello se debe a que en la profundización integral de la reforma, la del régimen económico sigue siendo la prioridad y a que su cuestión clave sigue siendo tratar adecuadamente la relación gobierno-mercado.

En 1992, en el XIV Congreso Nacional del Partido se planteó el objetivo de la reforma sobre el régimen económico de nuestro país que consiste en establecer un régimen de economía de mercado socialista, de modo que el mercado desempeñe su papel básico en la asignación de los recursos bajo la regulación y el control macroeconómicos del Estado. Esta significativa superación teórica tuvo un rol extremadamente importante en la reforma y apertura y en el desarrollo socioeconómico de nuestro país. Ello demuestra también que la innovación en lo teórico constituye un factor de orientación importante para la innovación en la práctica y necesario para la profundización integral de la reforma.

Tras veintitantos años de práctica, el régimen de economía de mercado socialista de nuestro país ha quedado establecido preliminarmente, pero subsisten en él bastantes problemas y los principales son: el orden del mercado padece de falta de reglamentación y se observa ampliamente el recurso a los medios ilícitos en post de los intereses económicos; el desarrollo del mercado de elementos de producción va con retraso y la inactividad de dichos elementos coexiste con la insatisfacción de numerosas demandas efectivas; las reglas del mercado adolecen de unificación y el proteccionismo sectorial y regional es un fenómeno muy extendido; la competencia insuficiente en el mercado obstaculiza la práctica selectiva y la reestructuración; etc. Si estos problemas no se solucionan apropiadamente, será difícil configurar un régimen completo de economía de mercado socialista.

Durante más de 20 años desde la celebración del XIV Congreso Nacional del Partido, hemos venido buscando siempre una nueva definición de carácter científico sobre la relación entre el gobierno y el mercado basándonos en la extensión de la práctica y la profundización de la comprensión. En el XV Congreso Nacional se formuló la meta de "conseguir que el mercado desempeñara el papel básico en la distribución de los recursos bajo la regulación y el control macroeconómicos del Estado"; en el XVI Congreso Nacional se estableció la necesidad de "desarrollar en mayor grado el papel básico del mercado en la distribución de los recursos"; en el XVII Congreso Nacional se planteó "desarrollar mejor en lo institucional el papel básico del mercado en la distribución de los recursos"; en el XVIII Congreso Nacional se formuló la idea de "hacer valer en mayor grado y en un ámbito más amplio el papel básico del mercado en la distribución de los recursos". Se puede notar que hemos ido profundizando de manera constante nuestra comprensión sobre la relación entre el gobierno y el mercado.

En el curso de los debates y solicitud de opiniones, muchos sectores plantearon que se debe definir en mejor medida la relación entre el gobierno y el mercado en lo teórico, lo cual ejerce un papel importante para profundizar integralmente la reforma. Teniendo en cuenta las opiniones de las diversas partes y la demanda de desarrollo real y mediante análisis y estudios repetidos, la dirección central considera que ya han madurado las condiciones que permiten una nueva exposición teórica sobre este tema y debe cambiar "el papel básico" del mercado en la distribución de los recursos por "el papel decisivo".

Ahora, el régimen de economía de mercado socialista ya está preliminarmente establecido en nuestro país, el grado de mercadización ha aumentado en gran medida, elevamos constantemente el entendimiento de la ley del mercado y la capacidad para guiar el mercado, el sistema de regulación y control macroeconómicos se ha completado, las condiciones subjetivas y objetivas ya están dadas y debemos avanzar hacia el perfeccionamiento del régimen de economía de mercado socialista.

De hecho, mejorar el tratamiento de la relación gobierno-mercado exige resolver debidamente la cuestión de quién desempeña el papel decisivo en la distribución de los recursos: el mercado o el gobierno. El desarrollo económico conlleva a incrementar la eficiencia en la distribución de los recursos, sobre todo de los escasos, para que, con la menor inversión posible, se fabrique la mayor cantidad de productos y se obtenga mayor rentabilidad. Tanto la teoría como la práctica demuestran que la distribución de los recursos por parte del mercado es la vía más eficiente. Que el mercado decida la distribución de los recursos es una ley general de la economía de mercado y constituye precisamente la esencia de esta. Para completar el régimen de economía de mercado socialista, es necesario acatar esta ley y esforzarse por rectificar las imperfecciones del sistema de mercado, la excesiva intervención gubernamental y la realización incompleta de su supervisión y control. El planteamiento de la definición de "procurar que el mercado juegue un papel decisivo en la distribución de los recursos" favorece la inculcación en todo el Partido y la sociedad de una concepción correcta de la relación gobierno-mercado, el cambio de la modalidad de desarrollo económico, la transformación de las funciones gubernamentales y la contención de la corrupción y otros fenómenos negativos.

Ya que aplicamos el régimen de economía de mercado socialista, tenemos que persistir en desplegar la superioridad de nuestro sistema socialista, así como el papel positivo del Partido y el gobierno. El papel que el mercado desempeña en la distribución de los recursos es decisivo, pero de ningún modo absoluto.

Al desarrollar la economía de mercado socialista es menester poner en juego tanto el papel del mercado como el del gobierno, siendo, sin embargo, diferentes las funciones de uno y otro. Las Resoluciones de la Sesión Plenaria formulan claras exigencias acerca de la mejora del papel del gobierno y destacan que el macrocontrol científico y la administración gubernamental eficiente son una exigencia intrínseca de la superioridad del régimen de economía de mercado socialista; asimismo, contienen disposiciones sobre la compleción del sistema de macrocontrol, el cumplimiento integral y correcto de las funciones del gobierno, y la optimización de su estructura orgánica, disposiciones en las que se enfatiza que las atribuciones y el papel del gobierno consisten principalmente en mantener la estabilidad macroeconómica, fortalecer y optimizar los servicios públicos, garantizar la competencia leal, reforzar la supervisión y el control del mercado, velar por el mantenimiento de su orden, impulsar el desarrollo sostenible, promover la prosperidad común y resolver la inoperancia del mercado.

Segundo, acerca del mantenimiento y perfeccionamiento del sistema económico básico. Mantener y perfeccionar el sistema económico básico que tiene como cuerpo principal la propiedad pública y en el cual se desarrolla la economía de múltiples propiedades guarda relación con el pilar importante de la consolidación y el desarrollo del sistema socialista con peculiaridades chinas.

Desde la reforma y apertura la estructura de la propiedad de nuestro país se ha reajustado gradualmente, han variado constantemente los pesos específicos de la economía de propiedad pública y de propiedad no pública en el desarrollo económico, el fomento del empleo y otros aspectos, acrecentando el vigor del desarrollo socioeconómico.

Bajo esta situación, cómo demostrar y mantener mejor la posición de la economía de propiedad pública como sujeto y cómo explorar en mayor medida la forma de realización eficaz del sistema económico básico son temas importantes que aparecen ante nosotros.

Las Resoluciones de la Sesión Plenaria enfatizan la necesidad de consolidar y desarrollar sin vacilación la economía de propiedad pública, mantener la posición de sujeto de la propiedad pública, desarrollar el papel dirigente de la economía estatal, y potenciar de continuo la vitalidad, la capacidad de control y la influencia de la economía de propiedad estatal.

Manteniendo y desarrollando las exposiciones pertinentes formuladas a partir del XV Congreso Nacional del Partido, las Resoluciones de la Sesión Plenaria plantean la necesidad de desarrollar activamente la economía de propiedad mixta y destacan que esta economía, caracterizada por la participación y la integración recíproca del capital estatal, colectivo, no público y otros capitales, constituye un importante medio para hacer realidad el sistema económico básico y facilita la ampliación de las funciones del capital estatal, el mantenimiento e incremento de su valor, y la mejora de su competitividad. Esta es una vía eficaz y una opción ineluctable para mantener la posición predominante de la propiedad pública y potenciar el vigor, la capacidad de control y la influencia de la economía de propiedad estatal en las nuevas circunstancias.

Las Resoluciones de la Sesión Plenaria formulan la necesidad de mejorar el régimen de administración de los activos estatales, reforzar la supervisión y administración de los activos estatales con el control del capital como lo principal, reformar el régimen de gestión autorizada del capital estatal; hacer que la inversión y el negocio del capital estatal sirvan a las metas estratégicas del Estado, invertir más en importantes ramas y dominios clave relacionados con la seguridad estatal y arteria de la economía nacional, haciendo énfasis en el ofrecimiento de servicios públicos, el desarrollo de importantes industrias de vanguardia de carácter estratégico, la protección del medio ambiente, el apoyo al progreso científico y tecnológico y la garantía de la seguridad estatal; dividir y transferir parte del capital estatal para completar el fondo de seguridad social; elevar la proporción de lucros del capital estatal entregada a la hacienda pública utilizada principalmente para garantizar y mejorar las condiciones de vida del pueblo.

Las empresas estatales constituyen una fuerza importante en el fomento de la modernización del país y el aseguramiento de los intereses comunes del pueblo. Al cabo de muchos años de reforma, se han integrado en general a la economía de mercado. Al mismo tiempo, en este tipo de empresas se han acumulado los problemas y persisten algunas lacras, por lo que en ellas es necesario dar un mayor impulso a la reforma. Las Resoluciones de la Sesión Plenaria formulan una serie de medidas específicas de reforma entorno al aumento de la inversión del capital estatal en las empresas de carácter de bienestar público. En las ramas monopolizadoras naturales de negocio, donde el capital estatal controla la mayoría de las acciones, se ejecutará la reforma que tiene como contenido principal la separación de la administración gubernamental y la gestión empresarial, la separación de la administración gubernamental y la gestión de los activos estatales, el negocio de franquicia, supervisión y administración gubernamentales. Basándose en las características de las distintas ramas, se practicará la separación de la red y el funcionamiento, la liberación de las actividades competitivas; se perfeccionará la estructura de gobernación de la persona jurídica empresarial caracterizada por el funcionamiento coordinado y condicionamiento eficaz; se establecerá un sistema de gerencia profesional, poniendo en mejor práctica el papel de los empresarios; se establecerán los mecanismos incentivadores y obligatorios de efecto duradero, reforzando la búsqueda de responsabilidad en el negocio y las inversiones de las empresas estatales; se explorarán maneras para propulsar la publicación de informaciones importantes de las empresas estatales sobre las finanzas, los presupuestos, etc. Las empresas estatales deben aumentar racionalmente la proporción de selección y contratación mercadizadas, definir racionalmente y reglamentar rigurosamente el nivel de salario y remuneración, trato del cargo, consumo por cargo y consumo profesional del personal administrativo de las empresas estatales. Estas medidas van a contribuir a que las empresas estatales mejoren el sistema empresarial moderno, eleven la eficiencia de su gestión, asuman racionalmente las responsabilidades sociales y desarrollen mejor su papel.

En el mantenimiento y perfeccionamiento del sistema económico básico es imperativo persistir en las "dos sin vacilaciones"[5]. Las Resoluciones de la Sesión Plenaria formulan a través de múltiples facetas las medidas reformistas dirigidas a estimular, apoyar y guiar el desarrollo de las economías de propiedad no pública, y a activar su fuerza y capacidad creativas. Sobre la definición de funciones, dejan en claro que tanto la economía de propiedad pública como la de propiedad no pública son una parte importante de la economía de mercado socialista y una base para el desarrollo socioeconómico de nuestro país; sobre la protección de los derechos a la propiedad, afirman explícitamente que los de la economía de propiedad pública son inviolables, como también lo son los de la economía de propiedad no pública; sobre el trato en materia de políticas subrayan la persistencia en la igualdad de derechos, oportunidades y normas, y la aplicación de un sistema unificado de acceso al mercado; y estimulan a las empresas de propiedad no pública a participar en la reforma de las empresas estatales, alientan el desarrollo de las compañías de propiedad mixta con una participación mayoritaria de capital no público y animan a las empresas privadas que reúnan las condiciones a adoptar el sistema empresarial moderno. Todo ello contribuirá al desarrollo sano de la economía de propiedad no pública.

Tercero, acerca de la profundización de la reforma sobre el régimen financiero y tributario. La hacienda es la base y el pilar importante de la gobernación estatal. Un régimen financiero y tributario científico es la garantía de un sistema para optimizar la distribución de los recursos, mantener la unidad del mercado, fomentar la equidad social y hacer realidad la paz y estabilidad duraderas del Estado. El régimen financiero y tributario vigente se ha configurado y formado gradualmente según en la reforma del régimen fiscal de reparto de los ingresos tributarios[6] de 1994, y ha desempeñado un papel importante en el cumplimiento de dos objetivos del "ganar-ganar": el incremento de la fuerza financiera del gobierno y el desarrollo veloz de la economía.

En función del desarrollo y cambio de la situación, el régimen financiero y tributario vigente no se adapta por completo a las exigencias objetivas de la delimitación racional de las competencias y atribuciones de las autoridades centrales y las locales, ni a la demanda objetiva de mejorar la gobernación del país, como tampoco a la necesidad práctica de cambiar la modalidad de desarrollo económico y fomentar el desarrollo socioeconómico sostenido y sano. Algunas contradicciones destacadas y problemas surgidos en el desarrollo socioeconómico de nuestro país también tienen que ver con la imperfección del régimen financiero y tributario.

En la presente profundización integral de la reforma, la reestructuración del régimen financiero y tributario es uno de los puntos prioritarios. Se relaciona principalmente con el mejoramiento del sistema administrativo de los presupuestos, y el sistema tributario, con el establecimiento de sistemas por los cuales las facultades operativas se acomoden a las responsabilidades de egreso, etc.

Según las Resoluciones de la Sesión Plenaria, es necesario llevar a la práctica un sistema presupuestario integral, reglamentado, abierto y transparente; hay que reforzar en la medida adecuada a nivel central sus facultades operativas y sus responsabilidades por los gastos, figurando entre las primeras los asuntos correspondientes a la defensa nacional, la diplomacia y la seguridad estatal, así como las normas y la administración relacionadas con el mercado nacional unificado. Parte de los asuntos de la seguridad social y la construcción y mantenimiento de los proyectos transregionales importantes han sido incluidos entre las facultades operativas conjuntas de las instancias central y locales, con el fin de racionalizar gradualmente las relaciones entre dichas instancias en lo tocante a sus facultades operativas; mediante la programación de los pagos de transferencia, la instancia central puede delegar en las locales algunas de sus facultades operativas y responsabilidades por los gastos, y asumir algunas de las que les corresponden a ellas en lo que respecta a los servicios públicos transregionales que tienen una gran influencia.

Los principales objetivos de tales medidas reformistas son delimitar con claridad las facultades operativas, reformar el sistema tributario, mantener estable la carga tributaria, alcanzar la transparencia presupuestaria y aumentar la eficiencia; conformar con mayor celeridad un sistema fiscal moderno que favorezca el cambio de modalidad del desarrollo económico, la implantación de un mercado equitativo y unificado, y el impulso de la equidad en el acceso a los servicios públicos básicos; configurar un régimen fiscal y tributario en el que las facultades operativas de los niveles central y locales se ajusten a sus recursos financieros, en un intento por desplegar mejor la iniciativa de todos los niveles.

La reforma del régimen fiscal y tributario requiere su tiempo aunque se va realizando de manera progresiva. La dirección central tiene claro que hace falta mantener la estabilidad global de la configuración existente de las fuerzas financieras centrales y locales y canalizar en mejor medida la división entre los ingresos centrales y los locales.

Cuarto, acerca del perfeccionamiento del régimen y mecanismo de integración del desarrollo urbano y rural. La falta de equilibrio y coordinación del desarrollo entre la ciudad y el campo es una contradicción destacada del desarrollo socioeconómico de nuestro país y un importante problema a resolver para consumar la construcción integral de una sociedad modestamente acomodada y acelerar el impulso de la modernización socialista. Desde la reforma y apertura, la fisonomía del campo chino ha experimentado cambios trascendentales. Pero no ha cambiado radicalmente la estructura dualística urbana-rural y tampoco lo ha hecho la tendencia del aumento constante de la disparidad en el desarrollo entre la ciudad y el campo. Para dar solución radical a estos problemas hay que promover la integración del desarrollo urbano y rural.

Las Resoluciones de la Sesión Plenaria plantean que es necesario perfeccionar los regímenes y mecanismos, formar relaciones de nuevo tipo entre la industria y la agricultura y entre la ciudad y el campo, en las cuales la industria fomente la agricultura, la ciudad guíe al campo, se beneficien mutuamente la industria y la agricultura y se integren la ciudad y el campo, permitir que los habitantes de las zonas rurales puedan participar en pie de igualdad en el proceso de la modernización y disfrutar en conjunto de los frutos de la modernización.

Las Resoluciones de la Sesión Plenaria plantean medidas de reforma encaminadas a perfeccionar los regímenes y mecanismos de integración del desarrollo urbano y rural. Primero, acelerar la estructuración de un nuevo modelo de sistema de gestión agrícola. Lo principal es mantener la posición básica que ocupa la gestión familiar en la agricultura, estimular el derecho a la gestión por contrata de la tierra de las grandes familias especializadas, las granjas familiares, las cooperativas campesinas y las empresas agrícolas en el mercado abierto, animar a las zonas rurales a desarrollar la economía cooperativa, estimular y guiar el capital industrial y comercial para que desarrolle en las zonas rurales el cultivo y la cría modernos adaptados a la gestión de tipo empresarial, permitir a los campesinos desarrollar la gestión industrializada mediante la participación accionaria con el derecho a la gestión por contrata de la tierra, etc. Segundo, otorgar al campesinado más derechos a la propiedad. Lo principal es defender conforme a la ley los derechos de los campesinos en su gestión de tierras por contrato, garantizar que los campesinos sean miembros integrantes de la organización de la economía colectiva, garantizar a los hogares campesinos el derecho real de usufructo del solar residencial, impulsar de modo estable y prudente la experimentación de la hipoteca, la garantía, la transferencia, la cesión de derechos de propiedad de las casas residenciales de los campesinos. Tercero, promover el intercambio en pie de igualdad de los elementos esenciales urbano-rurales y la disposición equilibrada de los recursos públicos. Lo principal es garantizar la igualdad de remuneración por el mismo trabajo entre los trabajadores emigrados del campo, garantizar a los campesinos el disfrute equitativo de los beneficios del valor añadido de la tierra; mejorar el sistema de seguro agrícola; estimular las inversiones del capital social en las construcciones rurales, permitir a las empresas y organizaciones sociales establecer diversas causas en las zonas rurales; planificar la distribución equilibrada de los recursos urbanos y rurales de la enseñanza obligatoria, integrar el sistema de seguro de vejez básico y los sistemas de seguro médico básicos urbanos y rurales, promover el desarrollo planificado del sistema de garantía de las condiciones mínimas de vida en la ciudad y el campo, promover a paso firme la cobertura total de la población permanente por los servicios públicos básicos de las ciudades y poblados, e incluir a los campesinos establecidos en las ciudades en el sistema habitacional y de seguridad social de las ciudades y poblados.

Quinto, acerca de la promoción del desarrollo sistematizado de la democracia consultiva ampliamente y en múltiples estratos. La democracia consultiva es la forma propia y superioridad particular de la política democrática socialista de China y una importante muestra de la línea de masas del Partido Comunista de China en el campo político. La promoción de la democracia consultiva es favorable para mejorar la participación política ordenada del pueblo, estrechar los vínculos de uña y carne del Partido con las masas populares y fomentar el proceso científico y democrático de toma de decisiones.

Las Resoluciones de la Sesión Plenaria consideran como importante contenido de la reforma del régimen político la promoción del desarrollo sistematizado de la democracia consultiva ampliamente y en múltiples estratos y enfatizan que bajo la dirección del Partido se efectúen amplias consultas en toda la sociedad que abarquen los problemas importantes relacionados con el desarrollo socioeconómico y los problemas prácticos relacionados con los intereses efectivos de las masas populares, persistiendo en realizar consultas antes de la toma de decisiones y en el curso de la ejecución de las decisiones tomadas. Hay que estructurar los sistemas de democracia consultiva con procedimientos razonables y eslabones completos, ampliar los canales de consulta de los órganos de poder estatal, las organizaciones de conferencia consultiva política, los partidos políticos, las agrupaciones, las organizaciones de base y las organizaciones sociales; desplegar a fondo consultas legislativas, consultas administrativas, consultas democráticas, consultas para participar y debatir políticas y consultas sociales; desarrollar el importante papel del frente único en la democracia consultiva, y el papel de la Conferencia Consultiva Política del Pueblo Chino como importante canal de consulta democrática, mejorar los sistemas de la Conferencia Consultiva Política, reglamentar los contenidos y procedimientos de consulta, extender las formas de democracia consultiva, organizar más activamente y de modo ordenado consultas en temas específicos, consultas entre contrapartes, consultas intersectoriales, consultas por el tratamiento de mociones, aumentar la densidad de las consultas y elevar la eficacia de las consultas.

Sexto, acerca de la reforma del régimen judicial y mecanismos de funcionamiento judicial. El régimen judicial es un componente importante del régimen político. Durante estos años las masas populares han condenado la falta de equidad judicial de credibilidad pública judicial producto de la irracionalidad del régimen judicial y los mecanismos del trabajo judicial.

La reforma judicial es uno de los puntos prioritarios de la profundización integral de la reforma en esta ocasión. Las Resoluciones de la Sesión Plenaria han formulado una serie de nuevas medidas interconectadas, que incluyen reformar los regímenes de la administración judicial, impulsar la administración unificada de personal, bienes y materiales de los tribunales y fiscalías locales inferiores al nivel de provincia, explorar el establecimiento de sistemas de jurisdicción judicial adecuadamente separados de las divisiones administrativas; perfeccionar los mecanismos de funcionamiento de los poderes judiciales, mejorar el sistema de responsabilidad de los jueces principales y la corte colegiada en la atención a los casos, permitiendo a quien atienda arbitrar y a quien arbitra responder; reglamentar con rigor los procedimientos de reducción de la sanción, la libertad condicional y la visita al médico fuera de la cárcel; perfeccionar los mecanismos para buscar responsabilidades, rectificar y evitar casos erróneos, y anular las evidencias obtenidas de modo ilegal; establecer un sistema de finalización según la ley de las reclamaciones presentadas personalmente o por correo; anular el sistema de reeducación mediante el trabajo físico, mejorar las leyes de castigo y corrección de las infracciones y delitos, etc., etc.

Estas medidas de reforma poseen un significado importante para asegurar que los órganos judiciales ejerzan su poder de enjuiciamiento y fiscalización conforme a la ley y de manera independiente, perfeccionar los mecanismos de funcionamiento de los poderes judiciales con poder y responsabilidad claros, elevar la transparencia y la credibilidad pública judiciales y garantizar mejor los derechos humanos.

Séptimo, acerca del perfeccionamiento de los regímenes directivos y mecanismo de trabajo anticorrupción. La lucha contra la corrupción es siempre un tema de debate tanto en el Partido como fuera del mismo. El problema actual radica principalmente en que los organismos anticorrupción con funciones dispersas no logran formar una fuerza concertada, en algunos casos es difícil investigar y tratar con firmeza, inciden con frecuencia los casos de corrupción, pero no es suficiente la exigencia de responsabilidades.

Las Resoluciones de la Sesión Plenaria han realizado disposiciones prioritarias sobre el fortalecimiento de la innovación de regímenes y mecanismos y la garantía del sistema anticorrupción. Lo principal es intensificar la dirección unificada sobre el fomento del estilo del Partido, la moralización administrativa y el trabajo anticorrupción, dejar claro que el comité del Partido asume la responsabilidad de sujeto, la comisión de control disciplinario asume las responsabilidades supervisoras al respecto, elaborar y practicar sistemas de búsqueda de responsabilidad efectivos y aplicables; perfeccionar los regímenes directivos y mecanismo del trabajo anticorrupción, reformar y mejorar las funciones de los grupos coordinadores de la lucha contra la corrupción en los diversos niveles, estipular que la investigación y tratamiento de los casos de corrupción estén a cargo de la dirección de las comisiones de control disciplinario de niveles superiores; demostrar la necesidad de intensificar la dirección de las comisiones de control disciplinario de niveles inferiores por las de niveles superiores, estipular que el tratamiento de las pistas y la investigación y tratamiento de los casos respectivos, del mismo modo que se notifican al comité del Partido del mismo nivel, se deben notificar a la comisión de control disciplinario inmediatamente superior; llevar a efecto integral la delegación del organismo de control disciplinario enviada por la Comisión Central de Control Disciplinario a los órganos del Partido y del Estado de nivel central, mejorar el sistema de inspección central y de provincias, regiones autónomas y municipios bajo jurisdicción central, llegando a la cobertura total de localidades, departamentos y entidades empresariales e institucionales.

Estas medidas han sido planteadas sin excepción sobre la base de la sintetización de las experiencias prácticas y la asimilación de opiniones dadas por las diversas partes.

Octavo, acerca del aceleramiento y el mejoramiento de regímenes administrativos y directivos de Internet. La seguridad de Internet y las informaciones está relacionada con la seguridad estatal y la estabilidad social y constituye un nuevo desafío íntegro al que nos enfrentamos.

Teniendo en cuenta la práctica, frente al vertiginoso desarrollo de la tecnología y las aplicaciones de Internet, en el régimen de dirección vigente existen fallas evidentes, expresadas principalmente en la administración por múltiples autoridades, el solapamiento de funciones, la falta de unanimidad entre poder y responsabilidad y la baja eficiencia. Al mismo tiempo, a medida que Internet se fortalece como medio de comunicación, la administración de los medios en la red y la administración industrial están lejos de alcanzar el desarrollo y cambio que la situación exige. Sobre todo, frente a las redes sociales como microblog, micromensaje, etc., caracterizadas por la rápida difusión, gran influencia, alta cobertura y poderosa capacidad de movilizaición social, y el gran incremento de usuarios de herramientas de comunicación instantánea, el cómo reforzar el fomento de la legalidad de la red y la orientación de la opinión pública, asegurar el orden de transmisión de las informaciones en el ciberespacio, la seguridad estatal y la estabilidad social se ha convertido en un tema relevante de actualidad que surge ante nosotros.

Las Resoluciones de la Sesión Plenaria formulan la persistencia en los principios de aprovechamiento activo, desarrollo científico, gestión basada en la ley y garantía de la seguridad, el aumento de la energía en la administración de la red conforme a la ley, el mejoramiento del régimen de gestión y dirección de Internet. El objetivo radica en integrar las funciones de los organismos relacionados, formar fuerzas conjuntas de administración de Internet desde la tecnología hasta el contenido, desde la seguridad ordinaria hasta la vigilancia de los actos delictivos, asegurando el uso correcto y la seguridad del ciperespacio.

Noveno, acerca de la creación del Consejo de Seguridad Nacional. La seguridad nacional y la estabilidad social constituyen la premisa de la reforma y el desarrollo. Sólo cuando el Estado sea seguro y la sociedad estable, se podría promover constantemente la reforma y el desarrollo. En la actualidad, nuestro país se enfrenta a una presión doble: para con el exterior, salvaguardar la soberanía, la seguridad y los intereses de desarrollo nacionales, y para con el interior, defender la seguridad política y la estabilidad social, ya que aumentan visiblemente tanto los factores de riesgo previsible como los difícilmente previstos. Mientras tanto, nuestros regímenes y mecanismos de trabajo relacionados con la seguridad no pueden adaptarse a las necesidades de salvaguardar la seguridad del Estado y es preciso construir una plataforma poderosa que planee en conjunto los trabajos de seguridad nacional. La creación del Consejo de Seguridad Nacional y el fortalecimiento de la dirección concentrada y unificada del trabajo de la seguridad nacional se han convertido en una necesidad apremiante.

Las principales atribuciones del Consejo de Seguridad Nacional son elaborar y ejecutar estrategias de seguridad nacional, promover el fomento de la legalidad referente a la seguridad nacional, elaborar principios y políticas para el trabajo de seguridad nacional y estudiar y resolver los importantes problemas surgidos en este trabajo.

Décimo, acerca del perfeccionamiento del régimen de administración de los activos de los recursos naturales y el mejoramiento del régimen de supervisión y control de los recursos

naturales. El perfeccionamiento del régimen de administración de los activos de los recursos naturales estatales constituye una importante reforma del sistema de propiedad de los activos de los recursos naturales y también una demanda intrínseca del establecimiento de sistemas institucionales de la civilización ecológica sistemáticamente completos.

Los destacados problemas existentes en la protección del entorno ecológico de nuestro país se deben en cierto grado a que el régimen está incompleto, y una de las causas es que la condición del propietario de los activos de los recursos naturales de propiedad de todo el pueblo no está garantizada, y sus derechos e intereses no se han llevado a cabo. Sobre esta cuestión, en la decisión de este pleno se ha formulado la exigencia de completar el régimen estatal de administración de los activos de los recursos naturales. El lineamiento general llama a actuar conforme al principio de la división entre propietarios y administradores y al de que cada asunto lo administre un departamento, aplicando los derechos de propiedad de los activos de los recursos naturales que son propiedad de todo el pueblo y estableciendo un régimen de ejercicio unificado de las atribuciones y responsabilidades de los propietarios de dichos activos.

Que el Estado ejerza el derecho a la propiedad sobre los activos de los recursos naturales de propiedad de todo el pueblo y los administre es distinto a que el Estado ejerza los poderes de supervisión y control de los recursos naturales dentro del territorio nacional. El primero hace referencia a los derechos de propietario y el segundo, a los poderes de administrador. Es necesario, para ello, mejorar el régimen de supervisión y regulación de los recursos naturales, ejercer de modo unificado las atribuciones de control sobre el uso del territorio nacional, posibilitando una independencia, coordinación y supervisión mutua entre los propietarios de los activos de recursos naturales de propiedad estatal y los administradores de los recursos naturales estatales.

Debemos comprender que las montañas, el agua, los bosques, las tierras labrantías y los lagos forman una comunidad de vida. Las arterias vitales del ser humano están en las tierras labrantías, las de las tierras labrantías se encuentran en el agua, las del agua se mantienen en las montañas, las de las montañas radican en la tierra y las de la tierra se ubican en los árboles. El control del uso y la restauración ecológica deben obedecer a la ley natural. Si los plantadores de árboles se dedican sólo a plantar árboles, los que domeñan agua se dedican exclusivamente a domeñar agua, los protectores de las tierras labrantías sólo protegen esas tierras, resultará muy fácil que al prestar atención a un aspecto se desatienda otro, conduciendo al final a la destrucción sistemática del medio ecológico. Por ello es imprescindible que un departamento asuma las responsabilidades del control del uso de todo el territorio nacional para proteger y restaurar de modo unificado las montañas, el agua, los bosques, las tierras labrantías y los lagos.

Undécimo, acerca de la fundación del Grupo Dirigente de Profundización Integral de la Reforma. La profundización integral de la reforma es un programa sistemático complicado. El llevarlo a cabo apoyándose en uno u otro departamento conducirá con frecuencia a que no se aplique con toda la fuerza necesaria. Ello requiere del establecimiento de un mecanismo dirigente de nivel superior.

Las Resoluciones de la Sesión Plenaria formulan que la dirección central crea el Equipo Dirigente de Profundización Integral de la Reforma para responder al diseño global, la planificación conjunta y coordinación, el impulso total y la supervisión de la puesta en práctica de la reforma. Esto se hace para desplegar en mejor medida el papel de núcleo dirigente del Partido de mantener una visión de conjunto y coordinar las diversas partes. Las principales atribuciones y responsabilidades de este Equipo son: hacer una disposición unificada de importantes reformas de alcance nacional, planear en conjunto el fomento de las reformas en los diversos dominios, coordinar las fuerzas de las diversas partes para formar fuerzas mancomunadas de la reforma, reforzar la supervisión y revisión, y promover el cumplimiento de las metas y tareas de la reforma en todos los aspectos.

III. Acerca de varios temas
a los que es necesario prestar atención en los debates

La tarea del presente pleno es debatir los lineamientos y proyectos de profundización integral de la reforma formulados por las Resoluciones de la Sesión Plenaria. Aquí quisiera plantear algunas exigencias para todos.

Primero, reforzar la confianza y el valor de impulsar la reforma. La reforma y la apertura, una nueva gran revolución que nuestro Partido conduce al pueblo a realizar bajo las nuevas condiciones de la época, exponen las características más brillantes de la China moderna y es también la bandera más resplandeciente de nuestro Partido. Durante los últimos 35 años, ¿de qué ha dependido nuestro Partido para levantar el ánimo del pueblo, unificar el pensamiento y aglutinar las fuerzas? ¿De qué ha dependido para despertar en todo el pueblo el espíritu y la fuerza creativos? ¿De qué ha dependido para conseguir que nuestro país desarrollara su economía a un ritmo tan rápido y ganara la superioridad comparativa en la competición con el capitalismo? De lo que ha dependido ha sido de la reforma y apertura y no de otra cosa.

De cara al futuro, para dar solución a los complejos asuntos enfrentados en el desarrollo, los riesgos y desafíos provenientes de las diversas partes, desarrollar la superioridad del sistema socialista con peculiaridades chinas e impulsar el desarrollo socioeconómico sostenido y sano, no nos queda otro camino que profundizar la reforma y la apertura.

En la actualidad, la reforma y la apertura llaman la atención tanto dentro como fuera del Partido, tanto en el país como en el exterior, y en las mismas filas del Partido de arriba abajo, y en los diversos sectores sociales se cifran esperanzas muy altas al respecto. La reforma y la apertura han llegado a una nueva e importante encrucijada. De ninguna manera debemos vacilar en lo más mínimo en la reforma y la apertura. Debemos continuar sosteniendo en alto su bandera. Hay que persistir con firmeza en el rumbo correcto del camino del socialismo con peculiaridades chinas. Todo el Partido ha de reforzar la confianza en la reforma e impulsarla con mayor audacia y sabiduría y medidas más enérgicas.

Segundo, persistir en emancipar la mente y buscar la verdad en los hechos. Al enarbolar la bandera de la reforma y apertura no basta con tener solamente posición y actitud, pues se hacen necesarias medidas concretas. La acción es lo que más fuerza persuasiva tiene. La dirección central ha decidido trazar una disposición general sobre la profundización integral de la reforma tomando como oportunidad favorable la celebración de la III Sesión Plenaria del XVIII Comité Central, lo cual constituye una opción estratégica. Debemos aprovechar con firmeza esta oportunidad y esforzarnos por conseguir nuevos avances en la profundización integral de la reforma. Para obtener superaciones sustanciales es preciso emancipar en mayor medida la mente.

Para franquear los obstáculos de las nociones obsoletas y las vallas de los grupos de interés, lo primordial es emancipar la mente. En la profundización integral de la reforma, ciertos obstáculos ideológicos y conceptuales con frecuencia no provienen de fuera del régimen sino del interior del mismo. Sin la emancipación de la mente, nos costaría mucho ver con claridad el quid de nuestros problemas con los grupos de interés o determinar la dirección de nuestros esfuerzos para salvar las barreras. También sería muy difícil que adoptáramos métodos y medidas creativos para la reforma. Por lo tanto, hemos de contar con valentía y mentalidad de autorrenovación, librarnos de las restricciones y ataduras, superar los obstáculos colocados por los diversos departamentos, por los intereses propios, y estudiar y formular con dinamismo e iniciativa las medidas de reforma.

Antes de formular las medidas de reforma, naturalmente, hay que ser prudentes, estudiarlas de modo repetido y someterlas a una y otra fundamentación, pero no podemos, por eso, volvernos tímidos y cautelosos, detenernos sin avanzar, y no atrevernos a probar nada nuevo. Es imposible llevar a cabo nuestras reformas manteniendo intactas, al mismo tiempo, la vigente configuración del trabajo y operación del sistema. También es imposible que todo esté calculado y no haya ningún riesgo. Siempre y cuando sometamos alguna medida a la fundamentación y evaluación a fondo, y sepamos que la misma se corresponde con la realidad y que debe adoptarse, la aplicaremos con valentía.

Tercero, persistir en considerar los problemas partiendo de la situación en su conjunto. La profundización integral de la reforma es una disposición estratégica relacionada con la situación global del desarrollo de la causa del Partido y el Estado, en lugar de un programa sobre la reforma específica de algún dominio o algún sector. "Quien no planea la situación en su conjunto no logrará planear la situación individual"[8]. Procedemos todos de sectores y entidades distintos. Hemos de considerar los problemas por la situación en su conjunto. Primero debemos ver si las medidas importantes de la reforma que formulamos concuerdan o no con la demanda de la situación global, son favorables o no al desarrollo a largo alcance de la causa del Partido y el Estado. Hay que tener visión de futuro y planearlo todo de antemano. Tan sólo actuando de este modo, el documento que al final se redacte podrá concordar auténticamente con la demanda del desarrollo de la causa del Partido y el pueblo.

La profundización integral de la reforma requiere del refuerzo del diseño del máximo nivel y planeamiento íntegro, y del fortalecimiento del estudio sobre la conectividad, la sistematicidad y la factibilidad de la reforma en los diversos ítems. Decimos que debemos actuar con audacia pero también con paso firme. Actuar con paso firme significa la adopción de un enfoque holístico en la planificación, la fundamentación global y la toma científica de decisiones. La reforma de los diversos dominios económico, político, cultural, social y de civilización ecológica se relaciona estrechamente con la reforma de la construcción del Partido, que se combinan una con la otra. La reforma de cualquier sector afectará inevitablemente a otros sectores y, al mismo tiempo, necesitará de su estrecha colaboración en la reforma. Si las reformas de los diversos dominios no se complementan y las medidas adoptadas se enredan unas con otras en los diversos sectores, será muy difícil continuar promoviendo la profundización integral de la reforma. Si la promovemos forzosamente, los efectos serán muy reducidos.

Notas

[1] La III Sesión Plenaria del XI Comité Central del Partido Comunista de China se celebró en Beijing del 18 al 22 de diciembre de 1978. La Sesión revalidó la línea marxista en lo ideológico, político y organizativo, y adoptó la decisión histórica de trasladar el centro de gravedad del trabajo de todo el Partido a la construcción económica y aplicar la reforma y apertura. Esto significó un gran viraje de un profundo alcance en la historia del Partido Comunista de China desde la fundación de la República Popular China, y el inicio de un nuevo periodo histórico de reforma y apertura.

[2] Deng Xiaoping: "Puntos esenciales de las conversaciones en Wuchang, Shenzhen, Zhuhai y Shanghai", *Textos escogidos*, t. III.

[3] Liu Yunshan, nacido en 1947 y nativo de la ciudad de Xinzhou, provincia de Shanxi, es actualmente miembro del Comité Permanente del Buró Político del Comité Central del Partido Comunista, miembro de la Secretaría del Comité Central del Partido y rector de la Escuela del Partido del Comité Central del Partido Comunista de China.

[4] Zhang Gaoli, nacido en 1946 y natural de Jinjiang, provincia de Fujian, es actualmente miembro del Comité Permanente del Buró Político del Comité Central del Partido Comunista y viceprimer ministro del Consejo de Estado.

[5] Las "dos sin vacilaciones" significa: consolidar y desarrollar sin vacilación alguna la economía de propiedad estatal; estimular, apoyar y orientar sin vacilación alguna el desarrollo de la economía de propiedad privada.

[6] El régimen de reparto de los ingresos tributarios es una modalidad del sistema de administración fiscal que delimita todos los impuestos del país entre el gobierno central y los gobiernos locales a fin de definir el alcance de sus respectivos ingresos. Su naturaleza es especificar el poder financiero del gobierno central y los gobiernos locales de acuerdo con sus facultades operativas, y formar sus respectivos sistemas mediante la delimitación de los impuestos entre ellos. China adoptó el régimen de reparto de los ingresos tributarios el 1 de enero de 1994.

[7] El frente único se refiere a la unión política formada por varias fuerzas sociales y políticas, incluyendo las clases y estratos sociales, partidos y grupos políticos, y hasta grupos étnicos y países, sobre la base de sus intereses comunes, para alcanzar el mismo objetivo en determinadas condiciones históricas. El frente único dirigido

por el Partido Comunista de China es el frente único revolucionario, socialista y patriótico más amplio, integrado por todos los grupos étnicos, todos los partidos políticos, todos los estratos sociales y personalidades de todos los círculos de China durante la revolución de nueva democracia (1919-1949), la construcción socialista y la reforma, para materializar la independencia, la democracia y la prosperidad nacionales y la gran revitalización de la nación china.

[8] Chen Danran: "Propuestas sobre el traslado de la capital y el establecimiento de feudatarios" ("Qian Du Jian Fan Yi"), *Discursos esclarecedores* (*Wu Yan*), Vol.2. Chen Danran (1859-1930), literato de la dinastía Qing.

Unificar eficazmente el pensamiento en el espíritu de la III Sesión Plenaria del XVIII Comité Central*

12 de noviembre de 2013

Tan sólo cuando se unifiquen el pensamiento y la voluntad de todo el Partido se podrá unificar el pensamiento y la voluntad del pueblo de las diversas etnias de todo el país y se podrán formar poderosas fuerzas conjuntas que contribuyan a promover la reforma.

Aquí quisiera abordar algunos puntos sobre cómo debemos poner en práctica el espíritu de la Sesión Plenaria, dirigiendo la atención hacia el pensamiento guía, la ideología, las tareas y objetivos planteados en ella.

En primer lugar, persistir en tomar como objetivo global de la profundización integral de la reforma el perfeccionamiento y el desarrollo del sistema del socialismo con peculiaridades chinas y el impulso de la modernización del sistema y la capacidad de gobernación del Estado. El camarada Deng Xiaoping sentenció en 1992 que probablemente tardaríamos otros 30 años en contar, con un juego completo de sistemas más maduros y estereotipados en los diversos dominios. Esta Sesión Plenaria, sobre la base del pensamiento estratégico del camarada Deng Xiaoping, planteó la necesidad de impulsar la modernización del sistema y la capacidad de gobernación del Estado. Esta constituye una demanda necesaria para perfeccionar y desarrollar el sistema del socialismo con peculiaridades chinas y materializar la modernización socialista. Decidimos que esta III Sesión Plenaria estudiara el proble-

---

* Fragmentos del discurso pronunciado en la segunda reunión de la III Sesión Plenaria del XVIII Comité Central del Partido Comunista de China.

ma de la profundización integral de la reforma porque queremos promoverla en todos los dominios en lugar de en uno solo o en varios de ellos. Tomamos la decisión sobre la consideración general de mejorar nuestro sistema y capacidad de gobernación del Estado.

Este sistema y capacidad son la plasmación concentrada del sistema de un Estado y su capacidad de aplicación del sistema. El sistema de gobernación estatal es un sistema institucional para administrar el país bajo la dirección del Partido. Abarca regímenes y mecanismos y arreglos en las leyes y reglamentos jurídicos en lo económico, político, cultural, social, de civilización ecológica, de construcción del Partido y otros dominios, o sea, una serie completa de sistemas estatales estrechamente relacionados y coordinados entre sí. La capacidad de gobernación estatal, por su parte, significa la capacidad de administrar los asuntos de los diversos aspectos sociales aplicando el sistema estatal. Abarca las diversas áreas, entre ellas la reforma, el desarrollo y la estabilidad, los asuntos internos, las relaciones exteriores y la defensa nacional, y la administración del Partido, el país y el ejército. El sistema y la capacidad de gobernación del Estado son un todo íntegro orgánico que se complementan mutuamente. Tan solo contando con un buen sistema de gobernanza estatal se podrá elevar la capacidad de gobernanza y solo elevando la capacidad de gobernación estatal se podrá poner en pleno juego la eficiencia del sistema de gobernanza estatal.

En la práctica, el socialismo mundial no ha podido resolver el desafío de cómo gobernar la sociedad socialista, una sociedad totalmente nueva. Carlos Marx y Federico Engels no tenían experiencia práctica en cómo gobernar de manera integral un país socialista y muchas de sus leyes sobre las sociedades futuras eran previstas. Vladimir Ilich Lenin falleció poco después de la Revolución de Octubre y no tuvo tiempo para explorar a fondo este problema. La Unión Soviética llevó a cabo exploraciones sobre este problema, consiguió algunas experiencias prácticas, pero cometió graves errores que le impidieron solucionarlo. Nuestro Partido, desde que llegó al poder ha trabajado incansablemente en el estudio del problema. Pese a los altibajos sufridos ha acumulado abundantes experiencias y ha conquistado importantes logros en el sistema y la capacidad de gobernación del Estado, y los avances a partir de la reforma son especialmente evidentes. Nuestra política es estable, nuestra economía se desarrolla, nuestra sociedad es armoniosa y nuestras etnias están unidas, condiciones que contrastan con la situación caótica surgida constantemente en ciertas regiones y países del mundo. Esto demuestra que nuestro sistema y capacidad de gobernación del Estado son buenos en lo global y se adaptan a la situación nacional y la demanda de desarrollo de nuestro país.

Al mismo tiempo, hemos de ver también que en comparación con la demanda del desarrollo socioeconómico de nuestro país, en comparación con las expectativas de las masas populares y la creciente competición internacional actual, y dada la necesidad de materializar el orden y la paz duraderos en el país, tenemos muchas deficiencias y cuestiones a mejorar en el área del sistema y la capacidad de gobernación estatal. La auténtica materialización de la armonía y estabilidad sociales, del orden y la paz duraderos del Estado depende del sistema, de nuestra elevada capacidad de gobernación estatal y de un contingente de cuadros altamente capacitados. Hemos de desempeñar mejor la superioridad del sistema del socialismo con peculiaridades chinas y tenemos que promover por los diversos dominios la modernización del sistema y la capacidad de gobernación del Estado.

Al impulsar la modernización del sistema y la capacidad de gobernación estatal, es preciso adaptarse a los cambios de la época, reformar los regímenes y mecanismos, las leyes y reglamentos jurídicos que no se correspondan con la demanda del desarrollo de la práctica y, además, estructurar constantemente nuevos regímenes y mecanismos, leyes y reglamentos jurídicos para posibilitar que los sistemas de los diversos aspectos sean más científicos, perfectos y hacer realidad la institucionalización, la reglamentación y la procedimentalización de la gobernación de los diversos asuntos relacionados con el Partido, el Estado y la sociedad. Hay que prestar mayor atención al fomento de la capacidad de gobernanza, intensificar la conciencia de actuar conforme a los sistemas y a las leyes, saber aplicar los sistemas y leyes a la gobernación del país, transformar la superioridad del sistema de los diversos aspectos en administración eficiente del país, elevar el nivel del Partido para gobernar de modo científico, democrático y a la luz de la ley.

En segundo lugar, emancipar en mayor grado la mente, liberar en mayor medida y desarrollar las fuerzas productivas sociales y liberar y consolidar el vigor de la sociedad. La liberación en mayor grado en tres aspectos planteada por la Sesión Plenaria en las Resoluciones constituye un objetivo de la reforma y también un requisito para llevar a cabo la reforma. La emancipación de la mente es una condición previa y la última llave para liberar y desarrollar a las fuerzas productivas sociales y emancipar e intensificar la vitalidad de la sociedad. Sin la emancipación de la mente, nuestro Partido no habría podido tomar la decisión histórica, poco después de terminada la conmoción de diez años, de trasladar el centro de gravedad del trabajo del Partido y el Estado a la construcción económica y lanzar la reforma y apertura, dando paso a un nuevo período histórico en el desarrollo de nuestro país. Sin emancipar la mente, nuestro Partido no habría podido impulsar constantemente la innovación teórica y práctica, diluir eficazmente los diversos tipos de riesgos y desafíos encontrados en el camino, y promover la reforma y apertura para marchar siempre a la cabeza de la época. Liberar y desarrollar las fuerzas productivas sociales, liberar e intensificar la vitalidad de la sociedad constituyen una consecuencia inevitable de la emancipación de la mente y también una importante base para emancipar la mente.

En la consumación de la construcción integral de una sociedad modestamente acomodada, la materialización de la modernización socialista y el cumplimiento de la gran revitalización de la nación china, la tarea fundamental y urgente sigue siendo emancipar y desarrollar en mayor medida las fuerzas productivas sociales. La emancipación de la mente, la liberación e intensificación de la vitalidad de la sociedad sirven para liberar y desarrollar en mejor medida las fuerzas productivas sociales. El camarada Deng Xiaoping señaló: "Luego del establecimiento, en lo fundamental, del sistema socialista, es necesario cambiar de forma radical la estructura económica que frena el desarrollo de las fuerzas productivas e implantar otra nueva de índole socialista, llena de vigor y energía, con el fin de promover el desarrollo de las mismas fuerzas"[1]. Con la profundización de la reforma, posibilitamos que el vigor de toda labor, conocimiento, tecnología, administración, capital y otros factores compita por desatarse, y que emane a plenitud toda fuente creadora de riqueza social y otros factores. Al mismo tiempo, debemos mantener el equilibrio entre la vitalidad y el orden. Para desarrollarse, la sociedad necesita llenarse de vitalidad, pero esta vitalidad tiene que ser ordenada y activa. No queremos, ni un estanque de aguas muertas ni corrientes subterráneas turbulentas.

Hablamos de la necesidad de tener fe en el camino, en la teoría y en el sistema. Debemos contar con una fuerza espiritual y creencias tan firmes como las rocas y también con poderosas fuerzas materiales que sustenten semejante espíritu y creencia. Para ello, hay que apoyarse en la reforma e innovación constantes para que en la liberación y desarrollo de las fuerzas productivas sociales, en la liberación e intensificación de la vitalidad social y en el fomento del desarrollo integral del hombre, el socialismo con peculiaridades chinas sea más eficaz que el sistema capitalista, sea más capaz de incentivar la actividad, la iniciativa y la creatividad de todo el pueblo, sea más capaz de proporcionar condiciones favorables para el desarrollo social, sea más capaz de ganarse la superioridad comparativa en la competencia, pudiendo demostrar a plenitud la superioridad del sistema del socialismo con peculiaridades chinas.

En tercer lugar, la prioridad tiene que seguir siendo la reforma del sistema económico y explotar al máximo su papel catalizador. Las Resoluciones de la Sesión Plenaria, especialmente los seis "profundizar"[2] trazan el mapa de ruta de la profundización integral de la reforma, subrayando la necesidad de tener como prioridad la reforma del sistema económico y poner en juego su papel catalizador. El hecho de que China continúe en la etapa primaria del socialismo, en la que estará sumida por mucho tiempo, no ha cambiado como tampoco ha cambiado la principal contradicción de nuestra sociedad –la inadecuación para satisfacer las crecientes necesidades materiales y culturales del pueblo debido a la atrasada producción social. Tampoco ha cambiado el hecho de que China es el mayor país del mundo en vías de desarrollo. Esto determina que la construcción económica siga siendo el centro de la labor de todo el Partido.

En la actualidad, la mayoría de los obstáculos estructurales e institucionales que impiden el desarrollo de China se encuentran en la economía. Nuestras reformas económicas están lejos de concluir así como de rendir a su verdadero potencial. Al mantener la construcción económica como nuestra tarea central, tenemos que seguir persistiendo sin vacilación en la reforma del sistema económico.

La base económica determina la superestructura. La reforma del sistema económico tiene una importante influencia en la reforma en otras esferas. El ritmo del progreso de las principales reformas económicas determina el avance del resto de las reformas en los diferentes sectores, desempeñando, por lo tanto, un papel importantísimo en la situación general. Carlos Marx señaló en el *Prólogo de Una Contribución a la Crítica de la Economía Política*: "En la producción social de su existencia, los hombres inevitablemente entran en relaciones definidas independientemente de su voluntad, principalmente, en relaciones de producción adecuadas a una etapa determinada del desarrollo de sus fuerzas materiales de producción. La totalidad de estas relaciones de producción constituye la estructura económica de la sociedad, el cimiento real, en el que surge una superestructura legal y política y a la que corresponden las formas definidas de la conciencia social"[3]. En la profundización integral de la reforma, hemos de persistir en la reforma del sistema económico, esforzarnos por avanzar en la reforma de los dominios clave, de manera que estos avances estimulen las reformas en otros sectores y garanticen que estas reformas puedan funcionar y progresar concertadamente. No debemos adoptar un enfoque fragmentado o descoordinado en este sentido.

En cuarto lugar, mantener el rumbo de la reforma dirigido a la economía de mercado socialista. Identificar que el objetivo de nuestra reforma es el establecimiento del régimen de economía de mercado socialista es una importante innovación teórica y práctica de nuestro Partido en el curso de la construcción del socialismo con peculiaridades chinas. Esto ha dado solución a un importante problema que otros países socialistas del mundo no han podido resolver.

En algo más de dos décadas, hemos avanzado tanto en la reforma económica como en la de otros sectores que tienen por meta el establecimiento de una economía de mercado socialista. Asimismo, hemos materializado la gran transición histórica de una economía altamente planificada a una fuerte economía de mercado socialista, del aislamiento y semi-aislamiento a la apertura en todas las direcciones, del salto histórico de la vida del pueblo de subsistencia a una de prosperidad inicial y del salto histórico de la economía de China al segundo puesto del mundo, aumentando significativamente el entusiasmo del pueblo chino, incentivando sustancialmente el desarrollo de las fuerzas productivas sociales e intensificando la vitalidad del Partido y el Estado.

Al mismo tiempo, debemos ser conscientes de que aunque el régimen de economía de mercado socialista en nuestro país está preliminarmente instalado, todavía no es un sistema completo o perfecto y que su crecimiento aún no ha madurado. Especialmente aún queda por establecer el equilibrio entre el papel del gobierno y el del mercado y el papel eficaz del mercado en la asignación de los recursos sigue estando condicionado en muchos aspectos. Por lo tanto, debemos hacer ingentes esfuerzos para cumplir la tarea estratégica de mejorar expeditamente nuestra economía de mercado socialista dictada por el XVIII Congreso Nacional del Partido.

La clave para persistir en el rumbo de la reforma dirigida a la economía de mercado socialista está en lograr el equilibrio adecuado entre el papel del gobierno y el del mercado, de manera que el mercado pueda desempeñar un papel decisivo en la asignación de los recursos y el gobierno pueda jugar su propio papel más eficientemente. Este es otro importante paso adelante dado por la exploración práctica y teórica de nuestro Partido.

La constitución de una economía de mercado socialista no es solo una necesidad básica de la reforma económica, sino también un requisito clave para la continuidad de la profundización integral de la reforma. Permitir que el mercado desempeñe el papel decisivo en la asignación de los recursos exige reformas económicas, pero inevitablemente afectará el progreso político, cultural, social, de la civilización ecológica y la construcción del Partido. La reforma institucional de todas las esferas debe promoverse paralelo al establecimiento de una economía de mercado socialista, al tiempo que se garantiza que sus vínculos afines satisfagan las nuevas demandas del desarrollo de la economía de mercado socialista.

En quinto lugar, debemos considerar el fomento de la equidad y la justicia sociales y la mejora del bienestar social como los puntos de partida y de destino. Desde el comienzo de la reforma y apertura, nuestro país ha logrado enormes éxitos en el desarrollo socioeconómico, que han sentado una sólida base y creado condiciones favorables para fomentar la equidad y justicia sociales. Sin embargo, dado el nivel de desarrollo actual de nuestro país, subsisten numerosos fenómenos contrarios a la equidad y la justicia en nuestra sociedad. A medida que China ha ido elevando constantemente el nivel de desarrollo socioeconómico y de las condiciones de vida de su pueblo, la conciencia pública de la equidad, la democracia, los derechos y los intereses ha mejorado también progresivamente, de ahí que el pueblo reaccione más enérgicamente ante los problemas de falta de equidad social.

Luego de revisar de modo integral y analizar de modo científico el estado actual y la tendencia del desarrollo socioeconómico de China, el Comité Central concluyó que este problema, de no resolverse a tiempo, socavará la confianza del pueblo en nuestra reforma y apertura, así como la armonía y la estabilidad sociales. Como señaló en términos explícitos el XVIII Congreso Nacional del Partido, la equidad y la justicia es una demanda intrínseca del socialismo con peculiaridades chinas. Sobre la base de los esfuerzos concertados del pueblo chino y del desarrollo socioeconómico, tenemos que acelerar los esfuerzos en la creación de instituciones que son cruciales para garantizar la equidad y la justicia sociales, establecer paulatinamente sistemas que garanticen la equidad social, entre otras cosas, la equidad de derechos, la igualdad de oportunidades y reglas justas para todos, que fomenten la creación de un ambiente social justo y aseguren el derecho igualitario del pueblo a la participación y desarrollo.

Las Resoluciones adoptadas en esta Sesión Plenaria enfatizan que para profundizar integralmente la reforma es preciso fomentar la equidad y la justicia sociales y mejorar la vida del pueblo como puntos de partida y destino. Esto constituye una demanda necesaria para persistir en el objetivo fundamental de nuestro Partido de servir de todo corazón al pueblo. La profundización integral de la reforma tiene que poner énfasis en crear un ambiente social más equitativo y justo, superar constantemente los diversos fenómenos contrarios a la equidad y la justicia, permitiendo que los frutos de la reforma y el desarrollo beneficien más y con mayor equidad al pueblo. De no poder entregar beneficios tangibles al pueblo, de no poder crear un ambiente social más equitativo, y peor aún, si provocamos mayor falta de equidad, la reforma perdería su sentido y no sería sustentable.

La materialización de la equidad y la justicia sociales la deciden múltiples factores y el principal sigue siendo el nivel de desarrollo socioeconómico. En los distintos niveles de desarrollo, en los diferentes períodos históricos han diferido las interpretaciones y peticiones sobre justicia social por parte de las personas de distintas ideologías y estratos clasistas. Al hablar del fomento de la equidad y la justicia sociales, debemos partir de los intereses fundamentales de los más amplios sectores de las masas populares, apreciar y abordar este problema en mayor medida desde el nivel del desarrollo social, la situación social general y el pueblo como un todo. Muchas de las violaciones de justicia y equidad sociales cometidas en el país son problemas fundamentales que surgen en el camino del desarrollo, que pueden solucionarse a través de disposiciones institucionales, legales y políticas en tándem con el desarrollo continuo. Tenemos que asumir firmemente el desarrollo económico como la tarea central, promover el desarrollo sólido y sostenido y hacer que "la tarta" sea más grande, sentando así unos cimientos materiales más sólidos para garantizar una mayor equidad y justicia sociales.

Esto no significa que debemos esperar para resolver el problema de la equidad y la justicia sociales hasta que la economía esté desarrollada. La naturaleza de los problemas cambia según el periodo, en dependencia de las características de la sociedad, desarrollada o no tan desarrollada, donde se encuentren. Aún cuando "la tarta" ya sea mucho más grande debemos repartirla equitativamente. El pueblo chino siempre ha tenido la percepción de que "la escasez no es causa de sufrimiento y la no igualdad es causa de sufrimiento".[4] Sobre la base del continuo desarrollo, debemos hacer un mejor trabajo en la promoción de la equidad y la justicia sociales, dar lo mejor de nosotros mismos mientras somos conscientes de nuestras propias limitaciones de forma tal que podamos seguir progresando para garantizar el acceso del pueblo a la educación, a un empleo remunerado, a la asistencia médica, a la seguridad social en la vejez y a la vivienda.

Más allá del nivel de desarrollo en que se encuentre una sociedad, las instituciones son siempre una garantía importante de la equidad y la justicia sociales. Debemos luchar para erradicar las violaciones de la equidad y la justicia sociales causadas por factores creados por el hombre a través de arreglos institucionales innovadores, y garantizar los derechos de nuestro pueblo a la participación y al desarrollo en igualdad de condiciones. Debemos tomar como espejo la equidad y la justicia sociales y el estándar de vida del pueblo para examinar nuestros sistemas, mecanismos, políticas y regulaciones en todos los aspectos, así como introducir las debidas reformas en las áreas donde prevalecen los problemas que no concuerden con el fomento de la equidad y la justicia sociales. El dominio y el eslabón donde se detecten los problemas destacados serán los puntos prioritarios de la reforma. En cuanto a los problemas causados por arreglos institucionales poco sólidos, se deberán tomar medidas oportunamente para resolverlos, de manera que nuestros arreglos institucionales reflejen mejor el principio socialista de la equidad y la justicia y permitan alcanzar, mantener y desarrollar mejor los intereses fundamentales de nuestro pueblo.

En sexto lugar, apoyarnos firmemente en el pueblo para promover la reforma. El pueblo es el creador de la historia y la fuente de nuestra fuerza. La causa fundamental por la cual la reforma y apertura han logrado el apoyo sincero y participación activa de las grandes masas populares radica en el hecho que desde el mismo comienzo hicimos que la causa de la reforma y apertura se arraigara en las masas populares. Las Resoluciones de la Sesión Plenaria resumen las valiosas experiencias acumuladas por la reforma y apertura. Una de las más importantes es que enfatiza en la necesidad de considerar al hombre como el centro, respetando la posición de sujeto del pueblo en el país, dando riendas sueltas a su creatividad y promoviendo la reforma con el gran respaldo del pueblo. Sin el apoyo y la participación del pueblo, ninguna reforma podrá tener éxito. Sin importar las dificultades y desafíos con que tropecemos, con tal de tener el apoyo y la participación del pueblo no habrá dificultad que no se pueda superar ni barrera que no se pueda franquear. Hemos de aplicar la línea de masas del Partido, estar totalmente identificados con el pueblo, compartir sus alegrías y sus penas y luchar juntos con el pueblo.

Para impulsar cualquier reforma importante, debemos analizar y abordar los importantes problemas relacionados con la reforma desde la perspectiva del pueblo, mientras formulamos las pautas y medidas sobre la base de los intereses del pueblo. Wang Fu de la dinastía Han dijo: "El rocho vuela ágil en el firmamento no por la ligereza de sus plumas; el semental galopa a gran velocidad no por la fuerza de una de sus patas"[5]. Si China quiere volar alto y galopar rápido, tiene que apoyarse en la fuerza de los 1.300 millones de chinos.

Cuando en el curso de la profundización integral de la reforma nos encontremos con problemas complicados de interés, difíciles de sopesar y equilibrar, debemos pensar en las condiciones actuales del pueblo. ¿Qué espera el pueblo? ¿Cómo proteger los intereses de las masas populares? ¿Están las masas populares satisfechas con nuestra reforma? Para elevar el carácter científico de la toma de decisiones, un punto muy importante es escuchar las opiniones y sugerencias de las masas populares, revisar oportunamente las experiencias frescas acumuladas por las masas populares, estimular el entusiasmo, la iniciativa y la creatividad de las masas populares para impulsar la reforma, incorporar su sabiduría y fuerza a la causa de la reforma y trabajar con ellas para seguir llevando adelante la reforma.

Notas

[1] Deng Xiaoping: "Puntos esenciales de las conversaciones sostenidas en Wuchang, Shenzhen, Zhuhai y Shanghai", *Textos Escogidos de Deng Xiaoping*, t. III, Ediciones en Lenguas Extranjeras, 1994, pág. 383.

[2] Los "seis profundizar" constituyen el mapa de ruta para la profundización integral de la reforma formulado en las Resoluciones del Comité Central del Partido Comunista de China acerca de algunos problemas importantes relativos a la profundización integral de la reforma":

Estrechamente en torno a la posibilidad de permitir al mercado desempeñar un papel decisivo en la distribución de los recursos, profundizar la reforma sobre el régimen económico;

Estrechamente en torno a la unificación orgánica entre la persistencia en la dirección del Partido, el pueblo como dueño de su destino y la administración del país conforme a la ley, profundizar la reforma sobre el régimen político;

Estrechamente en torno a la construcción de un sistema de los valores clave del socialismo y de un país socialista culturalmente poderoso, profundizar la reforma sobre el régimen cultural;

Estrechamente en torno a una garantía más efectiva y mejoramiento de la vida del pueblo y al fomento de la imparcialidad y la justicia sociales, profundizar la reforma sobre el régimen social,

Estrechamente en torno a la construcción de una China hermosa, profundizar la reforma sobre el régimen de civilización ecológica

Estrechamente en torno a la elevación del nivel de gobierno científico, gobierno democrático y gobierno basado en la ley, profundizar la reforma sobre el sistema de construcción del Partido.

[3] Carlos Marx: "Prólogo de Una Contribución Crítica de la Economía Política", *Obras Escogidas de Carlos Marx y Federico Engels*, t. II, Edición en Chino, Editorial del Pueblo, 2009.

⁴ *Analectas de Confucio (Lun Yu),* uno de los clásicos del confucianismo, es una obra en la que los discípulos de Confucio registran las palabras y acciones del maestro, entre las cuales figuran diálogos entre el maestro y sus discípulos. Forma parte de los cuatro clásicos del confucianismo, junto con *El Gran Aprendizaje, (Da Xue), La Doctrina del Justo Medio (Zhong Yong) y Mencio (Meng Zi).*

⁵ Wang Fu: *Comentarios de un recluso (Qian Fu Lun).* Wang Fu (c.85-c.163), fue filósofo y comentarista político de la dinastía Han del Este (25-220).

Por más difícil que sea la reforma debemos llevarla adelante[*]

7 de febrero de 2014

Sergei Briliaov[1]: La III Sesión Plenaria del XVIII Comité Central del Partido Comunista de China aprobó las "Resoluciones del Comité Central del Partido Comunista de China acerca de los problemas importantes relativos a la profundización integral de la reforma". Usted mismo es jefe del Grupo de Dirección de la Profundización Integral de la Reforma. Quisiera preguntarle: ¿Cuál es su concepto de gobernación? ¿Cuáles son las áreas prioritarias de la reforma china en el siguiente paso? ¿Qué piensa de las perspectivas de desarrollo de China?

Xi Jinping: Estas son interrogantes muy importantes relacionadas con el desarrollo de China. En 1978, la III Sesión Plenaria del XI Comité Central del Partido Comunista de China lanzó la reforma y apertura de China. Hasta hoy, han transcurrido más de 35 años, durante los cuales China ha obtenido éxitos extraordinarios a nivel mundial. No obstante, debemos continuar marchando hacia adelante. Hemos formulado las metas de lucha de "dos centenarios". En la actualidad, la globalización económica se desarrolla vertiginosamente, la competición en términos de poderío nacional íntegro se intensifica, la situación internacional es complicada y muy variable. Consideramos que China debe aprehender la oportunidad, enfrentarse a los desafíos, materializar un nuevo y mayor desarrollo y para ello apoyarse fundamentalmente en la reforma y apertura. El avance en medio de la encarnizada competición internacional es como viajar en un barco contra la corriente: si no avanzas, retrocedes.

---

* Fragmentos de la entrevista exclusiva concedida a la televisión rusa.

En comparación con el pasado, la reforma de China ha ganado tanto en magnitud como en profundidad. Para impulsar la reforma hay que reforzar el diseño de máximo nivel. En noviembre del año pasado, la III Sesión Plenaria del XVIII Comité Central del Partido Comunista de China adoptó disposiciones generales sobre la profundización integral de la reforma, formuló el mapa de ruta y el itinerario de la reforma. El plan contempla más de 330 medidas de gran envergadura en 15 dominios de la reforma, tales como economía, política, cultura, ecología, construcción del Partido, entre otros. El toque de clarín de la marcha de la reforma ya ha sonado. Nuestro objetivo global es perfeccionar y desarrollar el sistema del socialismo con peculiaridades chinas, promover la modernización del sistema y la capacidad de gobernación del Estado.

Con el propósito de concentrar fuerzas para impulsar la reforma, hemos fundado el Grupo de Dirección Central sobre la Profundización Integral de la Reforma del cual soy jefe y cuya misión es unificar las disposiciones, asumir la coordinación en los problemas importantes y repartir en mayor grado las tareas a cumplir. En términos de por ciento, las disposiciones representan "el 10% y el cumplimiento el 90% restante".

No es nada fácil, en absoluto, profundizar la reforma en un país como China que tiene más de 1.300 millones de habitantes. Luego de más de 30 años, la reforma en China ya ha entrado en "zona de aguas profundas". Podemos decir que la parte más fácil del trabajo que satisfizo a todos ya se hizo. Lo que queda son los huesos duros de roer. Esto nos obliga a actuar con audacia y avanzar a paso firme. Por actuar con audacia se entiende avanzar en la reforma pese a las dificultades y tener el coraje de asumir nuevos desafíos, roer los huesos duros y vadear aguas peligrosas. Por a paso firme se entiende seguir por el camino correcto, proceder de manera segura, y lo más importante, no cometer errores fatales.

Tengo mucha fe en las perspectivas del desarrollo de China. ¿Por qué la tengo? La razón fundamental es que gracias a las exploraciones realizadas durante un prolongado periodo de tiempo, hemos encontrado ya un camino correcto de desarrollo, adecuado a la situación nacional de China. Siempre y cuando nos apoyemos en los más de 1.300 millones de chinos y nos mantengamos con firmeza en nuestro propio camino, superaremos todas las dificultades, peligros y obstáculos, conseguiremos nuevos éxitos y terminaremos materializando las metas que nos hemos trazado.

El Partido Comunista de China persiste en gobernar por el bien del pueblo. La aspiración del pueblo a una vida mejor es nuestra meta de lucha. En cuanto a mi concepto de gobernación, voy a decirle de manera muy concisa: gobernaré sirviendo al pueblo y asumiré las responsabilidades que me tocan asumir.

Briliaov: Pronto hará un año que asumió la presidencia estatal de China. ¿Cómo se siente al dirigir un país tan grande como China? ¿Cuáles son sus pasatiempos? ¿Cuáles son sus deportes favoritos?

Xi Jinping: China tiene un territorio nacional terrestre de 9,6 millones de kilómetros cuadrados, 56 etnias, una población de más de 1.300 millones de habitantes, un nivel de desarrollo socioeconómico y un de vida del pueblo nada elevados. Por lo tanto, gobernar un país como este no es nada fácil; es preciso subir hasta la cumbre y mirar a lo lejos, pero al mismo tiempo es preciso poner firmemente los pies en la tierra. He trabajado durante largo tiempo en distintos lugares de China y soy consciente de las abismales diferencias entre los gobiernos del Este y el Oeste del país, entre los gobiernos central y locales, entre las distintas localidades y los diferentes niveles de los gobiernos locales. Por eso, como dirigente de China, tengo que tomar en consideración todos los factores sobre la base del correcto entendimiento de las condiciones de China, mantener un equilibrio general y concentrarme en las prioridades para promover la situación global. A veces me dedico a lo grande dejando lo pequeño o simultaneo la atención a lo grande y a lo pequeño; a veces acciono lo grande mediante lo pequeño, observo lo grande en lo pequeño. En términos figurativos, es como tocar el piano con los diez dedos.

Como el pueblo me designó para el puesto de Jefe de Estado, tengo que poner al pueblo por encima de todo, tener presente mis responsabilidades que pesan tanto como el Monte Taishan, preocuparme siempre por la seguridad y el bienestar del pueblo, trabajar concienzudamente día y noche, estar completamente identificado con el pueblo, compartir las alegrías y las penas con el pueblo y luchar unido con el pueblo.

Hablando de pasatiempos, soy aficionado a la lectura, a ver películas, viajar y pasear. Pero como usted sabe, en un trabajo como el mío, básicamente uno no tiene tiempo libre. Durante la Fiesta de la Primavera de este año se puso de moda en China una canción titulada "¿Adónde se fue el tiempo?". En mi caso la pregunta es ¿adónde se fue mi tiempo libre? Naturalmente lo ocupa el trabajo. Actualmente, el único entretenimiento que conservo es la lectura, que se ha convertido en mi modo de vida. La lectura fortalece mi pensamiento, en ella encuentro inspiración y sabiduría, además de que me permite cultivar mi fuerza moral. Por ejemplo, he leído a muchos escritores rusos, entre ellos, Krylóv, Pushkin, Gógol, Lérmontov, Turguénev, Dostoievski, Nekrásov, Chernyshevsky, Tolstói, Chéjov y Sholokhov. Recuerdo con mucha claridad numerosos capítulos e historias maravillosos de sus libros.

En cuanto a las actividades deportivas, me gustan la natación y el montañismo. Aprendí a nadar a los cuatro o cinco años de edad. También me gusta el fútbol, el voleibol, el baloncesto, el tenis, las artes marciales. De los deportes de invierno, me gusta ver el hockey sobre hielo, el patinaje de velocidad, el patinaje artístico y el esquí estilo libre. El hockey sobre hielo es mi favorito. Es un deporte que no solo exige fuerza y habilidad individuales sino también trabajo en equipo y colaboración. Es de hecho un buen deporte.

Nota

[1] Sergei Briliaov, presentador de la Televisión Rusa.

Reforzar sin cesar la capacidad de gobernación del país aplicando el sistema del socialismo con peculiaridades chinas[*]

17 de febrero de 2014

Es necesario adaptarse al proceso general de la modernización del país, elevar el nivel de gobernación con el espíritu científico y democrático y a la luz de la ley del Partido, reforzar la capacidad de los órganos estatales de desempeñar sus funciones, mejorar la habilidad de las masas populares de administrar según la ley los asuntos estatales, económicos, sociales, culturales y personales, hacer realidad la institucionalización, normalización y procedimentalización de la gobernación de los asuntos del Partido, el gobierno y la sociedad, así como reforzar sin cesar la capacidad de gobernación eficaz del país aplicando el sistema del socialismo con peculiaridades chinas.

La III Sesión Plenaria del XVIII Comité Central del Partido planteó la meta global de la profundización integral de la reforma, o sea, perfeccionar y desarrollar el sistema del socialismo con peculiaridades chinas y promover la modernización del sistema y la capacidad de gobernación del Estado. Es una exigencia ineluctable para persistir y desarrollar el socialismo con peculiaridades chinas y un contenido indispensable para la materialización de la modernización socialista.

A partir de la reforma y apertura, nuestro Partido empezó a reflexionar sobre el sistema de administración estatal desde una perspectiva completamente nueva, destacando lo primordiales, integrales, estables y crónicos que son los problemas de los sistemas directivo y

---

[*] Puntos esenciales del discurso pronunciado en el simposio sobre temas específicos de estudio y aplicación del espíritu del XVIII Congreso Nacional del Partido y profundización integral de la reforma para los principales cuadros directivos a nivel provincial y ministerial.

organizativo. Hoy en día, nos enfrentamos a una importante misión histórica que consiste en hacer más maduro y estereotipado el sistema socialista con peculiaridades chinas, ofreciendo un sistema institucional más completo, estable y efectivo al desarrollo de la causa del Partido y el Estado, la felicidad y la seguridad del pueblo, la armonía y la estabilidad de la sociedad, y la paz y el orden duraderos del país. Se trata de un proyecto inmenso que exige una reforma y mejora integrales y sistemáticas, y una interacción e integración de la reforma y mejora en todos los dominios, para formar los efectos globales y conseguir resultados globales en la modernización del sistema y la capacidad de gobernación del Estado.

Dicho sistema y capacidad son la plasmación concentrada del sistema estatal y la capacidad de cumplimiento del sistema de un Estado. Los dos son complementarios entre sí. El sistema y la capacidad de gobernación de nuestro país son buenos en lo global. Cuentan con superioridades peculiares, se adaptan a las condiciones nacionales de nuestro país y satisfacen la demanda de su desarrollo. Pero al mismo tiempo, muchos aspectos del sistema y la capacidad de gobernación del país esperan una mejora urgente y requieren mayor esfuerzo para reforzar la capacidad de administración. Sólo cuando prioricemos el reforzamiento de esta capacidad, elevemos cuanto antes la cualidad ideológica, moral, científica y cultual, así como las habilidades laborales de los cuadros directivos a todos los niveles y los administradores de todos los dominios, elevemos cuanto antes la capacidad laboral de los órganos del Partido y el Estado, las entidades empresariales e institucionales, los grupos populares y las organizaciones sociales, nuestro sistema de gobernación estatal funcionará con mayor eficacia.

Para promover la modernización del sistema y la capacidad de gobernación del Estado hay que entender y afirmar la meta global de la profundización integral de la reforma. Se trata de un conjunto compuesto por dos aspectos: perfeccionar y desarrollar el sistema del socialismo con peculiaridades chinas e impulsar la modernización del sistema y la capacidad de gobernación del país. Nuestro rumbo está en el camino del socialismo con peculiaridades chinas.

La opción de un sistema de gobernación de un Estado está determinada por su evolución histórica, su tradición cultural, y su nivel de desarrollo socioeconómico y es decidida por su pueblo. Nuestro actual sistema de gobernación estatal se basa en la evolución histórica, la tradición cultural, y el desarrollo socioeconómico de nuestro país, y es el resultado de un desarrollo prolongado, un mejoramiento gradual y una evolución endógena. Tal sistema espera ser mejorado y perfeccionado. Sin embargo en cuanto a cómo lograrlo debemos ser decisivos y firmes. La nación china es una nación inclusiva que ha adquirido sus peculiaridades nacionales aprendiendo de los demás ininterrumpidamente en su historia milenaria, convirtiendo los puntos fuertes de los demás en los suyos propios. Sin una firme confianza en el sistema no tendremos el valor para profundizar integralmente la reforma. Igualmente, sin la constante reforma, nuestra confianza en el sistema no será absoluta ni imperecedera. La profundización integral de la reforma está orientada a mejorar el sistema del socialismo con peculiaridades chinas. Al hablar de la firme confianza en el sistema no queremos encerrarnos en lo antiguo sin deseos de progresar, sino eliminar sin cesar los defectos de los regímenes y mecanismos para que nuestro sistema gane en madurez y se perpetúe.

Para promover la modernización del sistema y la capacidad de gobernación del Estado es necesario cultivar y difundir con gran energía el sistema de valores clave del socialismo[1] y la concepción de los valores clave, acelerar el establecimiento del sistema de valores que ilustra plenamente las peculiaridades de nuestro país, nuestra nación y nuestro tiempo. Para persistir en nuestro sistema de valores y en nuestra concepción de valores clave debemos poner en juego el papel de nuestra cultura. La cultura de una nación es el rasgo característico que la diferencia de las demás. Hay que intensificar la explotación e interpretación de la cultura tradicional de China, esforzarse en la transformación creativa y el desarrollo innovador de las virtudes tradicionales de la nación china, difundir el espíritu cultural que ha traspasado el espacio y el tiempo, ha superado las fronteras nacionales y está dotado de un encanto inmortal y un valor contemporáneo. También debemos divulgar en el exterior los logros de la innovación cultural de la China contemporánea basados en las tierras chinas y dirigidos al mundo, que evocan nuestra excelente cultura tradicional y espíritu contemporáneo. Nuestra nación se llenará de esperanza siempre y cuando el pueblo chino se entregue a la búsqueda del noble y lindo horizonte moral de generación en generación.

Elaborar un buen documento es sólo el primer paso de un largo camino y la aplicación será la clave. Necesitamos un trabajo más detallado, exhaustivo y profundo para estudiar y difundir el espíritu de esta Sesión Plenaria, sentando una base ideológica sólida en la profundización integral de la reforma. En el proceso de estudio y análisis del documento debemos evitar las interpretaciones superficiales, citas fuera de contexto, copias mecánicas y aplicación ciega. Debemos conocer la relación entre los arreglos políticos globales y la política particular, entre la cadena de políticas sisméticas y el eslabón de una política dada, entre el diseño al máximo nivel y las políticas afines en cada nivel, entre la consistencia y la diversidad de la política, y entre las políticas a largo y corto plazos. No podemos sustituir el todo por la parte como tampoco podemos comprometer los principios por el bien de la flexibilidad.

En cuanto a la aplicación del documento, tenemos que evitar las palabras vacías, la duda o la búsqueda de éxitos rápidos y beneficios inmediatos. Debemos implementarlo con un gran sentido de la urgencia y responsabilidad.

La reforma es una tarea gradual. Tenemos que ser audaces y pacientes a la vez, llevándola a cabo a paso firme para garantizar el cumplimiento de nuestras metas y misiones. La profundización integral de la reforma se ha planificado haciendo hincapié en los intereses estatales globales, fundamentales y de largo alcance. Debemos evitar la tendencia de elegir las áreas de la reforma según nuestras preferencias personales, así como debemos librarnos de las mentalidades que obstruyan el desarrollo de la reforma. Si nuestra reforma favorece la prosperidad del Partido y el Estado y la paz y el orden duraderos, tenemos que insistir en ella con toda firmeza. Esta es nuestra responsabilidad ante la historia, el pueblo, el país y la nación.

Notas

[1] El sistema de valores clave del socialismo se introdujo en las "Resoluciones del Comité Central del Partido Comunista de China sobre los Principales Problemas en la Construcción de una Sociedad Socialista Armoniosa", aprobadas en octubre de 2006 en la VI Sesión Plenaria del XVI Comité Central del Partido Comunista de China. El sistema incluye el pensamiento guía del marxismo, el ideal común del socialismo con peculiaridades chinas, el espíritu nacional con el patriotismo como núcleo y el espíritu de la época subrayado por la reforma y la innovación, así como las máximas socialistas de los ocho honores y las ocho desgracias.

IV.
Impulsar el desarrollo económico continuo y sano

El crecimiento económico tiene que ser verdadero y no inflado*

30 de noviembre de 2012

En el año en curso, en medio del complejo panorama económico mundial y de cara a la ardua misión de la reforma, desarrollo y estabilidad de nuestro país, persistimos en tener como tema principal el desarrollo de carácter científico, y como línea principal acelerar el cambio del la modalidad de desarrollo económico. Siguiendo la tónica general del trabajo consistente en pugnar por un progreso basado en la estabilidad, reforzamos y perfeccionamos oportunamente el macrocontrol, consideramos el crecimiento seguro una prioridad principal y logramos avances positivos en la estabilización del crecimiento, reajuste de la estructura, impulso de la reforma e iniciativas en beneficio de la vida del pueblo.

Bajo el prerrequisito de conservar la salud de la situación general del desarrollo socioeconómico de nuestro país, no hemos de subestimar los riesgos y desafíos que estamos enfrentando y enfrentaremos en el futuro inmediato. Estos riesgos y desafíos se manifiestan principalmente en la desaceleración continua del crecimiento económico mundial, la prevalencia de las contradicciones entre la deficiente demanda general y la sobrecapacidad de producción relativa, la coexistencia de la subida de los costos de producción y gestión de las empresas, la deficiencia de la capacidad innovadora, la agudización de las contradicciones entre el desarrollo económico, los recursos y el medio ambiente. Una moneda tiene dos caras. Al analizar la situación nacional e internacional, debemos ver tanto las ventajas como las

---

* Puntos esenciales del discurso pronunciado en el foro convocado por el Comité Central del Partido Comunista de China con personalidades no militantes del Partido.

desventajas, estar preparados para lo peor y esforzarnos para conseguir los mejores resultados posibles.

El año próximo será el primero de la aplicación integral del espíritu del XVIII Congreso Nacional de nuestro Partido, y es sumamente importante mejorar el trabajo para el desarrollo socioeconómico del año próximo. Tenemos que concentrarnos en elevar la calidad y la eficiencia del crecimiento económico, buscar un progreso basado en la estabilidad, proceder con ánimo emprendedor y sentar una sólida base para el desarrollo futuro. Debemos seguir profundizando la reforma y apertura, intensificar aún más la propulsión mediante la innovación, y hacer realidad el desarrollo económico sano y sostenido, la armonía y la estabilidad sociales.

En primer lugar, hay que mantener el crecimiento económico, continuando con nuestra política fiscal proactiva y monetaria prudente e incrementar la vitalidad endógena y fuerza motriz del crecimiento económico. El crecimiento debe ser verdadero y no inflado, en otras palabras, queremos un crecimiento eficiente, sostenible y de elevada calidad.

En segundo lugar, tenemos que fortalecer y consolidar la posición de la agricultura como sector básico, aumentar el apoyo a la agricultura, intensificar y perfeccionar nuestras políticas de refuerzo a la agricultura y beneficio y enriquecimiento del campesinado, acelerar la modernización de la agricultura y garantizar el abastecimiento efectivo del Estado de cereales y otros productos agrícolas importantes.

En tercer lugar, procurar conseguir notables progresos en el reajuste estructural, ampliar la demanda nacional mientras se estabiliza la demanda externa, intensificar el reajuste y la actualización de la estructura sectorial de la economía y promover a paso firme el desarrollo sano de la urbanización.

En cuarto lugar, adherirse al rumbo de la reforma de la economía de mercado socialista, mejorar el diseño de máximo nivel, lanzar oportunamente medidas concretas de reforma, combinar el progreso gradual de la reforma integral con la superación parcial, explorar audazmente y procurar resultados sustantivos.

En quinto lugar, tenemos que garantizar y mejorar con gran esfuerzo las condiciones de vida del pueblo, en especial las condiciones básicas de vida de las masas populares con rentas bajas, perfeccionar el trabajo sobre los subsidios a los estudiantes universitarios con dificultades económicas, prestar mayor atención a estabilizar y ampliar el empleo, intensificar la construcción del sistema de seguridad social urbano-rural. Incentivaremos al pueblo a alcanzar la prosperidad con su trabajo arduo y de ese modo mejorar sus condiciones de vida será tanto el objetivo del Partido y el gobierno como del ciudadano de a pie.

Elevar el nivel de la economía abierta*

8 de abril de 2013

Las perspectivas del desarrollo económico de China son vastas. China propulsará de manera inconmovible la reforma y apertura, acelerará el cambio de la modalidad de desarrollo, aplicará con firmeza la política de apertura al exterior y seguirá ofreciendo mejor ambiente y condiciones a las empresas extranjeras. El desarrollo de China hará mayores contribuciones al mundo.

Los empresarios, que son los protagonistas de este foro, constituyen una importante fuerza en la creación de empleo y riqueza y una fuerza pujante en la promoción del desarrollo y la cooperación. Sus decisiones tendrán un gran impacto en la economía de Asia y el mundo. Me gustaría aprovechar esta ocasión para conocer sus puntos de vista e intercambiar ideas con ustedes.

La economía mundial sigue sumida en la inestabilidad y la incertidumbre. La recuperación conocerá un proceso prolongado y sinuoso. En contraste, el crecimiento de la economía asiática muestra gran vitalidad. En este contexto, las perspectivas económicas de China se han convertido en un tema de interés universal y por ese motivo me gustaría compartir con ustedes mis impresiones sobre el tema.

China ha mantenido un desarrollo económico integral y sólido. Durante un periodo bastante prolongado, su desarrollo permanecerá en ascenso. La industrialización, la informatización, la urbanización y la modernización agrícola han creado un gigantesco espacio en el mercado nacional. Las bases de nuestras fuerzas productivas sociales permanecen sólidas, nuestras ventajas en los elementos de producción

---

* Puntos esenciales del discurso pronunciado en el foro con representantes de los empresarios chinos y extranjeros, participantes en la reunión anual del Foro Boao para Asia[1] 2013.

son obvias y nuestros regímenes y mecanismos están en constante perfeccionamiento.

En el XVIII Congreso Nacional del Partido Comunista de China, definimos las metas de lucha de los "dos centenarios" y formulamos el sueño chino de la gran revitalización de la nación china. El cumplimiento de estas metas inyectará sin cesar nueva vitalidad y fuerza motriz a la economía china. Gracias a nuestros esfuerzos, será muy posible que el crecimiento económico mantenga un nivel relativamente alto. China trasladará el centro de gravedad del desarrollo a la elevación de la calidad y la rentabilidad y se esforzará al máximo para promover el desarrollo verde, circular y bajo en carbono.

El ambiente del mercado chino es equitativo. Todas las empresas registradas en la parte continental de China forman parte importante de la economía china. Persistiremos sin vacilación en la economía de mercado socialista, continuaremos fomentando la legalidad y mejorando activamente el ambiente de inversión, nos esforzaremos porque las empresas de todas las índoles puedan aprovechar, en pie de igualdad y conforme a la ley, los elementos de producción, competir equitativamente en el mercado y gozar de la misma protección legal, de forma tal que el mercado chino sea más equitativo y mucho más atractivo para el inversor. No cambiarán nuestras políticas orientadas a utilizar la inversión extranjera y garantizar según la ley los derechos y los intereses legítimos de las empresas foráneas.

China nunca cerrará las puertas al mundo exterior. En la pasada década, nuestro país cumplió sus compromisos con la OMC, hechos al ingresar a la organización, creando un ambiente comercial más abierto y reglamentado. Vamos a elevar el nivel de la economía abierta en una esfera más amplia, un campo más extenso y un estrato más profundo. Nuestras puertas seguirán abiertas a los inversores de todos los países, y espero que las puertas extranjeras también se abran más a los inversores chinos. Nos oponemos resueltamente a cualquier forma de proteccionismo y estamos dispuestos a resolver adecuadamente las divergencias económicas y comerciales con los países concernientes mediante consultas. Además, promoveremos activamente el establecimiento de un sistema económico y comercial multilateral caracterizado por el equilibrio y el ganar-ganar, que preste atención al desarrollo.

El desarrollo de China beneficia al resto del mundo y, en primer lugar, a sus vecinos. En 2012, unos 15,76 millones de turistas chinos visitaron países del Este y el Sur de Asia. China ha hecho enormes contribuciones al crecimiento económico del continente asiático. En los próximos cinco años, China necesitará importar bienes por valor de 10 billones de dólares estadounidenses, al tiempo que la inversión extranjera china aumentará a una velocidad relativamente alta. China realiza ingentes esfuerzos para fortalecer la intercomunicación con los países vecinos. Todas estas medidas van a aportar mayores contribuciones al crecimiento de la economía regional y también global.

China continúa comprometida sin vacilación con la reforma y apertura. Perfeccionaremos las políticas relevantes, mejoraremos sin cesar la capacidad y calidad de nuestro servicio, proporcionaremos un mejor ambiente y condiciones a los empresarios extranjeros para que inviertan y amplíen sus negocios en nuestro país. Esperamos que los empresarios de todos los países aprovechen estas oportunidades de China en post de un mayor desarrollo de sus empresas.

Notas:

[1] El Foro Boao para Asia es una organización internacional no gubernamental sin fines de lucro y con sede fija. Se estableció el 27 de febrero de 2001 en Boao, Hainan, China. Con la igualdad, el beneficio mutuo, la cooperación y el ganar-ganar como temas, el foro se basa en Asia y tiene como propósito ampliar los intercambios económicos, la coordinación y la cooperación entre las naciones asiáticas mientras mejora el diálogo y los vínculos económicos entre Asia y el resto del mundo.

Usar bien tanto la "mano invisible" como la "mano visible"[*]

26 de mayo de 2014

Hacer que el mercado desempeñe un papel decisivo en la asignación de los recursos y que el gobierno juegue mejor su rol no es sólo una cuestión teórica importante, sino también una propuesta práctica significativa. Conocer razonablemente esta cuestión y captar con precisión su significado tiene una importancia primordial para consumar la profundización integral de la reforma y promover el desarrollo sano y ordenado de la economía de mercado socialista. En referencia a los papeles del mercado y el gobierno hay que observar la dialéctica y la doctrina de que la moneda tiene dos caras, usar bien tanto la "mano invisible" como la "mano visible", y esforzarse por crear una configuración de papeles del mercado y el gobierno orgánicamente unificados y recíprocamente complementados y coordinados, que promuevan un desarrollo económico y social sostenido y sólido.

La III Sesión Plenaria del XVIII Comité Central del Partido Comunista señaló que la reforma del sistema económico es punto prioritario de la profundización integral de la reforma y el quid de la cuestión reside en resolver como es debido la relación entre el gobierno y el mercado, para que el mercado juegue un papel decisivo en la asignación de los recursos, y el gobierno desempeñe mejor sus funciones. La propuesta de que el mercado desempeñe un papel decisivo en la asignación de los recursos es un avance sustancial en el conocimiento de nuestro Partido Comunista de las leyes objetivas que rigen la construcción socialista con peculiaridades chinas, así como un nuevo

---

[*] Puntos esenciales del discurso pronunciado cuando presidía el 15° Estudio Colectivo del Buró Político del XVIII Comité Central.

logro de la adaptación del marxismo a las condiciones nacionales de China. Esto significa que la economía de mercado socialista ha entrado en una nueva fase de desarrollo.

Para definir y aplicar exactamente la propuesta de que el mercado juegue un papel decisivo en la asignación de los recursos y el gobierno desempeñe mejor sus funciones, tenemos que conocer correctamente la relación entre los papeles del mercado y el gobierno. La relación entre el gobierno y el mercado es el tema central de la reforma del sistema económico de China. La III Sesión Plenaria del XVIII Comité Central del Partido modificó el papel del mercado en la asignación de los recursos de "básico" a "decisivo". Y aunque sólo se haya cambiado una palabra, la definición de la función del mercado es totalmente nueva. El "papel decisivo" es la continuación y la extensión del "papel básico". Hacer que el mercado juegue un papel decisivo en la asignación de los recursos y que el gobierno desempeñe mejor sus funciones son cuestiones que se integran orgánicamente y no se niegan entre sí. No debemos separarlos ni contraponerlos. No podemos sustituir ni negar el papel del gobierno con el papel decisivo del mercado en la asignación de los recursos, ni viceversa.

La propuesta de que el mercado desempeñe un papel decisivo en la asignación de los recursos tiene como objetivo resolver los problemas existentes. Con más de veinte años de práctica se ha desarrollado continuamente la economía de mercado socialista de China, pero aún existen muchos problemas y lacras que restringen el vigor de los sujetos del mercado y obstaculizan el pleno desempeño del papel del mercado y la ley del valor. Mientras no demos solución adecuada a estos problemas, será difícil conformar un sistema perfecto de economía de mercado socialista e impulsar el cambio de la modalidad del desarrollo y el reajuste de la estructura económica.

Debemos apegarnos a la orientación de la reforma de la economía de mercado socialista, promover la reforma de la mercantilización tanto en amplitud como en profundidad, reducir la asignación directa de los recursos por parte del gobierno, disminuir la intervención directa del gobierno en las actividades microeconómicas, acelerar el cultivo de un sistema de mercados unificados y abiertos de competencia ordenada, establecer reglas de mercado equitativas, abiertas y transparentes, entregar al mercado las actividades económicas que el mecanismo de mercado puede regular con eficiencia, entregar al mercado los asuntos que el gobierno no debe administrar, y permitir que el mercado desempeñe plenamente su papel en todos los dominios en los que es capaz de hacerlo. Debemos promover la maximización de la rentabilidad y la optimización de la eficiencia en la asignación de los recursos para que las empresas y los individuos se doten de mayor vigor y tengan mayor espacio para desarrollar la economía y crear riqueza.

El macrocontrol científico y la administración efectiva del gobierno constituyen la exigencia intrínseca para desplegar las ventajas del sistema de economía de mercado socialista. Para desempeñar mejor el rol del gobierno es necesario transformar de manera eficaz las funciones del gobierno, profundizar la reforma del sistema administrativo, innovar las modalidades de administración, perfeccionar el sistema de macrocontrol, fortalecer los mecanismos de supervisión y control de las actividades del mercado, fomentar y optimizar los servicios públicos para impulsar la equidad, la justicia y la estabilidad sociales y promover la prosperidad común. Los gobiernos de todos los niveles deben ejercer la administración estrictamente conforme a las leyes, y desempeñar eficazmente sus funciones. Los gobiernos tienen que administrar bien todos los asuntos de su competencia y delegar como es debido todos los poderes. El gobierno debe evitar decididamente sobrepasar los límites de sus funciones y faltar a las mismas.

Adherirse a la dirección del Partido Comunista, desplegar a plenitud el papel núcleo dirigente del Partido de manejar la situación general y coordinar las diversas partes es una característica importante del sistema de economía de mercado socialista de China. En los treinta y tantos años de la aplicación de la reforma y apertura al exterior, hemos obtenido enormes logros en el desarrollo socioeconómico y el nivel de vida de nuestro pueblo se ha elevado en gran medida. El éxito se atribuye a que persistimos sin vacilación en la dirección del Partido y que ponemos en pleno juego el papel de las organizaciones a todos los niveles y de todos los militantes del Partido. En nuestro país, la firme y poderosa dirección del Partido es la garantía fundamental para que el gobierno desempeñe su papel. En el proceso de la profundización integral de la reforma debemos mantener y desarrollar nuestra superioridad política y aplicarla a la guía y promoción de la reforma. Debemos movilizar el entusiasmo de todos los sectores para impulsar el perfeccionamiento continuo del sistema de economía de mercado socialista y el mejor desarrollo de la economía de mercado socialista.

En el marco de la nueva situación, los cuadros a todos los niveles, sobre todo los cuadros dirigentes, deben seguir profundizando el estudio en la práctica y profundizando la práctica en el estudio, investigar problemas nuevos y resumir experiencias nuevas y aprender a usar bien tanto la "mano invisible" como la "mano visible" para convertirse en expertos en el control de las relaciones entre el gobierno y el mercado.

Transición al desarrollo impulsado
por la innovación[*]

9 de junio de 2014

Actualmente, todos los militantes del Partido y todos los grupos étnicos del país luchan unidos en la construcción integral de una sociedad modestamente acomodada y la realización del sueño chino de la revitalización de la nación china. Necesitamos más que nunca nuevas fuerzas de la innovación científica y tecnológica. El XVIII Congreso Nacional del Partido Comunista de China hizo una disposición importante para la implementación de una estrategia de desarrollo impulsado por la innovación, e hizo hincapié en que la innovación científica y tecnológica es un soporte estratégico para incrementar las fuerzas productivas sociales y la fortaleza nacional integral, por lo que debe ocupar una posición central en el desarrollo general del país. Esta es una elección estratégica importante adoptada por el Comité Central del Partido después de hacer un análisis integral de la situación nacional e internacional, y de la situación general de nuestro desarrollo.

El siglo XXI anuncia una nueva ronda de la revolución científica y tecnológica y de la renovación industrial. La innovación científica y tecnológica mundial exhibe nuevas tendencias y características. Se acelera la integración interdisciplinaria, surgen sin cesar nuevas disciplinas y se amplían continuamente las fronteras de la ciencia. Grandes y significativos avances se están realizando o se esperan en los campos científicos básicos, tales como la estructura de la materia, la evolución del universo, el origen de la vida y la naturaleza de la conciencia. La amplia difusión de las tecnologías informáticas, biológicas, de los

---

* Fragmentos del discurso pronunciado en la XVII Asamblea de Miembros de la Academia de Ciencias de China y la XII Asamblea de Miembros de la Academia de Ingeniería de China.

nuevos materiales y las nuevas energías ha dado lugar a una revolución tecnológica grupal con características ecológicas, inteligentes y omnipresentes.

Los límites entre la investigación en las ciencias básicas y aplicadas, el desarrollo tecnológico y la industrialización en el sentido tradicional son cada vez más borrosos, la cadena de la innovación científica y tecnológica es más flexible, la renovación tecnológica y la conversión de sus logros es más fácil y rápida, y la actualización de la industria continúa ganando velocidad.

La innovación científica y tecnológica trasciende constantemente las limitaciones geológicas, organizativas y tecnológicas, intensifica la competencia entre los sistemas de innovación y hace la competencia estratégica innovadora más importante en la competencia de la fortaleza integral de los países. Las innovaciones científicas y tecnológicas, como el punto de apoyo de la palanca que mueve al planeta, siempre obran milagros inesperados. Esto ha quedado demostrado plenamente en el desarrollo de la ciencia y la tecnología contemporáneas.

Frente a las nuevas tendencias de la innovación científica y tecnológica, los países principales del mundo intentan hacer nuevos avances sustanciales en la innovación científica y tecnológica y ganar ventajas en el futuro desarrollo económico, científico y tecnológico. No podemos quedarnos a la zaga en esta carrera importante. Tenemos que ponernos al día y luego tratar de superar a los demás.

Desde la introducción de la reforma y la apertura al exterior, China ha hecho notables logros en el desarrollo social y económico, la economía ha saltado al segundo lugar mundial, y muchos de sus principales índices económicos están en las primeras filas en la lista del orbe.

Sin embargo, debemos tener muy claro que nuestra economía, pese a ser muy grande en tamaño, no es fuerte, y su crecimiento, aunque es rápido, no es de alta calidad. No es sostenible la modalidad de desarrollo extensivo resultante del crecimiento económico impulsado principalmente por las aportaciones de factores, tales como los recursos naturales y la expansión de la magnitud.

Ahora, la población total de los países desarrollados en el mundo es de aproximadamente mil millones, mientras que China sola tiene más de mil 300 millones de habitantes. Si todos nosotros nos modernizamos, entonces la población acomodada del mundo será más del doble. No es difícil imaginar que si consumimos tantos recursos en la producción y la vida cotidiana como la población acomodada del presente, todos los recursos existentes en el mundo serían insuficientes para nosotros los chinos. El viejo camino es un callejón sin salida. ¿Dónde está el nuevo camino? En la innovación científica y tecnológica, y en la transición del crecimiento impulsado por los factores y la magnitud de la inversión al crecimiento impulsado por la innovación.

Hace unos días leí un artículo que decía que la "Revolución de los Robots" sería un punto de incidencia y un importante punto de crecimiento en la Tercera Revolución Industrial. Aseguraba que los robots cambiarían el patrón de la industria mundial de la manufactura y que China se convertiría en el mayor mercado de robots del mundo. La Federación Internacional de Robótica predijo que la "Revolución de los Robots" crearía un mercado por valor de billones de dólares estadounidenses.

Gracias a una integración más rápida entre la tecnología robótica y la nueva generación de la tecnología informática, tales como los "bigdata", la computación nube y el internet móvil, el veloz desarrollo de la impresión 3D y la inteligencia artificial, la tecnología del hardware y software gana en madurez para la producción de robots, sus costes de producción siguen cayendo y las funciones que los robots pueden desempeñar mejoran de continuo. En la actualidad se utilizan aviones militares no tripulados, coches automáticos, robots de servicio doméstico y hasta robots de inteligencia artificial con considerable capacidad para pensar y aprender.

En lo internacional, la opinión pública considera que los robots son las "perlas de la corona de la industria manufacturera". El logro de un país en la investigación y desarrollo, fabricación y aplicación de la robótica es un importante criterio para medir el nivel de innovación científico-tecnológico y de la alta manufactura. Las principales empresas y países productores de robots han intensificado sus esfuerzos para ganar puntos dominantes en términos de tecnología y mercados.

Al leer el artículo no he podido dejar de pensar y preguntarme: ¿si China es el mayor mercado de robots del mundo, podrá nuestra capacidad tecnológica y de fabricación ser sostenible en la competencia? No solo debemos elevar el nivel de la robótica de nuestro país, sino también apoderarnos de mayores cuotas de mercado. Hay muchas nuevas tecnologías y campos de esta índole. Debemos examinar con detenimiento la situación actual, considerarla en su conjunto, y elaborar planes tan pronto como sea posible y ponerlos en práctica a paso firme.

Para aplicar la estrategia de desarrollo impulsado por la innovación, lo fundamental es mejorar nuestra capacidad de innovación independiente, y lo más urgente en este sentido es eliminar las barreras de régimen y mecanismo a fin de liberar y activar al máximo las enormes potencialidades de la ciencia y la tecnología como la primera fuerza productiva. Lo más importante es que de cara al futuro, debemos seguir firmemente un camino de innovación independiente con peculiaridades chinas, adherirnos a los principios rectores de la innovación independiente, transición a saltos en sectores clave, apoyo al desarrollo orientado hacia el futuro, y acelerar el ritmo de la construcción de un país innovador.

Los años de arduos esfuerzos han resultado para China en grandes avances a nivel general en la ciencia y la tecnología. China ya figura a la vanguardia en algunos campos importantes. En ciertos sectores, se ha convertido en el "precursor" en lugar del "seguidor" o "corredor paralelo". China ha entrado en un periodo clave en el que la nueva industrialización, informatización, urbanización y modernización agrícola están progresando simultánea, paralela o interactivamente. Esto ha creado un vasto espacio y dado un fuerte impulso sin precedentes para la innovación independiente.

He dicho en repetidas ocasiones que la gran revitalización de la nación china de ninguna manera se logrará fácilmente. Cuanto más nos desarrollemos y crezcamos, mayor resistencia y presión encontraremos. Es por esta experiencia que decimos que el tiempo y la decisión son vitales. Las oportunidades históricas suelen ser efímeras. Ahora tenemos una importante oportunidad histórica para promover la innovación científica y tecnológica. No podemos desperdiciarla, sino apoderarnos de ella con fuerza.

Nosotros gozamos con una sólida base material acumulada en los últimos treinta y tantos años de reforma y apertura y con una sucesión de frutos cosechados en la innovación constante, que deparan condiciones favorables para la implementación de la estrategia de desarrollo impulsado por la innovación. Por lo tanto, debemos tomar la iniciativa y adoptar una estrategia proactiva. En cuanto a las políticas científicas y tecnológicas de gran valor estratégico para nuestro país y la nación, debemos decidirnos y actuar sin ninguna duda. De lo contrario, podríamos perder la oportunidad histórica, e incluso tener que pagar un precio más alto por ello.

En marzo de 2013 hablé de la innovación científica y tecnológica en un debate de grupo con los científicos durante el periodo de la I Sesión del XII Comité Nacional de la Conferencia Consultiva Política del Pueblo Chino. En términos generales, la base de nuestra innovación científica y tecnológica no es suficientemente sólida; nuestra capacidad de innovación independiente, especialmente en el área de la creatividad original, no es fuerte. No hemos revertido la situación de dependencia en la tecnología núcleo de esferas clave. Solo cuando tengamos la tecnología núcleo en nuestras propias manos, podremos tomar realmente la iniciativa en la competencia y el desarrollo, y garantizar nuestra seguridad en los terrenos de la economía, la defensa, etc.

No podemos decorar siempre nuestros mañanas con los ayeres de los demás. No podemos siempre depender de los logros científicos y tecnológicos de los demás para nuestro propio progreso, ni seguir a otros a la zaga. No tenemos otra alternativa que innovar de forma independiente.

La práctica nos enseña que el robustecimiento mediante el esfuerzo propio constituye el punto de lucha básico para que la nación china se sitúe entre las naciones del planeta, y que la innovación independiente es el único camino por el que llegaremos a la cumbre de la ciencia y la tecnología del mundo. Con esta percepción, no podemos perder tiempo para cambiar la situación actual. No podemos seguir hablando año tras año o no hacer nada para lograr el cambio radical.

Por supuesto, no nos referimos a procurar la innovación independiente a puertas cerradas o solo por nosotros mismos. Nunca rechazaremos las buenas experiencias de los demás, de cualquier parte del planeta. Debemos participar con más iniciativa en los intercambios y colaboraciones científico-tecnológicas internacionales, y aprovechar bien los recursos tanto nacionales como internacionales.

La ciencia y la tecnología son universales y contemporáneas, por lo que debemos tener una visión global del desarrollo de la ciencia y la tecnología. En la actualidad, los importantes avances científicos y tecnológicos y su aplicación acelerada son muy propensos a remodelar el patrón de la economía mundial, y a cambiar la arena de la competencia industrial y económica.

En la arena del desarrollo internacional tradicional, las reglas del juego las pusieron otros, y nosotros jugamos respetando estas reglas ya establecidas, sin tener mayor iniciativa. Aprovechar bien las oportunidades importantes de la nueva ronda de la revolución científica y tecnológica y de la renovación industrial significa que debemos ser parte del juego desde el principio de la construcción del terreno de juego, incluso tener el papel principal en la construcción de algunos campos de juego, de modo que podamos ser redactores importantes de la nuevas reglas del juego. No tendremos la oportunidad si no somos capaces de ser parte, de hecho parte importante, del equipo de construcción. Las oportunidades están hechas siempre para los que están mejor preparados, y para los que tienen pensamiento, aspiraciones y perseverancia. El que nuestro país pueda sobrepasar a otros o no en el futuro desarrollo a modo de un vehículo que rebasa por la curva, dependerá de si podemos avanzar con pasos reales en el desarrollo impulsado por la innovación.

Li Siguang[1] dijo: "La ciencia existe debido a sus nuevos descubrimientos. Moriría sin ellos"[2]. El escritor francés Víctor Hugo sentenció:

"Las cosas creadas son insignificantes en comparación con las que están por crearse"[3]. La orientación de nuestro desarrollo científico y tecnológico es la innovación, la innovación y más innovación. Debemos conceder gran importancia a los avances sustanciales en las teorías básicas, especiales y originales, intensificar la construcción de infraestructura científica, asegurar el avance sostenido de las investigaciones y desarrollo de las tecnologías básicas, sistemáticas y de vanguardia, y proporcionar nuevos frutos de la innovación independiente desde la fuente misma. Debemos integrar activamente y hacer un buen uso de los recursos globales de la innovación, y partiendo de nuestras necesidades actuales y futuras, participar selectiva y prioritariamente en la construcción y utilización de las grandes instalaciones científicas internacionales, así como bases y centros de investigación y desarrollo.

Debemos captar las oportunidades estratégicas del desarrollo científico-tecnológico en reinos clave, seleccionar con precisión las áreas estratégicamente indispensables y las orientaciones prioritarias relacionadas con el desarrollo global y a largo plazo, y promover la innovación basada en la colaboración y la apertura a través de la asignación eficaz y racional de los recursos. Debemos construir un sistema de suministro eficiente y fuerte de tecnologías genéricas clave, trabajar arduamente para hacer grandes avances en la tecnología clave y mantener la tecnología clave en nuestras propias manos.

"Una persona con el oído aguzado puede escuchar sonidos que otros no pueden, y una persona con vista aguda puede ver cosas que otros no ven"[4]. No hay fin para la innovación científica y tecnológica. La competencia científica y tecnológica es como la competición del patinaje de velocidad en pista corta. Cuando aceleramos, también lo hacen los demás. Los que pueden patinar más rápido y mantener la velocidad durante más tiempo ganan el título. Xun Zi[5] aseveró: "Si un corcel brioso pega un brinco, puede salvar una distancia de no más de diez pasos; si un caballo mediocre trota diez días, puede dejar atrás un largo camino por la perseverancia. Si un escultor deja el trabajo a medias, no podrá cortar ni un trozo de madera podrida, pero si sigue laborando, llegará a grabar en metal o piedra"[6].

Nuestros científicos e ingenieros deben osar asumir sus obligaciones, atreverse a sobrepasar a otros, y tomar el rumbo correcto, el que deben seguir. Deben tener sólidamente los ideales y la confianza en ir antes que otros, osar seguir caminos que ellos no han andado, pretender la excelencia en la superación de las dificultades, y tener la audacia de conquistar logros científicos y tecnológicos de vanguardia al frente de la corriente mundial.

La implementación de la estrategia de desarrollo impulsado por la innovación es una obra sistemática. Los logros científicos y tecnológicos pueden generar verdaderamente el valor de la innovación y materializar el desarrollo impulsado por esta, solo cuando respondan a las necesidades del país, el pueblo y el mercado, y solo cuando hayan pasado por las etapas de investigación científica, desarrollo experimental, y divulgación y aplicación.

Me he estado preguntando la razón por la cual nuestra ciencia y tecnología se fueron rezagando desde las postrimerías de la dinastía Ming (1368-1644) y principios de la dinastía Qing (1644-1911). Los estudios muestran que el emperador Kangxi[7], de Qing, estaba muy interesado en la ciencia y la tecnología occidentales. Invitó a misioneros europeos a darle clases sobre el saber occidental en disciplinas como la astronomía, matemáticas, geografía, zoología, anatomía, música y hasta de filosofía. Tan solo de la astronomía, le dieron clases por más de 100 libros. ¿Cuándo y cuánto tiempo estudió estas materias? Sus primeros estudios duraron dos años y cinco meses sin interrupción entre 1679 y 1682.

Comenzó sus estudios temprano y aprendió mucho. El caso es que, en aquel momento, aunque algunas personas se interesaban por las ciencias occidentales y aprendían mucho, no aplicaron lo aprendido al desarrollo social y económico. Más bien, se limitaron simplemente a comentar el conocimiento.

En 1708, el gobierno de Qing organizó a un grupo de misioneros extranjeros para hacer el mapa de China. Les tomó diez años completar el *Mapa de la China Imperial*, el primero de su clase en ese momento. Sin embargo, esta importante obra quedó confinada durante mucho tiempo en el depósito imperial como documento confidencial, lejos de la mirada del público. Por tanto, no tuvo impacto en el desarrollo social y económico. Por el contrario, los misioneros occidentales que habían participado en la confección del mapa llevaron los materiales de vuelta a sus países y los publicaron después de su ordenamiento. Así, durante mucho tiempo los occidentales conocían la geografía de nuestro país mejor que nosotros mismos.

¿Qué podemos aprender de esta historia? Que la ciencia y la tecnología hay que combinarlas con el desarrollo social. No importa lo mucho que uno haya aprendido, si el conocimiento no tiene un impacto en la sociedad real, si el conocimiento se hace a un lado como una novedad, gusto refinado o una extraña habilidad.

Durante muchos años ha existido el mal crónico de que nuestros logros científicos y tecnológicos no se han podido trasladar sin contratiempo a la productividad. ¿Por qué? Porque hay cuellos de botella institucionales en la cadena de la innovación científica y tecnológica y conexiones sueltas entre los diferentes eslabones del proceso de innovación y transformación. Esto es como una carrera de relevos: el segundo portador del testigo no está o no tiene idea de adónde correr cuando el primero llega.

Para resolver este problema, tenemos que profundizar la reforma del sistema científico y tecnológico, cambiar la mentalidad y eliminar las barreras institucionales que dificultan la innovación científica y tecnológica, manejar apropiadamente la relación entre el gobierno y el mercado, e integrar mejor la ciencia y la tecnología al desarrollo social y económico. Debemos abrir un canal a través del cual la ciencia y la tecnología puedan impulsar el desarrollo industrial, económico y nacional. Debemos estimular la innovación con la reforma, acelerar la construcción y la mejora de un sistema nacional de innovación, para que toda el agua de la fuente de la innovación brote a plenitud.

Si comparamos la innovación científica y tecnológica con el motor nuevo que impulsa nuestro desarrollo, la reforma es el sistema de encendido indispensable que arranca el motor. Debemos tomar más medidas efectivas para mejorar el sistema de encendido, y dejar que el nuevo motor funcione a toda velocidad.

Para llevar a cabo la reforma del sistema científico y tecnológico, debemos prepararnos para resolver problemas "peliagudos", y poner en práctica las decisiones pertinentes formuladas en la III Sesión Plenaria del XVIII Comité Central del Partido Comunista de China. Debemos poner la innovación científica-tecnológica en el centro de nuestro desarrollo nacional, acelerar el diseño al más alto nivel de la estrategia de desarrollo impulsado por la innovación, y debemos tener mapas de ruta e itinerarios para las tareas importantes.

La reforma del régimen científico y tecnológico debe llevarse a cabo paralelamente a la reforma en los ámbitos social y económico. Debemos reformar el mecanismo de planificación y asignación de los recursos para la estrategia de innovación científica-tecnológica nacional, mejorar el sistema de evaluación del desempeño administrativo y la política de incentivos para el funcionariado, profundizar la cooperación entre las empresas, los centros docentes y los institutos de investigación, y resolver aceleradamente los problemas clave que obstaculizan la conversión de los logros científico-tecnológicos.

Debemos reforzar con énfasis la planificación y la coordinación en la innovación científico-técnica, erradicar con esfuerzo los fenómenos de fragmentación, tales como la dispersión, el aislamiento, la superposición y la repetición, existentes en los diversos campos, departamentos y sectores en la innovación científico-tecnológica, evitar el fenómeno de las "islas solitarias" en esta, y acelerar la implantación de un sistema nacional de innovación científica y tecnológica con la interacción orgánica y la coordinación altamente eficiente entre los diversos sujetos, partes y eslabones.

Debemos mejorar los sistemas básicos de la innovación científica y tecnológica, implantar y perfeccionar con celeridad el sistema nacional de informes científico-tecnológicos, el sistema de encuestas de la innovación y el sistema nacional de información de la gestión científica y tecnológica, con el fin de maximizar la apertura y el uso compartido de los recursos. Debemos implementar la configuración de una cadena de innovación en torno a la cadena industrial, y perfeccionar la cadena de fondos en torno a la cadena de innovación. Debemos centrarnos en los objetivos estratégicos nacionales y aunar los recursos para hacer frente a los problemas científico-tecnológicos clave relacionados con la economía nacional y la vida del pueblo.

Debemos avanzar más rápido para mejorar el régimen y mecanismo de investigación básica, con la atención puesta en la investigación de vanguardia básica, la tecnología clave común, la tecnología de beneficio público y la alta tecnología de índole estratégica como proyectos básicos importantes. Debemos redoblar nuestros esfuerzos en la realización de importantes planes y proyectos científicos nacionales, y apresurarnos para ocupar la posición cimera en la investigación científica de vanguardia internacional. Tomando la innovación científica y tecnológica como núcleo, debemos acelerar la innovación en el producto, la marca, la organización industrial y la modalidad comercial. Debemos llevar a cabo la estrategia del desarrollo impulsado por la innovación en todo el proceso de la modernización y en todos sus aspectos.

En el empuje de la reforma del régimen científico-tecnológico, debemos prestar atención a la varita mágica vital de nuestro éxito —el sistema socialista de nuestro país—, que nos permite concentrar las fuerzas para cumplir proyectos grandes. De esta forma hemos obtenido muchos logros notables en la ciencia y tecnología y esta práctica no debe dejarse a un lado en absoluto. Debemos dejar que el mercado desempeñe el papel decisivo en la asignación de los recursos y hacer que el gobierno desempeñe mejor su papel. Debemos intensificar la planificación, la coordinación y la colaboración en la innovación. Debemos aunar las fuerzas para realizar cosas grandes, y enfocarnos en las investigaciones importantes, sofisticadas y básicas. Así formaremos una poderosa fuerza combinada en favor de la innovación independiente.

"Para cumplir hazañas extraordinarias, debemos contar con personas extraordinarias"[8]. El personal competente es el factor más importante en la innovación científica y tecnológica. La causa de la innovación necesita personas con talento innovador. Respetar a las personas talentosas es una tradición de la nación china desde hace mucho tiempo. Tal como se describe en el *Libro de los Cantares*[9], el rey Wen[10] de la dinastía Zhou respetaba mucho a los hombres competentes, quienes, por lo tanto, acudieron en tropel a él. Así que su país se hizo fuerte y próspero. Los hombres de talento son el factor primordial para el desarrollo duradero de un país. Para materializar la revitalización de la nación china, mientras más hombres de talento tengamos, mejor; y mientras más capaces sean, mejor todavía.

China es un país rico en recursos humanos y sabiduría. La sabiduría de sus mil 300 millones de personas es el recurso más preciado. El conocimiento hace la fuerza, y el personal competente significa el futuro. Si queremos llegar a la vanguardia de la innovación científica y tecnológica mundial, debemos descubrir hombres de talento en la práctica de la innovación, prepararlos en las actividades innovadoras, y aglutinarlos en la causa de la innovación. Debemos formar con mucho esfuerzo un gran contingente de hombres de talento con estructura razonable y buena calidad.

Nos enorgullece tener el mayor número de científicos e ingenieros del mundo. Sin embargo, nos enfrentamos a una grave deficiencia estructural de científicos e ingenieros innovadores, especialmente de nivel mundial, de liderazgo y de elevada calidad. La educación y la formación que nuestros ingenieros han recibido hasta el momento no están orientadas a la producción y la innovación.

"Se necesita un año para cultivar cereales, diez años para que un árbol crezca, y toda la vida para preparar a personas competentes"[11]. Debemos hacer del desarrollo de tales personas la máxima prioridad de la innovación científico-tecnológica. Debemos mejorar el mecanismo de la formación, introducción y uso del personal competente, formar con todo esfuerzo un contingente de científicos e ingenieros de categoría mundial y líderes en ciencia y tecnología, así como grupos de innovación de alto nivel. Debemos centrarnos en la formación de personas competentes para la primera línea del trabajo y personal científico y tecnológico de corta edad.

Debemos perfeccionar el mecanismo de formación de acuerdo con la ley objetiva de desarrollo del personal. "Hay que respetar la naturaleza del árbol y dejarlo crecer libremente"[12]. No debemos buscar éxito rápido ni beneficio inmediato, o tratar de ayudar a crecer a los brotes jóvenes tirándoles hacia arriba. Debemos persistir en estimular tanto la competencia como la cooperación, y promover el flujo racional y ordenado del personal competente. Debemos atraer ampliamente a expertos y estudiosos sobresalientes de ultramar para nuestra causa de la innovación científico-tecnológica. Debemos crear activamente en toda la sociedad una buena atmósfera en la que se estimule a innovar con audacia y valentía, se acepte la innovación, se aprecie el éxito y también se tolere el fracaso si así ocurre. Debemos mejorar el sistema de evaluación del personal competente y crear un espacio más amplio para que esas personas den riendas sueltas a su talento.

El futuro pertenece, en fin de cuentas, a los jóvenes. En la posesión de un gran número de jóvenes innovadores está el vigor de la innovación de nuestro país, y también la esperanza de su desarrollo científico y tecnológico. "Aconsejo al Señor Cielo que vuelva a animarse, y que haga descender a personas de talento sin ceñirse a una sola norma"[13]. Los académicos no solo deben ser pioneros en la innovación científico-tecnológica, sino también guías para los jóvenes. Espero que asuman su responsabilidad en la formación del personal científico y tecnológico de corta edad, los ayuden a ser promovidos, los instruyan a través de la palabra y la acción, y no cesen de descubrir, formar y recomendar a quienes sean competentes, para que las personas innovadoras puedan sobresalir. El personal científico y tecnológico joven debe tener el espíritu científico, formar el pensamiento innovador, explotar el potencial de innovación y fomentar la capacidad innovadora. Debe sobrepasar continuamente a las generaciones anteriores sobre la base de la herencia de sus logros.

Notas

[1] Li Siguang (1889-1971), oriundo de Huanggang, provincia de Hubei, famoso geólogo chino y uno de los fundadores de la geomecánica de China.

[2] Li Siguang: "¿Qué han hecho los geólogos en el frente de la ciencia?", "Obras completas de Li Siguang", Volumen 8, Editorial del Pueblo de Hubei, China, 1996, pág. 243.

[3] Víctor Hugo: *William Shakespeare*. Editorial Yilin, 2013, pág. 166.

[4] Sima Qian: *Registros históricos (Shi Ji)*. Sima Qian (c. 145 o c. 135-¿?), historiador y escritor de la dinastía Han del Oeste. El libro, la primera obra maestra histórica y literaria de estilo biográfico de China, cubre más de 3.000 años de historia desde el emperador legendario Huang Di hasta el emperador Wu Di de la dinastía Han.

[5] Xun Zi (c. 325-c. 238), su nombre es Kuang, oriundo del Reino de Zhao, filósofo, pensador y pedagogo de las postrimerías del Periodo de los Reinos Combatientes. Creía que el hombre podía conquistar la naturaleza, y que la naturaleza humana era mala. Su libro *Xun Zi* resume y desarrolla los pensamientos filosóficos del confucianismo, el taoísmo y la doctrina de Mo Di en el periodo de la dinastía pre-Qin.

[6] Xun Zi: *Xun Zi · Estimular a estudiar*.

[7] Emperador Kang Xi (1654-1722), de la dinastía Qing, quien gobernó de 1661 a 1722.

[8] Ban Gu: *Historia de la dinastía Han (Han Shu)*. Ban Gu (32-92), oriundo de Anling, Fufeng (noreste de Xianyang, actual Shaanxi). Historiador de la dinastía Han del Este. La obra es también conocida como *Historia de la dinastía Han anterior (Qian Han Shu)*. Esta fue la primera historia dinástica cronológica de China.

[9] *El libro de los cantares (Shi Jing)* es la primera colección general de poemas de China. Contiene 305 poemas compilados durante unos 500 años a partir de los comienzos de la dinastía Zhou del Oeste hasta mediados del Periodo de la Primavera y el Otoño (siglo XI a.n.e. hasta siglo VI a.n.e.).

[10] El rey Wen de Zhou (fechas desconocidas de nacimiento y fallecimiento), también conocido como Ji Chang, fue el fundador de la dinastía Zhou.

[11] Guan Zi: *Guan Zi Quan Xiu*.

[12] Liu Zongyuan: *El cultivador del árbol jorobado Guo (Zhong Shu Guo Tuo Tuo)*. Liu Zongyuan (773-819), oriundo de Hedong (oeste de Yongji, actual Shanxi), literato y filósofo de la dinastía Tang.

[13] Gong Zizhen: *Diversos poemas de 1839 (Ji Hai Za Shi)*. Gong Zizhen (1792-1841), oriundo de Renhe (hoy Hangzhou), provincia de Zhejiang, pensador, historiador y poeta de la dinastía Qing.

Promover activamente la revolución
de la producción y el consumo de energía*

13 de junio de 2014

La seguridad de la energía es un tema de importancia general y estratégica en el desarrollo económico y social de un país, y es crucial para impulsar la prosperidad y el desarrollo, mejorar la vida del pueblo, y garantizar un orden duradero y la estabilidad social. Ante los cambios de la estructura de la oferta y la demanda de energía y la nueva tendencia internacional del desarrollo de la energía, hay que promover la revolución de la producción y el consumo de energía para garantizar la seguridad nacional energética. La promoción de esta revolución es una estrategia a largo plazo, pero hay que hacerlo desde ahora mismo y acelerar la implementación de las tareas prioritarias y las medidas importantes.

Después de muchos años de desarrollo, China se ha convertido en el mayor productor y consumidor de energía en el mundo, con un sistema de suministro completo de energía que incluye el carbón, la electricidad, el petróleo, el gas natural, las nuevas energías y las energías renovables. Se han elevado notablemente el nivel de equipamiento técnico y se han mejorado notablemente las condiciones de uso de la energía en la producción y la vida del pueblo. Aunque China ha logrado gran éxito en el desarrollo energético todavía se enfrenta a una serie de desafíos, tales como una enorme presión en cuanto a cubrir la demanda, muchas limitaciones en el suministro energético, graves daños ecoambientales causados por la producción y el consumo de

* Puntos esenciales del discurso pronunciado en la sexta reunión del Grupo Dirigente Central de Asuntos Financieros y Económicos.

energía, y el nivel general atrasado de la tecnología. Debemos tener una visión estratégica del desarrollo y la seguridad nacionales para reflexionar con detenimiento sobre la situación, aprovechar bien las coyunturas actuales y delinear un plano correspondiente a la tendencia general del desarrollo energético.

En primer lugar, debemos promover la revolución en el consumo de energía y frenar su uso irracional. Hay que controlar estrictamente el volumen global del consumo energético, aplicar eficazmente la política de prioridad del ahorro energético, y plasmar este ahorro en todo el proceso y todos los terrenos del desarrollo económico y social. Debemos ajustar resueltamente la estructura industrial, prestar suma importancia al ahorro de energía en la urbanización, adquirir la concepción de la laboriosidad y ahorro en el consumo, y acelerar la formación de una sociedad ahorradora de energía.

En segundo lugar, promover la revolución en el suministro de energía, e implantar un sistema de suministro diversificado. Para garantizar la seguridad energética en el país mediante el suministro diversificado, debemos promover con esfuerzo el aprovechamiento limpio y altamente eficiente del carbón, poner empeño en desarrollar las energías no carbónicas, con el fin de conformar un sistema de suministro energético generado por el carbón, el petróleo, el gas natural, la energía nuclear, las nuevas energías y las energías renovables, a la vez de reforzar la construcción de las redes de transmisión y distribución de energía e instalaciones de almacenamiento.

En tercer lugar, promover la revolución de la tecnología energética y la actualización industrial. Partiendo de nuestras condiciones nacionales, debemos seguir estrechamente la nueva tendencia de la revolución internacional en la tecnología energética, tomar el desarrollo ecológico y bajo en carbono como la orientación, clasificar e impulsar la innovación en la tecnología, la industria y la modalidad del comercio y combinarla estrechamente con las nuevas y altas tecnologías en otros campos, con miras a transformar la tecnología de la energía y las industrias relacionadas en un nuevo punto de crecimiento destinado a promover la actualización industrial de nuestro país.

En cuarto lugar, promover la revolución del régimen de la energía para abrir una vía de desarrollo energético rápida. Vamos a propulsar firmemente la reforma, recuperar la propiedad de la energía como mercancía, implantar una estructura y sistema de mercado de competencia eficaz, conformar un mecanismo según el cual el precio de la energía se decida principalmente por el mercado, cambiar la forma del control del gobierno sobre la energía, y establecer y completar el sistema de administración legal del desarrollo energético.

Y en quinto lugar, fomentar la cooperación internacional de tipo omnidireccional, y llevar a cabo la seguridad energética en condiciones de apertura. Apoyándonos fundamentalmente en los recursos energéticos nacionales, vamos a fortalecer la cooperación internacional en todos los ámbitos relacionados con la revolución de la producción y el consumo de energía para hacer uso eficaz de los recursos internacionales.

Debemos elaborar sin dilación la estrategia de revolución de la producción y el consumo de energía para 2030, y estudiar el XIII plan quinquenal de desarrollo energético. Tenemos que apresurarnos a revisar una serie de estándares de eficiencia energética, modificar sin tardanza aquellos que están atrasados, renovarlos periódicamente y aplicarlos en el verdadero sentido. Vamos a seguir construyendo grandes bases de generación de electricidad a partir del carbón con capacidad para diez millones de kilovatios que toman la transmisión afuera como destino principal. Vamos a elevar el estándar de acceso para las unidades de generadores a base de carbón, y en cuanto a las unidades en servicio que no alcanzan el estándar de ahorro energético y reducción de emisión, las someteremos a la transformación y la actualización en plazos determinados. Vamos a seguir desarrollando la tecnología de transmisión de electricidad de larga distancia y gran capacidad. Bajo la premisa de adoptar la máxima norma internacional de seguridad y garantizar esta, vamos a emprender sin tardanza la construcción de nuevos proyectos de electricidad nuclear en las zonas del litoral oriental.

Vamos a fomentar pragmáticamente la cooperación energética a través de "una franja y una ruta"[1], e intensificar la cooperación en petróleo y gas natural con los países de Asia Central, Oriente Medio, América y África. Asimismo, vamos a intensificar nuestra prospección y desarrollo de recursos de petróleo y gas natural, reforzar la construcción de oleoductos y gasoductos e instalaciones de almacenamiento de petróleo y gas natural, mejorar la conformación del sistema y la capacidad de respuesta a emergencias energéticas, y mejorar el sistema de estadística de energía. Vamos a impulsar activamente la reforma del régimen de energía, confeccionar sin demora el plan general del régimen de electricidad y del régimen de petróleo y gas natural, y emprender la labor de legislación, revisión y derogación de leyes y reglamentos jurídicos en el sector energético.

Notas

[1] "Una franja y una ruta" se refieren al "Cinturón Económico Ruta de la Seda" y a la "Ruta Marítima de la Seda del Siglo XXI".

V.
Construir una China regida por la ley

Discurso pronunciado en la reunión celebrada por los diversos círculos sociales de la capital en ocasión del XXX aniversario de la promulgación y aplicación de la Constitución vigente

4 de diciembre de 2012

Camaradas y amigos:

El 4 de diciembre de 1982 la V Sesión de la V Asamblea Popular Nacional (APN) aprobó la Constitución de la República Popular China. Hasta la fecha, esta ha cumplido 30 años desde su promulgación y aplicación. Hoy nos reunimos aquí para conmemorar con solemnidad este evento que reviste de gran importancia histórica y actual, en aras de asegurar la implementación total y eficaz de la Constitución y fomentar el cumplimiento cabal del espíritu del XVIII Congreso Nacional del Partido.

La historia siempre da inspiraciones profundas a la gente. Al hacer una mirada retrospectiva al proceso del desarrollo del sistema constitucional de nuestro país, percibimos aún más que nuestra Constitución está estrechamente vinculada con la ardua lucha del Partido y el pueblo y los brillantes logros creados por ellos, y con el camino de avance abierto por los mismos y sus valiosas experiencias acumuladas.

Nuestra Constitución vigente se remonta al Programa Común de la Conferencia Consultiva Política del Pueblo Chino de 1949 con el papel de constitución provisional y a la Constitución de la República Popular China aprobada en la I Sesión de la I APN en 1954. Estos documentos confirman, en forma de ley fundamental estatal, la lucha heroica del pueblo chino contra los enemigos de dentro y fuera del país y por la independencia nacional y la libertad y felicidad del pueblo durante los pasados más de 100 años de la época moderna, así como la historia en la cual nuestro Partido condujo al pueblo chino en la conquista del triunfo de la revolución de nueva democracia[1] y en la cual el pueblo chino logró tener en sus manos el poder estatal, entre otros cambios históricos.

En 1978 nuestro Partido convocó la III Sesión Plenaria del XI Comité Central, acontecimiento de trascendencia histórica que dio inicio al nuevo periodo histórico de reforma y apertura, de modo que el desarrollo de la democracia socialista y el perfeccionamiento de la legalidad socialista se convirtieron en un principio básico inamovible del Partido y el Estado. En esa sesión, el camarada Deng Xiaoping señaló enérgicamente: "A fin de garantizar la democracia popular, es menester reforzar el sistema legal. Hay que dar forma de instituciones y leyes a la democracia, de modo que estas instituciones y leyes permanezcan inamovibles por encima de los cambios de dirigentes y de sus pareces y prioridades". A la luz de la línea, las orientaciones y las políticas establecidas en la III Sesión Plenaria del XI Comité Central del Partido, al sintetizar las experiencias tanto positivas como negativas de la construcción socialista, sacar a conciencia las dolorosas lecciones de la "gran revolución cultural"[3] (1966-1976) de diez años y tomar los logros y las pérdidas del socialismo mundial como referencia, elaboramos la Constitución vigente según las nuevas exigencias de la reforma, la apertura y la modernización socialista de nuestro país, y del reforzamiento del fomento de la democracia y la legalidad socialistas. Al mismo tiempo, la Constitución tendrá vitalidad duradera solo cuando se adapte constantemente a la nueva situación, asimile las nuevas experiencias y confirme los nuevos logros. En 1988, 1993, 1999 y 2004, la APN introdujo las revisiones necesarias y de gran importancia en algunos artículos y parte de los contenidos de nuestra Constitución, permitiendo que esta siga estrechamente los pasos de la época y avance con los tiempos, sobre la base de mantener la estabilidad y la autoridad.

Nuestra Constitución, en forma de ley fundamental del Estado, determina el camino, el sistema teórico y los logros del desarrollo del sistema socialista con peculiaridades chinas y refleja la voluntad común y los intereses fundamentales del pueblo de las diversas etnias de nuestro país, llegando a ser la máxima encarnación en la legalidad estatal de la tarea central, los principios básicos, las grandes orientaciones y las importantes políticas del Partido y el país durante el nuevo periodo histórico.

En las últimas tres décadas, nuestra Constitución, con su estatus legal supremo y poderosa fuerza legal, y de manera vigorosa, ha garantizado la condición del pueblo como dueño de su propio destino, ha impulsado la reforma, la apertura y la modernización socialista, ha promovido el proceso de la construcción de un Estado de derecho socialista, ha fomentado el desarrollo de la causa de los derechos humanos y ha salvaguardado la unidad del país, la cohesión interétnica y la estabilidad social, ejerciendo así una influencia trascendental en la vida política, económica, cultural y social de nuestro país.

La trayectoria del desarrollo de treinta años corrobora plenamente que la nuestra es una buena Constitución que responde a las condiciones nacionales del país, a las realidades y a las exigencias del desarrollo de los tiempos, que encarna plenamente la voluntad común del pueblo, garantiza a plenitud sus derechos democráticos y defiende totalmente sus intereses fundamentales, que impulsa el desarrollo y el progreso del país, asegura la creación de una vida feliz para el pueblo y garantiza la materialización de la gran revitalización de la nación china, que es una garantía fundamental en términos de legalidad para que nuestro país y pueblo puedan soportar todo tipo de dificultades y pruebas de riesgo y marchar siempre por el camino socialista con peculiaridades chinas.

Si nos remontamos al curso del desarrollo de nuestro sistema constitucional en los más de sesenta años desde la proclamación de la Nueva China, podemos ver con claridad que la Constitución está íntimamente vinculada con el porvenir del país y el destino del pueblo. Mantener la autoridad de la Constitución significa mantener la autoridad de la voluntad común del Partido y el pueblo, y defender su dignidad supone defender la dignidad de la voluntad común de estos. Garantizar la implementación de la Constitución es asegurar la realización de los intereses fundamentales del pueblo. Siempre que respetemos efectivamente la Constitución y la pongamos en ejecución de manera eficaz, se garantizará la condición del pueblo como dueño del país y se desarrollará de manera expedita la causa del Partido y del país. De lo contrario, si la Constitución es menospreciada, debilitada e incluso saboteada, los derechos y la libertad del pueblo no podrán garantizarse y la causa del Partido y el país sufrirá reveses. Estas valiosas inspiraciones adquiridas en la larga práctica deben ser apreciadas sobremanera. Debemos adherirnos más concienzudamente a los principios de la Constitución, desplegar su espíritu y cumplir la misión que nos otorga.

Al afirmar plenamente los logros, debemos ver también las deficiencias, las cuales se manifiestan principalmente como siguen: todavía no se completan el mecanismo de supervisión y los sistemas pertinentes para asegurar la implementación de la Constitución, y en algunos lugares y departamentos no se observa la ley, no se aplica con rigor y no se sanciona a los infractores; son bastante relevantes los problemas judiciales de aplicación de la ley relacionados con los intereses vitales de las masas populares; algunos funcionarios públicos abusan de sus atribuciones, prevarican o incumplen los deberes, violan la ley en su aplicación, e incluso cometen infracciones en beneficio particular, perjudicando seriamente la autoridad del sistema legal estatal. Aún es necesario elevar la conciencia constitucional de los ciudadanos y la de algunos cuadros dirigentes. Debemos conceder gran atención a estos problemas y solucionarlos eficazmente.

Camaradas, amigos:

El XVIII Congreso Nacional del Partido subraya que la administración del país según la ley constituye el plan básico con el que el Partido conduce al pueblo en la administración del país, y que la aplicación de la ley es la forma básica de gobernación del país y de manejo de los asuntos administrativos, y que se debe prestar mayor atención a poner en juego el papel de la aplicación de la ley en la gobernación del país y la administración social, impulsar en toda la línea la administración del país conforme a la ley y acelerar la construcción de un Estado de derecho socialista. Para alcanzar esta meta y cumplir sus exigencias, es necesario implementar la Constitución en todos los sentidos.

La aplicación integral de la Constitución es la tarea primordial y la labor básica de dicha construcción. La Constitución, que es la ley fundamental del Estado y los estatutos generales para gobernar el país y asegurar el orden, tiene el máximo estatus, autoridad y validez en lo jurídico, y es de carácter fundamental, general, estable y prolongado. El pueblo de las diversas etnias del país, todos los organismos del Estado y las fuerzas armadas, todos los partidos y las agrupaciones sociales, y las diversas empresas e instituciones públicas, deben considerar la Constitución normativa fundamental de sus actividades y asumir la obligación y responsabilidad de salvaguardar la dignidad de la Constitución y asegurar su implementación. Ninguna organización o individuo gozará del privilegio de excederse de ella y la ley. Se debe exigir responsabilidad a todas las violaciones de las mismas.

La vida de la Constitución consiste en su implementación, lo mismo ocurre con su autoridad. Debemos persistir infatigablemente en llevar a buen término su implementación y elevar la implementación integral de la Constitución a un nuevo nivel.

En primer lugar, debemos persistir en la orientación correcta y seguir con firmeza el camino del desarrollo de la política socialista con peculiaridades chinas. Desde la reforma y la apertura, nuestro Partido ha unido y conducido al pueblo a hacer importantes progresos en el desarrollo de la política socialista con peculiaridades chinas, a abrir y persistir con éxito en dicho camino y a determinar la orientación correcta para realizar la más amplia democracia popular. La idea central, el contenido principal y las exigencias básicas de este camino del desarrollo político están confirmados y encarnados en la Constitución, y en su esencia espiritual están estrechamente vinculados, se compenetran y se refuerzan mutuamente. Debemos mantener, implementar y desarrollar de manera duradera, integral y constante los sistemas y principios establecidos en la Constitución, tales como el sistema y las tareas fundamentales del Estado, el núcleo dirigente y

el pensamiento rector del país, la dictadura democrática popular dirigida por la clase obrera y basada en la alianza obrero-campesina como
régimen estatal, el sistema de asambleas populares como régimen político, el sistema de cooperación multipartidista y el de consulta política
dirigidos por el Partido Comunista de China, el sistema de autonomía
étnica regional y el de autogobierno de las masas de base, el frente
único patriótico, el principio de la legalidad socialista, el principio del
centralismo democrático, y el respeto y la garantía de los derechos
humanos.

La clave para seguir firmemente el camino del desarrollo de la
política socialista con peculiaridades chinas reside en persistir en
la integración orgánica de la dirección del Partido, la condición del
pueblo como dueño del país y la administración de este con arreglo
a la ley, tomar el aseguramiento al pueblo en su condición de dueño
del país como fundamento, y la potenciación del vigor del Partido y
el país y el despliegue de la iniciativa del pueblo como objetivo, con
miras a ampliar la democracia socialista y fomentar la civilización
socialista en lo político. Debemos perseverar en el concepto constitucional según el cual todos los poderes estatales pertenecen al
pueblo, movilizar y organizar al pueblo lo más extensamente posible,
permitiéndole, según lo establecido en la Constitución y la ley, ejercer los poderes estatales por medio de las asambleas populares de
los diversos niveles y administrar los asuntos estatales y sociales y las
actividades económicas y culturales a través de diversas vías y formas,
dejar a todos sus integrantes compartir la construcción, el disfrute y
el desarrollo y convertirse en dueños del Estado, la sociedad y de su
propio destino. Hemos de llevar adelante, conforme a los principios
del centralismo democrático, el sistema de poder político del Estado
y las normas relativas a las actividades, todos definidos en la Constitución, el ejercicio unificado del poder estatal por parte de las asambleas populares, así como la aplicación de los poderes de la toma de
decisiones, de la ejecución y de la supervisión tanto con una división
del trabajo racional como con una coordinación mutua, para asegurar
que las instituciones estatales, en el acatamiento de las atribuciones y

los procedimientos legales, ejerzan el poder, cumplan sus funciones y organicen las diversas actividades de forma unificada y eficaz. Debemos tratar correctamente las relaciones tanto entre las autoridades centrales y las locales, como entre los diversos grupos étnicos y entre los intereses de las distintas partes y movilizar todos los factores positivos para consolidar y desarrollar la situación política caracterizada por la democracia, la unidad, la vivacidad y el dinamismo, la estabilidad y la armonía. Debemos, adaptándonos a las nuevas exigencias de la ampliación de la democracia popular y de la promoción del desarrollo económico y social, promover de manera dinámica y prudente la reforma del régimen político, desarrollar una democracia popular más amplia, plena y completa, poner en pleno juego la superioridad del sistema político socialista de nuestro país e impulsar su autoperfeccionamiento y desarrollo.

En segundo lugar, debemos llevar a la práctica el plan básico de administración del país con arreglo a la ley para acelerar la conversión del nuestro en un Estado de derecho socialista. La Constitución establece los principios básicos del sistema legal socialista, prescribiendo explícitamente que la República Popular China practica la gobernación del país conforme a la ley y la construcción de un Estado socialista regido por la ley, y que el Estado defiende la unidad y la dignidad del sistema legal socialista. Para aplicar el plan básico de administración del país con arreglo a la ley y acelerar la conversión del nuestro en un Estado de derecho socialista, hay que propulsar en todos los frentes el proceso de la implantación de leyes de modo científico, de su aplicación con rigor, del ejercicio imparcial de la justicia y de la observancia de las leyes por parte de todo el pueblo.

Debemos continuar perfeccionando, con la Constitución como la máxima norma legal, el sistema socialista de leyes con peculiaridades chinas regido por ella, encauzar todas las actividades y trabajos del Estado por la senda de la gestión legal y persistir en tener leyes a que atenernos, obrar acatando las ya establecidas, aplicarlas con rigor y sancionar a quienes las infrinjan, en un esfuerzo por mantener la equidad y la justicia sociales y materializar la institucionalización y la legalización de la vida estatal y social. La Asamblea Popular Nacional y su Comité Permanente deben fortalecer la legislación en los terrenos prioritarios, ampliar los canales de participación ordenada del pueblo en la legislación y fomentar la implementación de la Constitución por medio de las leyes completas, a fin de garantizar la práctica de los sistemas y principios establecidos en ella. El Consejo de Estado y las asambleas populares locales investidas del poder legislativo y sus comités permanentes deben elaborar y revisar sin demora los reglamentos administrativos y locales que van en complementación de las leyes, a objeto de asegurar la implementación efectiva de la Constitución y la ley. Los órganos administrativos, judiciales y fiscales de diversos niveles del Estado deben persistir en manejar los asuntos administrativos según la ley y ejercer la justicia con imparcialidad, para acelerar el desarrollo de la construcción de un gobierno regido por la ley y elevar constantemente la credibilidad pública judicial. El Consejo de Estado y los gobiernos populares locales de las diversas instancias, que en su condición de órganos ejecutivos del poder estatal y de órganos administrativos del Estado, tienen sobre sí la importante responsabilidad de cumplir e implementar rigurosamente la Constitución y la ley, y deben reglamentar la actuación gubernamental con miras a lograr la aplicación rigurosa, reglamentada, imparcial y civilizada de la ley. Hemos de profundizar la reforma del régimen judicial, asegurando así a los organismos procesales y fiscales el ejercicio independiente e imparcial de sus atribuciones conforme a la ley. La Asamblea Popular Nacional y su Comité Permanente y los órganos supervisores estatales pertinentes deben asumir la responsabilidad de supervisión según la Constitución y la ley, para reforzar la supervisión e inspección sobre la implementación de estas, completar el mecanismo y los procedimientos de supervisión y rectificar resueltamente las infracciones de la Constitución y la ley. Las asambleas populares locales de las diversas instancias y sus comités permanentes deben ejercer las atribuciones con arreglo a la ley, asegurando que la Constitución y la ley sean acatadas y aplicadas en sus circunscripciones administrativas.

En tercer lugar, debemos mantener con firmeza la condición del pueblo como sujeto, garantizando en efecto que los ciudadanos gocen de sus derechos y cumplan sus deberes. Los derechos básicos y deberes de los ciudadanos constituyen el contenido esencial de la Constitución, la cual representa la garantía fundamental que permite a todos y cada uno de ellos gozar de sus derechos y cumplir sus deberes. La base de la Constitución reside en el apoyo del pueblo desde el fondo de su corazón, y su gran fuerza radica en su fe sincera. Con solo asegurar la igualdad de todos los ciudadanos ante la ley, respetar y garantizar los derechos humanos y garantizar al pueblo el disfrute de amplios derechos y libertad, podrá la Constitución enraizarse en la conciencia del pueblo y entrar en las masas populares, y podrá su implementación convertirse verdaderamente en la acción consciente de todo el pueblo.

Debemos garantizar legalmente que todos los ciudadanos gocen de amplios derechos, para que sus derechos a la seguridad personal y la propiedad, y sus derechos políticos básicos no sean infringidos, y que sus derechos económicos, culturales, sociales, etc., se hagan efectivos. Debemos esforzarnos por defender los intereses fundamentales de las más amplias masas populares, garantizando que se cumplan su aspiración y búsqueda de una vida hermosa. Es imperativo tratar legal e imparcialmente las reivindicaciones de las masas populares, en un empeño porque ellas perciban equidad y justicia en cada caso judicial, sin permitir en absoluto que los procesos injustos hieran sus sentimientos y perjudiquen sus derechos e intereses. Debemos potenciar en toda la sociedad la divulgación y educación en materia de Constitución para elevar la conciencia sobre esta y el sentido de la legalidad de todo el pueblo, especialmente de los cuadros dirigentes de los diversos niveles y del personal de los órganos estatales, exaltar el espíritu de la gobernación legal socialista y formar con empeño la cultura de legalidad socialista, de modo que a todo el mundo le sea familiar la Constitución y que se promueva la formación en toda la sociedad de una buena atmósfera de estudio, respeto, cumplimiento y empleo de la ley. Hemos de establecer sólidamente, mediante esfuerzos incansables, la autoridad de la Constitución y la ley, permitiendo a las grandes masas populares confiar plenamente en la ley y emplearla a conciencia, y comprender que la Constitución no solo es una norma de conducta que todos los ciudadanos deben acatar, sino también un arma legal para garantizar sus derechos. Debemos tomar la educación en materia de la Constitución como un significativo contenido de la educación de los militantes y cuadros, para hacer que los cuadros dirigentes de los distintos niveles y los trabajadores de los órganos estatales dominen los conocimientos básicos de la Constitución, y adquieran la viva conciencia de ser leales a la Constitución, observarla y defenderla. La ley es una ética escrita, y esta es la ley del fuero interno. Hemos de persistir en, integrando la administración del país conforme a la ley con la ejercida según la ética, prestar atención al papel de la reglamentación del comportamiento de los ciudadanos por la ética, conducirlos a defender sus derechos e intereses legales de acuerdo con la ley y también cumplir conscientemente sus obligaciones establecidas en esta, de manera que tanto gocen de sus derechos como cumplan sus obligaciones.

Y en cuarto lugar, debemos persistir en la dirección del Partido, haciendo hincapié en la mejora de su manera de dirigir y modo de gobernar. Administrar el país de acuerdo con la ley es hacerlo, ante todo, con arreglo a la Constitución; la clave de gobernar según la ley reside en hacerlo conforme a esta. En la nueva situación, con el fin de cumplir adecuadamente sus importantes atribuciones y responsabilidades de gobernar y vigorizar el país, nuestro Partido debe disciplinarse con rigor de conformidad con sus Estatutos y gobernar el país y manejar los asuntos administrativos de acuerdo con la Constitución. Dado que el Partido dirige al pueblo en la elaboración y ejecución de la Constitución y la ley, este debe actuar dentro de los límites de las mismas, a fin de lograr, en el verdadero sentido, dirigir la legislación, asegurar la aplicación de las leyes y ser el primero en atenerse a ellas.

Debemos persistir en que el Partido desempeñe el papel de dirección núcleo en el domino del conjunto de la situación y en la coordinación del esfuerzo de las diversas partes, perseverar en el plan básico de administración legal del país y en el modo básico de gobierno según la ley, saber valerse de los procedimientos legales para convertir los pronunciamientos del Partido en la voluntad del Estado, hacer de los candidatos recomendados por las organizaciones del Partido dirigentes de los órganos de poder estatal y ejercer la dirección del Partido sobre el Estado y la sociedad a través de dichos órganos, y apoyar a los órganos de poder, administrativos, procesales y fiscales en el desarrollo de su labor de manera independiente, responsable, coordinada y concertada conforme a la Constitución y la ley. Las organizaciones de todas las instancias del Partido y sus cuadros dirigentes deben ser los primeros en practicar rigurosamente la administración legal, elevar incesantemente su capacidad y nivel de gobierno legal e impulsar sin interrupción la institucionalización y legalización de todas las actividades de gobierno del país y el manejo de los asuntos administrativos. Los cuadros dirigentes de las diversas instancias deben mejorar la capacidad para profundizar la reforma, promover el desarrollo, neutralizar las contradicciones y salvaguardar la estabilidad recurriendo al pensamiento y el modo de administración legal, esforzarse por crear un buen ambiente de administración legal en el que todos actúen de acuerdo con la ley, recurran a ella en los asuntos difíciles, la utilicen para resolver problemas y la apliquen en la neutralización de las contradicciones, e impulsar todas las labores por la vía legal. Debemos completar el sistema de restricción y supervisión del funcionamiento del poder, a fin de que las facultades vayan de la mano de las responsabilidades, el uso del poder se someta a la supervisión, y al incumplimiento del deber y la violación de la ley se le exija responsabilidad, para asegurar que los poderes conferidos por el pueblo sean utilizados siempre en aras de sus intereses.

Camaradas, amigos:

¡Que todo el Partido y el pueblo de las diversas etnias del país nos mantengamos estrechamente unidos en torno al Comité Central del Partido, enarbolemos la gran bandera del socialismo con peculiaridades chinas, persistamos en considerar la teoría de Deng Xiaoping, el importante pensamiento de la triple representatividad y la concepción científica del desarrollo como guía, persistamos en el impulso conjunto de la administración, el gobierno y el ejercicio de las atribuciones según la ley, persistamos en la construcción integral de un país, gobierno y sociedad con sujeción a la legalidad, y apliquemos con solidez el espíritu del XVIII Congreso Nacional del Partido en las diversas labores, para luchar con ingentes esfuerzos por completar en todos los aspectos la construcción de una sociedad modestamente acomodada y por abrir nuevas perspectivas a la causa del socialismo con peculiaridades chinas!

Notas

[1] La revolución de nueva democracia es una revolución democrática burguesa dirigida por el proletariado contra el imperialismo y la autocracia feudal. Por propósito no se dedicaba a fundar una república de dictadura burguesa sino una república popular dirigida por el proletariado, basada en la alianza obrero-campesina y la dictadura conjunta de las clases revolucionarias. En los treinta años transcurridos desde el inicio del Movimiento del 4 de Mayo de 1919 hasta la proclamación de la República Popular China en 1949, la revolución dirigida por el Partido Comunista de China contra el imperialismo, el feudalismo y el capitalismo burocrático se llama revolución de nueva democracia.

[2] Deng Xiaoping: "Emancipar la mente, actuar en función de la realidad y mirar unidos hacia adelante", *Textos escogidos de Deng Xiaoping*, t. II, edición en inglés, Ediciones en Lenguas Extranjeras, Beijing, 1995, pág. 172.

[3] La "gran revolución cultural", o "revolución cultural", se refiere al movimiento político erróneamente lanzado por Mao Zedong que duró desde mayo de 1966 hasta octubre de 1976, y que contó con la participación y la involucración de las grandes masas. Aprovechada por Lin Biao y la camarilla de Jiang Qing, provocó graves desastres al PCCh, al país y al pueblo de las diversas etnias.

Construcción simultánea de un país, un gobierno y una sociedad regidos por la ley[*]

23 de febrero de 2013

La edificación integral de una sociedad modestamente acomodada plantea exigencias más elevadas respecto a la administración del país conforme a la ley. Debemos aplicar de modo integral el espíritu del XVIII Congreso Nacional del Partido, sostener como guía la teoría de Deng Xiaoping, el importante pensamiento de la "triple representatividad" y la concepción científica del desarrollo, impulsar en todos los aspectos la legislación dotada del espíritu científico, la aplicación rigurosa de la ley, el ejercicio de la justicia con imparcialidad y el acatamiento de la ley por todo el pueblo, persistir en el fomento conjunto de la gobernación del país y la gestión de los asuntos administrativos con arreglo a la ley y perseverar en la construcción simultánea de un país, un gobierno y una sociedad regidos por la ley, abriendo sin cesar nuevas perspectivas para la administración del país según la ley.

En China se ha formado un sistema jurídico socialista dotado de peculiaridades chinas con la Constitución al mando. Gracias a ello, nuestro país y la vida social en todos sus aspectos cuentan, por lo general, con leyes a que atenerse. Se trata de un importante éxito que hemos conquistado. La práctica es la base de la ley, y esta debe desarrollarse en aquella. Es preciso perfeccionar el plan de legislación, resaltar sus prioridades y atenerse a la simultaneidad de la legislación, la revisión y la derogación, con miras a hacer más científico y democrático el proceso de legislación y potenciar el enfoque, la oportunidad y el carácter sistemático de las leyes. Hay que mejorar el mecanismo y

* Puntos esenciales de la intervención pronunciada cuando presidía el 4° Estudio Colectivo del Buró Político del XVIII Comité Central.

procedimiento de la labor legislativa, ampliar la participación ordenada del público y atender eficientemente las opiniones de las diversas partes, de modo que las leyes puedan reflejar con precisión las demandas de desarrollo económico y social, coordinar mejor la relación entre los intereses y hacer valer el papel de guía e impulsor de la legislación.

Es menester fortalecer la implementación de la Constitución y la ley y salvaguardar la unidad, dignidad y autoridad del sistema legal socialista, para crear un ambiente regido por la ley en el que la gente no quiere, ni puede ni se atreve a contravenir a la ley, logrando que se obre conforme a ella, se la aplique al pie de la letra y se sancione a quien la infrinja. Los organismos administrativos, protagonistas importantes en la ejecución de las leyes y reglamentos legales, deben ser los primeros en aplicar con rigor la ley, defender los intereses públicos, los derechos e intereses del pueblo y el orden social. Los aplicadores de la ley han de ser leales a esta. Los organismos y cuadros dirigentes a las diversas instancias deben mejorar su capacidad de reforzar el empleo del pensamiento y la forma legales, haciendo esfuerzos para aglutinar el consenso de la reforma, reglamentar el comportamiento del desarrollo, impulsar la neutralización de las contradicciones y garantizar la armonía social. Debemos reforzar la supervisión de la aplicación de la ley, desplazar decididamente la intervención ilegal en su actividad, prevenir y superar con determinación el proteccionismo local y departamental y castigar resueltamente la corrupción, esforzándonos por lograr que las facultades vayan de la mano de las responsabilidades, el uso del poder se someta a la supervisión, y a la violación de la ley se le exija responsabilidad.

Hemos planteado hacer esfuerzos para que las masas populares perciban la equidad y la justicia en cada caso judicial. Todos los organismos judiciales deben mejorar su trabajo en torno a esta meta, dando prioridad a resolver los problemas subyacentes que afecten la imparcialidad judicial y condicionen la capacidad pertinente. Es imperativo insistir en la administración de la justicia en bien del pueblo y mejorar el estilo de trabajo judicial, solucionando efectivamente, a través del servicio cordial, las dificultades de las masas populares en las litigaciones, y aumentando, sobre todo, la asistencia jurídica a las personas necesitadas en la defensa de sus derechos e intereses legales. Los trabajadores de la justicia deben estrechar los vínculos con las masas, reglamentar las actuaciones judiciales e intensificar la apertura de estas, respondiendo a la atención y esperanza del pueblo en la imparcialidad y apertura de la justicia. Hemos de asegurar que los organismos procesales y fiscales ejerzan de modo independiente sus atribuciones con arreglo a la ley.

Toda organización e individuo debe actuar a conciencia dentro del marco de la Constitución y la ley, y todo ciudadano, agrupación social y órgano estatal debe tomar la Constitución y la ley como las normas de conducta y, conforme a estas, ejercer sus atribuciones o poderes y cumplir sus deberes u obligaciones. Hay que desplegar a fondo la divulgación y educación en la legalidad y fomentar en toda la sociedad el espíritu de la administración socialista regida por la ley, para orientar al pueblo a observar la ley y solucionar los problemas mediante esta, creándose así una buena atmósfera que honre el acatamiento de la ley. Es menester combinar la educación en legalidad con su práctica, llevar adelante y de manera extensa las actividades de tratamiento conforme a la ley y elevar el nivel de legalización de la gestión social. Hay que persistir en combinar la administración del país según la ley con la que se hace conforme a la moral, integrando estrechamente el fomento de la legalidad con el de la moral, y la disciplina externa con la autodisciplina, para conseguir que la administración del país según la ley se complemente con la que se hace por la moral y que las dos se promuevan recíprocamente.

El nuestro es un partido gobernante y persiste en gobernar el país según la ley, lo que desempeña un importante papel en el impulso integral de la administración legal. Hemos de mantener la unidad orgánica entre la dirección del Partido, la condición del pueblo como dueño del país y la gobernación legal del Estado y aplicar la dirección del Partido a lo largo del proceso de esta gobernación. Las organizaciones del Partido de todos los niveles tienen que persistir en actuar dentro del marco de la Constitución y la ley, y los cuadros dirigentes a diversas instancias deben dar ejemplo en el manejo de los asuntos según la ley y en la observancia de la ley. Los departamentos de organización del Partido en todos los niveles deben considerar estas cualidades como requisitos importantes en la evaluación y el discernimiento de los cuadros.

Fomentar la equidad y la justicia sociales y garantizar la paz vital y la satisfacción laboral del pueblo*

7 de enero de 2014

Debemos tomar como la tarea básica el mantenimiento de la estabilidad de la situación general de la comunidad social, como la búsqueda de los valores clave el impulso de la equidad y la justicia sociales y como el objetivo fundamental la garantía de la paz vital y la satisfacción laboral del pueblo. Debemos aplicar con rigor la ley y ejercer la justicia con imparcialidad, profundizar activamente la reforma, reforzar y mejorar el trabajo de seguridad pública, fiscalía y justicia, defender los intereses vitales de las masas populares, y brindar una sólida garantía a nuestros esfuerzos por alcanzar los objetivos de lucha fijados para los dos centenarios: el del Partido en 2021 y el de la Nueva China en 2049 y hacer realidad el sueño chino de la gran revitalización de la nación china.

Los organismos de seguridad pública, fiscalía y justicia deben persistir con una postura bien definida en la dirección del Partido. Esto significa apoyar el estatus del pueblo como dueño del país e implementar bien la administración del país en virtud de la ley, que constituye el plan básico del cual se vale el Partido para conducir al pueblo en la administración del país. Tenemos que adherirnos sin vacilación a la dirección del Partido sobre el trabajo de seguridad pública, fiscalía y justicia y fortalecer y mejorar a la vez esta dirección, con miras a elevar incesantemente la capacidad y nivel de liderazgo del Partido en esta materia.

---

* Puntos esenciales del discurso pronunciado en una conferencia central sobre la labor judicial, procesal y de seguridad pública.

Es indispensable tratar de forma apropiada las relaciones entre las políticas del Partido y las leyes del Estado. Ambas reflejan la voluntad fundamental del pueblo y son idénticas en esencia. El Partido conduce al pueblo en la elaboración de la Constitución y las leyes y también en su aplicación, logrando así dirigir la legislación, asegurar la ejecución de la ley y dar el ejemplo al acatarla. Los funcionarios de seguridad pública, fiscalía y justicia deben salvaguardar a conciencia las políticas del Partido y la autoridad de las leyes estatales, garantizando su implementación unificada y correcta. Hay que tratar adecuadamente las relaciones entre la adhesión a la dirección del Partido y el ejercicio independiente e imparcial de sus atribuciones con arreglo a la ley por parte de los órganos judiciales. Las organizaciones del Partido y los cuadros dirigentes en los diversos niveles deben apoyar a las diversas entidades del sector de seguridad pública, fiscalía y justicia en el desarrollo de su labor de manera independiente, responsable y coordinada a la luz de la Constitución y las leyes. Los comités del Partido y las comisiones de seguridad pública, fiscalía y justicia deben definir con claridad sus funciones y saber utilizar el pensamiento y la forma de legalidad para dirigir el trabajo de seguridad pública, fiscalía y justicia, en aras de desempeñar un importante papel en la promoción de la modernización del sistema y la capacidad de administración del país.

Es la tarea básica de los órganos de seguridad pública, fiscalía y justicia mantener la estabilidad de la situación general de la sociedad. Debemos conseguir un buen equilibrio entre el mantenimiento de la estabilidad social y la salvaguarda de los derechos e intereses de las masas populares, resolver bien sus reclamaciones de intereses racionales y legales y perfeccionar los sistemas que juegan un importante papel en la defensa de sus intereses vitales. Debemos reforzar la autoridad de la ley en la neutralización de las contradicciones, permitiendo a las masas sentir que sus derechos e intereses son tratados de forma imparcial y protegidos efectivamente. Además, debemos tratar apropiadamente las relaciones entre el vigor y el orden y persistir en la gobernación sistemática, legal, integral y desde el origen, movilizando a toda la sociedad para que mantenga la estabilidad social.

El trabajo de seguridad pública, fiscalía y justicia toma como valores clave el fomento de la equidad y la justicia sociales. En cierto sentido, la equidad y la justicia son la línea vital de dicho trabajo, y los órganos judiciales son la última línea de defensa de la equidad y la justicia sociales. Los integrantes de los órganos de seguridad pública, fiscalía y justicia deben emplear la balanza de la equidad y la espada de la justicia para salvaguardar con acciones concretas la equidad y la justicia sociales, asegurando que cada individuo tenga acceso a estas. Debemos resolver prioritariamente los problemas destacados que dañan los derechos e intereses de las masas. Jamás podemos permanecer indiferentes ante la petición de ayuda de las masas, rehusar aceptar sus pleitos porque no tienen con que pagar, abusar del poder y violar sus derechos e intereses legales e infringir la ley so nombre de su implementación para dictar veredictos injustos, erróneos o basados en ausaciones falsas.

Es el objetivo fundamental del trabajo de seguridad pública, fiscalía y justicia garantizar la paz vital y la satisfacción laboral del pueblo. Sus órganos y los policías y oficiales de seguridad pública deben considerar los asuntos de las masas populares como suyos propios y los asuntos pequeños de estas como sus asuntos grandes; comenzar por hacer cosas prácticas para satisfacción de las masas populares y por resolver los problemas que les suscitan quejas, prestando una enérgica garantía jurídica al pueblo para que viva tranquilo y trabaje satisfecho. Tenemos que impulsar a fondo el tratamiento integral del orden público, frenar resueltamente la tendencia a la alta incidencia de delitos criminales y garantizar la seguridad de la vida y las propiedades de la población.

A fin de cumplir la gloriosa misión que le confían el Partido y el pueblo, los órganos de seguridad pública, fiscalía y justicia han de aplicar la ley con rigor y ejercer la justicia con imparcialidad. "De la imparcialidad nace el discernimiento, y de la honestidad el prestigio". Debemos mantener nuestra conciencia profesional y aplicar la ley en bien del pueblo. Hay que educar y guiar a los policías y oficiales de seguridad pública a restringirse a sí mismos con la ética profesional, no tolerar nunca las cosas que despiertan el aborrecimiento y el odio más intensos de las masas populares, atender con premura los casos urgentes que estas demandan, y cultivar la integridad imponente para castigar lo malo y promover lo bueno y aplicar la ley sin excepción. Debemos creer y mantenernos firmes en la administración según la ley, conocer, comprender, acatar y defender la ley. Debemos estar firmemente parados y tener el dorso bien erguido, para respetar solo los hechos y las leyes y aplicar la ley con imparcialidad.

La aplicación imparcial de la ley debe garantizarse por las instituciones. Construiremos, en todos los eslabones de atención de casos, "paredes" o "líneas de alta tensión". Los infractores serán objeto de los más severos castigos, y se exigirán, con sujeción a la ley, las responsabilidades penales a quienes cometan delitos. Debemos promover la imparcialidad con la apertura y la honestidad con la transparencia, y reforzar la conciencia sobre la iniciativa de hacer abiertos los procesos y de aceptar la supervisión, para que no haya margen para la manipulación entre bastidores ni lugar donde se esconda la corrupción judicial.

Los cuadros dirigentes de diversos niveles deben ser los primeros en actuar según la ley y fortalecer la conciencia de no cometer ningún acto que infrinja la ley. No deben ejercer las facultades cuyo ejercicio no les imcube, ni mucho menos suplantar la ley por las palabras de algún dirigente, imponer su poder por encima de ella o infringirla en beneficio propio. Hay que establecer y completar un sistema de inscripción, registro e información de la intervención de la judicatura en contra de los procedimientos legales y uno de exigencia de responsabilidad.

Nuestro contingente encargado de la seguridad pública, fiscalía y justicia es bueno en lo principal, acata el mando del Partido, sirve al pueblo, es capaz de librar batallas duras, no le teme al sacrificio, posee gran fuerza combativa y merece la plena confianza del Partido y el pueblo. Los comités del Partido y gobiernos de todas las instancias han de llevar a efecto concienzudamente las políticas y medidas preferenciales relativas a los policías y oficiales de seguridad pública, ayudándolos a resolver sus dificultades reales. Hay que formar con esfuerzo un contingente pertinente dotado de firmes convicciones, que aplique la ley en bien del pueblo, se atreva a cumplir las obligaciones y sea transparente y honesto, a tenor de los requisitos de buena calificación política, fuerte capacidad profesional, alta responsabilidad, rigurosa disciplina y excelente estilo de trabajo.

Los ideales y las convicciones firmes son el alma política del contingente de la seguridad pública, fiscalía y justicia. Debemos situar la educación en esta materia en el primer plano respecto a la formación de ese contingente, consolidar de continuo su base ideológica enarbolando la bandera, obedeciendo la dirección del Partido y siendo leal a la misión, hacer que persista en poner la causa del Partido, los intereses del pueblo y la Constitución y las leyes por encima de todo y mantener lozanas para siempre sus cualidades políticas de ser leal al Partido, al Estado, al pueblo y a la ley.

El contingente de la seguridad pública, fiscalía y justicia debe tener la valentía para asumir sus obligaciones y atreverse a desenvainar la espada y luchar resueltamente contra las tendencias malsanas y perversas, sin dejarlas a la deriva. Debe adelantarse y cumplir, sin vacilación, las tareas urgentes, difíciles, peligrosas y complicadas. Es imperativo reforzar la educación en materia de disciplina y completar el mecanismo de su aplicación, para formar a través de una disciplina de hierro un contingente de hierro dedicado a la seguridad pública, la fiscalía y la justicia. Vamos a fortalecer la capacidad de los policías y oficiales de seguridad pública, asegurando que puedan cumplir mejor sus tareas. Vamos a eliminar, con la voluntad y la acción más resueltas, los fenómenos de corrupción y las manzanas podridas que echan a perder a la compañía.

La reforma del régimen judicial es parte importante de la del régimen político, lo que posee un significado trascendental para propulsar la modernización del sistema y la capacidad de gobernación del país. Debemos potenciar la dirección, apoyar con la unión de fuerzas y buscar resultados reales, con el fin de acelerar la implantación de un sistema judicial socialista dotado de imparcialidad, alta eficiencia y autoridad, y trabajar aún mejor en la adhesión a la dirección del Partido, en el despliegue de las peculiaridades de nuestro sistema judicial y en la promoción de la equidad y la justicia sociales.

Encuentro con la prensa china y extranjera en el Gran Palacio del Pueblo de Beijing, el 15 de noviembre de 2012, poco después de ser elegido secretario general del Comité Central del PCCh en la primera sesión plenaria del XVIII Comité Central del PCCh junto a los restantes miembros permanentes del Buró Político del Comité Central del PCCh: Li Keqiang, Zhang Dejiang, Yu Zhengsheng, Liu Yunshan, Wang Qishan y Zhang Gaoli.

Con Hu Jintao, su predecesor, en la reunión con los delegados titulares e invitados y los delegados sin derecho a voto del XVIII Congreso Nacional del PCCh, en el Gran Palacio del Pueblo de Beijing, el 15 de noviembre de 2012.

En la exhibición "El Camino de la Revitalización" en el Museo Nacional de China, junto a los dirigentes Li Keqiang, Zhang Dejiang, Yu Zhengsheng, Liu Yunshan, Wang Qishan y Zhang Gaoli, el 29 de noviembre de 2012, cuando propuso por primera vez la idea del sueño chino de la gran revitalización de la nación china.

Con los participantes en la construcción de la Zona Económica Especial de Shenzhen, en el parque Lianhuashan, durante su gira de inspección a Shenzhen el 8 de diciembre de 2012, cuando hizo hincapié en la continuación de la reforma y apertura al exterior en las condiciones de la época.

Foto tomada en el mercado de verduras Wuquan, Lanzhou, provincia de Gansu, el 4 de febrero de 2013.

Foto tomada durante su intervención en la clausura de la XII Asamblea Popular Nacional el 17 de marzo de 2013. Tres días antes había sido elegido presidente de la República Popular China en la primera sesión de la Asamblea.

Poniéndose el sombrero de bambú obsequiado por el pueblo de la etnia li en el Parque Cultural Rosa Lande, en la bahía Yalong, durante una gira de inspección por la provincia de Hainan, el 9 de abril de 2013.

Saludando a los astronautas Nie Haisheng, Zhang Xiaoguang y Wang Yaping antes del lanzamiento de la nave espacial tripulada Shenzhou-X en el Centro de Lanzamiento de Satélites Jiuquan, en la provincia de Gansu, el 11 de junio de 2013.

En el puerto de contenedores Yangluo en Wuhan, durante su inspección sobre la profundización de la reforma y el desarrollo económico en la provincia de Hubei, el 21 de julio de 2013.

Pasando revista a la guardia naval de honor en el "Liaoning", el primer portaaviones de China, el 28 de agosto de 2013.

Con los campesinos de la aldea Shibadong, distrito Huayuan, prefectura autónoma tujia y miao de Xiangxi, durante una gira de inspección por la provincia de Hunan, el 3 de noviembre de 2013.

De la mano de Wang Kechang, veterano de guerra de 83 años de edad, en la aldea Zhu, distrito de Linshu, antigua base revolucionaria en la provincia de Shandong, el 25 de noviembre de 2013.

Con un soldado que patrulla la frontera china en Arshaan, región autónoma de Mongolia Interior, el 26 de enero de 2014, a una temperatura de -30°C.

Haciendo entrega del estandarte al "Comando Halcón" durante su inspección en la Academia de la Policía Especial de la Fuerza de la Policía Popular Armada China, el 9 de abril de 2014.

Con campesinos de la aldea Ayagemangan, distrito Shufu, región autónoma uigur de Xinjiang, el 28 de abril de 2014.

En un trigal en el cantón Zhangshi, distrito Weishi, durante la gira de inspección por la provincia de Henan, el 9 de mayo de 2014.

VI.
Construir un país socialista fuerte en cultura

Mejorar la divulgación y la labor ideológica*

19 de agosto de 2013

Nuestra divulgación y labor ideológica deben tomar la actuación en torno a la tarea central y el servicio a los intereses generales del país como responsabilidad básica. Por lo tanto, hay que contar con una visión global, dominar la tendencia general, enfocarse en los asuntos importantes y encontrar con precisión el punto de entrada y empeño del trabajo, para planear, emprender y actuar en conformidad con la situación.

La construcción económica es la tarea central del Partido, y el trabajo ideológico un empeño suyo de suma importancia. Después de la III Sesión Plenaria del XI Comité Central en 1978, nuestro Partido siempre ha insistido en ocuparse de esa construcción como la tarea central y se ha dedicado a ella para mejorar la vida del pueblo. Con tal de que no ocurrieran cambios radicales en la situación nacional e internacional, no deberíamos alterar la persistencia en tomar la construcción económica como la tarea central. Esta es la exigencia fundamental para persistir sin vacilación en la línea básica del Partido durante cien años, y lo es también para solventar todos los problemas de la China actual.

Mientras tanto, solo con que se desarrolle la civilización en lo material y en lo espiritual, se intensifique la fuerza del Estado en estos dos aspectos y mejore la vida del pueblo de las diversas etnias podrá la causa del socialismo con peculiaridades chinas progresar sin contratiempos.

La divulgación y la labor ideológica están destinadas a afianzar la posición orientadora del marxismo en el terreno ideológico y consoli-

---

* Puntos esenciales del discurso pronunciado en una conferencia nacional sobre la divulgación y la labor teórica.

dar la base ideológica común sobre la cual todo el Partido y el pueblo del país luchan unidos. Los militantes y los cuadros deben mantener firme la fe en el marxismo y el comunismo, hacer incansables esfuerzos, con los pies firmemente puestos en la tierra, por la materialización del programa básico del Partido para la presente etapa, y realizar sólidamente cada trabajo para obtener éxito sobresaliente con el testigo en la mano en la "carrera de relevos".

Los cuadros dirigentes, sobre todo los de alto rango, deben dominar sistemáticamente la teoría básica del marxismo como su habilidad especial, y estudiar con afán y textualmente el marxismo-leninismo, el pensamiento de Mao Zedong, y en especial la teoría de Deng Xiaoping, el importante pensamiento de la "triple representatividad", y la concepción científica del desarrollo. En las escuelas del Partido, los institutos de cuadros, las academias de ciencias sociales, los centros docentes superiores y los equipos centrales de estudio teórico, el marxismo debe ser el curso obligatorio, y estos centros deben constituir la importante posición para el estudio, la investigación y la divulgación del marxismo. Los cuadros nuevos y jóvenes en particular deben trabajar de manera ardua e insistente en el estudio teórico, aprender a observar y resolver los problemas desde la posición, el punto de vista y la metodología marxistas, y mantener firmes sus ideales y convicciones.

Para profundizar la divulgación y la educación sobre el socialismo con peculiaridades chinas, debemos unir bajo la gran bandera de este socialismo a nuestro pueblo chino de las diversas etnias. Debemos reforzar el fomento del sistema de valores socialistas clave, cultivar y practicar activamente la concepción de estos valores, mejorar de manera integral la cualidad moral de los ciudadanos, formar las buenas tendencias sociales del reconocimiento de la honra y la deshonra, la atención a la integridad, el fomento de la dedicación y la promoción de la armonía.

El espíritu del Partido y la idea de servir al pueblo son idénticos y están interrelacionados desde hace tiempo. El significado central de persistir en el espíritu del Partido consiste en insistir en el rumbo político correcto, mantenerse firme en la posición política, difundir sin vacilación la teoría, la línea, los principios y las políticas del Partido, difundir con firmeza las importantes disposiciones del trabajo de la dirección central, difundir sin titubear sus importantes análisis y conclusiones acerca de la situación, mantener decididamente un alto grado de unidad con el Comité Central del Partido, y defender con firmeza la autoridad de la dirección central. Todos los departamentos e instituciones de propaganda y trabajo ideológico, y todos los militantes y cuadros del frente de propaganda y trabajo ideológico deben adherirse claramente al principio del espíritu del Partido.

Servir al pueblo significa poner al pueblo en primer lugar, considerando como puntos de partida y destino de nuestro trabajo realizar, defender y desarrollar adecuadamente los intereses fundamentales de las más amplias masas populares. Debemos centrar nuestro trabajo en servir al pueblo, combinar el servicio a las masas con su educación y orientación, combinar la satisfacción de sus necesidades con la elevación de sus cualidades. Debemos difundir e informar más sobre la gran lucha de las masas populares y su vida ardorosa, y difundir e informar más sobre los modelos avanzados y las cosas conmovedoras que surgen entre las masas populares para enriquecer el mundo espiritual del pueblo, acrecentar su fuerza espiritual y satisfacer sus demandas en lo espiritual.

Persistir en tomar la unidad, la estabilidad, el estímulo y la divulgación positiva como lo principal constituye una importante orientación que la divulgación y la labor ideológica deben seguir. Como estamos entregados a una gran lucha que posee muchas características históricas nuevas y enfrentamos desafíos y dificultades sin precedentes, debemos mantener, consolidar y robustecer la opinión pública principal, exaltar el acento heroico de nuestra época, difundir la energía positiva y animar a toda la sociedad a avanzar unida. La clave está en mejorar la calidad y elevar el nivel, tener buen dominio del tiempo, el grado y la eficiencia, hacer este trabajo más atractivo e inspirador, e informar de cosas que apetecen a las masas populares escuchar, ver, leer y hacerse eco para conseguir que la divulgación positiva desempeñe plenamente el papel de animar e inspirar a la gente. En cuanto a los problemas importantes relativos a lo correcto y lo incorrecto y a los principios políticos, tenemos que incrementar y tomar la iniciativa y actuar por iniciativa propia para ayudar a los cuadros y las masas a distinguir lo correcto de lo incorrecto y adquirir una comprensión clara.

En la larga práctica, nuestro Partido ha acumulado ricas experiencias en la divulgación y la labor ideológicas. Estas experiencias sumamente preciosas, que hemos logrado a duras penas, son una importante guía para el trabajo futuro. Hemos de sintetizarlas y persistir en ellas de manera concienzuda y durante largo tiempo, y enriquecerlas y desarrollarlas sin cesar en la práctica. "Un hombre inteligente cambia las tácticas de acuerdo con la evolución de los tiempos, y un hombre sabio traza las formas de gestión según la tendencia del desarrollo de las cosas"[1]. Para innovar la divulgación y la labor ideológica, debemos enfocarnos prioritariamente en la innovación de conceptos, métodos y el trabajo de las entidades de base, esforzarnos por tener nuevos saltos de la comprensión para abrir nuevas perspectivas en el trabajo, explorar activamente nuevas medidas y métodos propicios a la resolución de las dificultades del trabajo y poner el énfasis de la innovación en la primera línea de las entidades de base. Debemos seguir impulsando la reforma del régimen cultural y fomentar la prosperidad integral de las actividades culturales y el desarrollo acelerado de la industria cultural, en aras a edificar un país socialista fuerte en la cultura.

Para la divulgación y la labor ideológica en las condiciones de la apertura al exterior en todos los sentidos, una de las tareas importantes es conducir a la gente a conocer la China actual y el mundo exterior de manera más integral y objetiva. Al difundir y explicar las peculiaridades chinas, debemos aclarar que como los países y naciones tienen tradiciones históricas, sedimentos culturales y condiciones básicas diferentes, sus caminos de desarrollo necesariamente poseen peculiaridades propias, que los sedimentos culturales chinos contienen la más profunda aspiración espiritual de la nación china, y le ofrecen a esta abundantes nutrientes para su continuación, crecimiento y desarrollo; que la bella cultura tradicional china es una relevante ventaja de la nación china y constituye nuestra fuerza blanda más profunda, y que el socialismo con peculiaridades chinas está arraigado en el fértil suelo de la cultura china, refleja la voluntad del pueblo chino, está adaptado a las exigencias del desarrollo y progreso de China y de la época y está basado en una larga historia y una amplia realidad. La nación china creó su milenaria cultura y le añadirá sin falta a esta también un nuevo esplendor.

Nuestra tradición cultural, destino histórico y condiciones nacionales peculiares determinan que hemos de seguir un camino de desarrollo adecuado a nuestras características. Respecto a nuestra cultura tradicional y las cosas extranjeras, persistimos en hacer que lo pasado sirva al presente, y lo extranjero a China, en descartar la escoria y escoger lo esencial, eliminar lo falso y retener lo verdadero, y seleccionar lo mejor en provecho propio mediante una revisión científica.

Debemos intensificar nuestra divulgación y reportajes sobre la evolución y cambios de la situación mundial, sobre las nuevas cosas y circunstancias aparecidas en el mundo, sobre los nuevos pensamientos, puntos de vista y conocimientos surgidos en diferentes países, con el fin de tomar activamente los logros provechosos de otras civilizaciones como referencia. Debemos mejorar meticulosamente nuestra divulgación orientada al exterior, innovar sus modalidades, y forjar nuevos conceptos, ámbitos y expresiones que permitan comunicar a China con el extranjero, para relatar así adecuadamente los hechos chinos y transmitir bien la voz china.

Los departamentos de divulgación y trabajo ideológico asumen atribuciones de suma importancia, por lo que deben tener responsabilidad, cumplirla y cumplirla bien en este ámbito. Para fortalecer el trabajo de estos departamentos, deben ser fuertes primero sus cuadros y equipos dirigentes. Estos camaradas dirigentes en las diversas instancias deben intensificar el estudio y la práctica para convertirse en expertos verdaderos y convincentes para el público.

Para hacer una buena divulgación y labor ideológica, debe entrar en acción todo el Partido. Los comités del Partido de los diversos niveles deben asumir su responsabilidad política y de dirección, intensificar el análisis y evaluación de los problemas importantes en el área de la divulgación y la labor ideológica, así como la coordinación y guía de las tareas de importancia estratégica, y elevar constantemente su capacidad y nivel de dirección al respecto. Hay que tener establecido el concepto de trabajo de la macrodivulgación, para movilizar en el trabajo a todos los frentes y departamentos, e integrar más estrechamente la divulgación y la labor ideológica con la gestión administrativa, sectorial y social en los diversos ámbitos.

Notas

[1] Huan Kuan: *Sobre la sal y el hierro* (*Yan Tie Lun*), una importante obra para el estudio de la historia económica e ideológica de la dinastía Han del Oeste (206 a.n.e.-25). El autor (fechas de nacimiento y muerte desconocidas) fue ministro de la corte de esa dinastía.

Fuerte apoyo moral para la realización del sueño chino*

26 de septiembre de 2013

Las personas modelo en ética son una importante bandera para el fomento de la moral social. Por tanto, debemos desplegar a fondo las actividades de aprendizaje y divulgación acerca de ellas, y así desarrollar cuanto sea verdadero, bueno y bello, transmitir la energía positiva, alentar a las masas populares a honrar la virtud y la bondad y a emular a los buenos, y estimular a toda la sociedad a hacer el bien y convertirlo en virtud con el propósito de aglutinar una poderosa fuerza espiritual y un fuerte soporte moral para la materialización del sueño chino de la gran revitalización de la nación china.

La fuerza espiritual es inagotable, y también lo es la fuerza moral. La civilización china, de antiguo origen y larga trayectoria, ha engendrado las valiosas cualidades espirituales de la nación china y ha cultivado en su pueblo la aspiración a los valores nobles. La idea de autosuperación constante y de asunción de grandes tareas por personas virtuosas ha apoyado la pervivencia y crecimiento de generación en generación de la nación china, y sigue siendo hoy una poderosa fuerza espiritual con la que llevamos adelante la reforma, la apertura y la modernización socialista.

Desde hace tiempo, las diversas regiones y departamentos, conforme a las exigencias de la dirección central, han estado impulsando el fomento de la ética cívica, enalteciendo la moralidad tradicional de la nación china y formando nuevas tendencias de nuestra época. Afortunadamente han surgido en nuestro vasto territorio una miríada

---

* Puntos esenciales del discurso pronunciado en la reunión con el cuarto grupo de nominados y ganadores del premio a los modelos nacionales en ética.

de modelos en ética y personas más bellas. Los modelos nacionales en ética son justamente sus representantes sobresalientes. Ustedes, o están pletóricos de amor y ayudan al prójimo gustosamente, o actúan por la justicia sin considerar la seguridad personal, o cumplen su palabra con honradez y siguen el camino correcto, o trabajan con dedicación y diligencia, o tratan a las personas mayores y a sus familiares con respeto o amor. Con sus nobles cualidades éticas, ustedes han llegado al corazón de la gente y conmovido a todo el país, dando buenos ejemplos a toda la sociedad.

La gran época invoca al gran espíritu, y la noble causa necesita de la conducción de las personas modelo. En la actualidad, el pueblo de las diversas etnias del país está luchando por hacer realidad el sueño chino de la gran revitalización de la nación china. Debemos, ateniéndonos a la exigencia formulada en el XVIII Congreso Nacional del Partido, cultivar y practicar la concepción de los valores socialistas clave, prestar suma atención a la formación moral e intensificarla de manera efectiva, impulsar la moralidad pública, la ética profesional, las virtudes familiares y la educación en la moral individual, promover las normas morales básicas, entre ellas el patriotismo, la dedicación al trabajo, la credibilidad y la afabilidad, y cultivar las buenas tendencias sociales de reconocimiento de la honra y la deshonra, de práctica de la integridad, dedicación y fomento de la armonía.

Quisiera presentarles a la camarada Gong Quanzhen, modelo nacional en ética. Ella es viuda del general Gan Zuchang, un veterano del Ejército Rojo procedente de Jiangxi y uno de los generales fundadores de la Nueva China. En 1957, él volvió voluntariamente al campo para ser campesino. La camarada Gong Quanzhen lo siguió y acompañó para entregarse al trabajo duro. Ha transcurrido más de medio siglo. Ella ha mantenido siempre el espíritu de lucha ardua, fue elegida modelo nacional en ética y está presente en esta reunión. Esto me da una gran satisfacción, y desearía extenderle mis elevadas consideraciones. Debemos llevar adelante el espíritu de lucha sacrificada de generación en generación.

Incrementar la fuerza blanda
de la cultura nacional*

30 de diciembre de 2013

El incremento de la fuerza blanda de la cultura nacional es importante para la realización de las metas de lucha de los dos centenarios y del sueño chino de la gran revitalización de la nación china. Debemos llevar adelante la avanzada cultura socialista, profundizar la reforma del régimen cultural, promover el gran desarrollo y florecimiento de la cultura socialista, fomentar el vigor creador cultural de toda la nación, impulsar la prosperidad integral de las actividades culturales y el desarrollo acelerado de la industria cultural, enriquecer sin cesar el mundo espiritual del pueblo, acrecentar sin cesar su fuerza espiritual y fomentar de continuo la fuerza integral de la cultura y su competitividad, para marchar sin tregua hacia la meta de hacer del nuestro un país socialista fuerte en la cultura.

Para incrementar la fuerza blanda de la cultura nacional, hay que darle cimientos sólidos. Debemos insistir en seguir el camino del desarrollo cultural socialista con peculiaridades chinas, profundizar la reforma del régimen cultural, desplegar a fondo el estudio y la educación sobre el sistema de valores socialistas clave, desplegar ampliamente la educación en la teoría, los ideales y las convicciones, enaltecer con gran esfuerzo el espíritu nacional y el de la época, y promover la prosperidad integral de las actividades culturales y el desarrollo acelerado de la industria cultural. Para afianzar los cimientos de la construcción cultural del país, una de las tareas importantes es empezar por la educación ideológica y moral, por los hábitos socia-

---

* Puntos esenciales de la intervención pronunciada cuando presidía el 12º Estudio Colectivo del Buró Político del XVIII Comité Central.

les y por cada individuo. Debemos continuar y preconizar las virtudes tradicionales cultivadas y formadas por nuestro pueblo a través de una larga práctica, insistir en la ética marxista y la ética socialista, poner el pasado al servicio del presente y escardar lo viejo para desarrollar lo nuevo sobre la base de desechar lo basto y aceptar lo fino y de desechar lo falso y retener lo verdadero, para realizar con esfuerzo la transformación creativa y el desarrollo innovador de las virtudes tradicionales chinas y conducir a la gente a anhelar y aspirar a vivir apreciando, respetando y acatando la moral, de manera que cada uno de los 1.300 millones de chinos sea sujeto de la divulgación de las virtudes y cultura chinas.

Para acrecentar la fuerza blanda de la cultura nacional, debemos difundir con energía la concepción de los valores chinos actuales. Esta concepción, que es la de los valores socialistas con peculiaridades chinas, representa el rumbo por el que marcha la avanzada cultura de China. China ha abierto con éxito un camino socialista con peculiaridades propias. La práctica ha corroborado que nuestro camino, sistema teórico y sistema social son exitosos. Debemos redoblar nuestro esfuerzo para refinar y exponer nuestras ideas, ampliar nuestras plataformas y vehículos de divulgación al exterior, introduciendo los valores chinos actuales en todos los aspectos de los intercambios y la comunicación internacionales.

Debemos combinar estrechamente la difusión y la explicación del sueño chino con la concepción de los valores chinos actuales. El sueño chino significa el reconocimiento de los valores del pueblo chino y la nación china y su aspiración a estos valores; significa que desean consumar la construcción integral de una sociedad modestamente acomodada y la gran revitalización de la nación china significa que cada ciudadano puede cumplir su propio sueño en la lucha por realizar el sueño chino, significa el máximo divisor común para la lucha unida de la nación china, y significa el deseo sincero de esta nación de aportar mayores contribuciones a la paz y el desarrollo de la humanidad.

Para incrementar la fuerza blanda de la cultura nacional, debemos esforzarnos por mostrar el carisma singular de esta cultura. En el proceso de evolución de su civilización durante más de cinco milenios, la nación china ha creado una cultura espléndida, vasta y profunda. Los genes culturales más básicos de la nación china deben adaptarse a la cultura actual y concordar con la sociedad moderna. Debemos difundir la cultura china de la manera que apetezca a la gente y de forma ampliamente participativa, desplegar el espíritu cultural dotado de los valores actuales y de encanto permanente y que trascienda en el tiempo, el espacio y las fronteras, y difundir los nuevos logros de la innovación cultural de la China actual, los cuales no solo continúan con la excelente cultura tradicional sino que exaltan el espíritu de la época, no sólo están basados en el propio país sino que miran de cara al mundo.

Debemos reordenar los recursos de la cultura tradicional, y devolver la vida a los objetos históricos conservados en los palacios cerrados, los patrimonios que yacen en nuestro vasto suelo, y los escritos contenidos en los libros clásicos antiguos. Debemos convencer a la gente a través del razonamiento, medios culturales y la moralidad, elevar el nivel de intercambio cultural con el exterior, perfeccionar el mecanismo de este intercambio e innovar su modalidad, y aprovechar de manera integral los diversos medios, tales como los medios de comunicación masiva, la difusión en grupo y la comunicación interpersonal, para así presentar el encanto de la cultura china.

Debemos prestar importancia a la recreación de la imagen nacional de nuestro país, poniendo énfasis en presentar su imagen de país grande civilizado con profundos sedimentos históricos, unidad de los distintos grupos étnicos y diversidad y armonía culturales; su imagen de país grande oriental con una administración política honesta, desarrollo económico, florecimiento cultural, estabilidad social, unión del pueblo y paisajes hermosos; su imagen de país grande responsable que persiste en el desarrollo pacífico, promueve el desarrollo conjunto, defiende la equidad y la justicia internacionales y hace contribuciones a la humanidad, y su imagen de país grande socialista más abierto al exterior y dotado de afinidad, esperanza y vitalidad.

Para incrementar la fuerza blanda de la cultura nacional, debemos esforzarnos por elevar nuestro derecho a opinar en los asuntos internacionales. Hay que reforzar el desarrollo de la capacidad de divulgación internacional, edificar meticulosamente un sistema de opinión orientado al exterior, hacer valer el papel de los medios de comunicación emergentes y acrecentar la capacidad creadora, inspiradora y de credibilidad de nuestra opinión orientada al exterior, relatar bien las historias chinas, transmitir bien la voz china y explicar bien las peculiaridades chinas. Hay que intensificar la divulgación positiva sobre la excelente cultura y la gloriosa historia del pueblo chino y la nación china, y a través de la educación escolar, el estudio teórico, el estudio histórico, las obras de cine y televisión y las obras literarias entre otras formas, potenciar la educación en el patriotismo, el colectivismo y el socialismo, con el fin de guiar a nuestro pueblo a establecerse y mantener una correcta concepción de la historia, la nación, el Estado y la cultura y fortalecer su voluntad y orgullo de ser chinos.

Cultivar y exaltar los valores socialistas clave*

24 de febrero de 2014

Debemos hacer del cultivo y la exaltación de los valores socialistas clave una obra básica destinada a aunar la mentalidad del pueblo y reforzar nuestras bases sociales. Hay que continuar y desarrollar la cultura y virtudes tradicionales chinas, desplegar ampliamente la difusión y educación en los valores socialistas clave, conducir al pueblo para que preste atención a la moral, la respete, se atenga a ella y aspire a una moralidad e ideales nobles, y sentar sin cesar los cimientos ideológicos y morales del socialismo con peculiaridades chinas.

Los valores clave son el alma de la fuerza blanda de la cultura, así como la prioridad del fomento de esta misma fuerza. Se trata de un factor más subyacente que determina la naturaleza y el rumbo de la cultura. La fuerza blanda de la cultura de un país depende de la vitalidad y fuerza cohesiva e inspiradora de sus valores clave. Por ello, cultivar y exaltar estos valores e integrarlos eficazmente en la conciencia de la sociedad es un canal importante por el cual se asegura que el sistema social funcione de manera normal y que se mantenga efectivo el orden social. Es también un importante aspecto del sistema y capacidad de gobernanza de un país. La historia y la realidad presente muestran que la implantación de un conjunto de valores clave dotados de una poderosa fuerza inspiradora atañe a la armonía y la estabilidad sociales y al orden y la paz duraderos del país.

Con el objeto de cultivar y exaltar los valores socialistas clave, debemos apoyarnos en la excelente cultura tradicional china. Todos los valores clave sólidos tienen sus fundamentos propios. Renunciar

---

* Puntos esenciales de la intervención pronunciada cuando presidía el 13º Estudio Colectivo del Buró Político del XVIII Comité Central.

a las tradiciones y estos fundamentos equivale a que uno se corte las arterias en lo espiritual. La vasta, profunda y excelente cultura tradicional china nos sirve de base para permanecer firmes en el panorama cultural mundial. La cultura china, desarrollada durante largos siglos, contiene la aspiración espiritual más profunda de nuestra nación, representa su emblema espiritual singular, y le abastece de ricos nutrientes en su continuación, desarrollo y robustecimiento. Las virtudes tradicionales de nuestro país son la quintaesencia de su cultura y albergan ricos recursos ideológicos y morales. Con solo no olvidar nuestro origen, podremos forjar el futuro y, con solo saber heredar, podremos innovar de manera aún mejor. En cuanto a la historia y la cultura, sobre todo los conceptos de los valores y las normas morales transmitidos por nuestros antepasados, debemos persistir en hacer que lo antiguo sirva al presente, escardar lo viejo para desarrollar lo nuevo, tratar todo con buen discernimiento, promover lo positivo y descartar lo negativo en su continuación, y esforzarnos por aprovechar toda la riqueza espiritual creada por nuestra nación para educar y formar a la gente por medios culturales.

Es necesario aclarar el origen histórico, la evolución y la tendencia básica de la excelente cultura tradicional china y sus creaciones singulares, conceptos de valores y peculiaridades inconfundibles, para aumentar la autoconfianza en nuestra cultura y concepción de valores. Hay que absorber a conciencia la crema ideológica y la quintaesencia moral de la excelente cultura tradicional china, exaltar dinámicamente el espíritu nacional centrado en el patriotismo y el espíritu de la época centrado en la reforma y la innovación, y descubrir y explicar a fondo los valores de nuestra excelente cultura tradicional correspondientes a la época, entre ellos la priorización de la benevolencia, la consideración del pueblo como fundamento, la atención a la credibilidad, la adoración de la justicia, la promoción de la cooperación y la búsqueda del consenso con el fin de convertir esa cultura en una importante fuente que nutre los valores socialistas clave. Debemos abordar adecuadamente la relación entre la continuación y el desarrollo creador, enfocándonos en la transformación creadora y el desarrollo innovador.

Es necesario plasmar los valores socialistas clave efectivamente en los diversos aspectos de la vida social. Hay que aprovechar la educación, la opinión pública, el contagio cultural, la formación a través de la práctica y la garantía institucional para interiorizarlos en la aspiración espiritual del pueblo y exteriorizarlos en su acción consciente. La fuerza del ejemplo es ilimitada. Los miembros y cuadros del Partido deben tomar la delantera en el estudio y la promoción de los valores socialistas clave y predicar con su conducta ejemplar y personalidad noble, para así animar y conducir a las masas a hacer lo mismo. Debemos difundir los valores socialistas comenzando por los niños y en las escuelas, e introducirlos en los libros de texto, en las clases y en la conciencia de todos. Tal como la llovizna primaveral cae silenciosa, debemos presentar de manera atractiva y concreta los valores socialistas clave haciendo uso de toda clase de expresiones culturales. Debemos mostrar a la gente mediante obras literarias e imágenes artísticas finas qué es lo verdadero, lo bueno y lo bello, y qué es lo falso, lo malo y lo feo, y qué debemos aprobar y elogiar y qué debemos combatir y repudiar.

Si queremos poner verdaderamente en juego el papel de una clase de valores, debemos hacerlos penetrar en la vida social, permitiendo a la gente percibirlos y comprenderlos en la práctica. Es necesario prestar atención a vincular estrechamente lo que promovemos con la vida cotidiana de la gente, haciendo hincapié en los pormenores, en las cosas pequeñas y en su implementación. Es necesario, conforme a los requisitos básicos de los valores socialistas clave, completar los estatutos y regímenes de los distintos sectores y ramas y perfeccionar las convenciones cívicas, los reglamentos de aldea o acuerdos populares y el código de conducta estudiantil entre otras normativas, de modo que los valores socialistas clave sean las directrices básicas para la gente en su trabajo y vida cotidianos. Es necesario crear y reglamentar algunos sistemas de rito, y organizar y desplegar eventos de celebración o conmemoración de diversas formas, para difundir los valores de la corriente principal y elevar el sentido de reconocimiento y pertenencia del pueblo. Es necesario infiltrar los requisitos de los valores socialistas clave en las diversas actividades encaminadas al fomento de la civilización, atraer a las masas a participar en ellas de forma amplia, e impulsar a la gente a ampliar sus horizontes espirituales y formar hábitos civilizados en el proceso de buscar la felicidad de la familia, demostrar cariño y consideración al prójimo y contribuir a la sociedad. Es necesario aprovechar toda clase de ocasiones y circunstancias para formar un ambiente de vida y una atmósfera social propicios para el cultivo y la exaltación de los valores socialistas clave, de suerte que la influencia de estos valores sea ubicua.

Hay que desplegar el papel orientador de las políticas, de manera que todas aquellas relacionadas con los asuntos económicos, políticos, culturales, sociales, etc., sean favorables al cultivo de los valores socialistas clave. Hay que recurrir a las leyes para propulsar el fomento de los valores clave. Toda clase de organismos de gestión social deben asumir la responsabilidad de promover los valores socialistas clave, y prestar atención a reflejar la orientación de estos valores en la administración diaria, consiguiendo que las acciones acordes con los valores clave reciban incentivo y las que los contravengan sean restringidas.

Los jóvenes deben practicar concienzudamente los valores socialistas clave*

4 de mayo de 2014

Queridos estudiantes, profesores y camaradas:

Hoy, en la celebración del Día de la Juventud China[1], estoy feliz de encontrarme aquí con ustedes, conmemorando el 95º Aniversario del Movimiento del 4 de Mayo[2]. Primeramente, ¡me gustaría extenderles, en nombre del Comité Central del Partido, nuestros saludos de fiesta a todos los profesores, estudiantes y personal de la Universidad de Beijing y a todos los jóvenes de las diversas etnias del país! También, ¡quisiera expresar mi más elevado respeto a todas las personas que laboran en los ámbitos de la educación y el trabajo juvenil de todo el país!

El camarada Zhu Shanlu[3] nos acaba de hacer una introducción sobre el trabajo de la universidad y varios estudiantes y jóvenes profesores han tomado la palabra compartiendo sus ideas. Todo eso me ha inspirado enormemente. Esta es mi quinta visita a la Universidad de Beijing desde que comenzara a servir en el Comité Central del Partido, y en cada ocasión encuentro cosas nuevas que me impresionan. Mis sentimientos se disparan mientras camino en este campus lleno de lozanía juvenil, y no puedo más que suspirar. Pienso que la generación actual de estudiantes universitarios es adorable, confiable, apreciable, y seguro que actuará de manera brillante.

El Movimiento del 4 de Mayo dio lugar al nacimiento del espíritu del 4 de Mayo, de patriotismo, progreso, democracia y ciencia, prelu-

---

* Discurso pronunciado en un seminario con profesores y estudiantes de la Universidad de Beijing.

diando la revolución de nueva democracia en China, promoviendo la difusión del marxismo en todo el país y sentando las bases para la fundación del Partido Comunista de China (PCCh). A partir del Movimiento del 4 de Mayo y bajo la dirección del Partido, generaciones de jóvenes dotados de elevados ideales escribieron capítulos conmovedores en la lucha histórica torrentosa por la salvación nacional y la revigorización del país con este lema: "Dedicar mi juventud a crear una familia joven, un país joven, una nación joven, una humanidad joven, un planeta joven y un universo joven"[4].

La Universidad de Beijing fue el centro del Movimiento de Nueva Cultura[5] y el lugar donde se originó el Movimiento del 4 de Mayo, siendo testigo de ese periodo histórico glorioso. Durante largo tiempo, sus profesores y estudiantes siempre han compartido el destino con la patria y el pueblo y avanzado a la par de los tiempos y de la sociedad, haciendo importantes contribuciones a la revolución, la construcción y la reforma de nuestro país en los diversos ámbitos.

El XVIII Congreso Nacional del Partido ha propuesto las metas de la lucha para los "dos centenarios". Como ya he mencionado, ahora estamos más cerca de alcanzar el objetivo de la gran revitalización de la nación china y nos sentimos tan seguros y capaces de conseguirlo que en cualquier periodo histórico anterior.

No obstante, como dice el refrán, "en un camino de cien *li*, los noventa ya andados representan solo la mitad"[6]. Cuanto más cerca estemos de alcanzar el objetivo, menos podemos relajarnos sino redoblar el esfuerzo y con mayor energía debemos animar a las masas juveniles a luchar por nuestra causa.

El tiempo se nos escapa y las cosas cambian. Mientras el río del tiempo fluye sin pausa, cada generación de jóvenes tiene sus oportunidades y chances para planear la vida y hacer historia en las condiciones de la época en que vive. En los jóvenes, que son el barómetro más sensible a los cambios, están confiadas las responsabilidades de la época y les pertenece la gloria de esta.

Para las masas juveniles, la mejor manera de conmemorar el Movimiento del 4 de Mayo consiste en atreverse a ser, bajo la dirección del

Partido, personas emprendedoras, pioneras y dedicadas que vayan al frente de la época, y en asumir la pesada tarea histórica con una firme convicción, alta moralidad, vasto conocimiento y habilidad competente y junto al pueblo de todas las etnias del país, para hacer que el espíritu del 4 de Mayo despida rayos todavía más brillantes de la época.

Estudiantes y profesores:

La universidad no es solo un lugar para los estudios académicos. También es un lugar para buscar la verdad. Hoy, me gustaría aprovechar esta oportunidad para compartir con ustedes mis percepciones sobre los valores socialistas clave.

Fui inspirado por el espíritu del Movimiento del 4 de Mayo, que encarna los valores avanzados que el pueblo y la nación chinos han buscado en la época moderna. El patriotismo, el progreso, la democracia y la ciencia siguen siendo hoy los valores clave a los que debemos adherirnos y practicar. No solo los jóvenes, sino también todas las personas de la sociedad, deben defender y practicar estos valores.

Si observamos la historia de la humanidad y el desarrollo social, encontramos que la fuerza más duradera y profunda de una nación o país son los valores clave reconocidos por todos. Estos valores albergan las aspiraciones espirituales de una nación o país y representan los estándares de los valores para juzgar lo correcto o erróneo.

Como dice un antiguo axioma: "el camino hacia el gran saber es resaltar la virtud brillante, hacer nuevas a las personas y alcanzar la bondad suprema"[7]. Los valores clave son, en realidad, una especie de virtudes, son virtudes individuales y a la vez virtudes públicas, es decir, virtudes nacionales y sociales. Un país no puede prosperar sin virtudes, ni nadie puede tener éxito sin ellas. Sin los valores clave compartidos, una nación o país no podrá discernir entre el bien y el mal y su pueblo no dispondrá de ningún código de conducta que seguir. Como resultado, la nación o país no podrá progresar. Esto se ha repetido a lo largo de la historia china y sigue siendo un problema en el mundo actual.

China es un país grande con 1.300 millones de personas y 56 grupos étnicos. Tener establecido el "mayor divisor común" que refleje los valores reconocidos por el pueblo de todas las etnias del país y hacerle trabajar con un solo corazón y mente y avanzar unido concierne al futuro y destino del Estado y a la felicidad y el bienestar de nuestro pueblo.

A cada época le corresponde un espíritu y, de igual manera, valores determinados. El país tiene cuatro pilares: el rito, la rectitud, la honestidad y el sentido de la vergüenza; "si los cuatro pilares no se sostienen, se arruina el país"[8]. Así los chinos antiguos entendían los valores clave de sus tiempos. En la China actual, ¿a qué valores clave deben adherirse nuestra nación y país? Esta es una cuestión teórica y también práctica. Luego de consultar repetidamente las opiniones de las diversas partes y combinar sus comprensiones, hemos formulado la necesidad de promover la prosperidad, la democracia, la civilidad, la armonía, la libertad, la igualdad, la imparcialidad, la legalidad, el patriotismo, la dedicación, la credibilidad y la amistad y la de cultivarlos y practicarlos como valores socialistas clave. La prosperidad, la democracia, la civilidad y la armonía son valores requeridos para el país; la libertad, la igualdad, la imparcialidad y la legalidad lo son para la sociedad, y el patriotismo, la dedicación, la credibilidad y la amistad lo son para los ciudadanos. Este compendio responde prácticamente la pregunta de qué tipo de país y sociedad debemos construir y de qué tipo de ciudadanos debemos formar.

Desde la antigüedad, los chinos han puesto atención a estudiar las cosas para obtener el conocimiento, ser honestos y tener tranquilo el corazón, cultivarse a sí mismos y poner en orden la familia, y luego gobernar bien el país para mantener la paz bajo el cielo. Desde cierto ángulo vemos que estudiar las cosas para obtener el conocimiento, ser honestos y tener tranquilo el corazón, y cultivarse a sí mismos, representan lo que se exige al individuo; poner en orden la familia es lo que se exige a la sociedad, y gobernar bien el país para mantener la paz bajo el cielo es lo que se exige al Estado. Los valores socialistas clave que proponemos son una combinación de las exigencias de valores que atañen al Estado, la sociedad y los ciudadanos, por lo que representan la exigencia esencial del socialismo, continúan con la excelente cultura tradicional china, contienen asimilados los logros provechosos de la civilización mundial y reflejan el espíritu de nuestra época.

La prosperidad, la democracia, la civilidad, la armonía, la libertad, la igualdad, la imparcialidad, la legalidad, el patriotismo, la dedicación, la credibilidad y la amistad son ideas que heredan la esencia de la excelente cultura china tradicional, albergan los ideales y las convicciones formados por el pueblo chino desde la época moderna con incansables esfuerzos y a duras penas, y portan los mejores anhelos de cada ciudadano chino. Debemos tener los valores socialistas clave sólidamente implantados en toda la sociedad. El pueblo enero debe trabajar en común y persistentemente para hacer nuestro país más próspero y fuerte, más democrático, más civilizado, más armonioso y más hermoso, y permitir a nuestra nación erguirse más segura de sí misma y más autorrobustecida ante las demás naciones del mundo.

Construir un país socialista moderno próspero, fuerte, democrático, civilizado y armonioso y materializar la revitalización de la nación es el sueño más grandioso que el pueblo chino ha abrigado desde la Guerra del Opio en 1840, en el cual están los intereses supremos y fundamentales de la nación. Todas las luchas que libramos los más de 1.300 millones de chinos apuntan a alcanzar este gran objetivo. China era una potencia económica mundial. Sin embargo, perdió su oportunidad histórica de progreso paralelo al del mundo cuando la revolución industrial estaba en auge y se operaban profundos cambios en la sociedad humana, quedando así rezagada y sufriendo la humillación de la invasión extranjera. Las cosas se complicaron, sobre todo, después de la Guerra del Opio, cuando la nación estaba hundida en la pobreza y la debilidad empedernidas, situación triste facilitando que el prójimo pudiera atropellarla antojadizamente. No podemos tolerar en absoluto que esta tragedia histórica se repita. La construcción de un país socialista moderno próspero, fuerte, democrático, civilizado y armonioso es nuestro objetivo, y también es nuestra responsabilidad, responsabilidad con la nación, con nuestros antepasados y con las futuras generaciones. Por ello, hemos de mantener nuestra firmeza estratégica y convicciones firmes y seguir firmemente nuestro camino hacia nuestro objetivo.

China se ha puesto en pie mediante desarrollo. No aceptamos la lógica según la cual "un país fuerte necesariamente pretende la hegemonía". Seguiremos con firmeza el camino del desarrollo pacífico, ¡pero jamás volverá la época en la que otras naciones podían abusar de la nuestra caprichosamente! ¿Por qué estamos tan confiados? Porque nuestro país ha avanzado mediante desarrollo. Ahora, su estatus internacional se eleva constantemente y su influencia se amplía sin cesar, y esto significa el respeto que el pueblo chino se ha ganado tras un siglo de lucha. Piensen bien: la China actual va en contraste vivo con la de la época moderna cuando ella era humillada, su soberanía violada y su pueblo atropellado en el propio país por personas extranjeras.

La civilización china ha perdurado milenios y cuenta con un sistema único de valores. Su excelente cultura tradicional constituye los genes de la nación y está arraigada en los chinos, influyendo imperceptiblemente en su modo de pensar y de actuar. Hoy cuando abogamos por los valores socialistas clave, debemos absorber nutrientes de esta cultura, y de lo contrario dichos valores carecerían de vitalidad e influencia. Por ejemplo, la cultura china enfatiza ideas como sigue: "el pueblo es la base del país"[9]; "la identificación entre la persona y la naturaleza"[10], "la armonía con distingos"[11], "al igual que el movimiento vigoroso de la naturaleza, la persona debe superarse constantemente"[12], "cuando prevalece el gran camino, todo bajo el cielo es del público"[13], "cada persona tiene responsabilidad por la prosperidad o decadencia del país"[14], el pronunciamiento por gobernar el país por medio de la moralidad y educar al pueblo con cultura, "la persona de bien tiene buen conocimiento de lo que es justo"[15], "la persona de bien tiene la mente abierta"[16], "la persona de bien toma lo que es justo como piedra angular"[17], "la persona ha de ser fiel a su palabra y cumplirla"[18], "si la persona no mantiene su palabra, ¿qué va a hacer?"[19], "la persona de buena moral nunca se siente solitaria"[20], "la persona benevolente ama al prójimo"[21], "actuar en bien del prójimo"[22], "no hagas a los demás lo que no quieras que te hagan"[23], "cuídense los unos a los otros y ayúdense mutuamente"[24], "respete a los mayores del prójimo como respeta a los suyos, y cuide de los menores del prójimo como cuida de los suyos propios"[25], "ayude al pobre y asista al que esté en dificultades", y "preocúpese menos por la cantidad sino por la desigualdad"[26]. Ideas y conceptos como estos tienen peculiaridades nacionales distintivas, con valores indelebles a través de los tiempos. Avanzan sin cesar con los tiempos en el descorrer del tiempo y a través de los cambios de la época, pero mantienen su continuidad y estabilidad inherentes. Para nosotros, nacidos chinos, lo fundamental es tener un mundo espiritual singular propio de los chinos y tener los valores que la gente común emplea cada día sin percibirlos. Los valores socialistas clave por los que abogamos representan precisa y plenamente la continuación y sublimación de la excelente cultura china tradicional.

Los valores aparecen y desempeñan su papel durante el proceso en el que la persona conoce y da forma a la naturaleza y la sociedad. Los valores clave así surgidos y formados en las distintas naciones y países tienen características propias debido a las condiciones naturales y procesos de desarrollo distintos. Estos valores de una nación o país deben coincidir estrechamente con su historia y cultura, integrarse con la lucha que está librando su pueblo, y adecuarse a los problemas de la época que el país necesita resolver. En el mundo no existen dos hojas enteramente iguales. Una nación o país debe saber quién es ella o él, de dónde ha venido y adónde va a ir. Y una vez que lo haya pensado bien y con certeza, debe avanzar inflexiblemente hacia la meta.

El 26 de diciembre del año pasado, en el foro de conmemoración del 120° natalicio del camarada Mao Zedong, expresé: De pie en un vasto territorio terrestre de 9.600.000 kilómetros cuadrados, nutriéndonos de la cultura acumulada por la nación china durante largas luchas y poseyendo la fuerza arrolladora reunida de los 1.300 millones de chinos, seguimos nuestro propio camino, contando con un escenario infinitamente grande, bases históricas infinitamente profundas y una firmeza infinitamente poderosa para avanzar. El pueblo chino debe tener esta fe, y también cada uno de sus miembros. Tenemos que aprender modestamente de todos los logros de la civilización creados por la sociedad humana, pero no podemos dar espaldas a nuestros antepasados, no podemos copiar mecánicamente modos de desarrollo de otros países, ni aceptar sus prédicas arrogantes.

Lo que quiero decir es que debemos afianzar nuestra convicción en el camino, la teoría y el sistema, para alcanzar nuestra meta de desarrollo y materializar el sueño chino. Como dice un poema chino antiguo, "permanecer erguido a despecho de los azotes del viento desde todas direcciones"[27]. Y esta triple convicción necesita nuestro reconocimiento de los valores clave como soporte.

¿Por qué tengo que hablando de la cuestión de los valores socialistas clave con ustedes los jóvenes? Porque su elección de valores decidirá la de valores por la sociedad entera en el futuro. Y dado que en su edad se encuentran en el periodo de formación y fijación de sus valores, resulta sumamente importante que los tengan formados. Es como abrochar una chaqueta cuando nos la ponemos. Si nos equivocamos al abrochar el primer botón, los restantes quedarán disparejos. Por eso, es necesario abrochar bien ese "primer botón" en la vida de una persona. Como reza una frase antigua, "un pozo profundísimo empieza al cavar una charca de tres pulgadas de profundidad".[28] Todo joven debe empezar ahora mismo y consigo mismo, para hacer que los valores socialistas clave sean su adhesión básica y difundirlos en toda la sociedad.

Para fijarse y cultivar los valores socialistas clave, los jóvenes deben hacer hincapié en los siguientes puntos:

Primero, estudiar con diligencia y dedicar ahínco, para adquirir el verdadero saber. El conocimiento es una base importante para la adopción de los valores clave. Los antiguos filósofos griegos consideraban al conocimiento una virtud. Un antepasado nuestro aseveraba: "Uno no puede ampliar sus aptitudes sin estudiar; tampoco puede adquirir el saber sin ideales elevados"[29]. Una persona disfruta solo una vez de su juventud estudiantil, por ello ustedes deben apreciarla. Para adquirir el saber, vale la pena estudiar con diligencia, de forma intensa y persistente. Lu Xun[30] dijo una vez: "¿Quién dice que soy un genio?

He dedicado mi vida a trabajar mientras otros tomaban café"[31]. En la época universitaria "éramos jóvenes, compañeros, nos encontrábamos en la flor de la vida"[32]. Ustedes pueden centrarse en buscar el conocimiento sin ninguna distracción, contando con la guía de los profesores, el intercambio de opiniones con los compañeros y la consulta de montones de libros. No hay excusa por la que no trabajar duro. Estudien con diligencia, adquieran el máximo conocimiento y conviértanlo en sus propias ideas y opiniones. Espero que no se centren solo en los libros y que también se preocupen de nuestro país, nuestro pueblo y el mundo, y que aprendan a asumir su responsabilidad social.

Segundo, cultivar la moral y la virtud y tenerlas presentes en la práctica. "La virtud es la raíz"[33]. El señor Cai Yuanpei[34] creía que "aquel que sea fuerte y talentoso pero que no tenga virtud terminará en el lodo de los vicios"[35]. Las virtudes son fundamentales tanto para el individuo como para la sociedad. Lo que viene en primer lugar para ser persona o hacer las cosas es cultivar la moral. Esto explica por qué tenemos como norma de empleo de personas elegir a aquellos que están calificados tanto en lo moral como en lo profesional y anteponer la moral, pues esta es lo primordial y el rumbo. Uno puede emplear su aptitud en el justo lugar solo cuando reconoce la virtud, sigue las virtudes públicas y hacer estrictas las privadas. Cuando hablamos de cultivar la moral, es necesario tener grandes ambiciones pero también ser prácticos. Dedicarse con decisión al país y servir al pueblo es la gran virtud con la que se alcanza la gran causa. Al mismo tiempo, uno necesita comenzar por hacer bien las cosas pequeñas y ser disciplinado incluso en los asuntos pequeños. Al "aprender de todas las cosas buenas y corregir cada error"[36], cada uno necesita cultivar sus virtudes públicas y privadas, aprender a trabajar, vivir con frugalidad, ser agradecido, ayudar al prójimo, ser modesto, ser tolerante, examinarse a sí mismo y disciplinarse.

Tercero, aprender a discernir lo correcto de lo erróneo y a tomar las decisiones y elecciones adecuadas. Como creían nuestros antepasados, "leer sin reflexión lo confunde a uno; pensar sin leer lo vuelve superficial"[37]. Si logramos discernir entre lo correcto y lo erróneo, ver claro la dirección y tener el camino acertado, recogeremos los frutos de nuestro trabajo. Ante un mundo con cambios tan profundos y complejos, ante la agitación recíproca de una pluralidad de corrientes de pensamiento de la época de la información, ante una multitud de fenómenos sociales con ideas verdaderas y falsas, y ante la presión asociada a los objetivos académicos, los sentimientos afectivos y la elección del empleo, puede que uno se sienta confuso, dubitativo o frustrado de alguna manera. Es una experiencia normal por la que todos hemos pasado. La clave está en aprender a reflexionar, saber analizar y hacer elecciones correctas, y lograr ser fuertes, confiados y firmes. Es importante que adopten una concepción correcta del mundo, de la vida y del valor. Una vez que tengan este llavero en la mano, verán claro los fenómenos sociales, entenderán mejor su experiencia de vida, serán capaces de distinguir lo correcto de lo erróneo, lo acertado de lo equivocado, lo primario de lo secundario, lo verdadero de lo falso, lo bueno de lo malo, lo bello de lo feo para emitir juicios correctos y tomar elecciones también correctas. Un antiguo poema dice: "El oro solo brilla después de numerosos lavados y tamizados"[38].

Cuarto, ser honesto y sincero, trabajar con solidez y ser una persona correcta. El camino debe buscarse en la práctica, la moral no necesita de palabras vacías. Uno debe ser práctico. El conocimiento y las acciones deben ir de la mano, y así los valores clave se convertirán en la persecución espiritual y actos conscientes de la gente, dentro y fuera de su ser. En el *Libro de los ritos*[39] encontramos lo siguiente: "Aprenda ampliamente, averigüe con seriedad, reflexione profundo, discierna con claridad y actúe correctamente"[40]. Algunas personas consideran que los "sabios son gente mediocre que ha trabajado duro, y que la gente mediocre son sabios que han preferido no trabajar duro". Teniendo oportunidades promisorias, los jóvenes deben dar pasos firmes, sentar una base sólida y no cejar en su empeño. Es desastroso para el estudio o el trabajo hacerlo de forma impulsiva e interrumpida o haciendo cambios constantemente. "Las cosas difíciles se hacen comenzando por las fáciles; una gran empresa despega con una labor pequeña"[41]. No importa qué quieran hacer, el éxito siempre sonríe a los que trabajan duro. Los jóvenes deben tomar el ambiente arduo como oportunidad o prueba y tratar las cosas pequeñas como si fueran empresas grandes. "Paso a paso se suben montañas". El éxito les espera a quienes trabajan con tenacidad y constancia, y a los que no se rinden ante las adversidades.

El cultivo de los valores clave no se realiza de un día para otro. Requiere de esfuerzos, desde lo sencillo a lo difícil, desde lo cercano a lo lejano, hasta que se conviertan en normas de conducta cotidiana y, luego, en convicciones e ideas que seguimos de manera consciente. No conviene que tengamos confianza cuando no hay problemas, ni que tengamos dudas y vacilaciones cuando hay reveses. Sean cuales sean las circunstancias, siempre debemos atenernos a los valores socialistas clave formados y desarrollados a lo ancho de nuestro país, contribuir a nuestra causa en la gran corriente de la época y hacer exitosas nuestras vidas preciosas.

Estudiantes y profesores:

El Comité Central del Partido ha tomado la decisión estratégica de construir universidades de primer orden mundial, meta hacia la cual debemos avanzar con firmeza. Para hacer exitoso su manejo, deben tener peculiaridades chinas. Sin peculiaridades propias, arrastrándose en pos de otros y copiando modelos ajenos, no podrán tener éxito. Una cita popular dice con razón: "Cuanto más nacional, más internacional". En el mundo no podrá haber una copia de la Universidad de Harvard, de la Universidad de Oxford, de la Universidad de Stanford, del Instituto Tecnológico de Massachusetts o de la Universidad de Cambridge; pero sí que deberá haber una Universidad de Beijing, una Universidad Tsinghua, una Universidad de Zhejiang, una Universidad Fudan y una Universidad de Nanjing de primer orden, todas prestigiosas de China. Debemos asimilar conscientemente las avanzadas experiencias del resto del mundo en el manejo de centros docentes y asuntos académicos, y, más todavía, seguir la ley objetiva de la educación, para establecer universidades por excelencia en China.

El Sr. Lu Xun declaró: "La Universidad de Beijing siempre es innovadora y desempeña un papel pionero en los movimientos de reforma, liderando a China por un camino que va arriba y hacia un futuro mejor"[42]. Se tocó el clarín de la profundización integral de la reforma en la III Sesión Plenaria del XVIII Comité Central del PCCh, en la que también se definió la exigencia de una mayor reforma en la educación superior del país. Ahora la clave consiste en hacer realidad este plano. Los centros docentes superiores deben liderar la reforma educativa a lo largo del país, y, en torno a la tarea fundamental de fomentar la moral y preparar personas, introducir aceleradamente un sistema y mecanismo llenos de vigor, de alta eficiencia y más abiertos que favorezcan el desarrollo educativo de un modo científico. Yo espero también que, con esfuerzo e innovación, la Universidad de Beijing pueda realizar cuanto antes su anhelado sueño, durante generaciones, de entrar en la lista de universidades de primer orden mundial.

En los profesores está confiada esta más solemne y sagrada misión. El Sr. Mei Yiqi[43] dijo bien: "Lo que se llama universidad no es un gran campus sino grandes maestros."[44] Como yo lo veo, estos maestros a los que se refería son personas con los más altos conocimientos dentro de sus ámbitos de estudio, y son también personas virtuosas. Teniendo siempre presente su misión de enseñar y educar, los profesores deben estar dispuestos a servir gustosamente de escaleras humanas o caminos que pisar, inspirando las almas de los estudiantes con su carisma personal y sus logros académicos.

Los comités del Partido y los gobiernos en todos los niveles deben dar suma atención a la labor con los centros docentes superiores, preocuparse y cuidar constantemente del crecimiento de los estudiantes y armar una plataforma sobre la que puedan soñar y hacer brillante su vida. Hay que profundizar la reforma en todos los aspectos, forjar un entorno social equitativo y justo, promover la movilidad social e infundir sin parar energía y creatividad en las masas juveniles. Hay que intensificar la construcción del sistema de servicios al empleo y las actividades emprendedoras, a fin de asistir a los recién graduados en los comienzos de su acceso a la sociedad. Los cuadros dirigentes de todas las instancias deben ir a los estudiantes con frecuencia, hacerse amigos con ellos y escuchar atentos sus opiniones y sugerencias.

La mayoría de los estudiantes universitarios actuales tienen unos veinte años, lo que significa que para el 2020, cuando hayamos consumado la construcción integral de una sociedad modestamente acomodada, todavía no habrán cumplido los treinta. Y tendrán menos de sesenta años a mediados de este siglo, cuando hayamos alcanzado las metas de la lucha para los "dos centenarios". Esto para decir que ustedes participarán en todo este proceso junto con otros millones y millones de jóvenes. La vida tiene sentido solo cuando uno tiene convicciones, abriga sueños, lucha y contribuye. Los jóvenes actuales cuentan con un espacio tan vasto y horizontes tan brillantes como nunca vistos para poder prestar servicios meritorios y volver realidad sus sueños. Espero que trabajen duro y hagan espléndida su vida en la gran práctica de la materialización del sueño chino.

Creo que los jóvenes chinos de hoy son, sin duda, capaces de asumir el cometido histórico que les confieren el Partido y el pueblo, y que escribirán capítulos magníficos en el proceso de hacer brillar su juventud, abrirse camino en la vida y contribuir a la sociedad.

Notas

[1] En 1939, en la región limítrofe entre Shaanxi, Gansu y Ningxia, la Federación Juvenil del Noroeste por la Salvación Nacional denominó el 4 de mayo Día de la Juventud China para continuar y desarrollar la gloriosa tradición revolucionaria de los jóvenes nacionales datada desde el Movimiento del 4 de Mayo de 1919. En diciembre de 1949, el Consejo de Administración del Gobierno –predecesor del Consejo de Estado de China– del Gobierno Popular Central lo declaró oficialmente Día de la Juventud China.

[2] El Movimiento del 4 de Mayo, que estalló en Beijing el 4 de mayo de 1919, fue un movimiento patriótico del pueblo chino contra el imperialismo y el feudalismo. Poco después de la Primera Guerra Mundial, las naciones vencedoras, entre las que estaban el Reino Unido, Estados Unidos, Francia, Japón e Italia, se reunieron en la Conferencia de Paz de París en la cual se decidió transferir las prerrogativas de Alemania sobre la provincia china de Shandong a Japón. China era uno de los países vencedores que habían declarado la guerra a Alemania, pero su gobierno de los caudillos militares del Norte estaba dispuesto a aceptar esa decisión. El 4 de mayo, los estudiantes de Beijing desfilaron de manifestación por la calle, en oposición a

esa decisión injustificable de los imperialistas y al compromiso del gobierno de los caudillos militares del Norte. El movimiento recibió pronto respuestas favorables de todo el pueblo. El 3 de junio se convirtió en un amplio movimiento patriótico de masas contra el imperialismo y el feudalismo, con la participación de la clase obrera, la pequeña burguesía urbana y la burguesía nacional. El Movimiento del 4 de Mayo fue asimismo un movimiento de nueva cultura contra la cultura feudal. Con la fundación de la *Revista Juventud* en 1915 como punto de partida, el Movimiento de Nueva Cultura mantenía en alto la bandera de la ciencia y la democracia, y promovía el reemplazo de los viejos estándares morales por los nuevos y el de la vieja literatura por la nueva. El Movimiento del 4 de Mayo marcó el final de la revolución de vieja democracia y el comienzo de otra de nueva democracia en el país, introduciendo así la revolución china en un nuevo periodo histórico.

[3] Zhu Shanlu, nacido en 1953 y oriundo de Shenyang, provincia de Liaoning, funge de secretario del Comité del Partido en la Universidad de Beijing.

[4] Li Dazhao: *Juventud*. Li Dazhao (1889–1927), nacido en Leting, provincia de Hebei, fue pionero en el estudio y la difusión del marxismo en China y uno de los principales fundadores del Partido Comunista de China.

[5] Véase nota 2 en este texto.

[6] Véase la nota 2 de "Dar alas a los sueños juveniles en la práctica viva del cumplimiento del sueño chino de la gran revitalización de la nación china" en el presente libro, pág. 69.

[7] *El libro de los ritos (Li Ji).*

[8] *Guan Zi.*

[9] *Libro de clásicos (Shang Shu).*

[10] Una visión filosófica de la antigüedad que parte de la idea de la voluntad divina en la dinastía Zhou del Oeste, que consideraba que el cielo y la persona estaban estrechamente interconectados.

[11] *Analectas de Confucio (Lun Yu).*

[12] El *Libro de las mutaciones (Zhou Yi)*, uno de los clásicos confucianos. El libro se utilizaba para adivinar los cambios naturales y sociales mediante el cálculo de los ocho trigramas que representan el Cielo, la Tierra, el trueno, el viento, el agua, el fuego, la montaña y el lago, y sostenía que la interacción entre el *yin* y el *yang* es el origen de todas las cosas del Universo. Los argumentos se defienden de forma dialéctica simple como "los cambios derivan de la aceleración mutua entre lo duro y lo suave".

[13] *Libro de los ritos (Li Ji).*

[14] Gu Yanwu: *Registros del saber diario (Ri Zhi Lu)*. Gu Yanwu (1613–1682) pensador e historiador durante las dinastías Ming (1368–1644) y Qing (1644–1911).

[15] *Analectas de Confucio (Lun Yu).*

[16] *Ibíd.*

[17] *Ibíd.*

[18] *Ibíd.*

[19] *Ibíd.*

[20] *Ibíd.*

[21] *Mencio (Meng Zi)*, uno de los cuatro clásicos confucianos compilado por Mencio y sus discípulos. El libro recoge anécdotas y conversaciones del pensador y filósofo confuciano Mencio durante el Periodo de los Reinos Combatientes (475–221 a.n.e.). Los otros clásicos son el *Gran saber*, *La doctrina del justo medio* y las *Analectas de Confucio*.

[22] *Ibíd.*

[23] *Analectas de Confucio (Lun Yu)*.

[24] *Mencio (Meng Zi)*.

[25] *Ibíd.*

[26] Véase la nota 4 de "Unificar eficazmente el pensamiento en el espíritu de la III Sesión Plenaria del XVIII Comité Central" en el presente libro, pág. 127.

[27] Véase la nota 2 de "Mantener y desarrollar sin vacilaciones el socialismo con peculiaridades chinas" en el presente libro, pág. 30.

[28] Liu Zhou: *Liu Zi*. Liu Zhou (514–565) fue un hombre de letras en la dinastía Qi del Norte durante las Dinastías del Sur y del Norte (386–589).

[29] Zhuge Liang: *Consejos a mi hijo (Jie Zi Shu)*. Zhuge Liang (181–234), también conocido como Kong Ming, fue un importante primer ministro y funcionario del Reino de Shu durante el Periodo de los Tres Reinos (220–280).

[30] Lu Xun (1881–1936), también conocido como Zhou Zhangshou y Zhou Shuren, fue un literato, pensador y revolucionario así como uno de los fundadores de la literatura china moderna.

[31] "Posdata de las Obras completas de Lu Xun", *Obras completas de Lu Xun*, t. 20, edición china, Editorial de Literatura Popular, Beijing, 1972, pág. 663.

[32] Mao Zedong: "Changsha", *Poemas de Mao Zedong*, edición china, Editorial Central de Documentos, Beijing, 1996, pág. 6.

[33] *Gran saber (Da Xue)*, del *Libro de los ritos*.

[34] Cai Yuanpei (1868–1940) fue un revolucionario democrático, pedagogo y científico. Ejerció de rector de la Universidad de Beijing desde 1917 hasta 1927.

[35] Cai Yuanpei: "Discurso en la Escuela de Niñas Patriotas", *Obras completas de Cai Yuanpei*, t. 3, edición china, Compañía de Libros Zhonghua, Beijing, 1984, pág. 8.

[36] *Libro de las mutaciones (Zhou Yi)*.

[37] *Analectas de Confucio (Lun Yu)*.

[38] Liu Yuxi: *Nueve poemas (Jiu Shou)*. Liu Yuxi (772–842) fue un hombre de letras y

filósofo durante la dinastía Tang.

[39] El *Libro de los ritos (Li Ji)* es uno de los clásicos confucianos y un importante estudio sobre la sociedad, leyes y regulaciones de la China antigua. Es un canon confuciano que aborda los temas de la sociedad, la política, los principios morales, la filosofía y la religión.

[40] *La doctrina del justo medio (Zhong Yong),* uno de los clásicos confucianos que solía formar parte del *Libro de los ritos.* Se publicó de forma independiente durante la dinastía Song (960–1279) y se convirtió en uno de los cuatro clásicos del confucianismo, siendo los otros tres el *Gran saber,* las *Analectas de Confucio* y el *Mencio.*

[41] *Lao Zi* o *Dao De Jing.* Este es uno de los libros filosóficos de la China antigua, que propone el pensamiento dialéctico del "Dao" y aboga por la idea de "gobernar sin hacer nada en contra de la Naturaleza".

[42] Lu Xun: "La Universidad de Beijing a mis ojos", *Obras completas de Lu Xun,* t. 3, edición china, Editorial de Literatura Popular, Beijing, 1972, pág. 155.

[43] Mei Yiqi (1889–1962) fue rector de la Universidad Tsinghua desde 1931 a 1948.

[44] Esta idea sobre la dirección de las escuelas fue expresada por Mei Yiqi es su discurso de aceptación del cargo de rector de la Universidad Tsinghua el 2 de diciembre de 1931.

Adopción y práctica de los valores socialistas clave desde la infancia*

30 de mayo de 2014

Queridos estudiantes, profesores y amigos:

¡Buenos días! Estamos felices de estar hoy aquí asistiendo al evento del Cuerpo de Jóvenes Pioneros y a la ceremonia de iniciación de los nuevos jóvenes pioneros. El Día Internacional del Niño está a la vuelta de la esquina y por ello me gustaría desearles a ustedes y a los niños de todas las etnias de China una feliz fiesta.

Concediendo una gran importancia a la educación de la moral, la escuela primaria Minzu del distrito de Haidian ha organizado múltiples actividades y logrado óptimos resultados. Acabo de escuchar algunas reflexiones sugerentes de ustedes, estudiantes, profesores y padres. Todos mencionan la necesidad de fortalecer la educación de la moral y de guiar a los niños para que adopten y practiquen los valores socialistas clave desde la infancia. Me parece estupendo. Comparto la misma opinión y por ello quiero discutirlo con ustedes.

El progreso cultural de una nación y el desarrollo de un país requieren de continuos esfuerzos durante generaciones y diversas fuerzas motrices. De estas fuerzas, los valores clave son la más profunda y la más duradera. La nación china tiene una larga historia y excelente cultura de más de 5.000 años; nuestra civilización se ha desarrollado en una línea continua desde la antigüedad hasta los tiempos modernos. ¿Cómo ha podido sobrevivir y desarrollarse durante tan largo tiempo? Una razón importante es que nuestra nación cuenta con una

---

* Discurso pronunciado en un debate celebrado en la escuela primaria Minzu, en el distrito de Haidian, Beijing.

aspiración, una naturaleza y un espíritu que se han transmitido durante generaciones. Los caracteres chinos que utilizamos en la actualidad no difieren tanto de aquellas inscripciones en los huesos del oráculo de la dinastía Shang; y las ideas de Lao Zi[1], Confucio[2], Mencio[3], Zhuang Zi[4], entre otros sabios antiguos, nos han llegado hasta nuestros días. Nuestra civilización se ha desarrollado durante miles de años ininterrumpidamente, lo que representa un logro rara vez visto en la historia mundial.

En el presente, nuestra nación está preparada para avanzar. Debemos heredar y desarrollar, conforme a las condiciones actuales, nuestro espíritu nacional y excelente cultura, en especial nuestras virtudes tradicionales.

Los valores socialistas clave que defendemos en la actualidad son la prosperidad, la democracia, la civilización, la armonía, la libertad, la igualdad, la justicia, la legalidad, el patriotismo, la dedicación, la integridad y la amistad. Estos valores recogen los pensamientos de los antiguos sabios, los deseos de las personas con elevadas aspiraciones, los ideales de los mártires revolucionarios y las expectativas que abriga el pueblo de las diversas etnias de poder llevar una vida mejor. Todos los ciudadanos chinos deben actuar de forma consciente para adoptar y practicar estos valores.

He destacado esta cuestión en numerosas ocasiones. En febrero de este año, el Buró Político del Partido Comunista de China llevó a cabo un estudio colectivo especial sobre el tema. En aquel entonces pronuncié un discurso en el que planteaba los requisitos para toda la sociedad al respecto. También analicé este asunto en la visita a los estudiantes de la Universidad de Beijing el 4 de mayo, Día de la Juventud China e, igualmente, hace unos días, al encontrarme con los cuadros dirigentes en Shanghai. Hoy, deseo hablarlo con ustedes, los estudiantes, pues para que una idea se asiente y se desarrolle a largo plazo, debemos comenzar por contársela a nuestros niños.

Los niños son el futuro de nuestro país y la esperanza de la nación china. Como afirmaba Liang Qichao en su ensayo "La joven China"[5]: "Si los jóvenes son sabios, el país será sabio. Si los jóvenes prosperan, el país prosperará. Si los jóvenes son fuertes, el país será fuerte...Si los jóvenes progresan, el país progresará". Que lo nuevo reemplace a lo viejo es una ley inevitable, el futuro lo crearán los niños del presente. El año pasado, en el Día Internacional del Niño, declaré que todo adulto madura desde su infancia. La realización de nuestro sueño depende de nosotros mismos y, más aún, de ustedes. Los niños son sensibles y están dispuestos a aceptar todas las cosas bellas. "Desde la antigüedad, los héroes surgen entre los jóvenes". Para labrar un presente y un futuro mejores para nuestra nación debemos incentivar a nuestros hijos a que establezcan sus objetivos y den forma a sus caracteres, asegurándoles un entorno seguro para su crecimiento.

¿Cómo deben adoptar y practicar los valores socialistas clave nuestros hijos? Básicamente, deben hacerlo de forma diferente a los adultos, de una manera que se adapte a su edad y sus características. En este momento, me gustaría detenerme en cuatro ideas que desarrollaré a continuación: recordar los requisitos, seguir los modelos, comenzar en la infancia y aceptar la ayuda.

Primero, por recordar los requisitos hacemos referencia al hecho de que los niños deben aprender de memoria los valores socialistas clave y mantenerlos siempre en su mente. Como estudiantes siguen todavía en la escuela y aún les faltan muchas experiencias sociales por vivir y quizás no comprendan totalmente el sentido de estos valores. No obstante, ganarán experiencias y conocimientos a medida que vayan creciendo y, siempre que los tengan en mente, irán adquiriendo un mayor entendimiento de los mismos. En este proceso, es necesario que piensen en los requisitos y que adquieran una mejor comprensión de sus estudios y de su vida. A lo largo de la historia, todas las personas que han conseguido grandes logros han sido estrictas con ellas mismas desde la infancia.

Segundo, seguir los modelos significa que los niños necesitan aprender de sus héroes y cultivar buenas cualidades morales mediante el estudio. Nos encontramos a varios héroes jóvenes en nuestra historia y en las etapas de la revolución, construcción y reforma realizadas por nuestro pueblo bajo la dirección del Partido. Puede que hayan escuchado algunos de sus nombres en películas como *Los niños rojos, Zhang Ga el niño soldado, La carta con plumas, El pequeño soldado héroe* y *Las jóvenes hermanas heroínas de la pradera de Mongolia*. Ahora tenemos múltiples niños con vidas ejemplares. Sé que algunos estudiantes de esta escuela han ganado el título al "mejor niño". Por otro lado, existen modelos en todos los sectores y ramas, cuyo ejemplo deberíamos seguir, tales como: astronautas, campeones olímpicos, científicos, trabajadores modelo, jóvenes voluntarios y mucha más gente que está dispuesta a ayudar a los demás o a luchar con valentía en acciones heroicas por la justicia y que son honestos, confiables, filiales y dedicados en su trabajo. El poder de los modelos a seguir es infinito y deberían tomarlos como ejemplo en su búsqueda de virtudes. Confucio afirmó que "cuando vemos hombres de virtud, deberíamos pensar en igualarnos a ellos; cuando encontramos hombres de un carácter contrario, deberíamos observarnos a nosotros mismos"[6].

Tercero, al decir que debemos empezar desde la infancia nos referimos a que los niños deben comenzar por ellos mismos, y hacer todo esfuerzo posible para cultivar una buena moral. "Un joven holgazán, un viejo mendigo"[7] y "Una marcha de mil *li* comienza con un paso". La vida de todo el mundo está compuesta de pequeñas cosas. Si comenzamos con virtudes pequeñas, podremos crear grandes virtudes. Al ser jóvenes, puede que no sean capaces de hacer por la sociedad tantas cosas como los adultos. Sin embargo, pueden comenzar por los pequeños logros. Pregúntense cada día: ¿Amo a mi país? ¿Amo a mi escuela? ¿Estudio duro? ¿Me preocupo por mis compañeros? ¿Respeto a mis profesores? ¿Honro a mis padres? ¿Cumplo las normas de moralidad social? ¿Admiro a las buenas personas y las buenas acciones? ¿Me enfado con las malas personas y sus actos? Cuanto más lo piensen, más dispuestos estarán a actuar; cuanto más lo hagan, más virtudes adquirirán. Tengo entendido que algunos estudiantes compiten entre sí por la comida, la ropa y los trabajos de sus padres, y otros incluso se sienten orgullosos por tener un coche que los lleva y trae a la escuela. Este tipo de rivalidades les hacen salirse del camino correcto. Nunca deberán competir por estas cosas. "Una vida dura genera grandes talentos, mientras que una vida fácil no es la manera de cultivar grandes personas". "Trabaja duro en la juventud, y tendrás un futuro; el tiempo vuela, por lo que no deberías cejar en tu empeño"[8]. Sin embargo, pueden competir entre ustedes sobre quién es más ambicioso, quién estudia más duro, quién ama más el trabajo físico, quién disfruta más con el ejercicio deportivo o quién es más solidario.

Cuarto, por aceptar la ayuda entendemos que los niños necesitan aceptar tanto las sugerencias como las críticas, y crecer en un entorno adecuado donde corrijan sus errores para ser mejores personas. Nadie es perfecto. Avanzamos al superar los defectos y enmendar los errores. Como dice el refrán: "Una roca de jade sin cortar no podría ser nunca una bella vasija; un hombre sin enseñanzas nunca conocerá el camino"[9]. A su edad, están adquiriendo una concepción del mundo, de la vida y de los valores, y por ello necesitan ayuda. No se quejen de que sus padres hablan mucho, o de que los profesores son muy exigentes, o de que sus compañeros se extralimitan. Piensen si tienen razón o si lo están haciendo por su bien. Si es así, deben aceptar sus consejos. Puede que a veces se equivoquen. No importa. Siempre que sepan dónde se han equivocado y estén dispuestos a solucionarlo estarán avanzando. A veces puede que no sepan dónde está el error y que sus padres, profesores o compañeros se lo señalen. También estarán haciendo progresos si lo corrigen. Por supuesto, la buena medicina es amarga y los consejos son difíciles de escuchar. Debemos ser estrictos con nosotros mismos y ser modestos al aceptar las críticas y la ayuda. Si toman el camino correcto, practican lo aprendido y dan lo mejor de sí mismos, les espera un futuro brillante.

Las familias, escuelas, el Cuerpo de Jóvenes Pioneros de China[10] y toda la sociedad como conjunto deben asumir la responsabilidad de promover los valores socialistas clave entre los niños.

El hogar es la primera aula, y los padres son los primeros maestros. Los padres siempre deben dar un buen ejemplo a los hijos y guiarlos con acciones, ideas y métodos correctos. Les deben enseñar cómo apreciar la verdad, la bondad y la belleza y cómo alejarse de lo falso, lo malo y lo feo en la vida cotidiana. Los padres deben observar de cerca a sus hijos para estar atentos a cualquier cambio de ideas o acciones y guiarlos y educarlos cuando sea necesario.

Las escuelas deben conceder mayor importancia a la educación moral, y trabajar duro para fomentar el espíritu escolar y la ética profesional de los maestros. Los maestros deben tener en cuenta las personalidades y peculiaridades de los niños, e impartirles con paciencia conocimientos y enseñarles virtudes. Las escuelas deben asegurarse de que sus actividades sean buenas para los estudiantes en la salud física y mental, y ejerzan una influencia favorable en su personalidad. Las escuelas también deben asegurarse de que todos los estudiantes reciban una atención sincera y ayuda, para que las semillas de los valores socialistas clave echen raíces y crezcan en sus corazones.

El Cuerpo de Jóvenes Pioneros de China tiene que lanzar campañas de formación y actividades para servir mejor a los estudiantes en la adopción y práctica de los valores socialistas clave y, unir, educar y guiar a los niños mediante estas actividades. Al mismo tiempo, nuestra sociedad debe comprender, respetar, cuidar y ayudar a los niños, proporcionándoles un buen entorno social, y prevenir resueltamente y asestar duros golpes, según la ley, a todos los actos en violación de sus derechos e intereses y los maltratos físicos y/o mentales.

Así como en la marea las olas de atrás empujan a las de delante, las generaciones más jóvenes superarán a las anteriores. Estoy convencido de que los niños de esta generación obtendrán grandes logros, realizarán bellos sueños, amarán el estudio, el trabajo y su patria, y cultivarán y pondrán en práctica los valores socialistas clave desde la infancia. Creo que están preparados para hacer realidad el sueño chino, guiados por su bandera de la estrella y la antorcha[11].

Notas

[1] Lao Zi (fechas de nacimiento y muerte desconocidas), también conocido como Li Dan y Li Er, filósofo y fundador del Taoísmo filosófico durante el Periodo de Primavera y Otoño (770-476 a.n.e.). Sus ideas incluyen: "El Tao sigue la Naturaleza", "No existencia y existencia son uno y lo mismo en su origen", y "la acción a través de la inacción". Se le considera el autor del *Dao De Jing* o *Lao Zi*.

[2] Confucio (551-479 a.n.e.) también conocido como Kong Qiu y Zhongni, filósofo, maestro, funcionario y fundador del confucianismo en el Periodo de Primavera y Otoño (770-476 a.n.e.). Fundó la escuela de pensamiento con la benevolencia (*ren*) como núcleo. Se dedicó a la educación y compiló numerosos clásicos chinos. Sus principales ideas y doctrinas se recogen en *Las analectas de Confucio*. Desde la dinastía Han (206 a.n.e. -220 d.n.e.), el confucianismo fue la principal corriente de pensamiento de la cultura clásica de China durante más de 2.000 años.

[3] Mencio (372-289 a.n.e.) también conocido como Meng Ke y Ziyu, filósofo y maestro durante el Periodo de los Reinos Combatientes. Consideraba que "el hombre es parte integral de la Naturaleza". En su teoría proponía que el hombre era bueno por naturaleza y recogía las normas morales en cuatro virtudes: benevolencia, justicia, rito y sabiduría. Desarrolló y difundió la idea de Confucio de benevolencia y la virtud como norma. Propuso una nueva teoría en la que "el pueblo era más importante que el gobernador". Se le considera el confucionista más famoso después de Confucio. Entre sus obras destaca *Mencio* o *Meng Zi*.

[4] Zhuang Zi (369-286 a.n.e.), filósofo taoísta del Periodo de los Reinos Combatientes. Ayudó a difundir el pensamiento de Lao Zi. Consideraba el taoísmo como el más alto principio del mundo. Su filosofía abraza la meta de que "el Cielo, la Tierra y el yo se originaron juntos, y todas las cosas y el yo somos uno".

[5] "La joven China" ("Shao Nian Zhong Guo Shuo") es un ensayo escrito por Liang Qichao (1873-1929), pensador, erudito y uno de los líderes de la Reforma de los Cien Días o Reforma de 1898 a finales de la dinastía Qing.

[6] *Las analectas de Confucio (Lun Yu)*.

[7] *Baladas selectas de Yuefu (Yue Fu Shi Xuan)*, Edición en chino, Editorial de Literatura Popular, Beijing, 1954, pág. 16.

[8] Du Xunhe: *Para los sobrinos en la escuela (Ti Di Zhi Shu Tang)*. Du Xunhe (846-904), poeta de la dinastía Tang.

[9] *El clásico de los tres caracteres (San Zi Jing)*, uno de los libros de texto para la educación elemental en la China antigua. Se le atribuye a Wang Yinglin (1223-1296) o a Ou Shizi (1234-1324) de la dinastía Song, y fue reeditado durante las dinastías Ming (1368-1644) y Qing (1644-1911). Escrito en versos de tres caracteres para facilitar la memorización se centra en la educación moral.

[10] El Cuerpo de Jóvenes Pioneros de China es una organización nacional infantil dirigida por la Liga de la Juventud Comunista, una organización de jóvenes bajo la dirección del Partido Comunista de China. Se fundó el 13 de octubre de 1949 por la Liga de la Juventud Comunista y se denominó el Cuerpo de Jóvenes Niños de China. El nombre actual lo adoptó el 21 de agosto de 1953.

[11] La bandera del Cuerpo de Jóvenes Pioneros de China se compone de una estrella de cinco puntas y una antorcha. La primera simboliza la dirección del Partido Comunista de China y la segunda, la luz.

VII.
Fomentar la reforma y desarrollo del bienestar social y la gestión social

Eliminar la pobreza y acelerar el desarrollo en las áreas más empobrecidas*

29 y 30 de diciembre de 2012

Es un requisito esencial del socialismo erradicar la pobreza, mejorar el nivel de vida del pueblo y alcanzar una prosperidad común. Debemos prestar especial atención a las personas sin recursos y ofrecerles apoyo con respeto y amor. Debemos poner todo de nuestra parte para resolver sus problemas, teniendo en cuenta sus necesidades y sufrimientos, y llevar la solicitud y la preocupación del Partido y el gobierno a las personas de las áreas más empobrecidas.

Las antiguas zonas revolucionarias y sus pobladores contribuyeron enormemente a la victoria de la Revolución de China, algo que nunca olvidarán ni el Partido ni el pueblo chinos. Durante los más de 30 años transcurridos tras la aplicación de la política de reforma y apertura, las condiciones de vida de las masas populares han mejorado de forma substancial. Sin embargo, China todavía se encuentra en la primera etapa del socialismo por lo que el número de personas que vive en la pobreza todavía es elevado. Respecto a la construcción integral de una sociedad modestamente acomodada, las tareas más difíciles y complicadas se concentran en las zonas rurales y en especial en las regiones más castigadas por la pobreza. No podemos afirmar que hayamos realizado en todos los ámbitos el objetivo de una sociedad modestamente acomodada, si las zonas rurales, en especial las zonas más pobres, se quedan atrás. La dirección central siempre ha atribuido una gran importancia a la ayuda contra la pobreza con recursos para el desarrollo. Los comités del Partido y los gobiernos de todos los

---

* Puntos principales de una conversación mantenida en una gira de inspección sobre el trabajo de alivio de la pobreza y desarrollo en el distrito de Fuping, provincia de Hebei.

niveles deben fortalecer su sentido de responsabilidad y misión en la ayuda contra la pobreza con recursos para el desarrollo. Para que los más pobres puedan librarse de la miseria y disfrutar de una vida mejor lo antes posible, debemos trabajar sin descanso y de forma efectiva para elaborar los planes, asignar fondos, establecer objetivos, estipular medidas detalladas y desarrollar evaluaciones al respecto.

Como solemos afirmar, "con confianza, hasta la arcilla puede convertirse en oro". Los comités del Partido y los gobiernos de los diversos niveles deben convertir en su prioridad el ayudar a las personas en dificultades, en especial a aquellos de las antiguas zonas revolucionarias y regiones más castigadas por la pobreza, a salir de la pobreza y alcanzar la prosperidad. Para este fin, nos aprovecharemos de las ventajas locales, mejoraremos los planes y proporcionaremos orientaciones específicas. Cada política de apoyo deberá dar prioridad a las antiguas zonas revolucionarias y zonas más desfavorecidas. Al mismo tiempo, debemos reforzar nuestra confianza, encontrar el método adecuado y realizar arduos esfuerzos para impulsar el desarrollo en esas zonas. Los funcionarios de todos los niveles deben tener en cuenta a las personas sin recursos, ayudarlas con prontitud y trabajar con gran entusiasmo para ellos.

Las zonas rurales anhelan el desarrollo y los campesinos demandan una vida mejor. La clave de su prosperidad radica en las células del Partido de base. Ustedes, los cuadros rurales, se encuentran en la primera línea, afrontan las penalidades y trabajan duro todo el año. No lo tienen fácil. Me gustaría expresarles mi más profundo agradecimiento a todos ustedes. Debemos trabajar con un solo corazón para poner en práctica las políticas del Partido y hacer esfuerzos mancomunados para garantizar una vida mejor a nuestros paisanos de las zonas rurales.

Una educación mejor y más equitativa para los 1.300 millones de chinos*

25 de septiembre de 2013

La educación es la base del desarrollo nacional a largo plazo. Es la forma fundamental que tiene la humanidad para transmitir la cultura y el conocimiento, educar a las nuevas generaciones y conseguir una vida mejor.

China continuará apoyando esta iniciativa dirigida por las Naciones Unidas. Con 260 millones de estudiantes y 15 millones de maestros, la labor de brindar educación es especialmente ardua para China. Esta implementará con resolución la estrategia de revigorizar el país por medio de la ciencia y la educación, dando siempre prioridad a la última. China aumentará su inversión en la educación, promoviendo la educación universal, la educación vitalicia y la educación para el desarrollo y edificando una sociedad empeñada en el estudio. Más aún, el país trabajará duro para asegurar que cada niño goce del derecho a la educación y garantizar que sus 1.300 millones de ciudadanos disfruten de una educación mejor y más equitativa de modo que adquieran las capacidades para su desarrollo, contribuyan a la sociedad y ayuden a sus connacionales. Además, China fortalecerá los intercambios educativos con otros países, abriendo su sector educativo al mundo exterior y apoyando de manera activa el desarrollo de la educación en los países en vías de desarrollo. Estamos determinados a colaborar con los pueblos de otros países para conseguir un futuro mejor.

* Puntos principales de un mensaje de video en ocasión del primer aniversario de la Iniciativa Mundial "La Educación ante Todo" de las Naciones Unidas.

Acelerar el desarrollo del sistema de garantía y oferta de viviendas[*]

29 de octubre de 2013

Acelerar la implantación del sistema de garantía y oferta de viviendas es una importante tarea para satisfacer la demanda habitacional básica de las masas populares y cumplir el objetivo de que todo el pueblo tenga acceso a un inmueble. Además, supone una exigencia inevitable para impulsar la equidad y justicia sociales y garantizar que las masas populares compartan los logros de la reforma y el desarrollo. Los comités del Partido y gobiernos de los diversos niveles deben fortalecer la dirección en el aspecto organizativo, llevar a vías de hecho todas las metas y tareas, políticas y medidas, esforzándose para convertir el sistema de garantía y oferta de viviendas en un programa de benevolencia, capaz de pasar las pruebas de la práctica, el pueblo y la historia.

El problema de la vivienda no solo concierne a la vida del pueblo, sino también al desarrollo de nuestro país. Afecta los intereses inmediatos de miles y miles de familias, la paz y la satisfacción laboral del pueblo, el desarrollo económico y social y la armonía y la estabilidad de la sociedad. El Partido y el Estado siempre han atribuido suma importancia al problema de la vivienda. Gracias a los ingentes esfuerzos, nuestro país ha obtenido enormes éxitos en el desarrollo de la vivienda. Paralelamente, somos conscientes de que la solución de los problemas de vivienda de la población es una tarea a largo plazo, pues quedan aún apreciables demandas básicas de las familias con dificultades habitacionales por resolver, el suministro general de

* Puntos esenciales del discurso pronunciado cuando presidía el 10° Estudio Colectivo del Buró Político del XVIII Comité Central.

viviendas de protección social es insuficiente y la distribución de los recursos de la vivienda es irracional y desequilibrada. Teniendo en cuenta que las masas populares abrigan plenas expectativas de poseer una morada donde vivir, debemos resolver más resueltamente y con toda fuerza los diversos problemas existentes en el desarrollo habitacional.

Para acelerar la implantación del sistema de garantía y oferta de viviendas debemos tratar como es debido la relación entre la prestación de los servicios públicos del gobierno y los servicios del mercado, entre la función económica y la social del desarrollo habitacional, entre la demanda y la posibilidad, y entre la necesidad de garantizar la seguridad habitacional y la necesidad de evitar la dependencia total del bienestar social. Sólo podremos estimular la vitalidad del mercado y satisfacer las demandas habitacionales de los distintos niveles con reformas orientadas al mercado. Al mismo tiempo, siempre hay quien se enfrenta a dificultades habitacionales debido a la desigualdad de las habilidades laborales, la pérdida del empleo o los bajos ingresos, por lo que el gobierno debe "cubrir la grieta existente en el mercado", proporcionando una garantía habitacional básica a la población necesitada.

A juzgar por nuestras condiciones reales, la orientación general es crear un sistema de oferta habitacional para que el gobierno ofrezca una garantía habitacional básica y para que el mercado satisfaga la demanda de vivienda a los distintos niveles. Hay que sintetizar nuestras experiencias en la reforma de la vivienda y el desarrollo, aprender de las prácticas provechosas de otros países en la solución de dicho problema, estudiar a fondo las leyes del suministro de viviendas, reforzar el diseño de máximo nivel y acelerar la creación de un sistema de oferta habitacional unificado, reglamentado, maduro y estable. Es imperativo aumentar por todos los medios el suministro de viviendas y, al mismo tiempo, hacer todo lo posible para satisfacer las demandas de la población de vivienda, establecer y perfeccionar un sistema sólido de los estándares de la vivienda de manera que los inmuebles sean económicos, asequibles, ecológicos, conservadores de la energía y seguros, así como fomentar un modelo de consumo de viviendas acorde a las condiciones nacionales.

El XII Plan Quinquenal[1] (2011-2015) cifró en 36 millones los inmuebles de protección social construidos y las viviendas en zonas abandonadas remozadas, y acordó que la cobertura de las viviendas aseguradas en todo el país sería del 20% en 2015. Este es el compromiso que el gobierno hizo con el pueblo y nosotros debemos hacer todo lo posible para cumplir esta promesa. Es preciso fomentar prioritariamente el desarrollo de la vivienda de renta pública, acelerar la construcción de los inmuebles de baja renta, así como la edificación de viviendas en todas las zonas abandonadas. En el cumplimiento de este proyecto tenemos que dar lo mejor de nosotros mismos según nuestra capacidad y esforzarnos por satisfacer las necesidades básicas del pueblo en esta materia. Una residencia es el hogar de una familia y de ahí la importancia de su calidad y seguridad. Es preciso optimizar la planificación y distribución, las instalaciones complementarias y el diseño de la vivienda para que satisfagan las necesidades básicas.

Hay que completar las políticas de apoyo a la vivienda, prestando atención al papel de apoyo, guía y protagonismo de dichas políticas y maximizando el entusiasmo y la iniciativa de los diversos sectores. Es imperativo perfeccionar la política de la tierra, priorizar la garantía de que la tierra se usa para mejorar el bienestar social del pueblo, confeccionar de manera científica un plan de abastecimiento de terrenos, y aumentar el volumen global de su provisión para el uso habitacional, programando con preferencia el uso del suelo para las viviendas aseguradas. Es menester complementar la política fiscal, aumentando adecuadamente la asignación de los fondos públicos a la construcción de ese tipo de viviendas. Debemos adoptar políticas y medidas para incentivar a las empresas y otras instituciones a participar en la construcción y administración de los inmuebles de renta pública. Asimismo, es indispensable explorar regímenes y mecanismos para que las organizaciones sin fines de lucro participen en la construcción de viviendas aseguradas de forma tal que todas las partes involucradas se unan a los esfuerzos en ese sentido.

La construcción de viviendas aseguradas es una gran causa que beneficia tanto al país como al pueblo. Sin embargo, para llevar adelante esta tarea como es debido y garantizar que los necesitados tengan una vivienda, tenemos que fortalecer la administración y establecer mecanismos de reglamentación sobre la gestión, acceso, utilización y retirada de estos bienes para asegurar que el pueblo tenga justo acceso a los recursos públicos. Hay que persistir en la distribución justa de los inmuebles, permitiendo que las masas con derecho a ellos lo obtengan. Tenemos que detener la adquisición ilegal de viviendas aseguradas y al mismo tiempo, eliminar las lagunas institucionales en este sentido. Todos aquellos que adquieran ilegalmente una vivienda asegurada deberán ser castigados según las leyes y reglamentos del país.

Notas

[1] Se refiere al Esquema del XII Plan Quinquenal de Desarrollo Económico y Social de la República Popular China (2011-2015).

La vida del pueblo es lo primero*

24 de noviembre de 2013

Este nuevo accidente vuelve a disparar las alarmas. Debemos mantenernos alerta a los accidentes laborales, prestar suma atención a este problema y garantizar sin excepción la seguridad en el trabajo o, de lo contrario, los accidentes laborales causarán un daño irreparable al país y al pueblo. Debemos establecer y perfeccionar el sistema eficaz de responsabilidad de la seguridad laboral, subrayar las responsabilidades clave de las empresas, promover las inspecciones de seguridad laboral, aplicar lo aprendido en situaciones similares y fortalecer en todos los sentidos la seguridad laboral.

Resulta doloroso ver que este estremecedor accidente haya causado cuantiosas pérdidas humanas y materiales a las masas populares. Gracias a los esfuerzos conjuntos de los departamentos relevantes del Consejo de Estado, el comité provincial de Shandong del Partido Comunista de China, el gobierno popular de la misma provincia, el comité municipal de Qingdao del Partido Comunista de China y el gobierno popular municipal del mismo municipio, hemos obtenido los primeros resultados. A continuación, debemos dirigir nuestra atención al tratamiento de los heridos, hacer los arreglos pertinentes para los funerales de los fallecidos, consolar a sus familiares y hacer que poco a poco la vida vuelva a la normalidad. Es nuestra obligación conducir una pronta investigación del accidente y exigirles responsabilidades ante la ley a las personas implicadas.

Los comités del Partido, los gobiernos y los cuadros de todos los niveles deben darse cuenta de la importancia de los asuntos referen-

---

* Puntos principales del discurso pronunciado en la zona de desarrollo económico y tecnológico Huangdao, en Qingdao, al valorar las labores de rescate tras la explosión de un oleoducto.

tes a la seguridad, y siempre priorizar la vida de las masas populares. Todas las regiones, departamentos gubernamentales y empresas deben ser implacables a la hora de aplicar los más altos estándares de seguridad laboral, supervisar estas cuestiones a la hora de realizar inversiones o implementar proyectos, aumentar el peso que tiene la seguridad laboral en los indicadores del rendimiento y adoptar el enfoque de que "un voto en contra significa el veto"[1] para garantizar la seguridad en el área de trabajo ante el riesgo de graves accidentes laborales.

La responsabilidad de garantizar la seguridad laboral es primordial. Con el objetivo de reforzar el sistema de responsabilidad de la seguridad laboral, los jefes máximos del Partido y del gobierno deben involucrarse personalmente. Debemos asegurarnos de que las responsabilidades en materia de seguridad las asuman los departamentos gubernamentales pertinentes y los funcionarios competentes. Los encargados de los sectores industriales y de operaciones deben garantizar la seguridad laboral. Nosotros tenemos que fortalecer la supervisión y la inspección de los lugares de trabajo, implementar un sistema estricto de evaluación, compensación y sanción y promover de forma constante la seguridad en el área de trabajo.

Cada empresa debe cumplir sus responsabilidades de garantizar la seguridad laboral con absoluta dedicación, así como la financiación, la formación, las medidas de administración básicas y las disposiciones de salvamento en caso de emergencia para lograr un entorno seguro. Las empresas de propiedad estatal subordinadas a los departamentos centrales deben llevar la iniciativa y dar el ejemplo en este sentido. Los gobiernos de todos los niveles deben ser conscientes de sus debidas responsabilidades y llevarlas a cabo en los lugares bajo su jurisdicción. Además deben ejercer una rigurosa supervisión en materia de seguridad laboral conforme a las leyes y normativas.

A fin de garantizar la seguridad laboral, debemos prevenir cualquier riesgo relacionado con el trabajo. Tenemos que continuar con las inspecciones a gran escala que abarquen todos los lugares de trabajo, eliminar todos los riesgos con tolerancia cero, aplicar de forma rigurosa las leyes y normativas y garantizar resultados sustanciales.

Al llevar a cabo las inspecciones pertinentes no debemos ni notificar con antelación, ya sea mediante aviso verbal o escrito, ni atender a informes de segunda mano y mucho menos permitir guías acompañantes o recepciones. En su lugar, debemos situarnos en la primera línea y realizar investigaciones confidenciales, en especial en materia de riesgos ocultos como en los oleoductos subterráneos. Debemos intensificar nuestros esfuerzos para eliminar los riesgos potenciales a la seguridad, estableciendo un sistema de inspección de responsabilidades de la seguridad laboral en el que toda persona que realice una inspección asuma la responsabilidad total, plasmando su nombre y firma en el informe de inspección, sin dejar lugar al error o lugar sin inspeccionar, ni permitir cumplir simplemente las formalidades para obtener resultados reales.

Cada vez que ocurre un accidente en alguna fábrica, el resto de ellas aprende una dura lección; cuando se identifica un riesgo potencial en alguna ubicación, todo el país activa la alerta. Todas las regiones e industrias deberían aprender de las lecciones de sus accidentes laborales, mejorar la responsabilidad de la seguridad laboral y las labores de vigilancia y tomar medidas preventivas contra los accidentes de trabajo.

Ya ha llegado el invierno. En estos momentos del año existe un gran riesgo de accidentes. Espero que todos tomen conciencia de su enorme responsabilidad para con el Partido y el pueblo, permanezcan alerta ante accidentes potenciales, sean meticulosos al garantizar la seguridad laboral, prevengan con determinación grandes accidentes y se mantengan firmes en la labor de mejorar la seguridad laboral en todo el país.

Notas

[1] Ninguna decisión se aprueba si alguno de los asistentes vota en contra, sin importar el número de votos a favor.

Convertir a China en una ciberpotencia[*]

27 de febrero de 2014

La seguridad del ciberespacio y la informatización son los principales aspectos estratégicos concernientes a la seguridad y el desarrollo del país, así como al trabajo y la vida de su pueblo. Debemos, teniendo en cuenta el contexto nacional e internacional, elaborar planes generales, coordinar a todas las partes involucradas, promover el desarrollo innovador y trabajar arduamente para convertir a China en una ciberpotencia.

En el mundo actual, la revolución de la tecnología de la información está haciendo grandes avances, ejerciendo una importante influencia en la política, la economía, la cultura, la sociedad y los asuntos militares de todos los países. La informatización y la globalización económica se estimulan entre sí. Internet se ha integrado a todos los aspectos de la vida social a lo largo del mundo, llegando a cambiar incluso los modos de vida y de producción. China está yendo a la par de los tiempos y se está viendo extremadamente influenciada por esta tendencia. China ha logrado éxitos señalados en su desarrollo de Internet y la aplicación de la tecnología de la información. Numerosos hogares en China cuentan ya con acceso a Internet, además el país se sitúa en el primer lugar del mundo en cuanto al número de cibernautas. Sin embargo, debemos ser conscientes de que China se queda relativamente atrás en materia de innovación informática. La diferencia del uso de Internet entre las regiones y entre las zonas urbanas y rurales sigue siendo notable y existe una enorme brecha en cuanto a la banda ancha per cápita entre China y las zonas más avanzadas del

---

* Puntos principales del discurso pronunciado en la primera reunión del Grupo de Dirección Central para los Asuntos del Ciberespacio.

mundo. En conjunto, los cuellos de botella que limitan el desarrollo de Internet en China siguen siendo prominentes.

La seguridad de la red y la aplicación de la tecnología de la información están estrechamente relacionadas con muchos otros ámbitos en cualquier país. Debemos ser conscientes de dónde nos encontramos y qué queremos hacer. Tenemos que comprender la importancia y la urgencia de llevar adelante este trabajo. Es nuestra obligación elaborar los planes correspondientes y llevarlos a cabo tan pronto como las condiciones lo permitan. Estos dos elementos tienen tanta importancia para China como las dos alas del pájaro. Por ello, debemos elaborar planes coordinados para ambos e implementarlos de forma unificada. A fin de promover la seguridad del ciberespacio y la informatización, es necesario equilibrar la seguridad y el desarrollo, y asegurar que las dos actúen como un solo ente y se estimulen entre sí para garantizar el desarrollo a largo plazo.

Otra tarea a largo plazo es hacer esfuerzos porque la opinión pública de la red sea saludable y profunda. Debemos realizar innovaciones y mejorar la difusión en línea y el uso de las normas sobre las comunicaciones por Internet para hacer resaltar el acento heroico propio de nuestra época, despertar las energías positivas, y cultivar y poner en práctica los valores socialistas clave. Debemos aprovechar bien la oportunidad, la extensión y la eficiencia al orientar a la opinión pública en la red con el fin de convertir nuestro ciberespacio en uno sano y limpio.

La información en línea no conoce límites nacionales. El flujo de información responde a la tecnología, el capital y el talento. Los recursos de la información se han convertido en importantes factores de producción y riqueza social. El volumen de información que posee un país es el mejor indicador de su poder blando y competitividad. El nivel de desarrollo de las tecnologías y las industrias de la información de un país determina su nivel de informatización. Debemos mejorar la innovación independiente en tecnología medular y mejorar las infraestructuras de la misma, para ser capaces de compilar, procesar, difundir y utilizar la información, al tiempo que garantizamos la seguridad de la información a fin de satisfacer el bienestar de la sociedad.

Si no garantizamos la seguridad de la red, no podremos salvaguardar la seguridad nacional. Si no promovemos la informatización, no podremos lograr la modernización. Para convertir a China en una ciberpotencia, debemos disponer de tecnologías de la información exclusivas y poderosas, servicios de información sofisticados e integrales y una pujante cultura informática. Es necesario disponer de una buena infraestructura de la información y de una fuerte economía informática. Además de contar con profesionales altamente calificados que se dedican a la aplicación de la tecnología de la información y la seguridad en el ciperespacio, debemos realizar intercambios bilaterales y multilaterales sobre Internet y cooperar con otros países. La estrategia para convertir a China en una ciberpotencia debe llevarse a cabo al mismo tiempo que trabajamos para conseguir los objetivos de lucha para los dos centenarios: el del Partido en el 2021 y el de la Nueva China en el 2049. Tenemos que continuar realizando progresos para generalizar la infraestructura de Internet, mejorar nuestra capacidad de innovación independiente, desarrollar la economía de la información y garantizar la seguridad informática.

Tenemos que elaborar estrategias de investigación y desarrollo integral de las tecnologías de la información y de la red, y realizar grandes esfuerzos para convertir los resultados de las investigaciones en aplicaciones prácticas. Debemos promulgar políticas de apoyo al desarrollo empresarial y animar a las empresas a realizar innovaciones tecnológicas y convertirse en promotores de la industria de la tecnología de la información.

No podemos demorarnos en la formulación de los planes para mejorar las leyes y normas que regulen la información en Internet y protejan la infraestructura de la información clave. Debemos supervisar el ciberespacio en conformidad con las leyes para salvaguardar los derechos e intereses legítimos de los ciudadanos.

Para convertir a China en una ciberpotencia debemos combinar nuestros recursos y talento para formar un poderoso contingente con integridad política, mucha pericia y excelente estilo de trabajo.

"Es sencillo reunir un ejército de 1.000 hombres, pero es complicado encontrar un general capaz"[1]. Debemos capacitar a científicos reconocidos a nivel mundial, figuras líderes en la ciencia y la tecnología de Internet, destacados ingenieros y equipos de innovación de alto nivel.

El Grupo de Dirección Central para los Asuntos del Ciberespacio debe jugar el papel de dirección centralizada, coordinar las principales cuestiones relativas a la seguridad de la red y la informatización a todos los ámbitos, elaborar e implementar estrategias estatales de desarrollo, planificación general y principales políticas sobre la seguridad en el ciperespacio y la aplicación de la tecnología de la información, mejorando constantemente la capacidad de garantía en este sentido.

Notas

[1] Ma Zhiyuan: *Otoño en el palacio han (Han Gong Qiu)*. Ma Zhiyuan (c.1250-c.1324), escritor chino de la dinastía Yuan (1279-1368).

Una visión holística de la seguridad nacional*

15 de abril de 2014

Hemos de captar con certeza las nuevas características y tendencias de los cambios de la situación de seguridad nacional, adherirnos a una visión holística y desarrollar una seguridad nacional con peculiaridades chinas.

Al administrar el Partido y el país, uno de nuestros principios básicos es incrementar nuestra vigilancia sobre las posibles adversidades y pensar en peligros eventuales aun en tiempos de paz. Para consolidar la posición gobernante y unir y dirigir al pueblo a mantener y desarrollar el socialismo con peculiaridades chinas, nuestro Partido debe hacer de la seguridad nacional su prioridad.

En la III Sesión Plenaria del XVIII Comité Central del Partido se decidió establecer el Consejo de Seguridad Nacional. La decisión respondió a la necesidad apremiante de impulsar la modernización del sistema y de la capacidad de gobernación del Estado, y alcanzar la estabilidad social y el mantenimiento de un orden y una paz duraderos en el país. Esto ofrece una garantía fuerte para la construcción integral de una sociedad modestamente acomodada y la realización del sueño chino de la gran revitalización de la nación china. El objetivo del establecimiento de este Consejo es adaptarse mejor a la nueva situación y las nuevas tareas que enfrenta nuestro país en el terreno de la seguridad nacional y construir un sistema de seguridad nacional centralizado, unido y altamente eficiente, que disponga de la autoridad necesaria para reforzar la dirección en los trabajos de seguridad nacional.

* Puntos principales del discurso pronunciado en la primera reunión del Consejo de Seguridad Nacional.

En la actualidad, en comparación con cualquier periodo histórico anterior, los contenidos de nuestra seguridad nacional tanto intrínsecos como extrínsecos son mucho más ricos, su espacio y tiempo son más amplios, y sus factores tanto interiores como exteriores son más complejos. Por ello, debemos mantener una visión holística de la seguridad del Estado, tomar la seguridad del pueblo como el propósito, hacer de la seguridad política la tarea fundamental, considerar la seguridad económica como la base y la seguridad militar, cultural y social como los medios de garantía, con el respaldo en el impulso de la seguridad internacional, abriendo un camino de seguridad nacional con características chinas.

Con el fin de implementar una visión holística de la seguridad nacional debemos conceder la misma importancia a la seguridad interna que a la seguridad externa. Para ello, debemos promover el desarrollo, la reforma y la estabilidad y convertir a China en un país seguro a nivel nacional, al tiempo que buscamos la paz, la cooperación y los beneficios mutuos y la construcción de un mundo en armonía a nivel internacional. La seguridad territorial y la seguridad de los ciudadanos son igualmente importantes.

Debemos seguir el principio del pueblo primero, considerar al ser humano como lo primordial, e insistir en que todas las medidas de seguridad nacional se toman en bien del pueblo y dependen del pueblo, y deben ganarse el apoyo popular. Tenemos que prestar especial atención tanto a la seguridad tradicional como a la no tradicional y estructurar un sistema de seguridad nacional que integre elementos de seguridad referentes a la política, el territorio nacional, los asuntos militares, la economía, la cultura, la sociedad, la ciencia y tecnología, la información, la ecología, los recursos y la seguridad nuclear. Tenemos que prestar igual atención al desarrollo y a la seguridad. El primero es la base de la segunda, mientras que la segunda es un prerrequisito del primero. Un país rico puede disponer de un ejército fuerte y un ejército fuerte puede salvaguardar un país. Si bien prestamos atención a nuestra propia seguridad, también debemos tener en cuenta la seguridad común del planeta y contribuir con nuestros esfuerzos a construir una comunidad de destino. Debemos instar a todas las partes a trabajar duro para alcanzar los objetivos de la reciprocidad y el beneficio mutuo y la seguridad común.

El Consejo de Seguridad Nacional debe acatar los principios de dirección centralizada, planificación científica, ejercicio del poder de forma integrada e independiente, acciones coordinadas, alto rendimiento y eficiencia. Debe concentrar sus esfuerzos, seguir las principales directrices e implementar enérgicamente la estrategia general de seguridad nacional de China.

Salvaguardar la seguridad nacional
y la estabilidad social[*]

25 de abril de 2014

Al tiempo que nos enfrentamos a nuevas situaciones y desafíos, salvaguardar con éxito la seguridad nacional y la estabilidad social es particularmente importante para profundizar integralmente la reforma, alcanzar los objetivos de lucha para los dos centenarios: el del Partido en el 2021 y el de la Nueva China en el 2049, y materializar el sueño chino de la revitalización de la nación china. Todas las regiones y departamentos gubernamentales deben desempeñar sus funciones y obligaciones, asumir sus responsabilidades, cooperar entre sí y trabajar mancomunadamente para mantener la seguridad nacional y la estabilidad social.

Luego de aplicada la política de reforma y apertura, que se adoptó en 1978, nuestro Partido ha prestado especial atención al equilibrio adecuado entre la reforma, el desarrollo y la estabilidad, al considerar la salvaguarda de la seguridad nacional y la estabilidad social como la tarea básica del Partido y el Estado. Hemos mantenido la situación general de la estabilidad social en China y, por ende, creado un entorno favorable para la reforma, la apertura y la modernización socialista. "Uno no debe olvidar los posibles peligros en tiempo de paz, la muerte en tiempo de supervivencia y el caos en tiempo de estabilidad"[1].

No obstante, debemos ser conscientes de que en nuestros esfuerzos por salvaguardar la seguridad nacional y la estabilidad social en las nuevas circunstancias hacemos frente a un sinnúmero de amenazas y

---

[*] Puntos esenciales del discurso pronunciado cuando presidía el 14º Estudio Colectivo del Buró Político del XVIII Comité Central.

desafíos. Y, más importante aún, estas amenazas y desafíos están inter-conectados y se pueden activar mutuamente.

Debemos permanecer con las ideas claras, ser fieles a nuestros principios para prevenir, controlar y responder eficazmente a los riesgos que atentan contra nuestra seguridad nacional y, afrontar, resolver y neutralizar los desafíos que perjudican nuestra estabilidad social.

Todas las regiones y departamentos gubernamentales deben implementar la visión holística de seguridad del Estado y adquirir un entendimiento correcto sobre las nuevas características y tendencias de nuestra seguridad nacional.

Debemos conceder la misma importancia a la seguridad interna y la externa, a la seguridad territorial y a la de sus ciudadanos, a la seguridad tradicional y a la no tradicional, al desarrollo y a la seguridad, a nuestra propia seguridad y a la seguridad común de todo el planeta, y desempeñar nuestra labor en lo referente a la seguridad nacional. Es nuestra obligación promover la educación del pueblo chino en seguridad nacional para avivar su conciencia sobre este asunto.

La lucha contra el terrorismo afecta directamente a la seguridad nacional, a los intereses inmediatos de las masas populares y a los intereses generales de la reforma, el desarrollo y la estabilidad. La lucha contra el terrorismo salvaguarda la unión nacional, la estabilidad social y el bienestar del pueblo. Debemos adoptar medidas resueltas en la lucha contra el terrorismo y mantener las presiones para erradicar este flagelo. Debemos elaborar un patrón de trabajo sólido de lucha contra el terrorismo, mejorar nuestro sistema de trabajo antiterrorista y fortalecer nuestro poder antiterrorista. Debemos combinar las fuerzas profesionales con las sociales, apoyarnos en las masas populares, desplegar diferentes actividades populares de lucha contra el terrorismo, construir una red antiterrorista inexpugnable y asegurar la persecución de aquellos involucrados en actividades terroristas. Por nuestra parte, debemos permitir que las personalidades de los círculos religiosos realicen su función y mejorar la orientación positiva a los creyentes, satisfaciendo sus necesidades religiosas, y al mismo tiempo impidiendo de forma efectiva la infiltración del extremismo religioso.

El terrorismo niega los derechos humanos básicos, castiga la justicia humanitaria y desafía las normas compartidas por la civilización humana. No es una cuestión étnica ni religiosa. Los terroristas son el enemigo común de los pueblos de todas las etnias. Debemos confiar en los cuadros y en el pueblo de todas las etnias y, en conjunto, proteger la unidad étnica y la estabilidad social.

Es nuestro deber aumentar nuestros esfuerzos para combatir los intentos separatistas en las nuevas circunstancias, promover la unidad étnica, asegurar que todos los grupos étnicos colaboren en post de la prosperidad y el desarrollo común, mejorar la difusión y educación sobre la unidad étnica, consolidar la base ideológica de la unidad étnica y maximizar nuestros esfuerzos dirigidos a unir al pueblo de todas las etnias. Es necesario promover la construcción de organizaciones del Partido y órganos de gobierno en la base, llevar a cabo un trabajo de masas, meticuloso y detallado. Debemos adquirir el conocimiento adecuado de las políticas del Partido en materia de religión y etnicidad, resolver los conflictos y disputas que vulneran la unidad étnica, así como contener y golpear los brotes separatistas y las actividades de sabotaje e infiltración realizadas por las fuerzas hostiles nacionales o extranjeras so pretexto de conflictos étnicos.

Con el fin de salvaguardar la seguridad nacional debemos mantener la armonía y la estabilidad sociales, prevenir y resolver los conflictos sociales y promover activamente la prevención y la solución de las contradicciones sociales mediante regímenes, mecanismos, políticas y esfuerzos. Debemos conseguir que el desarrollo de China sea más integral, coordinado y sostenible, intensificar el trabajo por la garantía social y el mejoramiento de la vida del pueblo y prevenir y reducir en su origen la incidencia de las contradicciones sociales. Con la promoción de la igualdad y la justicia sociales como puntos de partida y destino de nuestro trabajo, debemos equilibrar los intereses de todos los sectores, de modo que todo el pueblo pueda compartir los frutos del desarrollo de una manera más igualitaria. Debemos implementar y mejorar los regímenes y mecanismos necesarios para proteger los derechos e intereses legítimos de las masas populares y los mecanismos para valorar los riesgos potenciales a la estabilidad social, a fin de reducir y evitar posibles conflictos de intereses. Es nuestro deber promover una gobernación del país basada en la ley y salvaguardar los derechos e intereses legítimos de los ciudadanos. Por último, estamos obligados a incentivar a las masas populares a resolver todos los conflictos sociales mediante procedimientos y recursos legales. Debemos hacer que todos actúen según la ley, recurran a las provisiones legales en caso de conflicto y resuelvan sus problemas y conflictos a través de la ley.

Notas

[1] *Libro de los cambios (Zhou Yi).*

VIII.
Fomentar la civilización ecológica

Un mejor ambiente para una hermosa China[*]

2 de abril de 2013

Debemos intensificar la propaganda y la educación e innovar las formas de la campaña de siembra voluntaria de árboles, orientar a las masas populares para que participen en la campaña, elevar sin cesar la tasa de cumplimiento de responsabilidades en ella, proteger estrictamente los bosques según la ley, reforzar su eficiencia y llevar a cabo esta campaña de manera profunda y sostenida, creando constantemente mejores condiciones ecológicas para la realización del sueño chino de la gran revitalización de la nación china.

La campaña de siembra voluntaria de árboles de todo el pueblo, con más de 30 años de existencia, ha impulsado la restauración y desarrollo de los recursos forestales de nuestro país y aumentado la conciencia de todo el pueblo sobre la importancia de amar y proteger las plantas y el medio ambiente. Mientras tanto, debemos reconocer que China es un país ecológicamente vulnerable, con escasez de recursos forestales, y que se enfrenta a la gran misión y largo camino para mejorar la forestación y el entorno ecológico.

Los bosques son el cuerpo principal e importante recurso del ecosistema terrestre. Además, son una importante garantía ecológica para la subsistencia y el desarrollo de la humanidad. Sería difícil imaginar qué le pasaría a la Tierra y a los seres humanos sin los bosques. Toda la sociedad debe, conforme a las exigencias de construir una hermosa China formuladas en el XVIII Congreso Nacional del Partido, mejorar la conciencia ecológica, intensificar la protección ecológica y medioambiental, para hacer del nuestro, un país con un mejor medio ambiente.

---

[*] Puntos esenciales de las palabras pronunciadas en la campaña de siembra voluntaria de árboles en Beijing.

Recibamos la nueva era
de la civilización ecológica socialista[*]

24 de mayo de 2013

La protección del entorno ecológico es una empresa que rinde méritos presentes y beneficios milenarios. Tenemos que ser conscientes de lo apremiantes y lo arduas que son la protección ecológica y la lucha contra la contaminación ambiental, y de la importancia y la necesidad de intensificar el fomento de la civilización ecológica. Con una actitud altamente responsable ante las masas populares y generaciones futuras, vamos a tratar decididamente la contaminación ambiental y construir un buen entorno ecológico para marchar hacia la nueva era de la civilización ecológica socialista, y crear un buen ambiente para que nuestro pueblo viva y trabaje.

El fomento de la civilización ecológica atañe al bienestar del pueblo y al futuro de la nación. El XVIII Congreso Nacional del Partido Comunista de China incluyó el fomento de la civilización ecológica en la distribución general del quinteto de la causa del socialismo con peculiaridades chinas, formulando claramente que se debe promover con gran energía el fomento de la civilización ecológica, construir con esfuerzo una hermosa China y hacer realidad el desarrollo eterno y sostenido de la nación china. Esto quiere decir que conocemos más a fondo las leyes del socialismo con peculiaridades chinas, y demuestra nuestra voluntad firme y decisión resuelta de intensificar el fomento de la civilización ecológica.

Al promover la civilización ecológica, tenemos que aplicar de manera integral el espíritu del XVIII Congreso Nacional del Parti-

---

[*] Puntos esenciales del discurso pronunciado cuando presidía el 6.º Estudio Colectivo del Buró Político del XVIII Comité Central.

do, tomando como guía la teoría de Deng Xiaoping, el importante pensamiento de la "triple representatividad" y la concepción científica del desarrollo. También tenemos que establecer la conciencia sobre la necesidad de respetar la naturaleza, adaptarnos a ella y protegerla, persistir en la política nacional básica del ahorro de los recursos y protección medioambiental, perseverar en el principio de dar prioridad a la conservación de los recursos, la protección del medio ambiente y la promoción de su restauración natural. Igualmente, es imperativo adquirir una fuerte conciencia ecológica, mejorar los regímenes ecológicos, defender la seguridad ecológica y optimizar el entorno ecológico, formando una configuración de espacios, estructuras sectoriales, modalidades de producción y modos de vida en favor del ahorro de recursos y la preservación del medio ambiente.

Hay que tratar correctamente las relaciones entre el desarrollo económico y la protección del entorno ecológico, tener presente que proteger el medio ambiente es proteger la fuerza productiva y que mejorar el medio ambiente es desarrollarla. Por lo tanto, tenemos que impulsar con mayor conciencia el desarrollo ecológico, circular y de bajas emisiones contaminantes, y no permitimos en absoluto procurar el desarrollo económico temporal a expensas del medio ambiente.

El territorio nacional es el portador del espacio para el fomento de la civilización ecológica. De acuerdo con el principio de equilibrio entre población, recursos y medio ambiente y de conjugación entre los resultados económicos, los efectos sociales y la rentabilidad ecológica, trazaremos el plan integral para explotar los espacios y delimitar científicamente el de producción, el de vida diaria y el de desarrollo ecológico, dejando más márgenes de recuperación para la naturaleza. Debemos acelerar la ejecución de la estrategia de zonificación por funciones prioritarias, aplicar las definiciones funcionales de las diferentes áreas donde el desarrollo tiene que ser optimizado, priorizado, restringido y prohibido, y delimitar y mantener estrictamente la línea roja ecológica. Trazaremos los planes apropiados para la urbanización, el desarrollo agrícola y la seguridad ecológica, para garantizar la seguridad ecológica estatal y regional, así como elevar los servicios de la conservación ecológica. Debemos entender plenamente la importancia de observar la línea roja ecológica. La más mínima violación relacionada con la protección del entorno ecológico será castigada.

El ahorro de los recursos es un medio fundamental para proteger el entorno ecológico. Es necesario utilizar ahorrativa e intensivamente los recursos, promover el cambio radical de las modalidades de su utilización, potenciar la administración de su ahorro en todo el proceso de la producción, circulación y consumo, y rebajar en gran medida la intensidad del consumo de energía, agua y suelo. Se debe desarrollar la economía circular, y promover, en el proceso de la producción, circulación y consumo, la reducción del consumo de recursos, la reutilización de materiales y el reciclaje de residuos.

Cabe ejecutar los importantes programas de rehabilitación ecológica y aumentar la capacidad de elaboración de productos ecológicos. Un buen entorno ecológico constituye los cimientos fundamentales para el desarrollo sostenido del ser humano y la sociedad. Las masas populares prestan una gran atención a los problemas medioambientales. En la protección y el tratamiento del medio ambiente, hay que poner el énfasis en la solución de los problemas ambientales relevantes que perjudican la salud de las masas, persistir en el protagonismo de la prevención y en el saneamiento integral e intensificar la prevención y el tratamiento de la contaminación del agua, la atmósfera y el suelo, haciendo énfasis en las cuencas de los ríos y regiones prioritarias, sectores industriales y áreas clave.

Tenemos que contar con los sistemas y legislaciones más estrictos posibles para garantizar el progreso de la civilización ecológica. Para conseguirlo, primero que todo, tenemos que perfeccionar el sistema de evaluación del desarrollo económico y social, englobar en este sistema los índices que reflejan el fomento de la civilización ecológica como el consumo de recursos, los daños ambientales y la rentabilidad ecológica, y convertirlos en importante guía y restricción para el fomento de la civilización ecológica. Se debe crear el sistema de búsqueda de responsabilidad y exigir la responsabilidad vitalicia a las personas, cuyas decisiones a ciegas han ocasionado graves perjuicios al medio ambiente. Además, hay que intensificar la propaganda y la educación sobre la necesidad de promover la civilización ecológica, aumentar la conciencia pública sobre la conservación de los recursos y la protección medioambiental para formar una excelente atmósfera social que proteja el ecosistema.

Dejar un cielo azul, campos verdes
y aguas cristalinas a nuestras futuras generaciones*

18 de julio de 2013

En nombre del gobierno y el pueblo chinos y en el mío propio, me gustaría transmitir mis felicitaciones por la inauguración de la conferencia mundial anual del Foro Global sobre Ecología 2013 en Guiyang y dar la más cálida bienvenida a los jefes de Estado y de gobierno, responsables de los organismos de Naciones Unidas, así como expertos, académicos, empresarios y demás distinguidos participantes de esta conferencia.

"Construyendo la civilización ecológica: la transformación y la transición ecológicas –la industria ecológica, la urbanización ecológica y el consumo ecológico– conducen al desarrollo sostenible" es el tema principal de la conferencia, que refleja el interés compartido de toda la comunidad internacional en el fomento de la civilización ecológica. Estoy convencido de que, a través de los logros de esta conferencia, haremos contribuciones positivas a la protección del ecosistema global.

El avance hacia la nueva era de la civilización ecológica y la construcción de una hermosa China constituyen un importante aspecto de la materialización del sueño chino de la gran revitalización de la nación china. Siguiendo la concepción de respetar la naturaleza, adaptarse a ella y protegerla, y aplicando la política estatal básica de la conservación de los recursos y protección del medio ambiente, China impulsará más conscientemente el desarrollo ecológico, circular y de bajas emisiones contaminantes, implantará el fomento de la civilización ecológica en todos los aspectos y en todo el proceso de la

* Mensaje de felicitación a la reunión anual del Foro Global sobre Ecología Guiyang.

construcción económica, política, cultural y social, y creará una configuración de espacios, estructuras sectoriales, modos de producción y estilos de vida que favorezcan el ahorro de los recursos y la preservación del medio ambiente, con el fin de legar a las futuras generaciones un entorno de producción y de vida con cielos azules, campos verdes y aguas cristalinas.

Proteger el medio ambiente, hacer frente al cambio climático y defender la seguridad de la energía y los recursos es el desafío común al que se enfrenta todo el mundo. China seguirá asumiendo las debidas responsabilidades internacionales, mantendrá intercambios y cooperación exhaustivos con los diversos países del planeta en la promoción del progreso ecológico, promoverá el precepto de compartir las mejores prácticas con otras naciones y hará de nuestro globo un hermoso hogar con un mejor ecosistema.

Deseo que la conferencia sea todo un éxito.

Xi Jinping
Presidente de la República Popular China
18 de julio de 2013

IX.
Impulsar la modernización de la defensa nacional y las fuerzas armadas

Impulsar la construcción de la defensa nacional y del ejército*

16 de noviembre de 2012

El equipo dirigente de la Comisión Militar Central y los oficiales de alto rango del ejército asumen una importante responsabilidad histórica en la dirección de la construcción de la defensa nacional y del ejército. Hemos de mantener la mente lúcida, apreciar más que nunca los enormes éxitos conquistados por los oficiales y soldados de generación en generación en la lucha incansable, tener en mucha estima las valiosas experiencias acumuladas en las largas prácticas y valorar mucho la alentadora situación de la construcción y desarrollo del ejército. Tenemos que trabajar con toda lealtad para el Partido y el pueblo y esforzarnos por llevar adelante sin cesar la construcción de la defensa nacional y del ejército.

Hay que llevar a cabo con premura y como es debido el estudio y la aplicación del espíritu del XVIII Congreso Nacional del Partido como la tarea política primordial. Los dirigentes a los diversos niveles deben, conforme a las disposiciones del Comité Central del Partido y la Comisión Militar Central, lanzar una fuerte campaña a este respecto. Hemos de estudiar y aplicar a fondo la concepción científica del desarrollo, estudiar el pensamiento del Partido sobre la construcción de la defensa nacional y el ejército bajo las nuevas circunstancias, definir sólidamente la posición guía de la concepción científica del desarrollo en dicha construcción y entender cabalmente las características y las leyes objetivas de la construcción de la defensa nacional y del ejército en las nuevas condiciones. Es necesario además sinte-

---

* Puntos esenciales del discurso pronunciado en una reunión ampliada de la Comisión Militar Central.

tizar las valiosas experiencias creadas por el presidente Hu Jintao dirigiendo la construcción de la defensa nacional y del ejército, así como llevar a efecto las políticas y orientaciones de significación trascendental y las decisiones estratégicas definidas por el presidente Hu para esa construcción.

Hay que persistir sin vacilación en la dirección absoluta del Partido sobre el ejército. Esto atañe a la naturaleza y el propósito de nuestras fuerzas armadas, al porvenir y el destino del socialismo y a la paz y el orden duraderos del Partido y el Estado. Es la cantera fundamental en la que se sustenta nuestro ejército y el alma de su construcción. Debemos colocar en primer plano la formación ideológica y política en todas las áreas de la construcción del ejército, para que la dirección absoluta del Partido sobre el ejército se arraigue en la mente de los mandos y combatientes y que todas las fuerzas armadas sigan decididamente las órdenes del Comité Central del Partido y de la Comisión Militar Central en todo momento y bajo toda condición; reforzar la construcción del Partido en el ejército y garantizar que el Partido controle firmemente las fuerzas armas en lo ideológico, político y organizativo; recurrir a las convicciones políticas como medida a la hora de reconocer y designar a los oficiales para garantizar que nuestro armamento vaya a las manos de aquellos que son confiables y leales al Partido; aplicar con rigor la disciplina política y organizativa, defender con firmeza la autoridad del Comité Central del Partido y la Comisión Militar Central y garantizar el cumplimiento sin contratiempo de las órdenes administrativas militares.

Es necesario cumplir resueltamente todas las tareas de la lucha militar. Todo el ejército debe conocer a fondo su importante posición y papel en el conjunto de la estrategia de seguridad y desarrollo del Estado, persistir sin vacilación en colocar en el primer plano la soberanía y la seguridad del Estado y en considerar como lo primordial los preparativos para la lucha militar; acrecentar de manera integral su capacidad de disuasión y de combate real en el contexto de la era de la informatización y salvaguardar con resolución la soberanía, la seguridad y los intereses de desarrollo del Estado. Todo el ejército debe conceder importancia estratégica al adiestramiento militar y elevar ininterrumpidamente su capacidad de combate real.

En consonancia con el principio del desarrollo integral tenemos que potenciar la revolucionarización, la modernización y la regularización de nuestras fuerzas armadas. Debemos persistir en el punto de vista integral al promover la construcción del ejército e impulsar el desarrollo integral de los asuntos militares, la política, la logística y el equipamiento, así como los trabajos de todos los dominios, en aras a elevar constantemente el nivel integral de la construcción del ejército. Debemos aplicar concienzudamente la orientación estratégica militar de defensa activa en el nuevo período, fomentar activamente el desarrollo innovador de la estrategia militar, y desplegar a plenitud el papel orientador general de la estrategia militar para con los distintos aspectos y trabajos de la construcción del ejército; poner en práctica efectiva los temas y líneas principales de la defensa nacional y la construcción del ejército, fomentar el notable progreso en el desarrollo del carácter científico de la defensa nacional y la construcción del ejército, y conseguir avances esenciales en el aceleramiento del cambio de manera efectiva de la modalidad de formación de la fuerza combativa; impulsar exhaustivamente la reforma militar con peculiaridades chinas, y dedicar mayor energía a estructurar el sistema moderno de fuerzas militares con peculiaridades chinas.

Tenemos que mantener siempre la gloriosa tradición y el excelente estilo de nuestro ejército, heredar y desarrollar las gloriosas tradiciones y excelentes estilos cultivados por los presidentes Mao Zedong, Deng Xiaoping, Jiang Zemin y Hu Jintao, y fomentar con todo nuestro esfuerzo la modernización de la defensa nacional y la construcción del ejército; orientar a los mandos y combatientes a aumentar la conciencia sobre las posibles adversidades, crisis y misión, de manera que se afiancen en las convicciones sin vacilación, no se relajen en lo ideológico, en la voluntad de lucha, ni en el estilo de trabajo, manteniendo siempre una inquebrantable voluntad revolucionaria y un vigoroso espíritu combativo. Debemos intensificar de manera efectiva la lucha contra la corrupción y el fomento de la moralidad administrativa del ejército. Los mandos de alto rango deben combatir la corrupción con una posición bien definida y dar el ejemplo en el cumplimiento de las estipulaciones relacionadas con la integridad moral y la autodisciplina.

No cabe duda de que con la sólida dirección del Comité Central del Partido y la Comisión Militar Central, con el fuerte apoyo del pueblo de todo el país y los esfuerzos concertados de todas nuestras fuerzas armadas, podremos materializar el grandioso objetivo de la modernización de la defensa nacional y del ejército.

Construir una defensa nacional sólida y un ejército poderoso[*]

8 y 10 de diciembre de 2012

Todo el ejército debe, enarbolando la gran bandera del socialismo con peculiaridades chinas y tomando como guía la teoría de Deng Xiaoping, el importante pensamiento de la triple representatividad y la concepción científica del desarrollo, implementar plenamente el tema y la línea principales de la construcción de la defensa nacional y el ejército, poner en práctica de forma concienzuda la disposición estratégica para la defensa nacional y el desarrollo del ejército definida por el XVIII Congreso Nacional del Partido, y tener presente que el acatamiento de la dirección del Partido es el alma del fortalecimiento del ejército, la aptitud de luchar y triunfar en el combate es su esencia y la administración del ejército con rigor y conforme a la ley es su base. Deben redoblar sus esfuerzos por la revolucionarización, la modernización y la regularización del ejército en todos los sentidos.

Hay que situar siempre la formación ideológico-política en el primer lugar de la construcción del ejército en todas sus labores y persistir en la correcta orientación política de dicha construcción. Debemos educar infatigablemente a nuestros mandos y combatientes en el sistema teórico del socialismo con peculiaridades chinas, inculcarles constantemente la concepción de los valores clave del militar revolucionario contemporáneo[1], desarrollar con empeño las gloriosas tradiciones y el excelente estilo de trabajo de nuestro ejército y consolidar la base ideológica de los mandos y combatientes de mantener en alto la gran bandera, acatar el mando del Partido y cumplir su misión.

---

[*] Puntos esenciales del discurso pronunciado en una inspección de trabajo a la Zona de Guerra de Guangzhou.

En la actualidad y en un futuro inmediato, la tarea más importante de la formación ideológico-política consiste en estudiar y aplicar el espíritu del XVIII Congreso Nacional del Partido. Es necesario prestar atención a la integración de la teoría con la práctica y persistir en la aplicación de lo aprendido en nuestras acciones prácticas para ejercitar de manera efectiva el espíritu del XVIII Congreso Nacional del Partido en las prácticas de la construcción del ejército y el cumplimiento de las operaciones militares. Hay que hacer los preparativos para la lucha militar según lo requerido por el combate real, fomentar constantemente entre los mandos y combatientes la idea consistente en que los militares deben participar en el combate, los oficiales deben comandar el combate y el entrenamiento sirve al combate real, persistir en el entrenamiento riguroso y estricto de las tropas partiendo de las necesidades del combate real y en el fomento de la modernización, dando prioridad a los preparativos para la lucha militar, y elevar de manera global la capacidad de cumplir una pluralidad de misiones militares, en especial la de ganar la guerra parcial en la era de la informatización. Hemos de cumplir sin reserva alguna el principio de la administración del ejército conforme a la ley y con rigor, cultivar en las tropas las excelentes prácticas militares, tales como respetar estrictamente la disciplina, acatar estrictamente las órdenes y las prohibiciones y actuar al unísono. Es necesario concentrar siempre el trabajo en los niveles de base para sentar sólidos cimientos en la construcción del ejército y su fuerza combativa.

La materialización de la gran revitalización de la nación china constituye el sueño más grandioso acariciado por nuestra nación en la era moderna. Cabe decir que este sueño es el sueño del fortalecimiento del país y, hablando del Ejército, es también el sueño de su fortalecimiento. Para materializar dicha revitalización, hemos de persistir en la concordancia entre la prosperidad del país y la fortaleza del ejército, y esforzarnos por construir una defensa nacional sólida y unas fuerzas armadas poderosas. En primer lugar, debemos recordar bien que el estricto acatamiento de la dirección del Partido es el alma del fortalecimiento del ejército. Hay que persistir sin vacilación en la dirección del

Partido sobre el ejército, y obedecer y seguir al Partido sin vacilación en todo momento y bajo toda condición. En segundo lugar, debemos recordar bien que la aptitud de luchar y triunfar en el combate es esencial para hacer poderoso el ejército, llevar a efecto la construcción y los preparativos según lo requerido por la guerra, y asegurar que nuestro ejército esté listo para agruparse al primer llamado y sea invencible en la batalla. En tercer lugar, debemos recordar que la administración del ejército conforme a la ley y con rigor constituye la base del fortalecimiento de éste, y mantener el estricto estilo de trabajo y la disciplina acérrima para garantizar la alta concentración y unidad, la seguridad y la estabilidad del ejército.

En la expedición por la materialización de la gran revitalización de la nación china, nuestro heroico ejército desarrollará su tradición y abrirá nuevas perspectivas para cumplir eficazmente la misión histórica que asuma.

Notas

[1] Los valores clave del militar revolucionario contemporáneo son: ser leal al Partido, amar al pueblo, servir al Estado, entregarse a la misión y adorar el honor.

Construir un ejército de acatamiento del mando del Partido, aptitud para la victoria en la batalla y excelencia en el estilo*

11 de marzo de 2013

Todo el ejército debe aplicar íntegramente el espíritu del XVIII Congreso Nacional del Partido, enarbolar la gran bandera del socialismo con peculiaridades chinas, tomar como guía la teoría de Deng Xiaoping, el importante pensamiento de la triple representatividad y la concepción científica del desarrollo. Deberá tener bien presente el objetivo planteado por el Partido de fortalecer el ejército en la nueva situación y reforzar en todos los aspectos su revolucionarización, modernización y regularización, luchando por construir un ejército popular de acatamiento del mando del Partido, aptitud para la victoria en la batalla y excelencia en el estilo.

Construir este tipo de fuerza es el objetivo del Partido para fortalecer el ejército en las nuevas circunstancias. El acatamiento del mando del Partido es el alma que determina la orientación política de la construcción del ejército; la aptitud para la victoria en la batalla es el núcleo que refleja la función básica del ejército y el objetivo fundamental de su desarrollo; y la excelencia en el estilo es la garantía de la naturaleza, el propósito y el carácter del ejército. Todas nuestras fuerzas armadas deberán captar con precisión este objetivo de fortalecimiento del ejército, para dirigir la construcción, la reforma y los preparativos para la lucha militar del ejército, haciendo esfuerzos por llevar a un nuevo nivel la construcción de la defensa nacional y del ejército.

* Puntos esenciales del discurso pronunciado en la reunión plenaria de la delegación del Ejército Popular de Liberación durante la I Sesión Plenaria de la XII Asamblea Popular Nacional.

Para consolidar el alma del fortalecimiento del ejército, o sea el acatamiento del mando del Partido, tenemos que persistir sin vacilación en el principio de la dirección absoluta del Partido sobre el ejército, y en el propósito básico del ejército popular de servir de todo corazón al pueblo, asegurando que este ejército sea absolutamente leal, íntegro y confiable, y que en todas sus acciones responda al mando del Comité Central del Partido y la Comisión Militar Central. Debemos aferrarnos a la esencia del fortalecimiento del ejército, la aptitud de luchar y triunfar en el combate, afianzar la idea de que los militares deben participar en el combate, los oficiales deben comandar el combate y el entrenamiento sirve al combate real, tener siempre presente el principio de que la capacidad combativa es la única norma fundamental, y promover el desarrollo y la preparación de nuestras fuerzas armadas para que estén a la altura de las necesidades de la guerra, estando listas para agruparse al primer llamado y ser invencibles en la batalla. La excelencia en el estilo de trabajo es el rasgo inequívoco y la superioridad política de nuestro ejército. Tenemos que fomentar la mejora del estilo de trabajo en todas las labores de la construcción y administración del ejército, empeñándonos de veras en procurar resultados efectivos, adoptar una actitud pragmática y hacer mayor esfuerzo en la aplicación, con el fin de consolidar la base del fortalecimiento del ejército, o sea, la administración del ejército conforme a la ley y con rigor y mantener la buena imagen del ejército popular formada desde hace mucho tiempo.

Debemos planificar el desarrollo económico y la construcción de la defensa nacional con una visión de conjunto, y esforzarnos por la integridad de un país próspero y un ejército poderoso. Igualmente, tenemos que promover todavía más la gran integración del desarrollo militar y civil, y persistir en el principio de orientación por la demanda y dirección del gobierno, con el fin de conformar una configuración de desarrollo donde las industrias militares y civiles se integren en gran medida en las instalaciones infraestructurales y otros importantes dominios. Es menester desplegar el espíritu de lucha ardua y vida sencilla, practicar un estricto régimen de ahorro, combatir el despilfarro y hacer un buen uso de los fondos militares para que las inversiones en la defensa nacional tengan una máxima rentabilidad. Asimismo, es indispensable exaltar la tradición gloriosa del ejército de apoyo al gobierno y amor al pueblo y la del pueblo de apoyo al ejército y de atención a las familias de los militares, y desplegar actividades como el fomento conjunto entre el ejército y el pueblo de la civilización socialista en lo espiritual y el de armonía. Los comités del Partido y los gobiernos de los diversos niveles deben interesarse y apoyar la construcción de la defensa nacional y del ejército, reforzar la educación en la defensa nacional, afianzar la conciencia de todo el pueblo sobre ésta, para que el preocuparse, el amar, el construir y el salvaguardar la defensa nacional se conviertan en el consenso ideológico y acciones conscientes de la sociedad.

X.
Enriquecer la práctica de "un país, dos sistemas" e impulsar la reunificación de la patria

Hong Kong y Macao están estrechamente ligados al destino de la parte continental de la patria[*]

20 de diciembre de 2012, 18 de marzo de 2013 y 18 de diciembre de 2013

I

Desde la investidura del nuevo gobierno de la región administrativa especial de Hong Kong, el señor Leung Chun-ying y su equipo, tanto en el avance del emprendimiento como en el trabajo pragmático, han alcanzado muchos logros. El gobierno central afirma sus esfuerzos y continuará apoyando con firmeza al gobierno de la región administrativa especial de Hong Kong en el ejercicio de su gestión según la ley.

Todo el mundo está muy interesado en si las autoridades centrales cambiarán la orientación y las políticas hacia Hong Kong y Macao tras la inauguración del nuevo gobierno central. Hoy, desearía aprovechar esta ocasión para reiterar que las autoridades centrales no cambiarán la orientación de aplicar el principio de "un país, dos sistemas"[1] y de hacer las cosas estrictamente en conformidad con la Ley Básica. Tampoco cambiará la determinación de apoyar a los jefes ejecutivos y los gobiernos de las regiones administrativas especiales en el ejercicio de la administración y el cumplimiento de las atribuciones según la ley ni la política de apoyar a las regiones administrativas especiales de Hong Kong y Macao en el desarrollo de su economía, la mejora de las condiciones de vida de su población, el impulso a la democracia y la promoción de la armonía. Las políticas y orientaciones fundamen-

---

[*] Puntos esenciales de las conversaciones con Leung Chun-ying, jefe ejecutivo del gobierno de la región administrativa especial de Hong Kong, y con Chui Sai On, jefe ejecutivo del gobierno de la región administrativa especial de Macao.

281

tales referentes al tratamiento de los asuntos de Hong Kong y Macao expuestas por el XVIII Congreso Nacional del Partido Comunista de China están en línea con las orientaciones y políticas relativas a este trabajo aplicadas durante largo tiempo por las autoridades centrales. La clave está en comprender e implementar de manera íntegra y precisa el principio de "un país, dos sistemas" y respetar y mantener la autoridad de la Ley Básica.

Nuestro país disfruta de una buena situación de desarrollo, al tiempo que se ha abierto ante nosotros una magnífica perspectiva para completar la construcción integral de una sociedad modestamente acomodada y hacer realidad la gran revitalización de la nación china. Como he dicho anteriormente, la realización de la gran revitalización de la nación china es el mayor sueño jamás acariciado por nuestro país en la era moderna. Me asiste la convicción de que las masas de compatriotas hongkoneses también tienen el mismo sueño. Además creo que el pueblo de Hong Kong, dotado de un profundo sentido de autoestima y orgullo nacionales, trabajará, junto con el resto del pueblo de todo el país, para contribuir con su fuerza a la gran revitalización de la nación china.

(Puntos esenciales de la conversación mantenida el 20 de diciembre de 2012 con Leung Chun-ying, jefe ejecutivo del gobierno de la región administrativa especial de Hong Kong)

II

Hoy se cumple el decimotercer aniversario del retorno de Macao a la patria, ocasión en la que, primero que todo, ruego al señor Chui Sai On transmitir nuestros cordiales saludos y mejores deseos a los compatriotas macaenses. En la actualidad, la situación de Macao es buena en términos generales. El señor Chui, el gobierno de la región administrativa especial y el pueblo de los diversos sectores sociales han trabajado mancomunadamente para mantener la prosperidad, la estabilidad y el desarrollo de Macao. Las autoridades centrales reafirman la labor del señor Chui y del gobierno de la región administrativa especial.

Tal como lo han hecho antes, las autoridades centrales aplicarán los principios de "un país, dos sistemas", la "administración de Macao por los macaenses", un alto grado de autonomía, así como la Ley Básica de Macao. De igual manera apoyarán al jefe ejecutivo y al gobierno de la región administrativa especial en el ejercicio de la administración según la ley y el cumplimiento de sus funciones. Respaldarán también a la región administrativa especial de Macao en el desarrollo de su economía, el mejoramiento de la vida de su población, la promoción de la democracia y la armonía. Estamos pletóricos de confianza en el futuro de nuestro país y la nación china, y creemos firmemente que el progreso se abrirá paso en todas las empresas sociales de Macao.

(Puntos esenciales de la conversación mantenida el 20 de diciembre
de 2012 con Chui Sai On, jefe ejecutivo del gobierno
de la región administrativa especial de Macao)

III

Hong Kong y Macao siempre estarán íntimamente ligados al destino de la parte continental de la patria. Para realizar el sueño chino de la gran revitalización de la nación es necesario que Hong Kong y Macao, junto con la parte continental, persistan en la complementación recíproca con sus respectivas ventajas y en el desarrollo compartido, y que los compatriotas de ambas regiones, junto con el pueblo de la parte continental, insistan en mantener la guardia en la ayuda mutua por el avance conjunto.

El concepto de la administración presentado por el señor Leung Chun-ying, según el cual "se buscará el cambio sobre la base de la estabilidad", se ha ganado la aprobación de los ciudadanos de Hong Kong. Ahora la cuestión clave es su aplicación eficaz. Su cumplimiento no es solo responsabilidad del jefe ejecutivo y el gobierno de la región administrativa especial sino también fruto del esfuerzo mancomunado de los diversos sectores de la sociedad hongkonesa. Cuando todo el mundo echa leña al fuego, las llamas crecen. Esperamos que todos los sectores sociales de la región de Hong Kong se unan, respalden al jefe ejecutivo y al gobierno de la región en el ejercicio de la administración conforme a la ley y conjuntamente construyan un porvenir aún más hermoso para Hong Kong.

Macao experimenta un periodo histórico relativamente bueno, pero también encara ciertos desafíos en su desarrollo futuro. Es nuestro deseo que el gobierno de la región administrativa especial de Macao y sus diversos sectores sociales aumenten la conciencia sobre las posibles adversidades, y que, aprovechando las oportunidades y condiciones propicias, estudien y resuelvan los problemas relevantes que pudieran atentar contra el progreso, con el fin de sentar sólidos cimientos para el desarrollo a largo plazo de Macao.

(Puntos esenciales de la conversación con Leung Chun-ying,
jefe ejecutivo del gobierno de la región administrativa especial de Hong Kong,
y con Chui Sai On, jefe ejecutivo del gobierno de la región administrativa especial de Macao,
en el encuentro sostenido con ellos el 18 de marzo de 2013)

IV

Usted y el gobierno de la región administrativa especial de Hong Kong, al implementar concienzudamente el principio de administración de "buscar el cambio sobre la base de la estabilidad" y "el bienestar del pueblo primero", han hecho énfasis en la solución de los principales problemas del desarrollo socioeconómico y, de hecho, han obtenido resultados iniciales. El gobierno central reafirma plenamente la labor realizada por usted y el gobierno de la región administrativa especial.

La III Sesión Plenaria del XVIII Comité Central del Partido Comunista de China ordenó la disposición general de profundizar integralmente la reforma. Sin lugar a dudas se trata de una importante disposición estratégica que concierne al desarrollo del país. En este proceso, la parte continental pondrá en juego el papel decisivo del mercado en la asignación de los recursos y hará valer aún mejor el papel del gobierno, esto favorecerá la ampliación de la apertura y cooperación con Hong Kong, Macao y Taiwan. Como resultado, los intercambios y la cooperación entre la parte continental y Hong Kong se profundizarán todavía más y Hong Kong disfrutará de más oportunidades y mayor espacio para el desarrollo.

El gobierno central ha sido consistente y claro en su posición hacia las elecciones generales del jefe ejecutivo del gobierno de la región administrativa especial de Hong Kong previstas para el 2017. Esperamos que todos los hongkoneses de todas las profesiones y condiciones sociales mantengan debates pragmáticos y lleguen a consenso con sujeción a lo estipulado en la Ley Básica y las decisiones del Comité Permanente de la Asamblea Popular Nacional, para así sentar sólidas bases para el sufragio universal en las elecciones del jefe ejecutivo.

(Puntos esenciales de la conversación sostenida el 18 de diciembre de 2013 con Leung Chun-ying, jefe ejecutivo del gobierno de la región administrativa especial de Hong Kong)

V

Macao mantiene una buena tendencia de desarrollo, su economía crece de modo estable, su sociedad es armoniosa y estable, y sus residentes viven y trabajan tranquilos y satisfechos. El gobierno central reafirma plenamente el trabajo realizado por usted y el gobierno de la región administrativa especial. En este momento, Macao debe pensar en las posibles eventualidades en tiempo de paz y hacer planes a largo plazo. La manera de buscar resultados reales e innovar sobre la base del rápido desarrollo de estos años, resolver adecuadamente las contradicciones y problemas cada vez más evidentes en el proceso del desarrollo, explorar un camino de desarrollo moderadamente diversificado para su economía y hacer realidad el desarrollo continuo de Macao, requiere del esfuerzo conjunto del gobierno de la región administrativa especial y su pueblo de todos los sectores sociales.

La III Sesión Plenaria del XVIII Comité Central del Partido Comunista de China ordenó la disposición general para la profundización integral de la reforma, la cual es una importante disposición estratégica que atañe al desarrollo del país. Todo el país está reuniendo una potente energía positiva en favor de esa profundización, y el pueblo de todas las etnias del país viene bregando unido para alcanzar las metas de lucha de los dos centenarios –el del Partido Comunista en 2021 y el de la República Popular en 2049– y cumplir el sueño chino de la gran revitalización de la nación. El destino de Macao siempre estará estrechamente ligado al de la parte continental de la patria. En el proceso de desarrollo de la parte continental, Macao continuará progresando y desarrollándose junto con ella.

(Puntos esenciales de la conversación mantenida el 18 de diciembre de 2013 con Chui Sai On, jefe ejecutivo del gobierno de la región administrativa especial de Macao)

Notas

[1] Se trata de una conceptuación científica del Partido Comunista de China y el gobierno chino sobre la realización de la magna causa de la reunificación de la patria y sobre la solución a los problemas de Taiwan, Hong Kong y Macao. Sus contenidos básicos son: bajo la premisa de la reunificación de la patria, la parte continental del país se adherirá al sistema socialista, mientras que Taiwan, Hong Kong y Macao mantendrán inalterables el sistema capitalista y el modo de vida originales durante largo tiempo, así como gozarán de un alto grado de autonomía. De acuerdo con esta conceptuación, Hong Kong retornó a la patria en 1997 y Macao en 1999.

Crear conjuntamente un hermoso porvenir para la nación china[*]

8 de abril y 6 de octubre de 2013

I

Para impulsar el desarrollo pacífico de las relaciones entre ambas orillas del estrecho de Taiwan, la parte continental de China tiene firme su determinación y clara su orientación y políticas. Mantendremos la continuidad de las políticas y principios cardinales referentes a Taiwan y continuaremos implementando las diversas políticas que han probado ser eficaces en la práctica para lograr que el desarrollo de las relaciones entre ambos lados del estrecho obtenga nuevos éxitos y se traduzca en bienestar para los compatriotas de ambas riberas. Los compatriotas de ambos lados deben unirse y cooperar con sinceridad y luchar para cumplir juntos el sueño chino de la gran revitalización de nuestra nación.

El establecimiento de lazos integrales, directos y en las dos direcciones en materia de servicios postales, transporte y comercio a través del estrecho[1] y, en particular, la suscripción e implementación del Acuerdo Marco de Cooperación Económica (ECFA, por sus siglas en inglés) han inaugurado una nueva etapa de desarrollo en las relaciones económicas entre las dos orillas del estrecho. "Quien tenga clara la situación, podrá adelantarse a los demás y quien la aproveche, triunfará sin falta". Para los chinos a ambas riberas del estrecho, lo importante es ser conscientes de la oportunidad histórica y aprovecharla,

---

* Puntos esenciales de las conversaciones con Vincent Siew, presidente honorario del Consejo de la Fundación del Mercado Común a Través del Estrecho de Taiwan, y su delegación acompañante.

corresponder a la corriente del desarrollo de la época, tomarse de la mano e impulsar el desarrollo pacífico de las relaciones entre ambos lados del estrecho para crear conjuntamente un hermoso porvenir para la nación china.

En primer lugar, esperamos promover la cooperación económica entre los compatriotas de ambas orillas del estrecho partiendo del concepto de "una sola familia". Los compatriotas de ambas riberas del estrecho pertenecen a la nación china, y sus economías a la de esta nación. Vamos a considerar más las necesidades y los intereses de los compatriotas taiwaneses, y promover activamente el principio de que las empresas taiwanesas disfruten del mismo tratamiento que sus pares de la parte continental en los ámbitos de la inversión y la cooperación económica, para así crear un mayor espacio para la profundización de la cooperación económica entre ambos lados del estrecho.

Segundo, esperamos que ambas orillas fortalezcan el diálogo y la coordinación de alto nivel en el sector económico para llevar nuestra cooperación económica a un nivel superior. Es necesario explotar al máximo el papel de la Comisión de Cooperación Económica instituida en el Acuerdo Marco de Cooperación Económica, reforzar la comunicación en cuanto a la situación, políticas y planes de desarrollo, e incrementar la previsión y la coordinación en la cooperación económica. Hay que acelerar la expansión de la cooperación industrial, ampliar la inversión bilateral, consolidar la colaboración en la esfera de los servicios financieros y explorar nuevos canales de cooperación.

Tercero, esperamos que ambos lados aceleren el proceso de las negociaciones sobre acuerdos ulteriores tras la rúbrica del Acuerdo Marco de Cooperación Económica, para elevar el nivel de institucionalización de esta cooperación. Ambos lados deben esforzarse por firmar con la mayor prontitud posible un acuerdo para el comercio de servicios, en empeño dirigido a terminar las consultas sobre temas como el comercio de carga y la solución de disputas en lo que resta de este año. Ambos lados pueden explorar oportuna y pragmáticamente modos adecuados y canales viables en materia de desarrollo económico compartido y conexión de los procesos de cooperación económica regional de ambas partes, con el fin de inyectar vitalidad a la cooperación económica entre ambas orillas del estrecho de Taiwan.

Y cuarto, esperamos que los compatriotas de ambas orillas se unan y cooperen en la materialización de la gran revitalización de la nación china. Cada logro del desarrollo obtenido por la parte continental o Taiwan debe ser motivo de orgullo para los chinos en ambas orillas. El impulso común a la promoción del desarrollo pacífico de las relaciones a través del estrecho por los compatriotas de las dos orillas se traduce en aportación a la realización de esa gran revitalización. Considerando los intereses de conjunto de la nación china en cada asunto, ambas partes podrán superar toda clase de dificultades y obstáculos en el camino por el que avanzamos, para que el desarrollo pacífico de las relaciones entre ambos lados del estrecho consiga nuevos éxitos.

(Puntos esenciales de la conversación mantenida el 8 de abril de 2013
con Vincent Siew, presidente honorario del Consejo de la Fundación
del Mercado Común a Través del Estrecho de Taiwan, y su delegación acompañante)

II

Las partes a ambos lados del estrecho de Taiwan deben persistir en seguir el camino correcto del desarrollo pacífico de sus relaciones, abogar por el concepto de que somos "una sola familia" y potenciar los intercambios y la cooperación para juntos fomentar la gran revitalización de la nación china.

Es preciso apreciar la coyuntura histórica y preservar la buena tendencia del desarrollo pacífico de las relaciones entre ambas orillas del estrecho. Las masas populares de las dos orillas anhelan que las relaciones a través del estrecho obtengan un mayor progreso. Ambas partes deben corresponder a la voluntad del pueblo, aprovechar la oportunidad y conquistar nuevos logros en el desarrollo de sus relaciones.

Aumentar la confianza política mutua entre ambas orillas y afianzar la base política común, he ahí la clave que garantiza el desarrollo pacífico de sus relaciones. Poniendo la mirada en los intereses a largo plazo, tendremos que resolver las divergencias políticas que han existido durante largo tiempo entre las dos orillas en vez de dejarlas a las generaciones futuras. Hemos expresado varias veces nuestra disposición a mantener consultas en pie de igualdad con la parte taiwanesa sobre los problemas políticos de las dos orillas dentro del marco de una sola China, para hacer arreglos justos y razonables. En lo que respecta a los asuntos en las relaciones entre ambos lados del estrecho, los responsables de los departamentos encargados de ambas partes pueden reunirse e intercambiar opiniones en este sentido.

Las economías de ambas orillas son parte de la economía de la nación china por igual. En la nueva era del desarrollo de la economía en la región Asia-Pacífico, con el fortalecimiento de la cooperación, ambas partes pueden hacer frente mejor a los desafíos. Hay que mejorar la institucionalización de la cooperación económica entre las dos orillas y conceder mayor importancia a la cooperación industrial.

(Puntos esenciales de la conversación mantenida el 6 de octubre de 2013
con Vincent Siew, presidente honorario del Consejo de la Fundación
del Mercado Común a Través del Estrecho de Taiwan, y su delegación acompañante)

Notas

[1] Se refiere al establecimiento de los lazos de servicios postales, transporte y comercio entre la parte continental y Taiwan de China.

Considerar la situación general de las relaciones a través del estrecho de Taiwan desde la perspectiva de los intereses globales de la nación china*

13 de junio de 2013

En los últimos cinco años, gracias al esfuerzo concertado de nuestros dos partidos, de ambas partes y de los compatriotas de las dos orillas del estrecho de Taiwan, se ha abierto un camino correcto y se ha conseguido un progreso importante en el desarrollo pacífico de las relaciones entre las dos riberas del estrecho. En las nuevas circunstancias, el Comité Central del Partido Comunista de China continuará aplicando las políticas y orientaciones cardinales establecidas para consolidar y profundizar el desarrollo pacífico de las relaciones a través del estrecho, y generar beneficios para los compatriotas de ambas orillas y en provecho de la nación china. Espero que los dos partidos y ambas partes a través del estrecho sigan afianzando la confianza mutua, manteniendo una interacción constructiva, impulsando a paso firme el desarrollo integral de las relaciones entre ambos lados del estrecho, consolidando las bases para el desarrollo pacífico de estas relaciones y uniendo a los compatriotas que viven en ambas orillas para que trabajen conjuntamente por la realización de la gran revitalización de la nación china.

Hoy día, las relaciones entre ambos lados del estrecho de Taiwan se encuentran en un nuevo punto de partida, en el que todos confrontamos oportunidades importantes. Debemos resumir concienzudamente nuestra experiencia, tener conocimiento absoluto de la

---

* Puntos esenciales de las conversaciones con Wu Poh-hsiung, presidente honorario del Kuomintang de China, y su delegación acompañante.

situación cambiante y dar la respuesta pertinente, seguir con firmeza el camino del desarrollo pacífico de las relaciones a través del estrecho, consolidar y profundizar las bases políticas, económicas, culturales y sociales en aras de este desarrollo de los vínculos, y fomentar las relaciones a través del estrecho para conseguir nuevos logros.

En primer término, es preciso abordar las relaciones a través del estrecho desde la perspectiva de los intereses generales de la nación china. Nosotros estamos comprometidos con la salvaguarda de los intereses fundamentales de esta nación y los intereses comunes de cada uno de sus hijos, incluidos nuestros compatriotas de Taiwan. Al referir la situación general de las relaciones a través del estrecho partiendo de los intereses globales de la nación china, lo fundamental y más significativo es mantener la integridad del territorio y la soberanía del Estado. Aunque la parte continental y Taiwan aún no se han reunificado, pertenecen a una misma China y son un todo indivisible. Por este motivo, ambos partidos, el Kuomintang y el Partido Comunista, deben adherirse a la posición de una sola China y trabajar juntos para conservar el marco de una sola China. Espero que los dos partidos, asumiendo una actitud responsable ante la historia y el pueblo, pongan por encima de todo los intereses generales de la nación china, tengan presente la situación general del desarrollo pacífico de las relaciones a través del estrecho y conduzcan estos nexos por el camino correcto.

En segundo término, es preciso abordar los vínculos a través del estrecho sobre la base del entendimiento pleno de la tendencia de la historia. Gracias a la infatigable lucha de los hijos de la nación china, la gran revitalización de esta nación ha presentado perspectivas brillantes nunca vistas. Debemos subir a lo alto para mirar a lo lejos, para ver la tendencia general del desarrollo de la época y de la revitalización de la nación y percatarnos de que el desarrollo pacífico de los nexos a ambos lados del estrecho es parte importante de la revitalización de la nación china. Debemos librarnos de las ataduras de los conceptos anacrónicos y definir como nuestro objetivo común la lucha por la revitalización de China. Dado que el desarrollo de las relaciones a través del estrecho representa la tendencia general, debemos trazar nuestra propia hoja de ruta para seguir avanzando. Nuestros dos partidos deben considerar la revigorización de la nación y la felicidad del pueblo como sus respectivos cometidos, promover la unidad y la cooperación entre los compatriotas de ambas orillas, difundir y promover activamente el concepto de "una sola familia", y hacer converger la sabiduría y la fuerza de los chinos en ambas orillas, para así curar las heridas históricas en el proceso de la realización conjunta de la gran revitalización de la nación china y escribir juntos un hermoso capítulo sobre el viaje de China a la prosperidad.

En tercer término, es preciso fortalecer la confianza mutua, la interacción constructiva, la búsqueda del consenso común salvando las diferencias, y dedicarnos al progreso pragmático. Para incrementar la confianza mutua es crucial formar una cognición más nítida y una posición idéntica sobre el problema principal de consolidar y mantener el marco de una China. La interacción constructiva significa mejorar la comunicación, las consultas en pie de igualdad, marchar en la misma dirección, dar señales de buena voluntad y esfuerzos mutuos, cuidar del estado del desarrollo pacífico de las relaciones entre ambas orillas que no ha sido nada fácil de conseguir y solucionar de modo justo y razonable los problemas existentes entre una y otra parte. La búsqueda del consenso común salvando las diferencias se refiere a que, partiendo del espíritu de la ayuda recíproca entre viajeros que navegan en el mismo barco, ambas partes recurran a la sabiduría política, aglutinen y amplíen el consenso sobre la necesidad de promover el desarrollo de las relaciones a través del estrecho, y traten y manejen adecuadamente las discrepancias. El progreso pragmático exige que ambas partes adopten un enfoque realista, partan de la realidad y apuesten por el avance progresivo y estable, que nunca se amilanen ante las dificultades, que jamás pierdan el equilibrio por las interrupciones y que estén siempre en guardia contra el retroceso. Ahora que las relaciones a través del estrecho han entrado en la nueva etapa de la consolidación y profundización, es más necesario que nunca que las dos partes mantengan el espíritu de superación activa y hagan frente y superen las dificultades en el camino del avance con mayor valentía y determinación. Espero que ambas partes aúnen esfuerzos para obtener mayores logros en el desarrollo de las relaciones a través del estrecho, mientras ampliamos establemente el camino del desarrollo pacífico de estas relaciones.

Y en cuarto término, es preciso perseverar en impulsar a paso firme el desarrollo integral de las relaciones a través del estrecho. Primero que todo, tenemos que trabajar arduamente para mantener estable la situación general de las relaciones a ambos lados del estrecho. Las fuerzas secesionistas por la "independencia de Taiwan" y sus actividades siguen siendo una amenaza real a la paz en el estrecho de Taiwan, por lo que es indispensable continuar oponiéndonos a cualquier retórica y actividades por la "independencia de Taiwan" y no transigir en este sentido. Sobre la base de la estabilidad de la situación general de las relaciones a través del estrecho, las dos orillas cuentan con grandes perspectivas para los intercambios y la cooperación en diversos campos. Ambas partes de las dos orillas del estrecho deben adoptar más medidas activas para estimular la cooperación en las esferas de la economía, ciencia y tecnología, cultura y educación, así como ofrecer más apoyo político y facilidades con el fin de ampliar los ámbitos de la colaboración, elevar el nivel de esta y, por lo tanto, generar una mayor rentabilidad. Tenemos que esforzarnos para mejorar el bienestar de las masas populares en las dos orillas, permitir que más personas compartan los logros del desarrollo pacífico de las relaciones a través del estrecho, y promover activamente, en el proceso de la defensa de los intereses comunes y la exaltación de la cultura china, entre los compatriotas en ambas orillas el concepto de comunidad de destino a través del estrecho, al tiempo que los incentivamos a fortalecer su orgullo nacional y reafirmar su convicción común de la revitalización de China.

Cumplir juntos el sueño chino
de la gran revitalización de nuestra nación*

18 de febrero de 2014

Estimado presidente honorario Lien Chan y señora,
queridos amigos de los diversos sectores de Taiwan:

¡Buenas tardes! Estoy muy contento de ver al presidente Lien y otros amigos, viejos y nuevos, después de la Fiesta de la Primavera. Ustedes son el primer grupo de invitados de Taiwan con el que me reúno en el año del caballo, por lo que, antes que nada, les doy la más cálida bienvenida. También les deseo a todos, aunque con cierto retraso, un feliz año nuevo. ¡Deseo que tengan un próspero año del caballo, que avancen como el caballo y consigan éxitos sin contratiempo!

Me he reunido con el presidente Lien en varias ocasiones por lo que ya somos viejos amigos. Lien abriga un profundo sentimiento por la nación y durante mucho tiempo ha estado promoviendo activamente las relaciones entre ambas orillas del estrecho de Taiwan y persiguiendo la revigorización de la nación. De todo ello tengo una elevada evaluación.

La primavera es la llave del año. El año pasado, el presidente Lien y sus amigos llegaron de visita también a comienzos de la primavera, marcando el buen inicio del desarrollo de las relaciones interriberañas durante todo el año. Las relaciones de nuestras dos partes han obtenido nuevos logros que han reportado más beneficios reales a los compatriotas de ambas orillas y creado nuevas oportunidades de

---

* Discurso pronunciado en el encuentro con Lien Chan, presidente honorario del Kuomintang de China, y su comitiva.

desarrollo. En el año que comienza, espero que ambas partes puedan trabajar mancomunadamente teniendo presente la concepción de que "ambas orillas pertenecen a la misma familia", aprovechar las oportunidades que se presenten, realizar esfuerzos concertados para alcanzar nuevos logros en la promoción del desarrollo pacífico de las relaciones interribereñas y generar mayores beneficios para las masas populares entre ambos lados del estrecho.

Agradezco al presidente Lien por la formulación de puntos importantes sobre el tema de las relaciones a través del estrecho que me han servido de inspiración. Como representantes de los diversos sectores sociales de Taiwan, quisiera aprovechar la ocasión de hoy para sostener una conversación franca con ustedes.

Debido a circunstancias históricas y actuales, en las relaciones a través del estrecho existen muchos problemas peliagudos que solucionar, pero esto pasará, porque los resolveremos mediante el esfuerzo mancomunado. Sin embargo, no podemos permitir que afecten el desarrollo de las relaciones, la cooperación y los intercambios entre los compatriotas de los dos lados del estrecho. Además, ambas orillas pertenecen a la misma familia, que comparten la misma sangre, cultura, lazos y aspiraciones. Todo esto es una fuerza importante que nos conduce a promover el entendimiento mutuo y el progreso común.

Primero que todo, los compatriotas de las dos orillas somos una sola familia y nadie podrá cortar nuestros lazos de consanguinidad. Estoy profundamente impresionado por la adoración de los antepasados, amor a la patria, honestidad, sinceridad, diligencia y arduo trabajo de los compatriotas de Taiwan. La idea de la gran familia entrañable de los compatriotas en las dos orillas tiene sus raíces en nuestra consanguinidad y espíritu comunes y está arraigada en nuestra historia y cultura comunes. Todos nosotros decimos que los compatriotas en ambas orillas del estrecho pertenecemos a la nación china y que todos heredamos y transmitimos la cultura china. Durante los cincuenta años de la ocupación japonesa de la isla[1], los compatriotas taiwaneses mantuvieron una viva conciencia de la nación china y un sólido afecto por la cultura china, reconociendo desde el fondo de su corazón que eran parte de la nación china. Se trata de algo innato, natural e imborrable.

Al volver la mirada a la historia de Taiwan y las relaciones a través del estrecho, he llegado a la conclusión de que independientemente del sufrimiento experimentado por Taiwan y de los altibajos en las relaciones a través del estrecho, los compatriotas de ambas riberas siempre han hermanado sus corazones y se han preocupado y ayudado mutuamente. Esto ratifica al público una gran verdad: la sangre es más espesa que el agua. Ya sean los que cruzaron la peligrosa "Zanja Negra"[2] hace cientos de años para ir a Taiwan a "ganarse la vida", o los que se trasladaron a la isla hace unas décadas, todos los taiwaneses son nuestros parientes. Compartimos ancestros, origen, lengua, y lógicamente somos miembros de una misma y apegada familia. Ya que el acercamiento de ambas partes y la reunión de los compatriotas son el deseo común de todos los compatriotas que viven en las dos riberas, no hay fuerza capaz de separarnos.

En segundo lugar, los compatriotas de las dos orillas comparten un mismo destino y no existe un nudo imposible de desatar. Aunque estemos separados geográficamente por un estrecho, compartimos el mismo destino. Una gran nación china será la bendición de todos los chinos mientras que una China dividida y débil será la perdición. Luego de pasar por tantos altibajos en la época moderna, todos nosotros comprendemos perfectamente lo que esto significa.

Este es un año Jia Wu. En el año Jia Wu de hace 120 años, cuando China era una nación pobre, Taiwan fue invadido y ocupado por una nación extranjera. Fue una página extremadamente dolorosa en la historia de nuestra nación, que desgarró el corazón de los compatriotas de ambas riberas. En los tristes años siguientes a la ocupación, un sinnúmero de compatriotas taiwaneses demostraron ser chinos y miembros inseparables de la gran familia de la nación china a costa de su propia vida. Durante más de seis décadas, si bien las dos orillas todavía no se han reunificado, nunca ha cambiado ni podrá cambiar el hecho de que pertenecemos a un mismo país y a una misma nación. Y es así porque por nuestras venas circula la sangre de la nación china y espiritualmente llevamos el alma de esta nación.

Yo sé que debido al sufrimiento histórico y entorno social diferente que les ha tocado vivir, los compatriotas taiwaneses tienen su propia psicología. Sé que están marcados por cicatrices históricas especiales, que tienen el deseo de ser dueños de su propio destino, que aprecian su sistema social vigente y modo de vida y desean llevar una vida tranquila y feliz. Comparándonos con ustedes con toda sinceridad y poniéndonos en su lugar, comprendemos lo que sienten.

Al referir los traumas que la historia causó a los compatriotas taiwaneses, los sentimos en carne propia porque son traumas que comparten los hijos de la nación china en su corazón. Con la llegada de una nueva era, se ha convertido en el objetivo común acariciado por cada uno de nosotros a ambos lados del estrecho convertirnos en chinos dignos, dueños de nuestro propio destino. Y estamos dispuestos a trabajar por ello con quienes compartan este ideal.

El afecto de la familia cura las heridas del corazón y la sinceridad es la clave para resolver los problemas. No nos falta paciencia y se nos sobra confianza. El afecto de la familia no solo cura las heridas, alivia el dolor y desata los nudos del corazón, sino que también nos permite alcanzar la afinidad de las almas. Respetamos el sistema social y el modo de vida elegidos por los compatriotas taiwaneses y también estamos dispuestos a compartir las oportunidades de desarrollo de la parte continental con ellos antes que con otros. No podemos elegir la historia pero sí aprovechar el momento y crear un futuro mejor.

En tercer lugar, los compatriotas de las dos orillas tienen que sumarse a nuestros esfuerzos para llevar adelante el desarrollo pacífico de las relaciones a través del estrecho. En los últimos más de cinco años, los compatriotas de las dos orillas han elegido conjuntamente el camino del desarrollo pacífico de las relaciones bilaterales y han creado una situación nueva sin precedentes, que nos ha beneficiado a las dos partes. Los hechos constatan que este es un camino correcto que permite mantener la paz entre ambas riberas, promover el desarrollo compartido, ir hacia la revitalización de la nación y crear bienestar para los compatriotas a través del estrecho. Estos deben tener absoluta confianza, desechar todo tipo de interferencia y seguir adelante por este camino paso a paso.

Puesto que el desarrollo pacífico de las relaciones a través del estrecho favorece a los compatriotas de ambas orillas, nadie desea que la actual situación favorable sufra una reversión. Por eso, ambas partes deben consolidar y aferrarse a nuestra base común del "Consenso de 1992"[3], oponerse a la "independencia de Taiwan", y conocer plenamente la importancia del mantenimiento del marco de una sola China. Esta base es el ancla para las relaciones entre las dos orillas; solo cuando el barco de pesca está anclado, podemos sentarnos seguros por más fuerte que arrecien el viento y las olas. Mientras mantengamos esta base, la perspectiva de esas relaciones será cada vez más brillante. Pero si esta base se destruye, las relaciones volverán de nuevo al viejo camino de los disturbios y la zozobra. Hace poco, los responsables de los departamentos encargados de los asuntos a través del estrecho de Taiwan de ambas partes se reunieron y alcanzaron consensos positivos, lo que tiene un gran significado en el fomento del desarrollo integral de las relaciones entre las orillas del estrecho.

En cuanto al problema de las viejas divergencias políticas existentes entre ambas orillas, estamos dispuestos, dentro del marco de una sola China, a mantener consultas en pie de igualdad con la parte taiwanesa y llegar a arreglos justos y razonables. Toda idea, cualquiera que sea, puede intercambiarse. Muchos problemas en el mundo no pueden resolverse de una vez; pero siempre que hay comunicación, hay esperanza. Como dice el dicho, la fe mueve montañas. Me asiste la convicción de que los chinos de ambas orillas tenemos la sabiduría de encontrar el enfoque correcto para resolver ese problema.

"Si todo el mundo le echa leña al fuego, las llamas crecen". Por lo tanto, damos la bienvenida a más compatriotas taiwaneses a unirse a las filas de quienes promueven el desarrollo pacífico de las relaciones a través del estrecho. Que entre todos nos esforcemos, presentemos ideas, busquemos métodos, acopiemos sabiduría y fuerza, consolidemos y ampliemos los logros del desarrollo de las relaciones a través del estrecho, y convirtamos su desarrollo pacífico en una corriente histórica incontrastable, dejando que los compatriotas taiwaneses, sobre todo las masas populares de los niveles de base, disfruten más de los beneficios que trae este desarrollo. Damos la bienvenida al pueblo de Taiwan y lo trataremos en igualdad de condiciones y sin discriminación, pese a la posición que en el pasado pudieron adoptar, para promover el desarrollo pacífico de las relaciones a través del estrecho.

Y en cuarto lugar, los compatriotas de las dos orillas tienen que tomarse de la mano y aunar voluntades, para cumplir juntos el sueño chino de la gran revitalización de nuestra nación. La realización de esta revitalización, de la prosperidad y fortaleza del país, de la revigorización de la nación y de la felicidad del pueblo era un deseo del Dr. Sun Yat-sen [4], y también lo es de los comunistas chinos y de todos los chinos de la era moderna. El sueño chino al que nos referimos es precisamente una vívida expresión del deseo acariciado por esta nación.

Justamente como dice el presidente Lien, el sueño chino está íntimamente ligado al porvenir de Taiwan. Este es un sueño compartido por las dos orillas y requiere que lo cumplamos entre todos. "Cuando los hermanos unen voluntades, su fuerza es suficiente para romper el metal"[5]. Los compatriotas de las dos orillas debemos ayudarnos mutuamente y, sin distinción de partido, estrato social, credo religioso o localidad, participar todos en el proceso de la revitalización de la nación, y hacer realidad con prontitud el sueño chino común de todos nosotros.

Nosotros tratamos a los compatriotas taiwaneses con sinceridad verdadera, y estamos dispuestos a escuchar las opiniones de las diversas partes. Con tal de que sean favorables al fomento del bienestar de los compatriotas taiwaneses, favorables a la promoción del desarrollo pacífico de las relaciones a través del estrecho, favorables a la protección de los intereses globales de la nación china, haremos el máximo esfuerzo para abordar esas opiniones adecuadamente, de manera que los compatriotas taiwaneses se beneficien más de ese desarrollo, y que todos los chinos llevemos una vida mejor. Para concluir, les deseo una feliz estancia en la parte continental al presidente Lien y amigos.

Notas

[1] En 1895, China fue derrotada en la primera Guerra Chino-Japonesa y se vio obligada a firmar el Tratado de Shimonoseki, cediendo a Japón Taiwan y las islas cercanas de Penghu. Estas volvieron a su parte del territorio de China después de la rendición incondicional de Japón en 1945 al final de la II Guerra Mundial.

[2] Se refiere al estrecho de Taiwan. Los primeros grupos de emigrantes continentales a Taiwan optaron, en su mayoría, por cruzar el estrecho en otoño e invierno, cuando el viento del noreste prevalecía. Afectado por las corrientes del océano, el mar se veía oscuro. En esos días los naufragios eran frecuentes y el viaje peligroso – de ahí el nombre de la "Zanja Negra".

[3] Se refiere al consenso sobre la adhesión al principio de una sola China que alcanzaron la Asociación para las Relaciones entre Ambos Lados del Estrecho de Taiwan, de la parte continental de China, y la Fundación para los Intercambios a través del Estrecho de Taiwan, de esta isla de China, en la consulta sobre los asuntos de las dos orillas sostenida en 1992. A partir de entonces, se le conoce generalmente como el "Consenso de 1992".

[4] Sun Yat-sen (1866-1925), también conocido como Sun Wen o Sun Zhongshan, nació en Xiangshan (actual Zhongshan), provincia de Guangdong. Se le rinde tributo como un gran héroe nacional, gran patriota y gran precursor de la revolución democrática de China. Formuló el Programa Político de los Tres Principios del Pueblo –el nacionalismo, la democracia y la vida del pueblo–. Fue el primero en lanzar el grito de "revitalicemos China", y dirigió la Revolución de 1911, que derrocó a la monarquía absolutista que había gobernado China durante miles de años. Posteriormente, con la ayuda del Partido Comunista de China y del Partido Comunista de la Rusia soviética y Lenin, reorganizó el Kuomintang de China y aplicó las Tres Grandes Políticas –la alianza con Rusia, la alianza con el Partido Comunista y la ayuda a los campesinos y obreros–, para impulsar la revolución democrática antimperialista y antifeudal.

[5] *Libro de las mutaciones* (*Zhou Yi*), también conocido como *I Ching*.

Asumir la importante misión de ampliar las relaciones a través del estrecho y realizar la gran revitalización de la nación china*

7 de mayo de 2014

El desarrollo pacífico de las relaciones a través del estrecho de Taiwan es una elección común que los compatriotas a través del estrecho han hecho adaptándose a la corriente histórica. Con tal de que todos partamos de la concepción de que "ambas orillas pertenecen a una familia entrañable", nos coloquemos unos en el lugar de los otros y nos tratemos con sinceridad, no habrá rencores que no podamos arrancar, ni dificultades que no podamos superar.

La situación general del desarrollo pacífico de las relaciones entre ambas orillas del estrecho es estable y capaz de soportar la prueba de las tormentas. De forma general, estos vínculos han ido mejorando con el paso de las décadas, lo cual es un reflejo de la tendencia de la historia, pese a los altibajos ocasionales. El desarrollo pacífico es la aspiración común de los compatriotas de ambas orillas que reporta beneficios a ambas partes. Nosotros no cambiaremos nuestras políticas o medidas para impulsar el desarrollo pacífico de las relaciones a través del estrecho, no renunciaremos a las medidas pragmáticas de fomento de los intercambios, la cooperación y el beneficio mutuo entre los dos lados, como tampoco cejaremos en el sincero entusiasmo de unirnos a los compatriotas taiwaneses en la lucha por el progreso y en contra de cualquier intento secesionista de los adeptos a la "independencia de Taiwan". Deseamos de corazón a Taiwan

---

* Puntos esenciales de la entrevista con James Soong Chu-yu, presidente del Partido Primero el Pueblo, y su comitiva.

302

estabilidad social, desarrollo económico y mejora de la vida de la población, y que los compatriotas de la isla lleven una vida tranquila y feliz.

El desarrollo pacífico de las relaciones a través del estrecho es una tarea ardua y a largo plazo, por lo que es necesario profundizar la confianza mutua entre los compatriotas de los dos lados. Una vez que ellos cuenten con esta confianza, muchos problemas difíciles tendrán solución. Tenemos que crear activamente las condiciones para ampliar las esferas de contacto entre las masas de los diversos sectores y estratos sociales de ambas orillas, comunicarnos cara a cara, mantener intercambios de corazón a corazón, aumentar la comprensión constantemente y acortar la distancia psicológica.

El desarrollo pacífico de las relaciones entre ambas orillas del estrecho vislumbra vastos horizontes, así que debemos continuar avanzando con ánimo emprendedor. La profundización integral de la reforma y la ampliación de la apertura al exterior, iniciativa de la parte continental, supondrá una potente fuerza motriz y creará condiciones favorables a la cooperación económica entre ambas orillas. La integración económica rinde beneficios mutuos a las dos orillas por lo que no debe interrumpirse en ningún momento. Ahondaremos en el conocimiento de las necesidades reales de las masas populares de Taiwan, sobre todo de las masas en la base, y adoptaremos medidas positivas y eficaces para cuidar a los grupos vulnerables, de forma tal que un mayor número de personas de la isla se beneficie de los intercambios y la cooperación entre ambas riberas.

En los jóvenes y adolescentes de las dos orillas está depositado el futuro de las relaciones entre ambos lados del estrecho. Hay que pensar en nuevos métodos y crear más oportunidades para aumentar los contactos y la comunicación y permitirles percibir la corriente del desarrollo pacífico de las relaciones a través del estrecho, la tendencia de la gran revitalización de la nación china, para que en lo sucesivo estos jóvenes puedan asumir la importante misión de ampliar las perspectivas de las relaciones entre ambos lados del estrecho y materializar la gran revitalización de la nación.

Espero que el Partido Primero el Pueblo se adhiera a la posición de una sola China, continúe oponiéndose a la maquinación de la "independencia de Taiwan" y otras intenciones secesionistas y, junto con las personalidades de los diversos círculos sociales de Taiwan, salvaguarde firmemente la situación general del desarrollo pacífico de las relaciones entre ambas orillas y promueva los intereses globales de toda la nación china.

XI.
Seguir el camino
del desarrollo pacífico

Coordinar la situación nacional e internacional y fortalecer la base del camino del desarrollo pacífico[*]

28 de enero de 2013

Seguir el camino del desarrollo pacífico es una opción estratégica que nuestro Partido ha adoptado de acuerdo con la tendencia de desarrollo de la época y con los propios intereses fundamentales de nuestro país. Guiados por la teoría de Deng Xiaoping, el importante pensamiento de la triple representatividad y la concepción científica del desarrollo, debemos reforzar el pensamiento estratégico y la firmeza estratégica, y mejorar la coordinación de la situación tanto nacional como internacional. Debemos atenernos a un desarrollo abierto, cooperativo y de ganar-ganar, desarrollarnos procurando un entorno internacional pacífico a la vez que salvaguardamos y promovemos la paz mundial a través de nuestro propio desarrollo y aumentamos sin cesar la fortaleza nacional integral del país, permitiendo que las masas populares disfruten de los beneficios del desarrollo pacífico, y sentando de forma constante una sólida base material y social para seguir el camino del desarrollo pacífico.

La nación china ama la paz. Desde el inicio de la era moderna, el anhelo más profundo del pueblo chino ha sido acabar con las guerras y alcanzar la paz. Seguir el camino del desarrollo pacífico constituye una continuación y evolución de la excelente tradición cultural de la nación china, y una conclusión ineluctable extraída por el pueblo chino de los sufrimientos padecidos en la era moderna. Con las vicisitudes

---

* Puntos esenciales del discurso pronunciado cuando presidía el 3.º Estudio Colectivo del Buró Político del XVIII Comité Central.

de la guerra aún frescas en la memoria, nuestro pueblo persigue incansablemente la paz y valora en gran medida la vida pacífica y tranquila. Lo que más teme el pueblo chino son los disturbios, lo que busca es la estabilidad y lo que más anhela es la paz en todo el mundo.

Nuestro camino de desarrollo pacífico, un camino que no ha sido nada fácil encontrar, ha ido formándose gradualmente mediante las arduas exploraciones y la práctica continua de nuestro Partido desde la fundación de la Nueva China y, en particular, desde el inicio de la reforma y la apertura. Nuestro Partido siempre ha mantenido en alto la bandera de la paz, sin vacilar en ningún momento. Durante esta larga práctica hemos planteado y respetado los Cinco Principios de la Coexistencia Pacífica; hemos establecido y aplicado una política exterior independiente y de paz; y hemos asumido ante el mundo el solemne compromiso de nunca pretender la hegemonía ni practicar la expansión, con todo lo cual reiteramos que China siempre será una firme fuerza defensora de la paz mundial. Todo ello es algo en lo que hemos de persistir invariablemente y en lo que no debemos transigir jamás.

El XVIII Congreso Nacional del Partido ha formulado claramente los objetivos de la lucha para los dos centenarios: el del Partido en 2021 y el de la Nueva China en 2049. Además, hemos formulado en términos inequívocos la materialización del sueño chino de la gran revitalización de la nación china como objetivo de nuestra lucha. Para poder alcanzar estos objetivos necesitamos un ambiente internacional de paz. Sin paz, ni China ni el resto del mundo podrán desarrollarse felizmente; y sin desarrollo, tampoco podrán disfrutar de una paz duradera. Hemos de asir las oportunidades, concentrar las energías en hacer bien nuestro trabajo, convertir a China en un país más próspero y poderoso, lograr que el pueblo lleve una vida más acomodada y, seguir mejor el camino del desarrollo pacífico apoyándonos en el crecimiento incesante de nuestra fuerza.

La corriente del mundo es majestuosa y poderosa. Los que la siguen prosperarán y los que se nieguen a hacerlo, perecerán. Observando la historia mundial, podemos ver que fracasaron finalmente quienes agredieron y se expandieron por la fuerza militar. Esto es una ley histórica. La prosperidad y la estabilidad del mundo proporcionan oportunidades a China y el desarrollo de esta también ofrece oportunidades al mundo. El que podamos o no seguir felizmente el camino del desarrollo pacífico dependerá de si podemos transformar las oportunidades del mundo en las de China y viceversa, si China puede mantener una interacción armoniosa con el mundo y conseguir un progreso de beneficio mutuo. Debemos atenernos al principio de actuar acorde con nuestra realidad y seguir firmemente nuestro propio camino y, al mismo tiempo, adoptar una visión de mundo. De esta forma, podemos mejorar la conjugación entre el desarrollo nacional y la mayor apertura al exterior y entre el desarrollo de China y el desarrollo del mundo, combinando los intereses del pueblo chino y los intereses conjuntos de todos los pueblos del mundo. Como resultado, ampliaremos nuestra cooperación de beneficio mutuo con los diversos países, participaremos más activamente en los asuntos internacionales, afrontaremos los retos globales junto al resto de los países y haremos las debidas contribuciones al desarrollo global.

Tenemos que perseverar en el camino del desarrollo pacífico, sin renunciar en absoluto a nuestros derechos e intereses legítimos, ni sacrificar los intereses clave del Estado. Ningún país extranjero debe esperar que hagamos transacciones con nuestros intereses clave ni que traguemos el amargo fruto que socaba la soberanía, la seguridad y los intereses del desarrollo de nuestro país. China sigue el camino del desarrollo pacífico, camino que los demás países también deben seguir. Solo si todos los países lo seguimos, podremos desarrollarnos conjuntamente y prevalecerá la coexistencia pacífica entre los países. Debemos difundir ampliamente nuestro pensamiento estratégico de seguir el camino del desarrollo pacífico, y conducir a la comunidad internacional a conocer el desarrollo de China tal como es y juzgarlo correctamente. China nunca hará nada en beneficio propio a expensas de otros tomando el campo del vecino como sumidero. Seremos firmes practicantes del desarrollo pacífico, promotores del desarrollo común, defensores del sistema de comercio multilateral y participantes en la gobernanza de la economía mundial.

Abrir un nuevo camino en la cooperación de beneficio mutuo[*]

19 de junio de 2013 y 19 de mayo de 2014

I

La Organización de Naciones Unidas porta la esperanza de los pueblos y lleva sobre sus hombros una multitud de misiones importantes. Como el mundo actual está experimentando cambios profundos y complejos, la solución de los problemas difíciles y desafíos globales exige el esfuerzo de todos sus miembros. La organización tiene que asir el tema de la paz y el desarrollo, enarbolar la bandera de la equidad y la justicia, y hablar y actuar de manera justa. El pensamiento de suma cero es anticuado, y debemos abrir un nuevo camino para impulsar la concordia social, la cooperación y el ganar-ganar. La organización debe contribuir a esta causa.

China ha definido sus metas de lucha para los dos centenarios -el del Partido Comunista en 2021 y el de la República Popular en 2049- y ha delineado un grandioso plan para el futuro desarrollo del país. China necesita de las Naciones Unidas y viceversa. Nuestro país valora esta organización y la apoyará con firmeza. China es miembro permanente de su Consejo de Seguridad, lo que lleva emparejados derechos y, lo que es más, una gran responsabilidad. China ha asumido su misión. China continuará promoviendo con energía la solución pacífica de las disputas internacionales y respaldará a la ONU en el cumplimiento de los objetivos de desarrollo del milenio. China está dispuesta a trabajar junto con las diversas partes para afrontar conjuntamente el

---

[*] Puntos esenciales de las conversaciones mantenidas con Ban Ki-moon, secretario general de la Organización de Naciones Unidas.

310

cambio climático y otros problemas, a fin de hacer contribuciones aún mayores a la paz mundial y el progreso humano.

(Puntos esenciales de la conversación mantenida el 19 de junio de 2013
con Ban Ki-moon, secretario general de la Organización de Naciones Unidas)

II

En el año 2015 se conmemora el 70° aniversario de la victoria de la Guerra Mundial contra el Fascismo, de la Guerra de Resistencia del Pueblo Chino contra la Agresión Japonesa[1], y también de la fundación de la ONU. La comunidad internacional debe aprovechar esta importante oportunidad para reiterar su compromiso con el multilateralismo y defender los propósitos y principios establecidos en la Carta de la ONU, así como comprometerse con el fortalecimiento del papel de la entidad mundial.

La comunidad internacional debe mancomunar esfuerzos y fomentar la paz y el desarrollo del mundo.

En primer lugar, persistir en la solución política de los conflictos. En el mundo existen muchos problemas candentes, y cuando damos solución a unos, aparecen otros. Es imperativo resolverlos de manera razonable y con los métodos correctos. Ejercer presión no ayudará y la intervención militar externa solo empeorará la situación. Por ende, la única salida a los conflictos es la solución política. La ONU debe llevar en alto esta bandera.

En segundo lugar, perseverar en la meta de hacer realidad la prosperidad conjunta. La ONU debe poner en juego su ventaja política y moral y su rol de planificador y coordinador, elaborar su agenda de desarrollo post-2015, y materializar el desarrollo sostenible, centrándose en el alivio de la pobreza. China desea el éxito de la Cumbre sobre Cambio Climático de la ONU que tendrá lugar en septiembre próximo.

Y en tercer lugar, insistir en el papel orientador de la ONU en los asuntos internacionales. En cuanto a la lucha contra el terrorismo, la ONU debe acometer empresas aún mayores, preconizar las claras normas del bien y el mal para involucrar a toda la comunidad internacional en la lucha enérgica contra cualquiera de sus formas. En cuanto al problema de la red, la ONU debe desempeñar su papel de canal principal en la protección de la ciberseguridad, abogar por las reglas, la soberanía y la transparencia, respetar las preocupaciones de todos los países respecto a la seguridad informática, y hacer realidad la administración conjunta. China seguirá apoyando con firmeza a la ONU en su trabajo.

(Puntos esenciales de la conversación mantenida el 19 de mayo de 2014
con Ban Ki-moon, secretario general de la Organización de Naciones Unidas)

Notas

[1] Se refiere a la guerra de liberación nacional que el pueblo chino libró en contra de la invasión japonesa entre julio de 1937 y septiembre de 1945, y constituye una parte importante de la Guerra Mundial contra el Fascismo. Tras una ardua, tenaz, sacrificada y prolongada lucha, el pueblo chino logró finalmente derrotar a los invasores japoneses. El triunfo en la Guerra de Resistencia contra la Invasión Japonesa es la primera victoria completa que el pueblo chino conquistó en los conflictos bélicos contra los invasores imperialistas. También supuso una contribución histórica grandiosa e imperecedera a la victoria de la Guerra Antifascista Mundial.

Persistir en la concepción de la seguridad nuclear racional, coordinada y equilibrada*

24 de marzo de 2014

Estimado primer ministro, Mark Rutte,
Estimados colegas:

Hoy estamos reunidos aquí en La Haya para debatir nuevas medidas para fortalecer la seguridad nuclear, lo que es de gran significación. Primero que todo, me gustaría expresar mi agradecimiento sincero al primer ministro Rutte y al gobierno holandés por el enérgico esfuerzo y los esmerados preparativos que han hecho para la presente cumbre.

En el siglo pasado, el descubrimiento del átomo y la explotación y utilización de la energía nuclear trajeron una nueva fuerza motriz al desarrollo humano y mejoraron enormemente nuestra capacidad de conocer y transformar el mundo. Al mismo tiempo, el desarrollo de la energía nuclear lleva asociados riesgos y desafíos. Para hacer mejor uso de esta energía y lograr un desarrollo aún mayor, la humanidad debe responder a diversos desafíos de seguridad nuclear y proteger adecuadamente la seguridad de los materiales e instalaciones nucleares.

Estimados colegas:

Fortalecer la seguridad nuclear es un proceso continuo. Mientras no se detenga el desarrollo de las actividades de la energía nuclear, no podemos detener los esfuerzos dirigidos a fortalecer la seguridad nuclear. Desde Washington'2010 hasta Seúl'2012 y hasta hoy en La Haya, la Cumbre de Seguridad Nuclear asume la importante misión de aglutinar el consenso de los países y profundizar los esfuerzos por esa seguridad. Hemos de adherirnos a la concepción de la seguridad nuclear racional, coordinada y equilibrada para mantener su proceso

---

* Discurso pronunciado en la Cumbre de Seguridad Nuclear en La Haya, Holanda.

en la órbita del desarrollo sano y sostenido.

En primer término, es necesario atribuir igual importancia tanto al desarrollo como a la seguridad, y desarrollar la energía nuclear bajo la premisa de la garantía de la seguridad. El uso pacífico de la energía nuclear es importante para garantizar la seguridad energética y combatir el cambio climático. Como Prometeo que dio el fuego a la humanidad, el uso pacífico de la energía nuclear encendió la llama de la esperanza y abrió un camino brillante para el desarrollo humano. Al propio tiempo, de no poder garantizar eficazmente la seguridad de la energía nuclear, de no poder afrontar adecuadamente las amenazas latentes a la seguridad de los materiales e instalaciones nucleares, se ensombrecerá ese futuro brillante e incluso se sobrevendrán desastres. Para que nunca muera la esperanza del desarrollo de la energía nuclear, debemos acatar estrictamente el principio de considerar la seguridad como la principal prioridad.

Debemos atenernos al concepto de mejorar la seguridad para el desarrollo y promover el desarrollo sobre la base de la seguridad, logrando que el desarrollo y la seguridad se fusionen de manera orgánica. Debemos convencer a los gobiernos y las empresas generadoras de energía nuclear de todos los países de que desarrollar la energía nuclear a expensas de la seguridad no puede continuar ni significa un desarrollo real. Solo adoptando medidas efectivas será posible controlar verdaderamente los riesgos; solo realizando la garantía de seguridad podrá la energía nuclear desarrollarse de manera sostenible.

En segundo término, atribuir importancia tanto a los derechos como a las obligaciones, para así impulsar el proceso de la seguridad nuclear internacional sobre la base del respeto a los derechos e intereses de todos los países. Nada puede lograrse sin reglas y normas. Los países deben cumplir efectivamente las obligaciones establecidas en los instrumentos legales internacionales sobre la seguridad nuclear, aplicar integralmente las resoluciones pertinentes del Consejo de Seguridad de las Naciones Unidas, consolidar y desarrollar el vigente marco de leyes sobre esa seguridad, y proporcionar el apoyo institucional y las directrices universalmente aceptadas a los esfuerzos internacionales por la mejora de la seguridad nuclear. China exhorta a que un mayor número de países considere positivamente la ratificación de la Convención sobre la Protección Física de los Materiales Nucleares y su enmienda, así como el Convenio Internacional para la Represión de los Actos de Terrorismo Nuclear.

De la misma forma que difieren las condiciones nacionales y las etapas de desarrollo de la energía nuclear de cada país, difieren los retos a la seguridad nuclear a los que se enfrenta. Como dice el refrán, para cada cerradura hay una llave. A la par de hacer énfasis en la importancia de que las naciones honren sus obligaciones internacionales, resulta también necesario respetar su derecho a adoptar las políticas y medidas de seguridad nuclear más apropiadas a sus condiciones específicas, así como su derecho a proteger la información sensible de su seguridad nuclear. En adhesión al principio de la equidad y partiendo del espíritu pragmático, debemos promover de manera activa y prudente el proceso de la seguridad nuclear internacional.

En tercer término, atribuir igual importancia tanto a los esfuerzos independientes como a la colaboración y buscar la seguridad nuclear universal a través de la cooperación de beneficio mutuo. La seguridad nuclear es, antes que nada, un objetivo de Estado y su responsabilidad primaria la asumen los gobiernos de los diversos países. Ellos deben conocer y asumir sus responsabilidades, intensificar la conciencia sobre la seguridad nuclear, fomentar una cultura de la seguridad nuclear, reforzar la implantación de mecanismos y elevar el nivel tecnológico. Esto significa ser responsable consigo mismo y también con el mundo.

La seguridad nuclear es además un tema mundial. La cantidad de agua que cabe en un balde de madera la determina la tabla más corta. La pérdida de materiales nucleares en un país amenaza al mundo entero. La seguridad nuclear universal requiere del esfuerzo concertado de todos los países. Debemos lograr que un mayor número de países se sume al proceso de la seguridad nuclear internacional convirtiéndolo en una empresa global, de forma que todos se beneficien de este y contribuyan a este. Tenemos que potenciar los intercambios y el aprendizaje mutuo y disfrute compartido, y mejorar la coordinación entre los mecanismos e iniciativas multilaterales en un esfuerzo por conseguir que ningún compañero se quede rezagado, aunque no hayamos empezado a correr en la misma línea de salida.

Y en cuarto término, es preciso atribuir la misma importancia tanto al tratamiento paliativo como al de raíz para impulsar integralmente la seguridad nuclear, teniendo como objetivo la eliminación de los riesgos asociados desde sus orígenes. La seguridad nuclear atañe aspectos distintos, desde el ejercicio de una administración científica y eficiente hasta el desarrollo de tecnologías de energía nuclear avanzadas, así como la respuesta adecuada al terrorismo y la proliferación nucleares. Mejorar las políticas y medidas de seguridad nuclear, desarrollar tecnologías de energía nuclear modernas y de bajos riesgos, persistir en el equilibrio entre la oferta y la demanda de materiales nucleares, fortalecer los esfuerzos de no proliferación y el control de las exportaciones, y profundizar la cooperación internacional contra el terrorismo nuclear son los canales directos y eficaces para eliminar los peligros ocultos en la seguridad nuclear, así como los riesgos de la proliferación nuclear.

Sin embargo, lo más importante es intensificar la solución radical. Formando un entorno internacional de paz y estabilidad, desarrollando relaciones estatales de armonía y amistad y realizando intercambios entre las diferentes civilizaciones de forma amistosa y abierta podremos combatir desde sus orígenes los problemas del terrorismo y la proliferación nucleares, y hacer realidad la seguridad y el desarrollo duraderos de la energía nuclear.

Estimados colegas:

China siempre da máxima prioridad a la seguridad nuclear en el uso pacífico de la energía nuclear y administra los materiales e instalaciones nucleares según las normas más estrictas. China ha mantenido un buen registro de seguridad nuclear en los últimos más de 50 años desde el comienzo de sus actividades nucleares.

El filósofo holandés Erasmo de Rotterdam dijo una vez que más vale prevenir que curar. Los graves accidentes nucleares ocurridos en el mundo durante los últimos años han tocado la campana de alarma para todos los países, por lo que debemos hacer todo lo posible para evitar que se repitan las tragedias históricas.

Como medida de precaución contra posibles desastres, China ha adoptado las medidas de garantía para la seguridad nuclear en todos los aspectos. Con mucho empeño hemos elevado el nivel de la tecnología de seguridad nuclear y la capacidad de respuesta a las emergencias de esta seguridad, y hemos conducido inspecciones de seguridad total a las instalaciones nucleares en todo el país, asegurando que todos los materiales e instalaciones nucleares cuenten con garantías de seguridad eficientes. También hemos elaborado y puesto en práctica un programa de seguridad nuclear a mediano y largo plazos, y mejorado el sistema estatal de reglamentos jurídicos de la seguridad nuclear. Estamos ahora elaborando los reglamentos estatales de seguridad nuclear, impulsando así con paso firme la instauración de mecanismos y la legalización del trabajo de seguridad nuclear.

China promueve activamente la cooperación internacional en materia de seguridad nuclear. El centro de demostración de la seguridad nuclear que crearán conjuntamente China y Estados Unidos ya celebró el acto de la colocación de la primera piedra, y sus obras progresan sin contratiempo. Este centro contribuirá a los intercambios y la cooperación en la región e incluso en el plano internacional y abordará cuestiones referentes a la tecnología de seguridad nuclear. China lleva adelante una serie de programas de cooperación con Rusia, Kazajstán y otros países en la lucha contra el tráfico ilegal de materiales nucleares. China está a favor de que dentro de la viabilidad económica y tecnológica se reduzca en lo posible el uso del uranio altamente enriquecido. Actualmente, en el marco de la Agencia Internacional de la Energía Atómica (AIEA), China ayuda a Ghana a convertir un reactor de investigación de uranio altamente enriquecido en uno que utilice uranio poco enriquecido como combustible. China hace donaciones al fondo de seguridad nuclear de la AIEA para que esta, a través de talleres de preparación y otras formas, ayude a los países de la región Asia-Pacífico a elevar sus capacidades de seguridad nuclear.

Estimados colegas:

Cuando la luz avanza una pulgada, las tinieblas retroceden en la misma medida. Un esfuerzo más que hagamos en el terreno de la seguridad nuclear es una oportunidad menos que tendrá el terrorismo nuclear. Con el fin de alcanzar la seguridad nuclear duradera, China está dispuesta a hacer continuos esfuerzos y contribuciones.

En primer lugar, China aumentará invariablemente su propia capacidad de seguridad nuclear, continuará dedicándose al fomento de la capacidad de supervisión y control de esta seguridad por parte del gobierno, intensificará la investigación y el desarrollo de la tecnología de seguridad nuclear y la inversión de recursos humanos en ellos, y persistirá en formar y desarrollar la cultura sobre dicha seguridad.

Segundo, China se unirá firmemente a la construcción del sistema de seguridad nuclear internacional, impulsará junto con otros países el establecimiento de un sistema basado en la equidad, la cooperación y la ganancia compartida, y promoverá que los países disfruten conjuntamente de los logros de las actividades del uso pacífico de la energía nuclear.

Tercero, China respaldará decididamente la cooperación internacional en seguridad nuclear, y para ello está dispuesta a compartir sus tecnologías y experiencias y a aportar recursos y plataformas, con miras a promover la cooperación regional e internacional en la seguridad nuclear. China apoya a la AIEA en su desempeño del papel dirigente, y la estimula a ayudar a los países en vías de desarrollo a incrementar su capacidad de seguridad nuclear. China proseguirá participando activamente en los eventos dedicados a esta seguridad, e invitará a la AIEA a desplegar los servicios de consulta sobre la protección física.

Y cuarto, China mantendrá invariablemente la paz y la estabilidad en la región y el mundo, se adherirá al desarrollo pacífico, la cooperación y el ganar-ganar, abordará adecuadamente las contradicciones y disputas a través del diálogo en igualdad de condiciones y las consultas amistosas, y junto con los demás países eliminará las fuentes del terrorismo y la proliferación nucleares.

Estimados colegas:

El fortalecimiento de la seguridad nuclear es nuestro compromiso común y a la vez nuestra responsabilidad común. ¡Tomémonos de las manos y cooperemos para que los pueblos de los diversos países tengan confianza en la consecución de una seguridad nuclear duradera y en el bienestar que la energía nuclear reporta a la humanidad!

¡Muchas gracias!

Los intercambios y el aprendizaje mutuos dan colorido y enriquecen las civilizaciones*

27 de marzo de 2014

Las civilizaciones adquieren colorido y se enriquecen a través de los intercambios. Los intercambios y el aprendizaje mutuo entre las civilizaciones son una importante fuerza motriz del progreso de la civilización humana y del desarrollo de la paz mundial.

Para promover los intercambios y el aprendizaje mutuo entre las civilizaciones es necesario asumir una actitud y principios correctos, que desde mi punto de vista deben contemplar los siguientes aspectos:

Primero, la civilización es multicolor y justamente la diversidad ha hecho de los intercambios y el aprendizaje mutuo entre civilizaciones humanas algo valioso y relevante. Como la luz del Sol tiene siete colores, la civilización humana también es multicolor. La civilización de un país o nación es su memoria colectiva. A través de la historia, el hombre ha creado y desarrollado civilizaciones variopintas. Desde los primeros días de la caza primitiva hasta el período de la agricultura, desde la revolución industrial hasta la sociedad de la información hemos conformado un mapa genético impresionante de la marcha hermosa y emocionante de las civilizaciones humanas.

"Una sola flor no hace la primavera mientras que cien flores abiertas traen la primavera al jardín". Si en el mundo hubiera una sola variedad de flor, el hombre la consideraría monótona por muy hermosa que fuera. Tanto la civilización china como las demás existentes en el mundo son frutos de la civilización humana.

Visité el museo El Louvre de Francia, y también el Museo del Palacio Imperial de China, en ellos se conserva una decena de millo-

* Fragmentos del discurso pronunciado en la sede de la UNESCO.

nes de obras de arte preciosas, y lo que llama la atención es precisamente su evocación a la riqueza de las diversas civilizaciones. Para los intercambios y el aprendizaje recíproco entre civilizaciones no se debe tomar como prerrequisito el respeto a cierta civilización o el desprecio a otra. Hace más de dos mil años, los chinos comprendimos la razón por la cual "las cosas son dispares por naturaleza"[1]. Los intercambios y el aprendizaje mutuo entre las civilizaciones enriquecen los colores de la civilización humana, y permiten a los pueblos disfrutar de una vida espiritual más rica en contenido e incluso abrir un futuro dotado de más opciones.

Segundo, las civilizaciones están cimentadas en la igualdad, y ésta es lo que ha hecho posible los intercambios y el aprendizaje mutuo entre las civilizaciones humanas. Las civilizaciones humanas son iguales en términos de valor y todas tienen sus respectivos puntos fuertes y débiles. En el mundo no existe una civilización perfecta, ni tampoco la que sea tachable del todo. Ninguna civilización puede considerarse ventajosa o superior a otra.

He visitado muchos lugares del mundo y lo que más me ha interesado es conocer las distintas civilizaciones de los cinco continentes, conocer las diferencias de unas respecto a otras y sus peculiaridades, conocer la concepción del mundo, de la vida y del valor de los pueblos de estas civilizaciones. He estado en Chichén Itzá, la ventana a la antigua civilización maya, y también en la ciudad centroasiática antigua de Samarcana, el icono de la civilización islámica. Tengo la profunda convicción que para conocer verdaderamente las civilizaciones se precisa adoptar una actitud de igualdad y modestia. Asumir una actitud condescendiente hacia una civilización no puede ayudar a nadie a entender su esencia, a compenetrarse con las maravillas que posee. Tanto la historia como la realidad demuestran que el orgullo y el prejuicio son los mayores obstáculos para los intercambios y el aprendizaje mutuo entre civilizaciones.

Tercero, la civilización es inclusiva, y esta inclusividad de la civilización humana se ha convertido en la fuerza motriz de los intercambios y el aprendizaje mutuo. El océano es inmenso porque no rechaza a ningún río[2]. Todas las civilizaciones creadas por la humanidad son cristalizaciones de su trabajo y sabiduría. Y cada civilización es única. Copiar a otras civilizaciones a ciegas o mecánicamente y cortarse un dedo del pie para que le sirva el zapato son acciones imposibles y absolutamente en detrimento. Todos los logros de la civilización merecen nuestro respeto y deben ser apreciados.

La historia nos enseña que solo a través de los intercambios y el aprendizaje mutuo puede una civilización disfrutar de vitalidad plena. Solo adhiriéndose al espíritu de inclusividad, podremos evitar los denominados "choques de civilizaciones", y materializar la armonía entre ellas. Como decimos los chinos: "unos prefieren rábano, otros verdura".

La civilización china ha experimentado más de cinco mil años de cambios históricos, pero siempre ha mantenido su continuidad. Evoca la aspiración espiritual más profunda de la nación china, representa el identificador espiritual singular de esta nación y le proporciona abundantes nutrientes a su existencia y desarrollo. La civilización china surgió en la tierra de China, y ha llegado a la forma actual a través de los constantes intercambios y el aprendizaje de otras civilizaciones.

Hace más de cien años antes de nuestra era, China empezó a abrir la Ruta de la Seda[3] que conduciría a las Regiones Occidentales. En la dinastía Han, el enviado Zhang Qian[4] hizo dos viajes a esas regiones al frente de dos misiones diplomáticas –la primera en el año 138 a.n.e. y, la segunda, en el 119 a.n.e., en los que difundió la cultura china e introdujo en suelo chino la uva, la alfalfa, la granada, el lino, el sésamo, entre otros logros de la cultura occidental. Ya en el periodo de la dinastía Han del Oeste, las flotas chinas llegaron a India y Sri Lanka, donde canjearon piezas de seda de China por objetos vidriados, perlas y otros artículos. La dinastía china Tang fue un periodo de intercambios activos con el exterior en la historia del país. Según los registros históricos, en la época de Tang sumaban más de setenta los países que intercambiaban enviados y entablaban amistad con China. En ese tiempo pululaban los enviados, comerciantes y estudiantes extranjeros en la capital china de Chang'an. Estos intercambios de gran envergadura hicieron posible que la cultura china se difundiera por el mundo y que llegaran a China las culturas y productos de los diversos países. En los albores del siglo XV, el célebre navegante Zheng He[5], de la dinastía china Ming, hizo siete viajes oceánicos que lo llevaron a muchos países del sudeste asiático e incluso hasta Kenya en la costa oriental de África, y dejaron muchas historias amenas de los intercambios amistosos de China con los pueblos locales a lo largo de sus periplos. Entre finales de la dinastía Ming y comienzos de la Qing, el pueblo chino comenzó a tener acceso a la ciencia y la tecnología modernas, a través de la introducción de los conocimientos de Europa en los dominios de la astronomía, medicina, matemáticas, geometría y geografía, que nos ayudaron a ampliar nuestros horizontes. Más tarde, los intercambios y el aprendizaje mutuo entre las civilizaciones china y extranjeras se volvieron más frecuentes, y en su transcurso hubo choques, contradicciones, dudas, rechazos, pero siempre acabaron predominando el aprendizaje, la digestión, la fusión y la innovación.

El budismo nació en la India antigua, pero luego de llegar a China y tras una larga evolución se fusionó y desarrolló junto con la cultura confuciana y la taoísta, para finalmente convertirse en el budismo con peculiaridades chinas y causar una profunda influencia en el credo religioso, la filosofía, la literatura y el arte, los ritos y las costumbres de los chinos. En la dinastía china Tang, el monje Xuan Zang[6] viajó al oeste en busca de sutras o escrituras budistas y experimentó un sinnúmero de sufrimientos que demostraron el firme espíritu de los chinos de aprender de las culturas de otras regiones. Estoy seguro de que han escuchado hablar de la novela clásica de la mitología china *Peregrinación al oeste*[7] basada en sus historias. Los chinos enriquecimos el budismo conforme a nuestra cultura, formando una teoría budista singular, y ayudamos a propagar esta religión de China a Japón, la República de Corea, el Sudeste Asiático y otros lugares.

En los últimos dos mil años, el budismo, el islam y el cristianismo llegaron a China en sucesión, mientras que la música, la pintura y la literatura del país asimilaron de continuo los puntos fuertes de las civi lizaciones foráneas. En su innovación e integración con la pintura al óleo de Occidente, la pintura tradicional china creó el óleo expresionista chino de un encanto especial que le valió el aprecio y la admiración a las obras de Xu Beihong[8] y otros grandes maestros chinos. Los cuatro inventos chinos –el papel, la pólvora, la imprenta y la brújula– trajeron cambios radicales al mundo e incluso al Renacimiento en Europa. La filosofía, literatura, medicina, seda, porcelana, té y otros artículos de China se transmitieron a Occidente, penetrando en la vida cotidiana de sus pueblos. El libro *Los viajes de Marco Polo* despertó en un sinnúmero de personas la añoranza por China.

Todo el mundo sabe que China atesora los soldados y caballos de terracota de la dinastía Qin[9], que muchos denominan "las legiones subterráneas". Luego de visitarlas, el ex presidente francés, Jacques Chirac, dijo: "Si no estuvo en las pirámides, no puede decir que estuvo en Egipto, como tampoco puede decir que estuvo en China si no visitó los guerreros y soldados de terracota de Qin". En 1987 este tesoro nacional de la cultura china, empolvado durante más de dos mil años, fue incluido en la lista de patrimonio cultural mundial de la UNESCO. Una enorme cantidad de legados de la civilización china han inscrito sus nombres en las listas de Patrimonio Cultural Mundial, Patrimonio Cultural Intangible Mundial y en el Registro de la Memoria del Mundo. Aquí, me gustaría transmitir mi sincero agradecimiento a la UNESCO por su contribución a la preservación y la difusión de la civilización china.

Hoy, vivimos en un mundo compuesto por distintas culturas, grupos étnicos, razas, credos religiosos y sistemas sociales y todos los pueblos del planeta son miembros de una comunidad íntima de destino compartido.

Los chinos apreciamos desde hace mucho tiempo el concepto de "armonía sin uniformidad"[10]. El historiador chino Zuo Qiuming[11], quien vivió hace más de 2.500 años, registró en *Crónicas del maestro Zuo*[12] declaraciones de Yan Zi[13], primer ministro del Reino de Qi, sobre la "armonía": "La armonía es como preparar un consomé. Necesita agua, fuego, vinagre, caldo, sal y ciruela para guisar el pescado o la carne". "Lo mismo sucede con la música. Solo combinando la textura, la longitud, el ritmo, el ambiente, los sonidos, los tonos y el estilo adecuados y ejecutándolos propiamente podrá producir una melodía excelente". "¿Quién puede tomarse una sopa que sea solo agua? ¿Quién puede tolerar la misma melodía interpretada una y otra vez por el mismo instrumento?"

En el mundo hay más de 200 países y regiones, con más de 2.500 etnias y varias religiones. ¿Seríamos capaces de imaginar un mundo con un solo estilo de vida, una lengua, un tipo de música y un estilo de indumentaria?

Víctor Hugo dijo: "Hay un espectáculo más grandioso que el mar, y es el cielo; hay un espectáculo más grandioso que el cielo y es el interior del alma". Para tratar las civilizaciones distintas necesitamos un alma más grande que el cielo. La civilización es como el agua que lo humedece todo en silencio. Debemos promover que las civilizaciones diferentes se respeten y coexistan en armonía, para lograr que los intercambios y el aprendizaje mutuo entre ellas se conviertan en los puentes que ayudan a fomentar la amistad entre los pueblos del mundo, en la fuerza motriz de la sociedad humana y en el lazo que consolida la paz mundial. Debemos buscar sabiduría en las civilizaciones diferentes y nutrirnos de ella para proporcionar a la gente apoyo espiritual y consuelo a su alma, y trabajar juntos en la superación de toda clase de desafíos que la humanidad afronta en el mundo.

En 1987, 20 piezas exquisitas de vidriados magníficos fueron excavados en una tumba del templo Famen, en la provincia de Shaanxi, China. Los objetos eran reliquias islámicas y del Imperio Bizantino llegadas a China en la dinastía Tang. Mientras admiraba estas preciosidades, no dejaba de pensar en que para con las distintas civilizaciones debemos apreciar su espíritu humanista en vez de admirar sólo la exquisitez de sus piezas y traer a la vida el espíritu legado en vez de apreciar únicamente una presentación artística de la vida en el pasado.

Notas

[1] *Mencio (Meng Zi)*.

[2] El primero de los dos versos de un dístico de auto estímulo de Lin Zexu (1785-1850), oriundo de Houguan (actual Fuzhou), provincia de Fujian. Estadista y patriota de la dinastía Qing que se pronunció a favor de prohibir el opio y resistir a la agresión de Occidente en el periodo de la Guerra del Opio.

[3] Ruta comercial terrestre de la China antigua que a través de Asia Central llegó a Asia Meridional, Asia Occidental, Europa y África del Norte. Se le llama Ruta de la Seda por las grandes cantidades de seda y tejidos de este material de China que se transportaron por este camino a las Regiones Occidentales.

[4] Zhang Qian (¿?-114 a.n.e.), oriundo de Chenggu (al este del actual distrito de Chenggu, en la provincia de Shaanxi), en Hanzhong. Alto dignatario de la dinastía Han del Oeste. En los años 138 y 119 a.n.e. fue enviado a las Regiones Occidentales (nombre dado en la dinastía Han a la región que se extendía al oeste de los pasos de Yumen y Yang) con la misión de lograr un acuerdo con las etnias locales para hacer frente en común a las incursiones de los hunos. En el cumplimiento de esta misión llegó hasta Asia Central. Sus viajes sirvieron para estrechar las relaciones entre las planicies centrales y las Regiones Occidentales, y estimularon la apertura de la Ruta de la Seda.

[5] Zheng He (1371-1433), navegante de la dinastía Ming, oriundo de Kunyang (actual Jinning, en la provincia de Yunnan). A comienzos de dicha dinastía, se incorporó como eunuco al Palacio Imperial, luego pasó a ser encargado de logística y asuntos generales de la corte. Entre 1405 y 1433, realizó al frente de una gran flota siete viajes como enviado oficial y visitó más de 30 países y regiones del sudeste de Asia y del litoral del océano Índico y el mar Rojo, llegando hasta la costa oriental de África y La Meca, ciudad sagrada del Islam. Estos viajes se conocen históricamente como los periplos de Zheng He por el océano Occidental (nombre con el que en la dinastía Ming se designaban los mares situados al oeste del actual Brunei). Los largos viajes de Zheng He impulsaron los intercambios económicos y culturales de China con Asia y África.

[6] Xuan Zang (600/602-664), llamado comúnmente maestro Tripitaka y popularmente monje Tang, nació en la dinastía Sui. Oriundo de Houshi, en Luozhou (hoy poblado de Houshi en Yanshi, provincia de Henan), era bonzo de alto rango de la dinastía Tang, traductor de sutras budistas y uno de los fundadores de la escuela budista Vijnaptimatrata. Tras hacerse monje a los 13 años, recorrió grandes distancias para visitar a renombrados maestros budistas. En vistas de que las diferencias de criterio de estos le impedían sacar conclusiones definitivas, decidió peregrinar por las Regiones Occidentales en busca de las escrituras budistas. En el año 629 ó 627,

según las fuentes, partió hacia lo que hoy es India y otros países para estudiar los clásicos budistas y regresó a Chang'an en 645. Posteriormente tradujo 75 colecciones de sutras budistas repartidas en 1.335 volúmenes y, basándose en la información presencial y oída durante su viaje, escribió el *Registro de la gran dinastía Tang sobre las Regiones Occidentales.*

[7] *Peregrinación al oeste*, novela mitológica de Wu Cheng'en, describe cómo el monje Tang y sus discípulos Sun Wukong, Zhu Bajie y Sha Heshang someten a los demonios y monstruos a lo largo de su odisea a los cielos del oeste en busca de sutras. Esta novela junto a otras tres –*Romance de los tres reinos, A la orilla del agua* y *Sueño en el pabellón rojo*– son reconocidas como los cuatro clásicos de la literatura china. Wu Cheng'en (c.1510-c.1582), oriundo de Shanyang (hoy Huai'an, Jiangsu), literato de la dinastía Ming.

[8] Xu Beihong (1895-1953), nativo de Yixing, provincia de Jiangsu. Pintor, pedagogo de bellas artes.

[9] Se refieren a las esculturas de guerreros y caballos de terracota acompañantes en la tumba del primer emperador chino, Ying Zheng (259-210 a.n.e.), de la dinastía Qin. En 1987, este peculiar ejército fue incluido en la Lista de Patrimonio Mundial de la UNESCO.

[10] Véase la nota 11 de "Los jóvenes deben practicar concienzudamente los valores socialistas clave" en el presente libro, pág. 222.

[11] Zuo Qiuming (556 a.n.e.-451 a.n.e.), nativo del reino de Lu e historiador del Periodo de Primavera y Otoño.

[12] *Crónicas del maestro Zuo (Zuo Zhuan)*, conocida también como *Anales del Período Primavera-Otoño del maestro Zuo* se cree que fue obra de Zuo Qiuming. Esta es uno de los clásicos de la escuela confuciana de China, forma parte de los Tres Anales del Periodo de Primavera y Otoño junto con *Anales de Gongyang, (Gong Yang Zhuan)* y *Anales de Guliang (Gu Liang Zhuan)*.

[13] Yan Zi (¿?-500 a.n.e.), o Yan Ying, y nombre protocolar Pingzhong, nativo de Yiwei (hoy Gaomi en la provincia de Shandong). Primer ministro del reino de Qi en el Periodo de Primavera y Otoño.

El compromiso de China con
el desarrollo pacífico*

28 de marzo de 2014

El entendimiento mutuo es la base de las relaciones inter estatales. Mientras más a fondo se conoce y se comprende, más sólida y más amplia será la base para los intercambios y la cooperación.

Es sabido que gracias a los más de 30 años de rápido desarrollo a través de la reforma y apertura, el volumen global de la economía china ocupa el segundo lugar en el mundo. Ante el constante crecimiento de China, algunas personas han comenzado a preocuparse. Hay quienes la miran desde el ángulo oscuro y aseguran que China será inevitablemente una "amenaza" a medida que se expanda su desarrollo. Incluso han llegado a describir a China como el terrible "Mefistófeles" que algún día absorberá el alma del mundo. Aunque tal absurdo no podría ser más ridículo, lamentablemente hay quienes no se cansan de repetirlo. Esto solo demuestra que los prejuicios son muy difíciles de superar.

Al repasar la historia humana descubrimos que lo que separa a los pueblos no son las montañas, los ríos o los océanos sino la falta de entendimiento mutuo. Como dijo Gottfried Wilhelm Leibniz, solo compartiendo nuestros talentos, encenderemos la lámpara de la sabiduría.

Permítanme aprovechar esta ocasión para compartir con ustedes la reforma y el desarrollo de China, orientados a su compromiso con el camino de desarrollo pacífico, con la esperanza de ayudarlos a entender mejor a nuestro país.

Hace tiempo que China declaró solemnemente al mundo que seguiría invariablemente el camino del desarrollo pacífico. China se

---

* Fragmentos del discurso pronunciado en la Fundación Körber, Berlín, Alemania.

ha desarrollado manteniendo la paz mundial y ha mantenido la paz mundial a través de su propio desarrollo. Seguir el camino del desarrollo pacífico es la respuesta de China a la preocupación internacional sobre el rumbo de su desarrollo. Además, demuestra la confianza y la conciencia del pueblo chino sobre la realización de sus metas de desarrollo. Esta confianza y conciencia están arraigadas en el rico patrimonio de la civilización china, en nuestro conocimiento de las condiciones para la realización de las metas de desarrollo del país, y en nuestra apreciación de la tendencia general del desarrollo mundial.

China es una nación que ama la paz. La aspiración espiritual más profunda de una nación tiene su origen en el carácter nacional formado a través de generaciones. La civilización china, con más de cinco mil años de historia, siempre ha venerado la paz. La búsqueda de la paz, la amistad y la armonía es parte integral del carácter chino profundamente arraigado en la sangre que corre por las venas del pueblo chino. Ya en la antigüedad, China esbozó el precepto de que "un país belicoso por más grande que sea está condenado al fracaso"[1]. Y se transmitieron de generación en generación ideas como la "armonía es lo más precioso", "la armonía sin uniformidad"[2], "cambiar las armas de la guerra por obsequios de jade y seda", "llevar prosperidad a la nación y seguridad al pueblo", "promover la buena vecindad y amistad con otros países", "alcanzar la paz bajo el cielo" y la "gran armonía del mundo". China fue uno de los países más poderosos del mundo durante mucho tiempo, pero nunca dejó registros de colonización o agresión a otras naciones. El que persistamos en seguir el camino del desarrollo pacífico es la continuación y el desarrollo de la tradición cultural milenaria de la nación china de amar la paz.

China se ha fijado los siguientes objetivos para su desarrollo futuro: duplicar el PIB y el ingreso per cápita del residente urbano/rural de 2010 y cumplir la construcción integral de una sociedad modestamente acomodada para 2020, y para mediados del presente siglo, haberse convertido en un país socialista moderno, próspero, democrático, civilizado y armonioso. Hemos sintetizado gráficamente estos objetivos como el sueño chino para la realización de la gran revitalización de la nación china. Aceleraremos la prosperidad integral de China y aumentaremos el índice de felicidad de los más de 1.300 millones de habitantes del país siempre y cuando marchemos por el camino correcto. Sin embargo, no será fácil lograr esta meta desde el punto de vista individual. Consideren la diferencia entre ocho personas compartiendo una comida y 80 o incluso 800 compartiendo la misma comida. Estamos conscientes de que China seguirá siendo el mayor país en vías de desarrollo del mundo durante un largo periodo de tiempo, por lo que elevar el nivel y la calidad de vida de sus más de 1.300 millones de habitantes requerirá que hagamos arduos esfuerzos. China necesita de dos condiciones básicas para concentrarse en su desarrollo: un entorno nacional armonioso y estable, y un entorno internacional de paz y tranquilidad.

La historia es el mejor maestro. Registra fielmente las huellas dejadas por cada país en sus andares y también le ofrece inspiración para su futuro desarrollo. En los más de 100 años transcurridos desde la Guerra del Opio en 1840 hasta la proclamación de la Nueva China en 1949, la sociedad china quedó devastada por las guerras, los disturbios y las agresiones del enemigo extranjero. Para los chinos fue un período de sufrimiento muy doloroso de recordar. Tan solo la guerra de agresión contra China librada por los militaristas japoneses causó una tragedia humana que se saldó con más de 35 millones de bajas, tanto de militares como de civiles chinos. Estas atrocidades siguen grabadas en la memoria de los chinos. Nosotros, los chinos, siempre hemos defendido la tesis de "no le hagas al prójimo lo que no quieres que te hagan a ti"[3]. China necesita la paz como el ser humano necesita el aire y las cosas necesitan la luz del Sol para crecer. Solo persistiendo en seguir por el camino del desarrollo pacífico y trabajando junto con el resto de los países del mundo por la paz mundial, podrá China alcanzar sus objetivos y hacer aportes aún mayores al mundo.

El doctor Sun Yat-sen, el precursor de la revolución democrática china, sentenció: "La tendencia del mundo es majestuosa. Los que sigan la tendencia prosperarán y los que vayan en contra, perecerán".

La historia nos enseña que si un país desea desarrollarse y florecer, debe reconocer y seguir la tendencia general del desarrollo mundial o de lo contrario será abandonado por la historia. ¿Cuál es la corriente del mundo actual? La respuesta es inequívoca. Es la tendencia de la paz, el desarrollo, la cooperación y el beneficio mutuo. China no acepta la obsoleta lógica de que "un país pretenderá invariablemente la hegemonía cuando sea fuerte". ¿Serían viables en el mundo actual el colonialismo y el hegemonismo? La respuesta es negativa. Solo pueden conducir a un callejón sin salida y todos los que se adhieran a este sendero marcado, chocarán con un muro de piedra. Es transitable solo el camino del desarrollo pacífico y esa es la razón por la que China persistirá en seguir este camino.

Los hechos son más elocuentes que las palabras. En las últimas décadas, China se ha adherido constantemente a la política exterior independiente y de paz, y ha enfatizado siempre que su política exterior tiene el propósito de salvaguardar la paz mundial y promover el desarrollo común. China ha declarado repetidas veces que se opone a toda forma de hegemonismo y políticas de fuerza, no interviene en los asuntos internos de otros países y jamás pretenderá la hegemonía ni la expansión. Así lo hemos establecido en las políticas, diseñado en lo institucional y así hemos actuado siempre en la práctica. China defenderá sin vacilación su soberanía, seguridad e intereses de desarrollo. Ningún país debe esperar que China trague el amargo fruto que socave su soberanía, seguridad e intereses de desarrollo.

En resumen, la búsqueda de China del desarrollo pacífico no es un acto de conveniencia circunstancial, y mucho menos una suerte de retórica diplomática, sino que es una conclusión extraída de la evaluación objetiva de su historia, presente y futuro. Es una unidad orgánica de la confianza en el pensamiento y la conciencia en la práctica. Ya que el camino del desarrollo pacífico beneficia tanto a China como al mundo, no encontramos ninguna razón para no atenernos a este camino que la práctica ha probado ser viable.

Notas

¹ Las *Ordenanzas de Sima,* también conocidas como el *Arte militar de Sima Rangju* u *Ordenanzas de Sima sobre el rito militar.* Libro del arte de la guerra de la China antigua. Material didáctico básico de la ciencia militar establecido en la dinastía Song.

² Véase la nota 11 de "Los jóvenes deben practicar concienzudamente los valores socialistas clave" en el presente libro, pág. 222.

³ Véase la nota 23 de "Los jóvenes deben practicar concienzudamente los valores socialistas clave" en el presente libro, pág. 223.

XII.
Impulsar la estructuración de un nuevo tipo de relaciones entre países grandes

Corresponder a la tendencia de la época, promover el desarrollo pacífico del mundo*

23 de marzo de 2013

Estimado señor Anatoli Vasilyevich Torkunov,
Rector del Instituto Estatal de Relaciones Internacionales de Moscú
Honorable Olga Golodets,
Viceprimera ministra de la Federación Rusa,
Profesores y estudiantes:

Hoy, me complace en sumo grado tener la oportunidad de estar aquí en el hermoso Instituto Estatal de Relaciones Internacionales de Moscú y reunirme con ustedes, profesores y estudiantes.

El Instituto Estatal de Relaciones Internacionales de Moscú es una célebre casa de estudio de prestigio mundial, que se enorgullece de contar con una galaxia de docentes afamados y una miríada de talentosos alumnos. Les extiendo mi más cálida felicitación por los sobresalientes éxitos que han obtenido en los diversos campos.

Rusia es un vecino amigo de China. Mi actual visita a Rusia es la primera escala de mi primera salida al extranjero luego de asumir la presidencia de China. También es mi segunda visita a su hermoso y rico país en los últimos tres años. Ayer mantuve una conversación fructífera con el presidente Putin y juntos asistimos al acto inaugural del Año del Turismo Chino en Rusia.

El mes de marzo anuncia la llegada de la primavera, la siembra y la gran renovación. Suelen decir que la primavera es la llave del año. China y Rusia, aprovechando las ventajas de esta estación para arar y pasar la azada no solo a nuestras relaciones bilaterales sino también a

* Discurso pronunciado en el Instituto Estatal de Relaciones Internacionales de Moscú.

la paz y el desarrollo del mundo, seguramente recogerán una cosecha nueva que beneficiará a nuestros dos pueblos y a los de otros países.

Profesores y estudiantes:

El Instituto de Relaciones Internacionales es una casa de estudios superiores especializada en el estudio y la enseñanza de los asuntos internacionales, por lo que presta especial atención al panorama internacional y está en mejores condiciones de percibir los titánicos cambios experimentados por la comunidad internacional en las últimas décadas. De hecho, vivimos en una época de cambios caleidoscópicos que hacen que el mundo sea diferente constantemente.

—Es un mundo en el que la paz, el desarrollo, la cooperación y el beneficio mutuo se han convertido en la tendencia de la época. El viejo sistema colonial hace mucho que colapsó y las confrontaciones entre bloques del periodo de la Guerra Fría dejaron de existir. Ningún país o grupo de países puede dominar los asuntos del mundo sin la ayuda de nadie.

—Es un mundo donde un gran número de mercados emergentes y países en vías de desarrollo han emprendido el camino del rápido desarrollo. Miles de millones de personas marchan aceleradamente hacia la modernización. Múltiples motores del crecimiento han surgido en diversas regiones del mundo, y la correlación de fuerzas en el plano internacional continúa evolucionando en favor de la paz y el desarrollo mundiales.

—Es un mundo donde los países están vinculados y dependen unos de otros con mayor intensidad que nunca. La humanidad, viviendo en la misma aldea global, en el mismo tiempo donde convergen la historia y la realidad, se levanta como una comunidad de destino donde cada uno de nosotros porta algo de los otros.

—Es un mundo en el que la humanidad sigue afrontando muchas dificultades y desafíos que van desde el impacto de la crisis financiera internacional, el aparente incremento de todo tipo de proteccionismo, de constantes puntos candentes regionales, del hegemonismo, las políticas de fuerza y el neo-intervencionismo hasta la aparición de un sinnúmero de amenazas a la seguridad tradicionales y no tradicionales, tales como la carrera armamentista, el terrorismo y la ciberseguridad. De ahí que la salvaguarda de la paz mundial y la promoción del desarrollo común sigan suponiendo una tarea ardua y cuesta arriba.

Es nuestro deseo que el mundo sea un lugar mejor, y también nos asiste la razón para creer que lo será. Al mismo tiempo, sabemos claramente que el porvenir es brillante y el camino que conduce a él, tortuoso. Chernyshevski escribió: "El camino de la historia no está pavimentado como la avenida Nevski Prospekt, sino que avanza por los campos, a veces polvorientos, a veces enlodados, y atraviesa ciénagas y la espesura de los bosques". Como demuestra el progreso humano, la historia siempre avanza según sus propias leyes y pese a las vueltas, y no hay fuerza capaz de detener la marcha de sus ruedas.

La tendencia del mundo es majestuosa. Los que sigan la tendencia prosperarán y los que vayan en contra, perecerán. Para seguir el ritmo de la época, no se puede vivir en el siglo XXI con el pensamiento todavía detenido en el pasado, en la vieja época de la expansión colonial, o en el juego de suma cero de la Guerra Fría.

Ante los profundos cambios de la situación internacional y la exigencia objetiva del mundo de navegar como los pasajeros de un barco, los países deben aunar fuerzas en el establecimiento de un nuevo tipo de relaciones internacionales centradas en la cooperación y el beneficio mutuo, y todos los pueblos deberán trabajar juntos para salvaguardar la paz mundial y promover el desarrollo común.

Nos pronunciamos porque todos los países y todos los pueblos del mundo compartan la dignidad. Hay que persistir en la igualdad de los países más allá de sus respectivos tamaño, fortaleza y riqueza. Hay que respetar el derecho de los pueblos a elegir de manera independiente su camino de desarrollo, oponerse a la intervención en los asuntos internos de otros países, y defender la equidad y la justicia internacionales. "Solo el que calza los zapatos sabe si le sirven o no". Solo el pueblo puede decir si le conviene o no el camino de desarrollo de su país.

Nos pronunciamos porque todos los países y todos los pueblos compartan los frutos del desarrollo. Cada país, mientras procura su propio desarrollo, debe promover activamente el desarrollo común de sus similares. No habrá desarrollo sostenible en el mundo mientras unos países sean cada vez más ricos y otros se suman cada vez más en la pobreza y el atraso. Solo cuando todos los países alcancen el desarrollo común, podrá el mundo desarrollarse mejor. Prácticas como las de empobrecer al vecino, trasladar las crisis a otros y construir nuestro nido a expensas de los demás son inmorales e insostenibles.

Abogamos porque todos los países y pueblos compartan el disfrute de la garantía de la seguridad. Los países deben concertar voluntades y fuerzas para hacer frente adecuadamente a toda clase de problemas y desafíos. Mientras más globales son los retos que encaran, más necesario es que cooperen para hacerles frente, convertir juntos la presión en fuerza motriz y las crisis, en oportunidades. Ante las complicadas amenazas a la seguridad internacional, luchar solos o luchar con fe ciega en el uso de la fuerza no nos llevará a ninguna parte. La única solución es la cooperación colectiva, la seguridad colectiva y la seguridad compartida.

Conforme se desarrollan la multipolarización mundial y la globalización económica y avanzan la diversificación cultural y la aplicación de la tecnología de la información en la vida social, la humanidad de hoy tiene, más que nunca, las condiciones creadas para marchar a la conquista de los objetivos de desarrollo y paz. La cooperación y el beneficio mutuo es el único canal práctico que lleva a su alcance.

El destino del mundo debe quedar en las manos de los pueblos de todos los países. Los asuntos dentro de la jurisdicción de la soberanía de los países solo pueden gobernarlos sus propios gobiernos y pueblos, mientras que los asuntos del mundo deben abordarlos los gobiernos y los pueblos a través de consultas. Este es precisamente el principio democrático que rige el tratamiento de los asuntos internacionales y que debe ser respetado universalmente.

Profesores y estudiantes:

En noviembre del año pasado, el Partido Comunista de China celebró el XVIII Congreso Nacional. En el cónclave se definió el plan de desarrollo del país en el futuro cercano y se planteó duplicar el

PIB y el ingreso per cápita por residente urbano/rural de 2010 para el año 2020, completar la construcción integral de una sociedad modestamente acomodada para el centenario de la fundación del Partido Comunista de China en 2021 y consumar la construcción de un país socialista moderno, próspero, democrático, civilizado y armonioso para el centenario de la Nueva China en 2049. Al mismo tiempo, somos conscientes de que como país grande en vías de desarrollo con más de 1.300 millones de habitantes, China encarará en el camino del desarrollo riesgos y desafíos aún mayores y serios, lo que exigirá concertar esfuerzos arduos y continuos para alcanzar los objetivos de lucha establecidos.

La realización de la gran revitalización de la nación china es el sueño más grandioso del pueblo chino de la era moderna, lo llamamos el "sueño chino", y su contenido básico es materializar la prosperidad del país, la revigorización de la nación y la felicidad del pueblo. La nación china siempre ha amado la paz. Sin embargo, el pueblo chino fue víctima de las agresiones extranjeras y el caos interno de la guerra durante cien años, por lo que conoce perfectamente el valor de la paz y la necesidad de un entorno de paz para construir el país y mejorar el bienestar del pueblo. China seguirá invariablemente el camino del desarrollo pacífico, promoverá el desarrollo basado en la apertura, la cooperación y el beneficio mutuo mientras exhorta a todos los países a seguir este camino. China siempre aplica una política de defensa nacional de carácter defensivo, no practica la carrera armamentista y no constituye una amenaza militar para ningún país. Su desarrollo y fortalecimiento traen al mundo oportunidades y ningún tipo de amenaza. El sueño chino que vamos a realizar no solo creará bienestar para el pueblo chino sino para todos los pueblos.

Nos complace ver que China y Rusia, los mayores vecinos respectivamente, tienen muchos puntos de coincidencia en términos de desarrollo estatal. Rusia ha formulado el objetivo de alcanzar o aproximarse al nivel de los países desarrollados en el PIB per cápita para 2020, y marcha aceleradamente por el camino de hacer más fuerte al país y enriquecer más al pueblo. Deseamos de corazón que Rusia alcance con prontitud su objetivo de lucha. Una Rusia próspera y fuerte concuerda con los intereses de China y favorece la paz y la estabilidad en Asia-Pacífico y en el resto del mundo.

Las relaciones China-Rusia son una de las relaciones bilaterales de mayor importancia en el mundo, y más aún, son las mejores relaciones entre países grandes. Unas relaciones chino-rusas de alto nivel y fuertes no solo responden a los intereses de ambas partes, sino que también constituyen una importante garantía para mantener el equilibrio estratégico internacional y la paz y la estabilidad mundiales. Al cabo de veintitantos años de esfuerzos infatigables, China y Rusia han establecido una asociación de colaboración estratégica integral, la cual tiene en plena consideración los intereses y preocupaciones de cada una de las partes y ha traído beneficios tangibles a ambos pueblos. Nuestros dos países han resuelto completamente el problema fronterizo legado del pasado y firmado el Tratado China-Rusia de Buena Vecindad, Amistad y Cooperación, sentando sólidas bases para el desarrollo de las relaciones bilaterales a largo plazo.

En la actualidad, tanto China como Rusia viven periodos importantes para la revitalización nacional, mientras que sus relaciones han accedido a una nueva etapa en la que se ofrecen mutuamente oportunidades de desarrollo importantes y son socios de la cooperación recíproca y prioritaria. Con respecto al desarrollo de las relaciones chino-rusas en la nueva situación, considero que debemos trabajar más en los siguientes aspectos:

Primero, desarrollar con firmeza relaciones de cara al futuro. Mantener la amistad de generación en generación y jamás ser enemigos es el deseo común de los pueblos de China y Rusia. Ambas partes tenemos que subir a lo alto para mirar a lo lejos y planear con visión de conjunto el desarrollo de nuestras relaciones bilaterales. El presidente Putin dijo en cierto momento: "Rusia necesita una China próspera y estable, y China, una Rusia fuerte y exitosa". Y estoy totalmente de acuerdo con él. El desarrollo compartido de nuestros dos países proporcionará un espacio de desarrollo más amplio a la asociación de colaboración estratégica integral chino-rusa y contribuirá con energía positiva al desarrollo del orden y el sistema internacionales en su avance en busca de más justicia y racionalidad. Nuestros dos países tienen que ser buenos vecinos, buenos amigos y buenos socios por siempre, y con acciones concretas apoyarse firmemente en la salvaguarda de nuestros intereses medulares, nuestros respectivos desarrollos y revitalización, en el seguimiento del camino de desarrollo acorde a nuestras condiciones nacionales, y en el éxito de nuestros asuntos y esfuerzos.

Segundo, estar firmemente comprometidos con el desarrollo de unas relaciones de cooperación y beneficio recíproco. Las realidades y condiciones nacionales de China difieren de las de Rusia, pero con la cooperación recíproca estrecha y el reconocimiento de los puntos fuertes de cada parte para suplir las debilidades propias podremos demostrarle al mundo que uno más uno es más que dos. El año pasado, el volumen del comercio chino-ruso alcanzó los 88.200 millones de dólares, y los intercambios de personal llegaron a los 3.300.000 personas/veces. Estas cifras reflejan plenamente el enorme potencial y el vasto horizonte para el desarrollo de las relaciones bilaterales. La cooperación chino-rusa en energía se ha profundizado constantemente. Después de la "Ruta del Té de los Diez Mil *Li*"[1] del siglo XVII, los oleoductos y gasoductos chino-rusos han devenido en las nuevas "arterias del siglo" que comunican a los dos países. En la actualidad, nuestros países están promoviendo activamente la conexión recíproca de sus estrategias de desarrollo nacionales y regionales, creando sin cesar más puntos de convergencia de intereses y áreas de crecimiento para la cooperación bilateral. Ampliaremos el abanico de la colaboración bilateral de la esfera de la energía y otros recursos a terrenos como la inversión, la construcción de infraestructura, la alta tecnología y las finanzas, entre otros, y del comercio de bienes a la investigación y desarrollo conjunto y a la producción mixta para elevar de continuo la categoría y el nivel de la cooperación pragmática bilateral.

Y tercero, desarrollar con firmeza las relaciones amistosas entre los dos pueblos. La amistad entre los pueblos tiene la llave de los nexos entre países. La amistad profunda entre los pueblos es la fuerza del desarrollo de las relaciones interestatales. En este punto me gustaría referirme a algunos ejemplos de apoyo y ayuda mutuos de nuestros pueblos. En el Periodo de la Guerra de Resistencia del Pueblo Chino contra la Agresión Japonesa, el capitán de la fuerza aérea de la Unión Soviética, Gregory Kurishenko, vino a China a combatir hombro con hombro con el pueblo chino y dijo emocionado: "Siento el sufrimiento del pueblo chino como si fuera el sufrimiento de mi patria". Kurishenko murió heroicamente en suelo chino. El pueblo chino nunca olvidará a este héroe. Una madre china y su hijo han cuidado su tumba por más de medio siglo. Tras el incidente de los rehenes de Beslan[2], Rusia, en 2004, China invitó a parte de los niños traumatizados a rehabilitarse en nuestro país, donde recibieron una esmerada atención. El jefe por la parte rusa expresó: "Sus médicos han brindado tanta ayuda a nuestros niños que ellos los recordarán por siempre". En 2008, cuando ocurrió el devastador terremoto de Wenchuan[3], en China, Rusia tendió inmediatamente su mano amiga e invitó a los niños de la zona damnificada a recuperarse en el Lejano Oriente y otros lugares del país. Hace tres años, vi con mis propios ojos en el Centro Océano para Niños de Vladivostok, cómo los profesores rusos cuidaban a los niños chinos, cómo los abrumaban de ternura y atenciones. Estos pequeños sintieron en carne propia la amistad y la bondad del pueblo ruso. Como decimos los chinos, el gran amor no conoce fronteras. Episodios conmovedores como este hay muchos más, y todos juntos nutren el frondoso árbol de la amistad entre nuestros pueblos.

Tanto China como Rusia poseen una larga historia y brillante cultura, y los intercambios culturales tienen un papel insustituible para incrementar la amistad entre ambos pueblos. Confucio y Lao Tsé, entre otros filósofos chinos de la antigüedad, son familiares para el pueblo ruso. Y mientras que los revolucionarios chinos de la vieja generación fueron profundamente influenciados por la cultura rusa, nosotros, los de esta generación, también hemos leído muchos clásicos de la literatura rusa. Yo mismo, cuando joven, leí a Pushkin, Lermontov, Turgueniev, Dostoievski, Tolstoi, Chejov y otros grandes nombres de las letras, permitiéndome percibir el encanto de la literatura rusa. Los intercambios culturales chino-rusos cuentan con bases profundas.

Los jóvenes son el futuro de un país y el futuro del mundo. También tienen en sus manos el futuro de la amistad chino-rusa. Durante esta visita a Rusia, el presidente Putin y yo anunciamos conjuntamente que los dos países patrocinarán el Año de la Amistad y los Intercambios de la Juventud China-Rusa en China, en 2014, y en Rusia, en 2015. Además, la parte china invitará a visitar nuestro país a una delegación rusa de estudiantes universitarios, incluyendo alumnos del Instituto Estatal de Relaciones Internacionales de Moscú. Veo en ustedes parte de la élite de la joven generación rusa. Espero que más y más jóvenes chinos y rusos cojan el testigo de la carrera del relevo de la amistad chino-rusa y se entreguen activamente a la causa de la amistad de los dos pueblos.

Profesores y estudiantes:

Un refrán ruso reza: "El barco grande navega lejos". Y dicen los versos de un poema antiguo chino: "Ha llegado el momento de surcar las olas a lomo del viento"[4]. Confío en que con el esfuerzo mancomunado de los dos gobiernos y pueblos, las relaciones chino-rusas continúen surcando las olas al lomo del viento y navegando lejos con las velas izadas, para crear mayor bienestar a ambos pueblos y seguir promoviendo la paz y el desarrollo mundiales.

¡Muchas gracias!

Notas

[1] Este camino era una ruta del comercio de té abierta por los mercaderes de Shanxi, entre la postrimerías de la dinastía Ming y comienzos de la Qing. Partiendo de Meicun, al pie de las montañas Wuyi, en la provincia Fujian, China, llegaba a Kyakhta, Rusia, y luego se extendía por territorio ruso hasta San Petersburgo, pasando por más de 200 ciudades grandes y pequeñas y cubriendo un total de 13.000 kilómetros de longitud. Era una importante vía del comercio internacional tan célebre como la Ruta de la Seda.

[2] Ataque terrorista contra la Escuela Secundaria N.°1 de la ciudad de Beslan en la República de Osetia del Norte, al sur de Rusia, ocurrido el 1 de septiembre de 2004, y que causó la muerte de más de 300 rehenes.

[3] Se refiere al terremoto de 8,0 grados de magnitud en la escala de Richter ocurrido el día 12 de mayo de 2008, a las 14:28:04 hora local, en el distrito Wenchuan, provincia de Sichuan, China. El epicentro se ubicó al oeste con 38 grados hacia el sur y a 11 kilómetros del poblado Yingxiu. Según las estadísticas confirmadas hasta el 25 de septiembre de 2008, 69.227 personas murieron, 374.643 resultaron heridas y otras 17.923 desaparecieron. Las pérdidas económicas directas causadas por el terremoto fueron de 845.100 millones de yuanes.

[4] Li Bai: "Tres poesías sobre el camino difícil –primera". Li Bai (701-762) fue poeta de la dinastía Tang.

Estructurar un nuevo modelo de relaciones de países grandes entre China y Estados Unidos*

7 de junio de 2013

Acabo de tener el primer encuentro con el presidente Barack Obama, en el cual hemos intercambiado con franqueza y a fondo opiniones sobre las políticas interior y exterior de nuestros respectivos países, el nuevo modelo de relaciones de países grandes entre China y Estados Unidos, los problemas internacionales y regionales importantes de interés común, y hemos alcanzado el consenso en muchos temas significativos.

Le he dicho al presidente Obama que China seguirá inquebrantablemente el camino del desarrollo pacífico, profundizará la reforma y apertura, cumplirá el sueño chino de la gran revitalización de la nación china y promoverá la noble causa de la paz y el desarrollo de la humanidad.

El sueño chino no es otro que hacer próspero y fuerte a nuestro país, revitalizar la nación y llevar felicidad al pueblo. Es un sueño de paz, desarrollo, cooperación y beneficio mutuo, y que tiene muchas cosas en común con todos los sueños hermosos de los pueblos del mundo, incluido el sueño americano.

Tanto el presidente Obama como yo sostenemos que atendiendo al veloz desarrollo de la globalización económica y la demanda objetiva de los países del mundo de trabajar juntos, China y Estados Unidos deben y pueden construir un nuevo modelo de relación, distinto al de los enfrentamientos y confrontaciones históricos entre países grandes que conoce la historia. Los dos acordamos esforzarnos conjuntamen-

* Puntos esenciales de la conferencia de prensa conjunta concedida por Xi Jinping y el presidente estadounidense, Barack Obama.

te para estructurar un nuevo modelo de vínculos entre países grandes, respetarnos mutuamente, cooperar y procurar intereses mutuos, con el fin de generar beneficios para nuestros pueblos y los demás pueblos del mundo en general. La comunidad internacional desea unos nexos chino-estadounidenses mejorados y ampliados constantemente. Una buena cooperación entre los dos países contribuirá a la estabilidad global y a la paz mundial.

Ambas partes están de acuerdo en fortalecer el diálogo y la comunicación a todos los niveles, así como incrementar ininterrumpidamente la confianza y el entendimiento recíprocos. El presidente Obama y yo seguiremos en estrecho contacto por medio de las visitas recíprocas, encuentros, conversaciones telefónicas y correspondencia. He invitado al presidente Obama a visitar China en el momento oportuno para celebrar una nueva ronda de encuentros. El presidente Obama y yo intercambiaremos visitas recíprocas tan pronto como sea posible. Los equipos de ambas partes colaborarán de manera estrecha para asegurar que la nueva ronda del diálogo estratégico y económico y las consultas de alto nivel sobre los intercambios culturales entre China y Estados Unidos obtengan logros positivos. Los ministros de Defensa Nacional y Relaciones Exteriores de China visitarán Estados Unidos por invitación.

Ambas partes llegamos al consenso de fortalecer la cooperación en una amplia gama de ámbitos como economía, comercio, energía, medio ambiente, cultura y humanidades, y los asuntos locales para profundizar de manera integral los intereses convergentes entre las dos naciones. Igualmente mejoraremos y desarrollaremos las relaciones entre los dos ejércitos e impulsaremos la construcción de un nuevo modelo de nexos militares. También intensificaremos la coordinación de las políticas macroeconómicas, expandiremos la cooperación en el curso de nuestros respectivos desarrollos económicos y promoveremos un crecimiento fuerte, sostenible y equilibrado de la economía de la región Asia-Pacífico y de todo el globo.

Querer es poder y tengo confianza en que China y Estados Unidos construirán un nuevo modelo de relaciones de países grandes entre ellos. Primero, ambas partes tienen la voluntad política para construir estas relaciones. Segundo, la cooperación bilateral en los últimos 40 y más años ha sentado sólidas bases para la colaboración futura. Tercero, ambas partes cuentan con más de 90 mecanismos para los diálogos de alto nivel sobre estrategia, economía, cultura y humanidades, que sirven a su vez de mecanismos de garantía para la construcción del nuevo modelo de relaciones de países grandes. Cuarto, más de 220 parejas de provincias/estados y ciudades de las dos partes están hermanadas. China tiene cerca de 190.000 chinos cursando estudios en Estados Unidos, y éste a su vez, tiene más de 20.000 educandos en nuestro país. Por lo tanto, la construcción del nuevo modelo de relaciones de países grandes entre China y Estados Unidos cuenta con profundas bases en la opinión pública. Y quinto, hay mucho margen para la cooperación bilateral en el futuro.

La construcción de un nuevo modelo de relaciones de países grandes entre China y Estados Unidos carece de precedente, pero sirve de inspiración a las que están por venir. Ambos países necesitan impulsar sin cesar esta construcción en el proceso del fortalecimiento del diálogo, incremento de la confianza mutua, desarrollo de la cooperación y control de las disputas.

Tanto la china como la estadounidense son grandes naciones, y sus pueblos, grandes también. Estoy firmemente convencido de que con determinación, confianza, paciencia y sabiduría ambas partes podrán cumplir el objetivo, mientras tengamos presente la situación general al comenzar por la rutina diaria y logremos un progreso constante.

China es víctima de los ataques de los "hackers". Como firme defensor de la ciberseguridad, China comparte las mismas preocupaciones que Estados Unidos. Ambas partes han convenido a través de consultas crear un equipo de trabajo para la ciberseguridad dentro del marco del diálogo estratégico y de seguridad chino-estadounidense e intensificar el estudio de este problema. Las dos partes deben evitar las sospechas y cooperar para hacer de la ciberseguridad un nuevo punto brillante en la cooperación chino-estadounidense.

Tender un puente de amistad y cooperación sobre el continente eurasiático[*]

1 de abril de 2014

Aunque entre China y Europa hay una gran distancia geográfica de por medio, vivimos en el mismo tiempo y en el mismo mundo y siento que estamos tan cerca uno de otro como si fuéramos vecinos. Tanto China como Europa se encuentran en periodos clave del desarrollo y encaran oportunidades y desafíos sin precedentes. Deseo trabajar con los amigos europeos para tender un puente de amistad y cooperación sobre el continente eurasiático. Para ello, hemos de esforzarnos por construir cuatro puentes: por la paz, el crecimiento, la reforma y el progreso de la civilización, de forma tal que la asociación estratégica integral China-Europa cobre una mayor importancia global.

—Vamos a construir un puente de la paz y la estabilidad que comunique a las dos grandes fuerzas de China y la Unión Europea. La superficie combinada de China y la Unión Europea representa un décimo del total mundial, sus poblaciones, una cuarta parte del mundo. Juntos ocupamos tres escaños de miembro permanente del Consejo de Seguridad de las Naciones Unidas. Paz sí, guerra no; multilateralidad sí, unilateralidad no, diálogo sí, confrontación no: esos son los preceptos de ambas partes. Tenemos que fortalecer la comunicación y la coordinación en los temas globales para desempeñar el papel clave en la salvaguarda de la paz y la estabilidad mundiales. La civilización y la cultura pueden difundirse, y la paz y el desarrollo también. China está dispuesta a trabajar con la Unión Europea para hacer que la luz del Sol de la paz disipe las tinieblas de la guerra, que

---

[*] Fragmentos del discurso pronunciado en el Colegio de Europa en Brujas, Bélgica.

la hoguera de la prosperidad acabe con el frío primaveral de la economía mundial, y que toda la humanidad se embarque por el camino del desarrollo pacífico y de la cooperación y el beneficio mutuo.

—Vamos a construir un puente del crecimiento y la prosperidad para conectar a los dos grandes mercados chino y europeo. China y la Unión Europea representan una tercera parte del volumen económico global del planeta y son las dos entidades económicas más importantes a nivel mundial. Tenemos que persistir juntos en la apertura de los mercados, acelerar las negociaciones sobre los acuerdos de inversión, y explorar activamente la construcción de una zona de libre comercio, esforzándonos por alcanzar la grandiosa meta de elevar el comercio bilateral en 2020 al billón de dólares estadounidenses. Además, tenemos que explorar activamente cómo combinar la cooperación chino-europea con la iniciativa para la construcción del Cinturón Económico Ruta de la Seda. Asimismo, teniendo la formación de un macro mercado eurasiático como objetivo, debemos inyectar energía al personal, empresas, fondos de capital y tecnología de Asia y Europa para hacer de China y la Unión Europea el motor gemelo del crecimiento económico mundial.

—Vamos a construir un puente de la reforma y el progreso para vincular el proceso de la reforma de China y el de la Unión Europea. Tanto China como la Unión Europea están experimentando procesos de reforma nunca antes conocidos en la historia humana y recorriendo caminos jamás transitados por sus predecesores. Ambas partes deben potenciar el diálogo y la cooperación en ámbitos como la macroeconomía, políticas públicas, desarrollo regional y rural, sociedad y vida de la población. Necesitamos respetar los caminos de la reforma de una y otra parte, tomar como referencia las experiencias de reforma acumuladas por la contraparte y llevar adelante el desarrollo y el progreso mundiales con nuestras propias reformas.

—Vamos a construir un puente de la prosperidad cultural común para comunicar a las dos grandes civilizaciones de China y Europa. China es un importante representante de la civilización Oriental, mientras que Europa es la cuna de la civilización Occidental. Tal como a los chinos nos gusta el té y a los belgas la cerveza, la sutileza y la introversión del té y el fervor y la pasión de la cerveza encarnan, a mi modo de ver, dos maneras distintas de catar la vida e interpretar el mundo. Sin embargo, el té y la cerveza no son incompatibles; puede que mil copas sean poco entre amigos íntimos, y también puede que uno deguste el té mientras saborea la vida. En China valoramos nuestro ideal de "armonía sin uniformidad"[1], en tanto que la Unión Europea enfatiza la "integración pluralizada". Trabajemos juntos para que todas las flores de la civilización humana florezcan a la vez.

Pese a todos los cambios en el panorama internacional, China siempre ha apoyado el proceso de integración de Europa, así como ha abogado por un mayor papel en los asuntos internacionales para una Unión Europea unida, estable y próspera. China publicará muy pronto su segundo documento de política sobre la Unión Europea para reiterar la gran importancia que atribuye al bloque y al desarrollo de las relaciones con éste. El año pasado, China y la Unión Europea diseñaron conjuntamente la Agenda estratégica 2020 para la cooperación China-Unión Europea, en la que formularon una serie de metas ambiciosas en cerca de 100 dominios. Ambas partes deben concertar esfuerzos para hacer el plan realidad lo antes posible y lograr que las relaciones chino-europeas conquisten mayores logros en los próximos diez años.

Notas

[1] Véase la nota 11 de "Los jóvenes deben practicar concienzudamente los valores socialistas clave" en el presente libro, pág. 222.

XIII.
Cumplir como es debido la labor diplomática con los países vecinos

Construyamos la
"Franja Económica de la Ruta de la Seda"*

7 de septiembre de 2013

Hace más de 2.100 años, Zhang Qian, de la dinastía china Han, fue enviado dos veces a Asia Central al frente de misiones de paz y amistad. Sus viajes abrieron las puertas a los contactos amistosos de China con los países centroasiáticos, e inauguraron la Ruta de la Seda que comunicó al Este y el Oeste, a Asia y Europa.

Mi pueblo natal, Shaanxi, está justamente en el punto de partida de la antigua Ruta de la Seda. Hoy, parado aquí y repasando la historia, me parece escuchar el cencerro de las caravanas de camellos retumbando en las montañas y ver las solitarias y tenues columnas de humo elevándose sobre el inmenso desierto. Todo eso me resulta muy estremecedor.

Esta tierra, Kazajstán, localizada en la antigua Ruta de la Seda, hizo importantes aportes a la comunicación entre la civilización de Oriente y Occidente y a la promoción de los intercambios y la cooperación entre las distintas etnias y culturas. Mientras iban y venían interminablemente los enviados, las caravanas de comerciantes, viajeros, estudiosos y artesanos de Oriente y Occidente, los países en la ruta se abastecían, aprendían unos de otros y se tomaban como referencia, impulsando conjuntamente el progreso de la civilización humana.

En la antigua ciudad de Almaty, en la Ruta de la Seda, está el Boulevard Xian Xinghai[1], que obtuvo su nombre de una historia verdadera. En 1941, cuando estalló la Gran Guerra Patria, el célebre compositor musical chino, Xian Xinghai, llegó a Almaty luego de un largo viaje. Entonces era muy pobre y estaba enfermo y no tenía

---

* Fragmentos del discurso pronunciado en la Universidad Nazarbayev, Astana, Kazajstán.

a quien acudir. Afortunadamente, el compositor kazajo Bakhitzhan Baykadamov, lo acogió y le ofreció un hogar.

En Almaty, Xian Xinghai compuso sus famosas obras como *Liberación de la nación, Guerra sagrada* y *Rojo en todo el río*. Escribió también la sinfonía poética *Amangeldy* basada en las hazañas de este héroe nacional kazajo. Estas piezas sirvieron de llamado a la guerra contra el fascismo y se hicieron muy populares entre el pueblo local.

Durante siglos, en esta antigua Ruta de la Seda, los pueblos escribieron juntos capítulos de la amistad que llegaron hasta nuestros días. Los anales de los intercambios por más de dos mil años demuestran que persistiendo en la solidaridad y la confianza mutua, la igualdad y el beneficio recíproco, la inclusividad y la referencia mutua, la cooperación y el ganr-ganar es factible que los países de razas, credos y trasfondos culturales diferentes disfruten de la paz y se desarrollen conjuntamente. Esta es una inspiración valiosa que nos ha legado la antigua Ruta de la Seda.

Desde hace más de veinte años, a la par del desarrollo acelerado de las relaciones entre China y los países euroasiáticos, la antigua Ruta de la Seda rebosa cada día de nuevo esplendor y vitalidad y, bajo nuevas formas, ha fomentado ininterrumpidamente la cooperación de beneficio mutuo de China con estos países a nuevos niveles históricos.

Más vale un vecino cercano que un pariente lejano. China y los países centroasiáticos son vecinos y amigos cercanos ligados por las montañas y los ríos. China atribuye suma importancia al desarrollo de las relaciones de amistad y cooperación con ellos y lo considera un rumbo prioritario de su diplomacia.

En la actualidad, China y los países centroasiáticos encaran una oportunidad dorada para desarrollar sus relaciones. Esperamos colaborar con ellos en el incremento de la confianza mutua, consolidación de la amistad y fortalecimiento de la cooperación de forma permanente, y la promoción del desarrollo y la prosperidad conjuntos en aras de procurar bienestar para nuestros pueblos.

Debemos persistir en la amistad generacional y ser buenos vecinos que viven en armonía y paz. China insiste en seguir por el camino del desarrollo pacífico y aplicar inquebrantablemente una política exterior independiente y de paz. Respetamos los caminos de desarrollo elegidos por otros pueblos y las políticas interior y exterior que aplican, y jamás intervendremos en los asuntos internos de los países centroasiáticos. China no procura el poder orientador a los asuntos regionales, ni establece zonas de influencia. Estamos dispuestos a colaborar con Rusia y dichos países en el fortalecimiento de la comunicación y la coordinación, y hacer incansables esfuerzos por construir mancomunadamente una región armoniosa.

– Debemos apoyarnos firme y recíprocamente, ser buenos amigos, sinceros y confiables. En lo que toca a la soberanía estatal, la integridad territorial, la seguridad, la estabilidad y otros asuntos de intereses medulares importantes, el enérgico apoyo recíproco es la esencia y contenido significativo de la asociación estratégica de China con los países centroasiáticos. Es nuestro deseo reforzar la confianza mutua y profundizar la cooperación con estas naciones dentro del marco de la Organización de Cooperación de Shanghai (OCS)[2] y combatir "las tres fuerzas" del separatismo, el terrorismo y el extremismo, así como el tráfico de drogas y el crimen organizado transnacional, con el fin de crear un buen ambiente para el desarrollo económico en la región y la vida tranquila y el trabajo feliz de sus pueblos.

– Debemos reforzar dinámicamente la cooperación pragmática y ser buenos socios de beneficio mutuo y el ganar-ganar. Tanto China como los países centroasiáticos se hallan en una etapa de desarrollo clave y afrontan oportunidades y desafíos sin precedentes. Todos ellos han formulado metas de desarrollo a largo y mediano plazo acordes a sus condiciones nacionales. Nuestros objetivos estratégicos son idénticos, o sea, asegurar el desarrollo prolongado y estable de la economía y hacer realidad la prosperidad y fortaleza de nuestros países y la revigorización nacional. Tenemos que potenciar la cooperación pragmática en todos los sentidos, y sacar partido de la ventaja de nuestras relaciones políticas, vecindad geográfica y complementariedad económica en la cooperación pragmática y el crecimiento sostenido, para así forjar una comunidad de intereses basada en el beneficio mutuo.

– Debemos expandir la cooperación regional con una mentalidad más amplia y una visión más vasta para conseguir juntos un nuevo esplendor. En la actualidad la fusión económica mundial se está acelerando, y la cooperación regional está en ascenso. En la región eurasiática se han establecido varias organizaciones de cooperación regional. La Comunidad Económica Eurasiática (CEEA) y los países miembros y observadores de la OCS se hallan geográficamente en Eurasia, Asia Meridional y Asia Occidental, por lo que a través de la intensificación de la cooperación de la OCS con la CEEA podemos obtener un mayor margen de desarrollo.

Con el propósito de estrechar aún más nuestros vínculos económicos como países eurasiáticos, profundizar nuestra cooperación mutua y ampliar nuestro espacio de desarrollo, debemos adoptar un enfoque de cooperación innovador para construir conjuntamente la "Franja Económica de la Ruta de la Seda". Se trata de una magna obra de creación de bienestar en provecho de los pueblos a lo largo de su trayecto. Para hacer esta visión realidad, podemos comenzar en áreas específicas y conectarlas con el tiempo hasta cubrir gradualmente la cooperación regional.

En primer lugar, fortalecer la comunicación política. Los países pueden mantener intercambios de opiniones sobre estrategias y medidas de desarrollo económico, y, partiendo del principio de buscar puntos comunes y archivar las diferencias, elaborar mediante consultas, planes y medidas impulsores de la cooperación regional, y dar "luz verde" a la fusión económica regional en términos de políticas y leyes.

Segundo, mejorar la conexión vial. En la OCS se está consultando un acuerdo de facilitación del transporte. La suscripción e implementación de este documento a la mayor brevedad posible dejará abierta una gran vía de transporte desde el Pacífico hasta el Báltico. Sobre esta base, deseamos explorar activamente, junto con las diversas partes, formas para mejorar las infraestructuras del transporte transfronterizo y formar gradualmente una red de comunicaciones y transporte que enlace a Asia Oriental, Asia Occidental y Asia Meridional, con vistas a facilitar el desarrollo económico de los países y los viajes en la región.

Tercero, hacer más expedito el comercio. La población a lo largo de la Franja Económica de la Ruta de la Seda totaliza los cerca de 3.000 millones de habitantes, y la magnitud y el potencial de sus mercados no conocen parangón. Los países poseen un enorme potencial de cooperación en los terrenos del comercio y la inversión. Las partes deben explorar vías para facilitar el comercio y la inversión y llegar a los arreglos adecuados destinados a eliminar las barreras comerciales, reducir los costes del comercio y la inversión y elevar la velocidad y la calidad de la circulación de la economía regional, con el objetivo de materializar el progreso de beneficio mutuo en la región.

Cuarto, reforzar la circulación monetaria. China, Rusia y otros países han consolidado satisfactoriamente la cooperación en la liquidación de las transacciones comerciales en la moneda local, han obtenido logros alentadores y acumulado ricas experiencias en este sentido. Es necesario difundir esta buena práctica. Si los países consiguen realizar la convertibilidad y la liquidación de las cuentas corrientes y las cuentas de capital en la moneda local, reducirán en gran medida los costes de la circulación, aumentarán la capacidad de eludir los riesgos financieros y elevar la competitividad de la economía de la región en el plano internacional.

Y quinto, reforzar la comunicación entre los pueblos. La amistad entre los pueblos es la llave de las buenas relaciones entre los Estados. Para alcanzar una cooperación productiva en los campos antes mencionados hay que contar con el apoyo de los pueblos, hay que intensificar los intercambios amistosos entre ellos y acrecentar la comprensión mutua y la amistad tradicional, con miras a sentar sólidos cimientos para el apoyo público y social a la cooperación regional.

Notas

[1] Xian Xinghai (1905-1945), nacido en Macao y de ascendencia en Panyu (hoy parte de Guangzhou, provincia de Guangdong). Compositor musical chino moderno.

[2] Se refiere a la organización internacional intergubernamental que China, Rusia, Kazajstán, Kirguistán, Tayikistán y Uzbekistán fundaron el 15 de junio de

2001 en Shanghai. Su predecesor era el mecanismo de encuentro de los "Cinco de Shanghai". La OCS tiene como objetivos fortalecer la confianza mutua, la buena vecindad y la amistad entre sus países miembros; desarrollar la cooperación en los sectores de la política, economía, ciencia y tecnología, cultura, educación, energía, transporte, protección medioambiental; defender y garantizar la paz, la seguridad y la estabilidad en la región, y promover la implantación de un nuevo orden político y económico internacional democrático, justo y razonable. Cada año se celebra un encuentro oficial de jefes de Estado de los miembros. Los jefes de gobierno se reúnen en una fecha fija alternativamente en cada uno de los países miembro.

Construyamos conjuntamente la "Ruta Marítima de la Seda" del siglo XXI*

3 de octubre de 2013

China y los países de la Asociación de Naciones del Sudeste Asiático (ANSEA) son vecinos muy cercanos que comparten muchas similitudes. Como este año se cumple el décimo aniversario del establecimiento de la asociación estratégica China-ANSEA, nuestra relación se encuentra en un nuevo punto de partida histórico.

La parte china confiere suma importancia al estatus e influencia de Indonesia en la ANSEA, y desea colaborar con Indonesia y demás miembros de la organización para garantizar que ambas partes sean buenos vecinos, buenos amigos y buenos socios, que se acompañen en la prosperidad y la pobreza, compartan la seguridad y el peligro y se auxilien en el mismo barco. Debemos edificar con nuestros esfuerzos conjuntos una comunidad de destino China-ANSEA más estrecha y reportar más bienestar a las dos partes y a los pueblos de la región.

Para este propósito, debemos esforzarnos prioritariamente en los siguientes aspectos.

Primero, fomentar la credibilidad y confianza y las relaciones de buena vecindad. Mientras que las personas deben ser fieles a la palabra empeñada, en las relaciones interestatales priman la honestidad y la credibilidad como lo fundamental. China desea fraguar una relación con los países de la ANSEA de sinceridad, amistad y mejorada confianza mutua en lo político y lo estratégico.

En el mundo no hay una modalidad de desarrollo de validez universal, ni un camino de desarrollo inalterable. Los pueblos de

---

* Fragmentos del discurso pronunciado ante el Consejo Representativo del Pueblo de Indonesia.

China y los países de la ANSEA, abrazando la reforma y la innovación, avanzando ininterrumpidamente y con ánimo emprendedor, y explorando e inaugurando caminos de desarrollo adaptados a la corriente de la época y acorde a sus propias realidades, han abierto amplios horizontes al desarrollo económico y social.

Debemos respetar el derecho de todos a elegir de manera independiente el sistema social y el camino del desarrollo, y respetar la exploración y la práctica que hace cada uno para impulsar su propio desarrollo económico y social y mejorar las condiciones de vida de su pueblo. Debemos fortalecer la confianza mutua en la elección estratégica del otro, apoyarnos mutuamente en los problemas que nos preocupan, y seguir con firmeza la orientación general de la cooperación estratégica China-ANSEA.

China está dispuesta a consultar, negociar y suscribir tratados de buena vecindad, amistad y cooperación con los países de la ANSEA, y delinear juntos un hermoso plan de buena vecindad y amistad. China apoyará como ha hecho siempre a la ANSEA en su desarrollo y fortalecimiento, la respaldará en la construcción de su comunidad y en su desempeño del papel rector en la cooperación regional.

Segundo, persistir en la cooperación de beneficio mutuo. "Los intereses que deben considerarse son los intereses de todos"[1], dice un viejo refrán chino. China está lista para ampliar la apertura a los países de la ANSEA sobre la base de la igualdad y el beneficio mutuo, y hacer que su propio desarrollo los beneficie mucho más. China está lista también para elevar el nivel de la zona de libre comercio China-ANSEA, y conseguir que el volumen del comercio bilateral alcance el billón de dólares estadounidenses en 2020.

China está comprometida con la consolidación de la construcción de conexiones y la comunicación con los países de la ANSEA. Propone preparar y establecer el Banco Asiático de Inversión en Infraestructura, y está dispuesta a apoyar a los países en vías de desarrollo de la región, incluyendo los de la ANSEA, en el fortalecimiento de los vínculos en el desarrollo de infraestructuras.

La región del sudeste asiático ha sido desde la antigüedad un centro importante de la "Ruta Marítima de la Seda". China está lista para intensificar la cooperación marítima con los países de la ANSEA, destinar el Fondo de Cooperación Marítima China-ANSEA creado por el gobierno chino al desarrollo de la asociación de cooperación marítima para construir conjuntamente la "Ruta Marítima de la Seda" del siglo XXI. China está dispuesta a complementar sus ventajas con los países de la ANSEA a través de la ampliación de la cooperación pragmática en diversos terrenos, compartir las oportunidades con ellos y salir juntos al encuentro de los desafíos, con el fin de hacer realidad el desarrollo y la prosperidad comunes.

Tercero, unir fuerzas y asistirse mutuamente. China y los países de la ANSEA, interdependientes como los labios y los dientes, llevan sobre sus hombros la responsabilidad de defender conjuntamente la paz y la estabilidad de la región. En el pasado, los pueblos chino y de los países de la ANSEA combatieron juntos para recuperar la condición de dueños de sus propios destinos. En los últimos años, en la respuesta a la crisis financiera asiática y a la crisis financiera internacional, al tsunami del Índico y al devastador terremoto de Wenchuan, China, nuestros pueblos han unido fuerzas como nunca antes.

Debemos repudiar la mentalidad de la guerra fría, promover activamente el nuevo concepto de seguridad integral, conjunta y cooperativa para defender juntos la paz y la estabilidad de la región. Debemos profundizar la cooperación en la prevención de desastres y labores de rescate, en la ciberseguridad, en la lucha contra el crimen organizado transnacional, en la aplicación conjunta de las leyes con vistas a construir un hogar regional más pacífico, tranquilo y acogedor para los pueblos de la región.

China desea mejorar aún más, junto con los países de la ANSEA, el mecanismo de la Reunión de Ministros de Defensa China-ANSEA y así mantener diálogos regulares sobre el problema de la seguridad regional.

Con respecto a las divergencias y disputas que existen entre China y algunos países del sudeste asiático sobre soberanía territorial y derechos e intereses marítimos, las partes deben insistir en tratarlas adecuadamente de forma pacífica y a través de diálogos en pie de igualdad y consultas amistosas con el propósito de salvaguardar los intereses generales de las relaciones bilaterales y la estabilidad regional.

Cuarto, mejorar el entendimiento recíproco y la amistad. "El árbol grande nace de una yema; y una plataforma de nueve niveles comienza por la primera palada de tierra"[2]. Para mantener siempre verde el árbol de la amistad China-ANSEA es preciso fertilizar el suelo social de las relaciones de ambas partes. El año pasado, 15 millones de personas viajaron entre China y los países de la ANSEA y se hicieron más de 1.000 vuelos de ida y vuelta a la semana. El incremento de la interacción redundó en lazos más profundos entre nosotros y permitió que nuestros pueblos se sintieran más cerca unos de otros.

Debemos promover los intercambios amistosos entre los jóvenes think tanks's, parlamentos, organizaciones no gubernamentales, agrupaciones sociales, etc., para proporcionar mayor soporte intelectual al desarrollo de las relaciones China-ANSEA e incrementar la comprensión y la amistad entre los pueblos. China está dispuesta a enviar más voluntarios a la ANSEA para respaldar el desarrollo de los países de esta organización en las esferas de la cultura, educación, sanidad, asistencia médica, entre otras. China propone designar el 2014 como el Año del Intercambio Cultural China-ANSEA. En un plazo de tres a cinco años, China ofrecerá 15.000 becas gubernamentales a los países de la ANSEA.

Y quinto, persistir en la apertura y la inclusividad. "El mar es vasto porque se alimenta de todos los ríos". En el prolijo proceso histórico de la humanidad, los pueblos de China y los países de la ANSEA han creado brillantes civilizaciones variopintas que gozan de reputación en el planeta. Esta es una región pletórica de diversidad, donde las diferentes civilizaciones se han fusionado e interactuado entre ellas, sentando bases culturales importantes para tomarse mutuamente como referencia y aprender y apoyarse recíprocamente entre los pueblos de China y los países de la ANSEA.

Tenemos que tomar activamente las experiencias del desarrollo de otras regiones como referencia, y dar la bienvenida a los países de otras regiones para que jueguen un papel constructivo en el desarrollo y la estabilidad de esta zona. Al mismo tiempo, esos países deben respetar la diversidad de esta región y hacer su parte para facilitar su desarrollo y estabilidad. La comunidad de destino China-ANSEA, la comunidad de la ANSEA y la comunidad de Asia Oriental, íntimamente relacionadas las tres, deben hacer valer sus respectivas ventajas para mejorar la diversidad, armonía, inclusividad y el progreso común en nuestra región por el beneficio de nuestros pueblos y de los pueblos de otras regiones del mundo.

Una comunidad de destino China-ANSEA mejor conectada responde tanto a la corriente de la época de buscar la paz, procurar el desarrollo y promover la cooperación de beneficio mutuo como a los intereses comunes de los pueblos de Asia y del resto del planeta. Por esta razón, cuenta con un enorme espacio y un inmenso potencial de desarrollo.

Notas

[1] Pergamino que escribió y obsequió Yu Youren a Jiang Jingguo. Yu Youren (1879-1964), oriundo de Sanyuan, provincia de Shaanxi, decano del Kuomintang de China. Jiang Jingguo, (1910-1988), natural de Fenghua, provincia de Zhejiang, presidente del Kuomintang de China en sus últimos años.

[2] *Lao Tsé*, "Capítulo LXIV".

Diplomacia con los países vecinos sobre la base de la amistad, sinceridad, reciprocidad e inclusividad[*]

24 de octubre de 2013

Llevar a buen efecto la labor diplomática con los países vecinos es una necesidad para alcanzar las metas de los dos centenarios –el del Partido Comunista en 2021 y el de la República Popular en 2049–, y cumplir el sueño chino de la gran revitalización de la nación china. Por ende, es imperativo impulsar la diplomacia con los países vecinos, luchar por un buen ambiente regional para nuestro desarrollo, hacer que nuestro desarrollo beneficie más a las naciones vecinas y lograr el desarrollo conjunto.

Luego de la fundación de la Nueva China en 1949, la primera generación de la dirección central colectiva del Partido con el camarada Mao Zedong como núcleo, la segunda generación del Partido con el camarada Deng Xiaoping como núcleo, la tercera generación del Partido con el camarada Jiang Zemin como núcleo, y el Comité Central del Partido con el camarada Hu Jintao como secretario general atribuyeron suma importancia a la diplomacia con los países vecinos, formularon una serie de importantes pensamientos estratégicos, orientaciones y políticas, y crearon y desarrollaron un ambiente favorable, sentando así sólidos cimientos para el trabajo diplomático futuro. Después de su XVIII Congreso Nacional, el Comité Central del Partido, sobre la base de mantener la continuidad y la estabilidad de la orientación básica de nuestra política exterior, planificó activamente el conjunto de las actuaciones diplomáticas, y, resaltando la importancia

---

* Puntos esenciales del discurso pronunciado en el seminario sobre la labor diplomática con los países vecinos.

de la diplomacia periférica para el desarrollo y la diplomacia general de nuestro país, llevó a cabo una serie de iniciativas diplomáticas.

Ya en términos de ubicación geográfica, medio ambiente o relaciones recíprocas, el entorno periférico tiene un significado estratégico de extrema importancia para nuestro país. Al abordar la problemática de los países vecinos y temas afines, necesitamos una perspectiva multidimensional que supere los confines inmediatos del tiempo y el espacio. Al hacer un análisis de la situación, podemos ver que tanto el ambiente periférico como nuestras relaciones con los países circundantes han experimentado grandes cambios. Nos percatamos de que nuestros vínculos económicos y comerciales con nuestros vecinos son más estrechos, con niveles sin precedentes de intercambios entre nosotros. Objetivamente, esto exige que nuestra estrategia y labor diplomáticas con esos países avance a la par de los tiempos y que sean más activas.

Los países en nuestro entorno están llenos de vitalidad y exhiben superioridades y potenciales de desarrollo notorios. El ambiente a nuestro alrededor es estable en su conjunto, y la buena vecindad, la amistad, el beneficio mutuo y la cooperación son la corriente principal de las relaciones de estos países con China. Tenemos que pensar en la tendencia general, poner énfasis en la estrategia y dar importancia a la planificación, con miras a cumplir la labor diplomática con los países circundantes.

Los objetivos estratégicos de nuestra diplomacia periférica consisten precisamente en obedecer y servir al alcance de las metas de la lucha para los dos centenarios y a la materialización de la gran revitalización de la nación china, desarrollar integralmente las relaciones con los países vecinos, afianzar la buena vecindad y la amistad, profundizar la cooperación basada en el beneficio mutuo, mantener y aprovechar bien el importante periodo coyuntural estratégico del desarrollo de nuestro país, defender la soberanía, la seguridad y los intereses de desarrollo del Estado, y esforzarse porque los países circundantes tengan con el nuestro relaciones políticas más amistosas, lazos económicos más sólidos, cooperación de seguridad más profunda y contactos culturales más estrechos.

La orientación básica de nuestra diplomacia periférica es precisamente tratar con buena fe a los vecinos y tenerlos como amigos y socios, y hacer que se sientan tranquilos y ayudarlos a prosperar. Esta política se caracteriza por la amistad, la sinceridad, la reciprocidad y la inclusividad. Desarrollar las relaciones de buena vecindad y amistad con los países vecinos es la orientación constante de nuestra diplomacia periférica. Hay que insistir en la adherencia a este principio. Necesitamos ayudar a los vecinos en tiempo de crisis, tratarlos como iguales, visitarlos con frecuencia y emprender acciones que nos hagan merecedores de su apoyo y aprobación. En respuesta, esperamos que los países vecinos se inclinen hacia nosotros y deseamos que China tenga una mayor afinidad con ellos y que nuestra inspiración e influencia sigan creciendo. Hay que tratarlos con sinceridad para tenerlos como amigos y socios. Es preciso cooperar con nuestros países vecinos, partiendo del principio de preferencia y beneficio mutuos, crear redes de intereses comunes más compactas, e integrar mejor los intereses de ambas partes, posibilitando que ellos se beneficien del desarrollo de China y que nuestro país se gane su apoyo. Debemos promover el pensamiento de la inclusividad, subrayar que en la región Asia-Pacífico hay suficiente margen para que todos los países se desarrollen e impulsar la cooperación regional con una mentalidad más abierta y mayor entusiasmo. Debemos practicar estos preceptos para que se conviertan en las ideas comunes y las normas de la conducta para todos los países de la región.

En la medida que evolucionan las circunstancias, la diplomacia con los países circundantes nos exige que analicemos y abordemos los problemas desde la perspectiva estratégica, y elevemos nuestras capacidades de tratamiento, planificación y aplicación, y fomentemos cada aspecto de esta diplomacia. Es indispensable hacer todo lo posible para mantener la paz y la estabilidad en la región. Seguir el camino del desarrollo pacífico es una elección estratégica que nuestro Partido hizo de acuerdo con la tendencia de desarrollo de la época y los intereses fundamentales de nuestro país, por lo que la salvaguarda de la paz y la estabilidad en nuestro entorno es un importante objetivo de la diplomacia periférica.

Es necesario profundizar cada esfuerzo dirigido a formar la configuración basada en los principios del beneficio mutuo y el ganarganar. Vamos a planificar el uso de nuestros recursos en los sectores económico, comercial, tecnológico y científico, financiero, etc., aprovechar adecuadamente nuestras ventajas comparativas, identificar los puntos estratégicos de convergencia para la cooperación de beneficio mutuo con los países vecinos y participar activamente en la colaboración económica regional. Debemos trabajar con los países vecinos para acelerar la conexión de infraestructuras y construir el Cinturón Económico Ruta de la Seda, así como la Ruta Marítima de la Seda del siglo XXI. Es necesario implementar con mayor celeridad la estrategia de zonas de libre comercio con nuestras naciones vecinas como base, ampliar la cooperación en el comercio y la inversión y concebir un nuevo patrón de integración económica regional. Debemos profundizar la cooperación financiera regional, preparar y crear el Banco Asiático de Inversión en Infraestructura, y perfeccionar la red de seguridad financiera regional. Es vital acelerar la apertura de las zonas fronterizas y profundizar la cooperación de beneficio mutuo de las provincias y regiones autónomas fronterizas con los países colindantes.

Se debe impulsar la cooperación regional en materia de seguridad. Dado que China vive en vecindad con los países circundantes, desplegar la cooperación en seguridad es una necesidad común a todos. Hay que persistir en el nuevo concepto de la seguridad basada en la confianza recíproca, el beneficio mutuo, la igualdad y la colaboración, abogar por el concepto de la seguridad integral, conjunta y cooperativa, fomentar la cooperación en seguridad con los países circundantes, participar con iniciativa propia en la cooperación regional y subregional en esta materia, profundizar los mecanismos de colaboración pertinentes y afianzar la confianza mutua estratégica.

Es necesario potenciar el trabajo de divulgación, la diplomacia pública, la diplomacia popular, los intercambios culturales y humanos de los países vecinos, consolidar y ampliar las bases sociales y de deseos del pueblo en favor del fortalecimiento y desarrollo a largo plazo de las relaciones de nuestro país con los Estados que lo rodean.

Las relaciones diplomáticas dependen de los nexos entre los pueblos. Debemos promover los intercambios en todos los ámbitos, incluyendo el turismo, la ciencia, la educación y la cooperación regional, para entablar amistad y buenas relaciones en una amplia gama de esferas. Debemos explicar adecuadamente a la comunidad internacional nuestras orientaciones y políticas interior y exterior, explicar China de forma aceptable, transmitir debidamente la voz de China y hacer que nos escuchen, interpretar el sueño chino desde la perspectiva de nuestros vecinos y sus aspiraciones a una vida feliz y a la prosperidad regional y permitir que la conciencia sobre la comunidad de destino se arraigue en estas naciones.

Las políticas y las estrategias son la cuerda de salvamento del Partido, y de nuestra labor diplomática también. Para gestionar bien esta labor, hay que tener en mente la situación tanto nacional como internacional. Por situación nacional se entienden las metas de lucha para los dos centenarios, el cumplimiento del sueño chino de la gran revitalización de la nación china, y por situación internacional, la búsqueda de condiciones exteriores favorables para la reforma, el desarrollo y la estabilidad de nuestro país, para defender la soberanía, la seguridad y los intereses de desarrollo del Estado, para salvaguardar la paz y la estabilidad mundiales y promover el desarrollo conjunto. Hay que encontrar los puntos comunes y convergentes de los intereses, adherirse a los valores de la justicia y los beneficios, mantener los principios por los que debemos regirnos, profundizar la amistad y la moralidad, y ayudar a los países en vías de desarrollo dentro de nuestras posibilidades. Hay que propulsar la reforma y la innovación de la labor diplomática, e intensificar la planificación y el diseño del trabajo diplomático, en un empeño por lograr mejores resultados. Debemos considerar y planear la labor diplomática con una visión de conjunto, organizar y coordinar bien a las diversas partes, y hacer valer sus respectivas ventajas con vistas a gestionar todavía mejor esa misma labor.

Las tareas de la diplomacia con los países vecinos son arduas y exigentes. Los camaradas encargados de la labor diplomática deben

tener sentido de la misión y la urgencia, tener bien presente los objetivos de nuestro trabajo, mejorar su competencia y estilo de trabajo,
dedicarse a la tarea, asumir responsabilidades y atreverse a innovar,
para llevar a buen término la labor diplomática con los países vecinos
de forma más activa y entusiasta.

XIV.
Fortalecer y desarrollar la unidad y cooperación con los países en vías de desarrollo

Ser amigos confiables y socios sinceros para siempre[*]

25 de marzo de 2013

Su Excelencia presidente Jakaya Mrisho Kikwete,
Damas y caballeros,
Estimados amigos:

¡Habari![1] ¡Habari! Es un gran placer y una gran alegría para mí reunirme con tantos amigos aquí en el Centro Internacional de Convenciones Julius Nyerere.

Esta es mi primera visita a África como presidente de China y mi sexta visita a este continente. Al volver a pisar esta linda tierra, sentí la hospitalidad y amistad del pueblo de Tanzania hacia el pueblo chino. El gobierno y el pueblo tanzanos ofrecieron en mi honor una gran y especial ceremonia de bienvenida, lo que no solo pone de manifiesto la importancia que otorgan a la delegación china y a mi presencia sino también a la tradicional amistad entre las dos naciones y los dos pueblos.

En primer lugar, quiero expresar en nombre del gobierno y del pueblo chinos, y en el mío propio, nuestros más sinceros saludos y mejores deseos a los amigos presentes, al hermano pueblo tanzano y al pueblo africano. También quiero agradecer la cordial acogida que hemos recibido de parte del presidente Kikwete y del gobierno de Tanzania.

Tanzania fue una de las cunas de la humanidad. Su pueblo tiene una tradición gloriosa y ha hecho una contribución sustancial a la victoria de los pueblos africanos en su lucha por la independencia y contra la segregación racial.

---

* Discurso pronunciado en el Centro Internacional de Convenciones Julius Nyerere, Tanzania.

En los últimos años, bajo la dirección del presidente Kikwete, Tanzania ha mantenido la estabilidad política y ha conseguido grandes avances en su desarrollo. El país ejerce un papel cada día más importante en los asuntos africanos e internacionales. El pueblo chino se regocija por estos logros del pueblo tanzano y le desea más y nuevos progresos en el futuro.

En mis visitas a África, dos cosas me han impresionado mucho. La primera es el continuo progreso. En cada estancia aprecio nuevos cambios alentadores en esta tierra. Y la segunda es la hospitalidad. La amistad del pueblo africano hacia el pueblo chino es tan cálida como lo luz del sol que baña este continente.

Un proverbio africano dice: "La profundidad del río la determina su nacimiento". Los intercambios amistosos entre los pueblos africano y chino tienen una larga historia. En las décadas del 50 y el 60 del siglo pasado, la primera generación de líderes chinos, Mao Zedong, Zhou Enlai[2] y sus compañeros, junto a los estadistas africanos de las generaciones anteriores inauguraron una nueva era de las relaciones entre China y África. A partir de entonces, los dos pueblos se han apoyado y cooperado sinceramente esforzándose por luchar contra el colonialismo y el imperialismo, y por la independencia y la liberación nacionales y la prosperidad. Hemos compartido el mismo destino, y nuestros corazones siempre han latido juntos.

Hoy en día, gracias a los esfuerzos concertados de ambas partes, las relaciones entre China y África han entrado en una fase de avance integral y vertiginoso. Hemos fundado el Foro de Cooperación China-África[3], establecido un nuevo tipo de asociación estratégica y obtenido notables logros en la cooperación en los diversos terrenos. En 2012, el volumen del comercio entre China y África fue cerca de 200 mil millones de dólares estadounidenses. Más de 1,5 millones de ciudadanos de ambas partes realizaron visitas mutuas. Hasta fines de 2012, la inversión directa total de China en África superó los 15 mil millones de dólares. Este año es el quincuagésimo aniversario de los equipos médicos de China en África. Durante las últimas cinco décadas, China ha mandado unos 18 mil médicos a África, donde han tratado a 250 millones de pacientes.

El pueblo africano también nos ha apoyado y ayudado desinteresadamente. Cuando el recorrido de la antorcha de los Juegos Olímpicos de Beijing 2008 llegó a Dar es Salaam, el pueblo tanzano la recibió cantando y bailando, como si estuviera celebrando su propia fiesta. Esta escena está grabada en la mente de los chinos.

Tras el devastador terremoto de Wenchuan, China, los países africanos se ofrecieron a ayudarnos. Un país con menos de dos millones de habitantes y una economía no muy consolidada, nos donó desinteresadamente dos millones de euros, aproximadamente un euro por habitante. Fue un derroche de compasión que consoló nuestros corazones.

Las dos partes hemos reforzado continuamente la cooperación y la coordinación en los asuntos internacionales y regionales, protegiendo juntos los intereses comunes de los países en vías de desarrollo. Las relaciones entre China y África, caracterizadas por la amistad y la cooperación entre sus pueblos, han dado un buen ejemplo a la comunidad internacional.

Los esfuerzos mancomunados y los fructíferos logros producidos por ellos durante medio siglo han sentado sólidos cimientos y acumulado experiencias preciosas que nos permiten continuar impulsando las relaciones entre China y África.

Este tramo de la historia nos enseña que las relaciones China-África no han crecido de la noche a la mañana, y menos todavía han sido una dádiva de alguna persona, sino que las hemos forjado al estar juntos en la tempestad y compartir las tribulaciones, dando pasos uno tras otro. Al beber el agua del pozo no podemos olvidar a aquellos que lo excavaron, dice un refrán chino. Recordaremos por siempre a todos los que se entregaron a la causa del desarrollo de las relaciones China-África. Mientras progresamos, tenemos que estar dispuestos a aprender constantemente de la historia.

Este tramo de la historia nos enseña que China y África siempre han compartido el mismo destino. Nos unen las mismas experiencias históricas, misiones de desarrollo e intereses estratégicos. Vemos el desarrollo de cada uno como nuestras nuevas oportunidades, y nos esforzamos por la promoción de un desarrollo y prosperidad conjuntos mediante el fortalecimiento de la cooperación.

Este tramo de la historia nos enseña que las relaciones China-África se caracterizan en esencia por la amistad sincera, el respeto mutuo, la igualdad y el beneficio recíproco y el desarrollo conjunto. Ambas partes nos tratamos sin problema y nos sentimos como iguales. No les vamos a imponer nuestra voluntad, ni ustedes la suya a nosotros. China ha ofrecido la ayuda al desarrollo de África al alcance de su capacidad, y está más agradecida por el apoyo y la asistencia desinteresados que le han proporcionado durante mucho tiempo las naciones y los pueblos africanos. En los asuntos referentes a los intereses clave, siempre nos hemos respaldado firmemente con una posición bien definida.

Este tramo de la historia nos enseña que debemos avanzar con los tiempos y abrir nuevas perspectivas mediante innovaciones para mantener la pujante vitalidad de nuestros nexos bilaterales. En los pasados más de cincuenta años, nuestras dos partes siempre han podido, en cada periodo crucial de las relaciones chino-africanas, subir a lo alto y mirar a lo lejos, para hallar nuevos puntos de coincidencia y crecimiento para la cooperación bilateral, y hacer que nuestras relaciones den un nuevo salto adelante. Este espíritu emprendedor de abrir caminos por entre las montañas y de tender puentes sobre los ríos es una importante arma mágica para la elevación constante del nivel de la cooperación chino-africana.

Damas y caballeros:

En la actualidad, las relaciones chino-africanas se encuentran en un nuevo punto de partida histórico, en el que cuenta con un entorno nacional e internacional favorable y el apoyo popular. Considerado el "continente de la esperanza" y la "tierra prometida para el desarrollo", África es hoy día una de las regiones de crecimiento más rápido del mundo y está avanzando como un león africano galopante. Al mismo tiempo, China sigue manteniendo una buena tendencia de desarrollo. La base para la cooperación entre las dos partes es cada vez más sólida, y nuestra voluntad de cooperación más enérgica y mecanismos de cooperación más perfeccionados. Impulsar la cooperación China-África representa el anhelo común de ambos pueblos, la tendencia general y el deseo de todos.

Aquí, les puedo decir claramente a mis amigos que en la nueva situación, la importancia de las relaciones entre China y África ha crecido en lugar de disminuir, y los intereses comunes de ambas partes han aumentado en vez de reducirse. China no debilitará sino que intensificará su esfuerzo por desarrollar las relaciones con África.

Primero, tratamos a los amigos africanos con sinceridad. Los amigos sinceros son un tesoro. La amistad tradicional entre China y África es muy valiosa y digna de apreciar más que nunca. Desarrollar la unión y la cooperación con las naciones africanas siempre ha sido una piedra angular importante de la política exterior de China y esto nunca va a cambiar, aunque el país sea más fuerte y disfrute de una posición internacional más elevada. China se afianza en la igualdad de todos los países, sean grandes o pequeños, fuertes o débiles, pobres o ricos. China persiste en defender la justicia y se opone a la práctica de que los países grandes, fuertes y ricos atropellen a los pequeños, débiles y pobres, y a la intervención en los asuntos internos de otros países. Ambas partes continuarán apoyándose mutuamente en las cuestiones concernientes a los intereses clave y principales preocupaciones. China seguirá apoyando con firmeza la posición justa de los países africanos en los asuntos internacionales y regionales y salvaguardando los intereses comunes de los países en vías de desarrollo. Proseguiremos apoyando a África en sus esfuerzos por resolver independientemente los problemas regionales, haciendo mayores contribuciones a la promoción de la paz y la estabilidad de este continente.

No existe en el mundo un modelo de desarrollo que sirva a todos los países. Hay que respetar la diversidad de las diferentes civilizaciones y los diferentes modelos de desarrollo. China seguirá respaldando a los países africanos en la búsqueda del camino de desarrollo que se adapte a su situación concreta, reforzando los intercambios sobre la gobernación del país y el manejo de los asuntos administrativos con los países africanos. Podemos asimilar la sabiduría de nuestras respectivas civilizaciones antiguas y prácticas de desarrollo para fomentar la prosperidad común chino-africana.

Los chinos creemos que "la armonía en la familia conduce al éxito de todas las cosas". África es una gran familia con el mismo destino. Este año se conmemora el quincuagésimo aniversario de la fundación de la Organización de la Unidad Africana (hoy Unión Africana), un hito en la búsqueda de la unidad y el desarrollo por parte de los diversos pueblos africanos. La parte china desea con sinceridad y apoya firmemente a África en su avance a pasos agigantados por el camino de la unión y la prosperidad, promoviendo la causa de la paz y el desarrollo del continente para que conquiste constantemente nuevas alturas.

Esperamos que las relaciones China-África sigan progresando, y que otros países mejoren sus relaciones con África. África pertenece a los africanos. Los países que quieran desarrollar sus relaciones con las naciones africanas deben respetar su dignidad y autonomía.

Segundo, promovemos la cooperación con los países africanos con honestidad. China no solo es el iniciador de la cooperación y el ganar-ganar, sino también su más activo practicante. China se dedica a vincular estrechamente su desarrollo con el de África, vincular estrechamente los intereses de su pueblo con los de los pueblos africanos, y vincular estrechamente sus oportunidades de desarrollo con las de África.

Deseamos con toda sinceridad que el progreso de los países africanos sea más rápido, y el nivel de vida de su pueblo, más alto. Al mismo tiempo que procuramos nuestro propio desarrollo, siempre hacemos todo lo que está a nuestro alcance para ofrecer el apoyo y la ayuda a los amigos africanos. Sobre todo en los últimos años, China ha reforzado la asistencia y la cooperación con África. Cualquier compromiso que haga China lo honraremos.

China aumentará la colaboración con África en la inversión y financiación, cumplirá su compromiso de ofrecer un crédito de

20.000 millones de dólares entre 2013 y 2015, implementará la "asociación de cooperación en la construcción de infraestructuras transnacionales y transregionales de África", fortalecerá la cooperación de beneficio mutuo con los países africanos en áreas como la agricultura y la manufactura, y les ayudará a transformar la ventaja de recursos en una de desarrollo para así lograr el desarrollo independiente y sostenible.

Como dice el proverbio chino: "Es mejor enseñarles a pescar que darles el pescado". China aplicará activamente el "Plan de Talentos Africanos" con el fin de capacitar en tres años a 30 mil profesionales especializados en diversos terrenos para los países africanos, ofrecerá becas a 18 mil africanos y reforzará la transferencia de tecnología y el compartimento de experiencia con África.

Junto al constante crecimiento del poderío económico y la fortaleza nacional integral de China, nuestro país continuará proporcionando la debida ayuda al desarrollo africano sin ninguna condición política adicional.

Tercero, reforzaremos nuestras relaciones entrañablemente amistosas con África. El pueblo chino y el africano comparten un sentimiento mutuo de afinidad natural. "No hay nada mejor en la vida que un amigo verdadero". ¿Cómo pueden China y África ser amigos cordiales? Creo que un punto muy importante consiste en lograr la resonancia de corazón a corazón a través del diálogo profundo y las acciones prácticas.

Las relaciones China-África están arraigadas en los dos pueblos y por lo tanto su desarrollo debe estar orientado a ellos. En los últimos años, gracias al avance de dichas relaciones, los pueblos chino y africano se han acercado cada vez más. Algunos amigos africanos actúan con dinamismo en el escenario chino y se han convertido en estrellas conocidas en mi país. La gran vida de una esposa, una teleserie china, ha sido todo un éxito en Tanzania, ayudando a los espectadores locales a conocer la vida de las familias chinas comunes y corrientes.

Permítanme contarles la historia de una pareja china que cuando eran niños escucharon hablar de África en la televisión y desde ese momento quedaron cautivados por el continente. Luego contrajeron matrimonio y decidieron pasar su luna de miel en Tanzania. En el primer día de San Valentín después de su boda, emprendieron el viaje a Tanzania, donde quedaron impresionados por la vida y las costumbres locales, así como por el magnífico paisaje de la pradera Serengueti. Al volver a casa, publicaron su experiencia en Tanzania en su blog, que recibió decenas de miles de visitas y varios centenares de comentarios. Esto fue lo que escribieron en su blog: "Nos hemos enamorado perdidamente de África y nuestros corazones siempre estarán con aquella tierra misteriosa". Esta historia refleja el cariño natural y la afinidad entre los dos pueblos. Si reforzamos constantemente los intercambios, la amistad entre los pueblos chino y africano echará raíces profundas y tendrá follaje abundante sin falta.

Debemos conceder mayor importancia a los intercambios culturales y humanos entre ambas partes, aumentar el entendimiento y conocimiento mutuos entre los dos pueblos y sentar una sólida base social para la causa de la amistad China-África. La promoción de las relaciones chino-africanas es una empresa orientada al futuro, y requiere que los jóvenes de ambas partes con ideales luchen juntos por ella de generación en generación. Las dos partes tenemos que impulsar los intercambios juveniles, para que esta causa tenga herederos y conserve eternamente su vitalidad.

Cuarto, resolvemos los problemas surgidos en la cooperación con franqueza. Tanto China como África nos encontramos en un proceso de rápido desarrollo. El conocimiento mutuo debe adaptarse al avance con los tiempos. China enfrentará francamente nuevas situaciones y problemas y en las relaciones entre China y África. Debemos resolver adecuadamente estos problemas con el espíritu del respeto mutuo y la cooperación y el ganar-ganar.

Estoy convencido de que hay más oportunidades que desafíos, y más soluciones que dificultades. Junto con los países africanos, China ha tomado y seguirá tomando medidas efectivas para resolver los problemas existentes en nuestra cooperación económica y comercial, asegurándose de que los países africanos se beneficien aún más de la colaboración con ella. Al mismo tiempo, esperamos que los países africanos ofrezcan las condiciones necesarias a las empresas y ciudadanos chinos en su búsqueda de cooperación en África.

Damas y caballeros:

En los más de 60 años de fundada la República Popular China, especialmente en los últimos más de 30 años de la reforma y apertura, el Partido Comunista de China ha dirigido al pueblo chino en la apertura exitosa del camino del socialismo con peculiaridades chinas. China ha logrado avances históricos en su desarrollo, convirtiéndose en la segunda economía más grande del mundo. La fortaleza nacional integral de China ha crecido de manera significativa, y el nivel de vida de su pueblo ha mejorado notablemente. Como país con una población de 1.300 millones de habitantes, China ha llegado en cuestión de décadas a alcanzar el nivel de desarrollo que los países desarrollados consiguieron en siglos. Los obstáculos y las dificultades son imaginables.

Hoy, China sigue siendo un país con una población numerosa, una base pobre y un desarrollo desequilibrado. Aunque el volumen global de nuestra economía es enorme, al dividirlo por 1.300 millones de habitantes, nuestro Producto Interno Bruto per cápita se encuentra alrededor del puesto 90 en el mundo. Según los estándares de la ONU, unos 128 millones de chinos todavía viven por debajo de la línea de la pobreza. Para garantizar que 1.300 millones de chinos lleven una vida acomodada, nos queda un largo trecho por recorrer, por lo que debemos hacer grandes esfuerzos durante bastante tiempo. Gracias al desarrollo incesante de China, el nivel de vida de su pueblo mejorará constantemente. Sin embargo, no importa cuán fuerte sea por su desarrollo, China considerará siempre a los países africanos como amigos en la adversidad.

Damas y caballeros:

El desarrollo de China es inseparable del desarrollo del mundo y de África, y la prosperidad y la estabilidad de África y el mundo necesitan a su vez las de China. África y China están separadas por océanos pero unidas de corazón. A una y otra las unen no solo una honda amistad tradicional y estrechos lazos de intereses, sino también sus respectivos sueños.

Los más de 1.300 millones de chinos vivimos dedicados al cumplimiento del sueño chino de la gran revitalización de la nación china; los más de mil millones de africanos están luchando por la realización del sueño africano de la unión y la autosuperación, y del desarrollo y la vigorización. Los pueblos de China y África tenemos que fortalecer nuestra unión y cooperación, así como intensificar el apoyo y la ayuda recíprocos, esforzándonos por hacer realidad nuestros respectivos sueños. Además, tenemos que impulsar, junto con la comunidad internacional, el cumplimiento del sueño mundial de la paz duradera y la prosperidad compartida, con el fin de hacer nuevas y mayores aportaciones a la noble causa de la paz y el desarrollo de la humanidad.

¡Asantemisana![4]

Notas:

[1] *Habari* voz que en swahili significa "hola".

[2] Zhou Enlai (1898-1976), natural de Huai'an, provincia de Jiangsu. Marxista, proletario revolucionario, político, estratega militar y diplomático, así como uno de los líderes principales del Partido Comunista de China y de la República Popular China, y uno de los fundadores del Ejército Popular de Liberación de China.

[3] El Foro de Cooperación China-África es una nueva plataforma colectiva de diálogo y cooperación entre China y los países africanos, y un mecanismo efectivo para impulsar la cooperación Sur-Sur. La primera reunión a nivel ministerial se celebró en octubre de 2000 en Beijing. En noviembre de 2006, se convocó la Cumbre de Beijing y la tercera reunión a nivel ministerial. Los dirigentes chinos y jefes de Estado y de gobierno o sus representantes de 48 países africanos asistieron a la cita. La Cumbre de Beijing aprobó la "Declaración de la Cumbre de Beijing del Foro de Cooperación China-África" y el "Plan de Acción de Beijing (2007-2009) del Foro de Cooperación China-África", documentos en los que se decidió establecer un nuevo tipo de asociación estratégica entre China y África.

[4] *Asantemisana* voz que en swahili significa "gracias".

Impulsar la realización de un nuevo y mayor desarrollo de las relaciones entre China y América Latina*

5 de junio de 2013

Al volver a pisar tierra latinoamericana, llena de vitalidad y esperanza, me impresionan más sus excepcionales condiciones de desarrollo. América Latina está entrando en un periodo de oro para su desarrollo. Estamos convencidos de que cuanto más se desarrolle América Latina, mejor será para el mundo y China.

En la actualidad, las relaciones entre China y América Latina se encuentran en un periodo de importantes oportunidades de desarrollo rápido. Debemos contar con una visión de conjunto y de largo alcance, avanzar con los tiempos, consolidar la amistad tradicional, reforzar los intercambios omnidireccionales y elevar el nivel de cooperación a fin de impulsar la realización de un nuevo y mayor desarrollo de la asociación de cooperación integral chino-latinoamericana sobre la base de la igualdad, el beneficio mutuo y el desarrollo conjunto.

En el terreno político, China y América Latina deben ser amigos sinceros para seguir brindándose la comprensión y el apoyo mutuos en los temas tocantes a sus respectivos intereses clave e importantes preocupaciones.

En el terreno económico, China y América Latina deben aprovechar las oportunidades que ofrece la transformación de sus respectivos modelos de desarrollo económico, explorar a fondo las potencialidades de la cooperación, innovar en la modalidad de la cooperación, así

---

* Fragmentos del discurso pronunciado en el Senado de la República de México, Ciudad de México.

como profundizar la convergencia de los intereses, con vistas a crear una asociación mutuamente beneficiosa en lo económico y comercial que sea duradera y estable.

En el terreno cultural, China y América Latina deben intensificar el diálogo entre las civilizaciones y el intercambio cultural, "no valorar sólo su cultura, sino también las culturas de los demás, para que florezcan todas las culturas"[1]. De esta manera ofrecen un ejemplo de convivencia armoniosa y emulación mutua entre las diferentes civilizaciones.

Deseo que ambas partes hagan esfuerzos mancomunados para establecer cuanto antes el foro de cooperación China-Latinoamérica. Debemos hacer valer nuestras ventajas en la construcción de una mayor plataforma para el impulso de la asociación de cooperación integral bilateral, ayudando a aumentar las energías positivas para la estabilidad y la prosperidad de la región Asia-Pacífico.

Dice un proverbio chino que "en el viaje largo se conoce la fuerza del caballo y en prueba larga, el corazón del hombre". El desarrollo de las relaciones chino-latinoamericanas ha demostrado y continuará demostrando que este es un desarrollo de apertura, inclusión, cooperación y ganancia compartida.

Estamos convencidos de que un nivel más alto de la asociación cooperativa e integral entre China y América Latina promoverá con mayor dinamismo el desarrollo común de ambos lados y también será en beneficio de la paz, estabilidad y prosperidad regionales y mundiales.

Notas:

[1] Fei Xiaotong: "'Apreciando las culturas de otros' y la civilización humana" (*Comentarios de Fei Xiaotong sobre la conciencia cultural*, edición 2009 de la Editorial Popular de Mongolia Interior, pág. 262). Fei Xiaotong (1910-2005), natural de Wujiang, provincia de Jiangsu. Sociólogo, antropólogo y activista social. Asumió el cargo de vicepresidente del Comité Permanente de la Asamblea Popular Nacional de China y de vicepresidente del Comité Nacional de la Conferencia Consultiva Política del Pueblo Chino.

Desplegar el espíritu de la Ruta de la Seda y profundizar la cooperación China-Árabe[*]

5 de junio de 2014

Su alteza primer ministro Jaber Al-Mubarak Al-Hamad Al-Sabah
Secretario general de la Liga de Estados Árabes, Nabil El Araby,
Jefes de delegaciones,
Damas y caballeros,
Amigos:

Salam aleikum[1] ¡Buenos días! Hoy tengo el inmenso placer de reunirme con nuestros amigos árabes y debatir con ustedes sobre el desarrollo del Foro de Cooperación China-Estados Árabes (FCCHEA)[2] y las relaciones chino-árabes. Primero que todo, quisiera, en nombre del gobierno y el pueblo chinos y en el mío propio, darles a los distinguidos invitados una calurosa bienvenida y expresar mis más sinceras felicitaciones por la celebración de la VI Conferencia Ministerial del FCCHEA.

Los amigos árabes son para mí siempre como los viejos amigos y esto es resultado de la actitud sincera con que nos tratamos mutuamente y de la larga historia de los contactos entre China y los países árabes.

Haciendo una retrospectiva a la historia de los intercambios entre los pueblos chino-árabes, recordamos la Ruta de la Seda y la Ruta Marítima de las Especias. Nuestros antepasados "tardaban meses cruzando el desierto de posta en posta"[3] y "surcaban las aguas de los océanos día y noche"[4], marchando al frente de los intercambios

---

* Discurso pronunciado en la inauguración de la VI Conferencia Ministerial del Foro de Cooperación China-Estados Árabes.

amistosos entre las diversas naciones del mundo antiguo. Gan Ying[5], Zheng He e Ibn Battuta[6] fueron famosos enviados de buena voluntad para los vínculos chino-árabes, a quienes todavía recordamos hoy. A través de la Ruta de la Seda, los cuatro grandes inventos chinos –el papel, la pólvora, la imprenta y la brújula– se transmitieron a Europa vía región árabe, mientras tanto la astronomía, el sistema del calendario y las medicinas árabes se introdujeron por la misma ruta en China, lo cual escribió un importante capítulo en la historia de los intercambios y aprendizaje mutuos entre civilizaciones.

Por varios siglos, el espíritu de paz y cooperación, apertura e inclusión, aprendizaje recíproco y beneficio mutuo de la Ruta de la Seda perduró de manera ininterrumpida. Los pueblos chino y árabes se apoyan en la lucha por la salvaguarda de la dignidad nacional y la defensa de la soberanía estatal, se ayudan mutuamente en la exploración del desarrollo y la materialización de la vigorización de la nación y aprenden mutuamente de la profundización del intercambio cultural y el florecimiento de la cultura nacional.

Nunca olvidaremos el compromiso de apoyar la lucha del pueblo palestino que hizo China con los Estados árabes, con los cuales no habíamos establecido relaciones diplomáticas, en la Conferencia de Bandung[7] hace 60 años. No olvidaremos jamás que hace más de 40 años, 13 Estados árabes votaron, junto con los amigos africanos, a favor de la recuperación del asiento de la República Popular China en la ONU. No olvidaremos tampoco a los cerca de 10.000 doctores chinos que han salvado incontables vidas en los Estados Árabes, y la ayuda más generosa que procedió de las manos de nuestros hermanos árabes después del devastador terremoto de Wenchuan, provincia china de Sichuan.

Damas y caballeros, estimados amigos:

La próxima década será un periodo crucial para el desarrollo tanto de China como de los Estados Árabes. China ha entrado en una fase decisiva de la construcción integral de una sociedad modestamente acomodada y la materialización de esta meta representa un paso clave hacia el sueño chino de la gran revigorización de la nación china. A este efecto, hemos adoptado disposiciones generales sobre la profundización integral de la reforma, haciendo énfasis en la cooperación internacional en todas las direcciones y a múltiples instancias, y en la ampliación de los intereses comunes con los distintos países y regiones para fomentar el beneficio mutuo sobre la base de un sistema económico abierto más completo y dinámico.

El Medio Oriente experimenta cambios y reajustes significativos sin precedentes, y los países árabes se esfuerzan en la búsqueda de reformas independientes. Los desafíos y nuestra misión común de realizar la revitalización nacional exigen que difundamos el espíritu de la Ruta de la Seda, proveamos fuerza motriz al desarrollo, suministremos vitalidad a la cooperación y consolidemos constantemente las relaciones de asociación estratégica entre China y los países árabes en la cooperación integral y el desarrollo conjunto.

— Para difundir el espíritu de la Ruta de la Seda, debemos promover el aprendizaje mutuo entre las diferentes civilizaciones. No existen civilizaciones humanas buenas o malas. Más bien, las diferentes civilizaciones se enriquecen a través de los intercambios sobre la igualdad. Como dijo un filósofo chino: "la mezcla de múltiples colores crea la gran belleza, y la combinación de los diferentes instrumentos musicales crea la armonía y la paz"[8]. Las partes china y árabe siempre se han tratado con una actitud inclusiva y han sustituido los conflictos y las confrontaciones por los diálogos y los intercambios, creando así un ejemplo de coexistencia armoniosa entre países de diferentes sistemas sociales, creencias y tradiciones culturales. China apoyará sin vacilación a los países árabes en la salvaguarda de sus tradiciones y culturas nacionales y se opondrá a toda clase de discriminación y prejuicio contra determinados grupos étnicos y religiones. Debemos hacer esfuerzos mancomunados para promover la tolerancia de las diferentes civilizaciones y evitar las divisiones entre ellas por parte de las fuerzas e ideas extremistas.

— Para difundir el espíritu de la Ruta de la Seda, debemos respetar mutuamente la opción del camino de desarrollo. "Las personas no tenemos que llevar los mismos zapatos, sino los que nos sirven, y los gobiernos no tienen que adoptar el mismo modelo de administración, sino encontrar el que beneficie a su pueblo"[9]. Sobre si el camino de desarrollo es apropiado o no para un país, solo su pueblo tiene derecho a decidirlo. Justamente como no podemos esperar que todas las flores sean violetas, no podemos exigir que países con diversas tradiciones culturales, experiencias históricas y condiciones actuales adopten la misma modalidad de desarrollo. De suceder, el mundo sería muy monótono. Los Estados Árabes trabajan y exploran con empeño sus propios caminos de desarrollo. Deseamos compartir con nuestros amigos árabes las experiencias de la gobernación del país y el manejo de los asuntos administrativos, de forma tal que cada uno aprenda de la sabiduría de su respectiva civilización antigua y práctica de desarrollo.

– Para difundir el espíritu de la Ruta de la Seda, debemos persistir en la cooperación de beneficio recíproco. China persigue un desarrollo conjunto. Pretendemos crear una mejor vida para el pueblo chino y para los pueblos de otros países. En el próximo quinquenio, las importaciones de China superarán los 10 billones de dólares estadounidenses y las inversiones directas en el extranjero sobrepasarán los 500.000 millones de dólares estadounidenses. En 2013, China importó 140.000 millones de dólares estadounidenses en mercancías de los países árabes, cifra que representa solo el 7% del total anual de los dos billones de dólares estadounidenses que planeamos importar en bienes en los cinco años venideros. China invirtió directamente 2.200 millones de dólares estadounidenses en dichos países, el 2,2% del total anual de los 100.000 millones previstos para el mismo lustro. Estas cifras indican un gran potencial y oportunidad. China está deseosa de conectar su propio desarrollo con el de los Estados árabes, brindándoles apoyo en la creación de empleo, industrialización y desarrollo económico.

– Para difundir el espíritu de la Ruta de la Seda, debemos promover el diálogo y la paz. China apoya firmemente el proceso de paz en el Medio Oriente y el establecimiento de un Estado palestino independiente, pleno y soberano, basado en las fronteras de 1967 y con Jerusalén Este como su capital. Deseamos que las partes involucradas adopten medidas efectivas para dar al traste con los obstáculos a las negociaciones pacíficas y superar el punto muerto lo más pronto posible. China respeta las demandas razonables del pueblo sirio, y apoya la aplicación temprana del Comunicado de Ginebra, el inicio de una transición política inclusiva y la solución política al conflicto sirio. China presta especial atención a la situación humanitaria en Siria y proporcionará una nueva partida de asistencia humanitaria a los refugiados sirios en Jordania y Líbano para aliviar su precaria situación. Apoyamos el establecimiento de una zona libre de armas nucleares en el Medio Oriente y nos oponemos a cualquier intención de cambiar su mapa político. China desempeñará un papel constructivo en la participación de los asuntos regionales, defenderá la justicia y trabajará con los países árabes para encontrar, mediante diálogos, el máximo común divisor en los asuntos que preocupan a todas las partes, y ofrecer más productos públicos para resolver adecuadamente los problemas candentes de la región.

Damas y caballeros, estimados amigos:

"Una franja y una ruta" conducen a la obtención del beneficio mutuo que redundará en una integración más estrecha de las economías de los diversos países, impulsará la construcción de infraestructuras y la innovación de los regímenes y mecanismos, creará nuevas áreas para el crecimiento económico y la creación de empleo y potenciará su fuerza motriz endógena del desarrollo y capacidad de resistencia a los riesgos.

Como amigos que nos conocimos por la Ruta de la Seda, China y los países árabes somos socios naturales en la construcción de "una franja y una ruta".

– Para desarrollar "una franja y una ruta", las dos partes necesitan atenerse a los principios de consulta recíproca, desarrollo conjunto y disfrute colectivo de los beneficios. La consulta recíproca se refiere a la fusión de la sabiduría colectiva y la realización de iniciativas relevantes mediante negociaciones, de manera que la construcción de "un cinturón y una ruta" alcance el equilibrio en los intereses y preocupaciones bilaterales y refleje nuestra respectiva sabiduría y creatividad.

El desarrollo conjunto requiere que explotemos nuestros puntos fuertes y aportemos nuestras capacidades para desplegar a plenitud nuestras ventajas y potenciales. Como dice un refrán: apilando la arena se construye la pagoda y los pequeños arroyos hacen un gran río. Por eso, debemos llevar adelante dicha construcción con perseverancia. El disfrute colectivo de los beneficios significa que los pueblos chino-árabes se benefician más y de forma equitativa de los frutos de esta construcción, formando una comunidad de intereses y destino compartidos.

– Para desarrollar "una franja y una ruta", las dos partes deben ser previsoras y realistas. Para ser previsores es necesario optimizar el diseño de más alto nivel, identificando adecuadamente nuestra orientación y objetivos y estableciendo el patrón de cooperación "1+2+3".

El 1 se refiere a la cooperación energética. Debemos estrechar la cooperación en toda la cadena industrial del petróleo y el gas natural, salvaguardar la seguridad de los corredores del transporte de energía y establecer relaciones de cooperación energética estratégicas chino-árabes, basadas en el beneficio mutuo, la seguridad y amistad duradera. El 2 significa "dos alas": una es la infraestructura y la otra, el comercio y la inversión. Debemos reforzar la cooperación bilateral en los importantes programas de desarrollo y proyectos emblemáticos por el bien de la vida del pueblo y crear los mecanismos institucionales correspondientes para facilitar el comercio y la inversión de las dos partes. La parte china estimulará a sus empresas a importar más productos no petrolíferos de los países árabes y optimizar la estructura comercial, procurando aumentar el volumen comercial bilateral hasta los 600.000 millones de dólares estadounidenses en la década venidera sobre la base de los 240.000 millones de dólares estadounidenses del año pasado. China animará también a sus empresas a invertir en los sectores de la energía, petroquímica, agricultura, manufactura y servicios de los países árabes, para así incrementar las inversiones chinas en existencia en los sectores no financieros de los Estados Árabes hasta más de 60.000 millones en la próxima década sobre la base de 10.000 millones de dólares estadounidenses el año pasado.

El 3 se refiere al aprovechamiento de los tres avances tecnológicos –la energía nuclear, los satélites espaciales y las nuevas energías– como punto de partida del esfuerzo para elevar el nivel de la cooperación pragmática entre China y los países árabes. Ambas partes pueden debatir la creación de centros de transferencia tecnológica y de formación conjunta para el uso pacífico de la energía nuclear en los Estados Árabes, y estudiar el programa de introducción del sistema de navegación satelital Beidou de China en esos países.

El ser realistas busca obtener rápidamente resultados. Como dice un proverbio árabe: "Las palabras demostradas por la acción son las más fuertes". Debemos acelerar las negociaciones y el fomento de los programas en los cuales ya hemos llegado al consenso y para los que hemos sentado las bases, tales como la Zona de Libre Comercio China-Consejo de Cooperación para los Estados Árabes del Golfo, el Fondo de Inversión Conjunta China-Emiratos Árabes Unidos y la participación de los países árabes en los preparativos para la creación del Banco de Inversión en Infraestructuras de Asia. Estos programas tienen que lanzarse tan pronto como las condiciones maduren. Cuanto más rápido obtengamos los frutos de la construcción de "un cinturón y una ruta", más fácil será movilizar el entusiasmo de todas las partes y sentar un precedente para otros programas.

– La construcción de "una franja y una ruta" debe apoyarse en y mejorar la amistad tradicional China-Árabe. El que los pueblos estén unidos de corazón constituye un importante aspecto y base clave de la construcción de "una franja y una ruta". Quiero anunciar aquí que las dos partes han decidido declarar el 2014 y el 2015 como los Años de la Amistad China-Árabe, así como organizar una serie de actividades de intercambios amistosos. También estamos dispuestos a ampliar junto con la parte árabe las actividades culturales como la celebración mutua de festivales de arte, estimular a más estudiantes a cursar estudios en nuestros respectivos países y participar en los intercambios sociales, y estrechar la cooperación en el turismo, la aviación, el periodismo, la edición, entre otros sectores. En los próximos tres años, formaremos a 6.000 profesionales árabes calificados en diversas

materias, compartiremos con esos países las experiencias de desarrollo y reducción de la pobreza, y presentaremos nuestras tecnologías
avanzadas adaptables a sus necesidades. En la próxima década, China
organizará visitas mutuas e intercambios entre 10.000 artistas chinos
y árabes, promoverá y apoyará a 200 instituciones culturales bilaterales en su cooperación e invitará y apoyará a 500 personalidades de la
cultura y el arte árabes en sus estudios en China.

Damas y caballeros, estimados amigos:

El establecimiento del FCCHEA fue una opción estratégica que
tomamos con la mirada puesta en el desarrollo a largo plazo de las
relaciones chino-árabes. Tras 10 años, el Foro se ha convertido en un
importante asidero para enriquecer el contenido estratégico de nuestras relaciones y fomentar nuestra cooperación pragmática. La construcción de "una franja y una ruta" significa una nueva oportunidad y
punto de partida del desarrollo del Foro. Aprovechar esta oportunidad
asegurará el mantenimiento del progreso actual y el desarrollo sostenible en el futuro. Hallándonos en este nuevo punto de partida, podremos conseguir un mayor espacio de desarrollo e incentivar el ímpetu
del desarrollo duradero. En una palabra, el Foro debe servir de base y
apoyo al futuro desarrollo de ambas partes.

– Debemos tomar el Foro como soporte para mejorar nuestra
comunicación política. Debemos tratarnos franca y sinceramente,
no temer a las diferencias ni evadir los problemas, intercambiando
opiniones con la otra parte sobre nuestras respectivas políticas exteriores y estrategias de desarrollo, en aras de aumentar la confianza
mutua, promover la conexión estratégica y brindar el apoyo político a
nuestra cooperación.

– Debemos tomar el Foro como soporte para profundizar la
cooperación pragmática. El desarrollo de ambas partes se caracteriza
por la buena complementación mutua. Hemos de aprovechar bien el
potencial para compartir los recursos, aprender de los puntos fuertes
del otro y subsanar nuestras respectivas deficiencias, y llevar adelante
el diálogo y la cooperación con la mayor franqueza y sinceridad posibles. En vez de intentar lograr éxitos expectaculares, la cooperación

colectiva concede más importancia a las medidas dirigidas a sentar las bases sólidas del desarrollo a largo plazo.

– Debemos tomar el Foro como soporte para abrir vías inéditas e introducir las innovaciones. La innovación es el alma del Foro. Las dos partes deben adoptar nuevos lineamientos, medidas y mecanismos para resolver las diversas dificultades que encontremos en la cooperación pragmática, y eliminar los "cuellos de botella" reales y liberar el potencial de cooperación con el espíritu de la reforma y la innovación.

Damas y caballeros, estimados amigos:

El rápido desarrollo de las relaciones chino-árabes ha vinculado estrechamente el destino de los pueblos de ambas partes. En la provincia de Zhejiang, donde trabajé, un comerciante jordano llamado Muhamad ha abierto un auténtico restaurante árabe en la ciudad de Yiwu, donde se congregan los hombres de negocio árabes. A través de la comida, del auténtico sabor árabe que ha traído a Yiwu, Muhamad ha construido una empresa exitosa en esta próspera ciudad china. Además, se casó con una joven local y ya está establecido en China. Incorporando sus objetivos en el sueño chino de la felicidad anhelada por nuestro pueblo, el joven árabe ha construido una vida maravillosa gracias a la perseverancia. Este joven encarna la combinación perfecta de los sueños chino y árabe.

Tanto la nación china como el mundo árabe han creado espléndidas civilizaciones y han experimentado reveses en medio de las cambiantes circunstancias de los tiempos modernos que vivimos. Por ello, la revitalización de la nación ha devenido en la meta de ambas partes. ¡Aunemos nuestros esfuerzos para difundir el espíritu de la Ruta de la Seda, profundizar la cooperación chino-árabe, hacer realidad el sueño chino y la revigorización árabe, y luchemos por la paz y el desarrollo de la humanidad!

¡Shukran[10]! ¡Gracias!

Notas

[1] *Al salam aleikum*, voz árabe que significa "buenos días".

[2] Integrado por China y 22 Estados miembro de la Liga Árabe, el Foro de Cooperación China-Estados Árabes se fundó el 30 de enero de 2004, con el objetivo de reforzar el diálogo y la cooperación entre China y los países árabes y promover la paz y el desarrollo.

[3] Fan Ye: *Historia de Han del Este (Hou Han Shu)*. Fan Ye (398-445) fue historiador de las dinastías del Sur y Norte.

[4] *Notas de la Manifestación del Poder de la Diosa (Tian Fei Ling Ying Zhi Ji)*, conocidas comúnmente como la "Inscripción de Zheng He", dan fe de los siete viajes de Zheng He a los mares del Oeste (Océano Indico). Véase la nota 5 "Los intercambios y el aprendizaje mutuos dan colorido y enriquecen las civilizaciones" del presente libro.

[5] Gan Ying (Fechas de nacimiento y muerte desconocidas), enviado de la dinastía Han del Este. En cumplimiento de una misión al Imperio Romano en el año 97, viajó hasta el Golfo Pérsico antes de retornar al país. A pesar de que no pudo llegar a Roma, sus esfuerzos sirvieron para que China ampliara sus conocimientos sobre los países de Asia Central.

[6] Ibn Battuta (1304-1377), viajero marroquí.

[7] La Conferencia de Bandung se celebró del 18 al 24 de abril de 1955 en Bandung, Indonesia, con la participación de India, Indonesia, Birmania (actualmente Myanmar), Ceilán (actual Sri Lanka), Paquistán, China y otros 23 países de Asia y África.

[8] Feng Youlan: "Inscripción en el Monumento de la Universidad Nacional Asociada del Suroeste", *Obras Completas de Sansongtang (San Song Tang Quan Ji)*, Vol. 14, edición en chino, Editorial Popular de Henan, Zhengzhou, 2000, pág. 154. Feng Youlan (1895-1990), filósofo e historiador de China.

[9] Wei Yuan: *Colección de Obras de Wei Yuan (Wei Yuan Ji)*. Wei Yuan (1794-1857), pensador, clasicista confuciano, historiador y poeta de la dinastía Qing.

[10] *Shukran*, voz árabe que significa "gracias".

Con el presidente ruso, Vladimir Putin, en el Kremlin, Moscú, el 22 de marzo de 2013.

Intervención en el Centro Internacional de Convenciones Julius Nyerere, Dar es Salaam, Tanzania, el 25 de marzo de 2013.

Foto tomada en la V Cumbre de los BRICS en Durban, Sudáfrica, el 27 de marzo de 2013.

Junto a los jefes de Estado o Gobierno y responsables de organizaciones internacionales en la Conferencia Anual del Foro Boao para Asia 2013, en Hainan, China, el 7 de abril de 2013.

Con su esposa, Peng Liyuan, conversando con una familia de agricultores costarricenses durante su visita de Estado a Costa Rica, el 3 de junio de 2013.

Foto tomada durante su encuentro con el presidente estadounidense, Barack Obama, en la finca Sunnylands, California, EE.UU., el 7 de junio de 2013.

Foto tomada en la VIII Cumbre del G-20 en San Petersburgo, Rusia, el 6 de septiembre de 2013.

Foto tomada en la XIII Cumbre de la Organización de Cooperación de Shanghai en Bishkek, Kirguistán, el 13 de septiembre de 2013.

Foto tomada en la XXI Reunión de Líderes de la APEC, en Bali, Indonesia, el 8 de octubre de 2013.

Junto a su esposa, Peng Liyuan, en el banquete nacional ofrecido en su honor por el rey Willem-Alexandere de Holanda en el Palacio Real de Amsterdam, el 22 de marzo de 2014.

Junto a su esposa, Peng Liyuan, en la ceremonia de inauguración del Centro para la Promoción de las Relaciones China-Lyons y el Museo de Historia de la Universidad Francesa-China, durante su visita a la antigua sede de la universidad, Lyons, Francia, el 26 de marzo de 2014.

En el Centro Internacional de Convenciones de Shanghai durante el banquete de bienvenida ofrecido por el gobierno y el pueblo chinos a los participantes en la IV Cumbre de la Conferencia sobre Interacción y Medidas de Fomento de la Confianza en Asia, el 20 de mayo de 2014.

XV.
Participación activa
en los asuntos multilaterales

Aunemos esfuerzos en la cooperación por alcanzar el desarrollo común[*]

27 de marzo de 2013

Su Excelencia presidente Jacob Zuma,
Su Excelencia presidenta Dilma Rousseff,
Su Excelencia presidente Vladimir Putin,
Su Excelencia primer ministro Manmohan Singh,
Damas y caballeros:

Me satisface estar nuevamente en Sudáfrica, la tierra del arco iris, luego de mi última visita hace más de dos años. Estoy profundamente impresionado por la hospitalidad del pueblo sudafricano y su activo apoyo a la cooperación entre los países del BRICS. Aquí, quisiera expresar al presidente Zuma y al gobierno de Sudáfrica mi sincero agradecimiento por la minuciosa organización de este encuentro.

Un antiguo dicho chino reza que ni las montañas ni los ríos pueden separar a los pueblos que comparten los mismos ideales y objetivos[1]. Los cinco países de cuatro continentes del mundo estamos aquí reunidos para alcanzar la gran meta de promover la asociación para el desarrollo común y la noble causa del fomento de la democracia en las relaciones internacionales, e impulsar la paz y el desarrollo de la humanidad. Alcanzar la paz, el desarrollo y la cooperación de beneficio mutuo es nuestra aspiración y responsabilidad comunes.

Debemos defender inquebrantablemente la equidad y la justicia internacionales, y la paz y la estabilidad mundiales. El mundo de hoy no es pacífico, continuamente se enfrenta a nuevas amenazas y desa-

---

[*] Discurso pronunciado en la V Cumbre del BRICS.

fíos globales. Los países del grupo BRICS amamos la paz y la apreciamos. Compartimos el anhelo común de la paz duradera en el mundo, de un entorno social pacífico y estable para todos los países y una vida digna para todos los pueblos.

Más allá de los cambios en la situación internacional, hemos de persistir constantemente en el desarrollo pacífico y la cooperación de beneficio muto. Todo lo que necesitamos es paz y cooperación, no guerra y confrontación. Mientras procuramos nuestros propios intereses, debemos tener presente las preocupaciones legítimas del resto de los países..

Más allá de los cambios en la configuración internacional, hemos de insistir siempre en la igualdad, la democracia, y la inclusividad. Debemos respetar el derecho de los países a elegir su sistema social y camino de desarrollo, y respetar la diversidad de las civilizaciones. Los países, sean grandes o pequeños, poderosos o débiles, pobres o ricos, son miembros por igual de la comunidad internacional. Los asuntos internos de un país los decide su propio pueblo mientras que los asuntos internacionales deberán ser abordados por todas las naciones mediante consultas.

Más allá de los cambios en el sistema de gobernación global, hemos de participar activa y constructivamente en la promoción de un orden internacional verdaderamente justo y equitativo, que ofrezca las garantías institucionales para la paz y la estabilidad mundiales.

Debemos fomentar enérgicamente la construcción de una asociación de desarrollo global y promover la prosperidad conjunta de todos los países. Un solo árbol no hace el bosque. En esta era de profundización de la globalización económica, los países del BRICS no debemos procurar solo nuestro desarrollo sino trabajar por el desarrollo conjunto de todos los Estados.

Tenemos que esforzarnos para ampliar nuestras economías, mejorar la vida de nuestros pueblos y crear nuevos motores de crecimiento para la economía mundial. Incentivaremos a todos los países a fortalecer la coordinación de sus políticas macro económicas, reformar los sistemas monetario y financiero internacionales, promover la liberalización y la facilitación del comercio y la inversión y dar un nuevo ímpetu al crecimiento de la economía mundial.

Debemos elaborar juntos la agenda del desarrollo internacional, utilizar a plenitud las fuerzas productivas y los recursos materiales acumulados por la humanidad, cumplir los Objetivos de Desarrollo del Milenio establecidos por Naciones Unidas, reducir el abismo de desarrollo entre el Norte y el Sur y lograr que el desarrollo global sea más equilibrado. El tema de la reunión de hoy, "Asociación para el Desarrollo, la Integración y la Industrialización", no es solo la meta de desarrollo del bloque BRICS, sino también una importante esfera de la cooperación de este grupo con África.

Debemos fortalecer los vínculos entre las naciones del BRICS a través de la construcción de esta asociación, impulsar nuestra cooperación en los sectores de la economía y comercio, finanzas, infraestructura, intercambio de personal, etc., y avanzar hacia la meta de la integración de los mercados, de la red de circulación de múltiples niveles, de los vínculos por mar, aire y tierra y mayores intercambios culturales.

Apoyaremos conjuntamente a África en sus esfuerzos por materializar un crecimiento más fuerte, acelerar la integración y la industrialización y convertir África en un nuevo polo de crecimiento de la economía mundial.

Debemos profundizar la cooperación de beneficio mutuo y sus resultados. Para que los 3.000 millones de pobladores del BRICS hagan realidad su aspiración a una vida mejor, tenemos un largo camino que recorrer y en el que dependeremos de nuestros propios esfuerzos y de una colaboración más estrecha entre nosotros.

Debemos seguir reforzando la confianza política entre nuestros cinco gobiernos y la amistad entre nuestros pueblos, fortalecer el intercambio de experiencias en la gobernación del país y el manejo de los asuntos administrativos y promover conjuntamente la industrialización, la informatización, la urbanización y la modernización agrícola. Asimismo, debemos respetar la ley que rige el desarrollo, fomentar las ideas nuevas y superar las dificultades en el camino del desarrollo. Continuaremos afianzando nuestra coordinación en el marco de las Naciones Unidas, el Grupo de los 20 y las instituciones económicas y financieras internacionales para proteger nuestros intereses comunes.

Debemos traducir nuestro consenso político en acciones concretas; impulsar activamente iniciativas como las del Banco de Desarrollo del BRICS y el acuerdo sobre la reserva de divisas; acelerar la cooperación pragmática en los diversos ámbitos, y consolidar las bases económicas y sociales de la cooperación para dar una imagen positiva de los países integrantes del BRICS en su búsqueda del desarrollo nacional y la cooperación internacional.

Hace apenas cinco años que se lanzó el mecanismo del BRICS y el grupo aún se encuentra en la etapa de desarrollo inicial. Por lo tanto, debemos administrar y llevar a buen término nuestros asuntos, desarrollar como es debido nuestra asociación cooperativa y mejorar los mecanismos institucionales para esta finalidad. Nuestra causa prosperará y se desarrollará siempre que afiancemos la confianza en nuestros caminos de desarrollo y en la cooperación entre nuestras naciones del BRICS, sin dejarnos amedrentar por ningún riesgo.

Estimados colegas:

Soy consciente del interés que todos tienen en el futuro desarrollo de China. De cara al futuro, China trabajará en post de dos metas grandiosas: la primera, duplicar para el año 2020 el PIB y la renta per cápita de la población urbana y rural de 2010, culminando así la construcción integral de una sociedad modestamente acomodada en beneficio de los más de mil millones de chinos. La segunda, materializar la transformación de China en un país socialista moderno, próspero, poderoso, democrático, civilizado y armonioso en 2049, año del centenario de la fundación de la Nueva China.

Para hacer realidad estas dos grandes metas, seguiremos considerando el desarrollo como nuestra tarea de máxima prioridad y la construcción económica, la tarea central. Además, promoveremos el desarrollo económico y social del país. Persistiremos en el principio del hombre primero, fomentaremos de modo integral la construcción económica, política, cultural, social y de civilización ecológica, así como la coordinación entre los diversos aspectos y eslabones de la modernización, con el fin de construir una China más hermosa.

Nuestro desarrollo es abierto e insistiremos en la apertura al exterior como política básica del Estado. También ampliaremos la apertura de la estrategia de beneficio mutuo y elevaremos constantemente el nivel de nuestra economía abierta.

Nuestro desarrollo se basa en la cooperación, y perseveraremos en el concepto de desarrollo conjunto, colaboraremos en los sectores tecnológico y económico con otras naciones sobre la base de la igualdad y el beneficio mutuo, y promoveremos nuestro desarrollo y el desarrollo común de todos los Estados a través de la cooperación.

Para hacer realidad esas dos metas, necesitamos un buen entorno externo. China seguirá aplicando una política exterior independiente y de paz, alineará los intereses del pueblo chino a los intereses comunes de otros pueblos, y trabajará con los países del mundo en el fortalecimiento de la coordinación de las políticas macro económicas, la oposición al proteccionismo, la mejora de la gobernación de la economía global y la promoción del crecimiento económico del mundo.

Estimados colegas:

La consolidación de la cooperación con otros países miembro del grupo BRICS siempre ha sido una prioridad de la diplomacia de China. Continuaremos intensificando nuestra cooperación con el resto de los miembros del grupo para inyectar mayor vitalidad a su crecimiento económico, mejorar el marco de la cooperación e incrementar sus logros, con el fin de reportar beneficios reales a los pueblos de todos los Estados y hacer mayores contribuciones a la paz y el desarrollo del mundo.

¡Muchas gracias!

Notas

[1] Ge Hong: *El maestro que abraza la simplicidad (Bao Pu Zi)*. Ge Hong (c. 281-341), conocido también como Bao Pu Zi, fue teórico taoísta, médico y alquimista de la dinastía Jin del Este (317-420). *El maestro que abraza la simplicidad* está dividido en dos volúmenes: el "Capítulo interno" y el "Capítulo externo", y refleja de manera concentrada los esfuerzos del autor para mantener la buena salud a través del taoísmo y gobernar el mundo según el confucianismo.

Creemos juntos un futuro mejor para Asia y el mundo[*]

7 de abril de 2013

Distinguidos jefes de Estado y de gobierno, presidentes de Parlamento, responsables de organizaciones internacionales, ministros y miembros del consejo directivo del Foro Boao para Asia,
Estimados invitados,
Damas y caballeros,
Amigos:

En esta agradable estación de cielos azules y brisas aromatizadas por los cocoteros, tengo la satisfacción de reunirme con todos ustedes en la hermosa isla de Hainan, en la reunión anual del Foro Boao para Asia 2013.

Ante todo, permítanme darles, en nombre del gobierno y el pueblo chinos y en el mío propio, la más cordial bienvenida a los amigos presentes y felicitarlos por la inauguración de esta reunión anual.

En los últimos 12 años, el Foro Boao para Asia ha devenido en un importante foro de creciente influencia mundial. En la cultura china, cada 12 años se cumple un ciclo zodiacal[1]. En este sentido, el foro está en un nuevo punto de partida y espero que escale cumbres más elevadas.

El tema elegido por la presente reunión anual —"Asia en busca del desarrollo para todos: reforma, responsabilidad y cooperación"— es absolutamente relevante. Creo que todos van a expresar plenamente opiniones perspicaces y deliberar juntos un programa de largo alcance que concierna el desarrollo de Asia y del mundo, aportando sabiduría

---

[*] Discurso pronunciado en la reunión anual del Foro Boao para Asia 2013.

y fuerza a la promoción de la paz, la estabilidad y la prosperidad de esta región e incluso del mundo.

El mundo actual experimenta cambios profundos y complejos. Los países cada vez están más interrelacionados y son más interdependientes. Miles de millones de personas de países en vías de desarrollo están marchando hacia la modernización y la tendencia de esta era — caracterizada por la paz, el desarrollo, la cooperación y el beneficio mutuo— cobra más ímpetu.

Por otra parte, en el mundo no reina la paz. El desarrollo continúa siendo un gran desafío, la economía global atraviesa un proceso de reajuste muy profundo y la recuperación sigue estando fuera de alcance. El sector financiero internacional está plagado de riesgos, las diferentes facetas del proteccionismo van en ascenso, los países encuentran muchas dificultades en su reestructuración económica y los mecanismos de la gobernanza mundial están pidiendo a gritos una mejora. Alcanzar el desarrollo común continúa suponiendo una batalla cuesta arriba para muchos países.

Asia es una de las regiones más dinámicas y prometedoras del mundo y su desarrollo está íntimamente ligado al de otros continentes. Los países asiáticos han explorado caminos de desarrollo acorde a sus condiciones nacionales, fomentado el desarrollo del mundo a partir del suyo propio. Trabajando hombro con hombro con el resto de las naciones del mundo en momentos de dificultad para hacer frente a la crisis financiera internacional, Asia ha emergido como motor importante de la recuperación y el crecimiento económico mundial. En los últimos años, la aportación de Asia al crecimiento mundial ha superado el 50%, infundiendo así la confianza que tanto necesitaba el resto del planeta. La cooperación a nivel regional y subregional de Asia con el resto del mundo exhibe una vitalidad y perspectivas brillantes.

Por supuesto, somos conscientes de que Asia no está exenta de dificultades y retos en el impulso tanto de su desarrollo como del desarrollo conjunto de otras naciones. El camino por delante es tortuoso.

– Asia necesita aprovechar bien las oportunidades propicias y optimizar sus modalidades de desarrollo. El desarrollo sostenible continúa revistiendo importancia primordial para Asia porque es la solución a todos sus grandes problemas y dificultades. Es importante que cambiemos las modalidades de crecimiento económico, reajustemos la estructura económica, mejoremos la calidad y el rendimiento del desarrollo económico, y, sobre esta base, elevemos constantemente el nivel de vida del pueblo.

– La estabilidad de Asia requiere de nuestros esfuerzos concertados en el enfrentamiento y solución de las dificultades. La estabilidad en Asia se enfrenta a nuevos desafíos, a la constante aparición de problemas cadentes y la mayor incidencia de amenazas tradicionales y no tradicionales a la seguridad. Por tal motivo, es imperativo que los Estados asiáticos fortalezcamos la confianza mutua y trabajemos juntos para alcanzar la paz y la estabilidad duraderas de la región.

– La cooperación de Asia requiere que avancemos sin detenernos ante los éxitos logrados. Existen muchos mecanismos, iniciativas, ideas y propuestas para reforzar la cooperación regional del continente asiático. Por lo tanto, lo que necesitamos hacer es mejorar el entendimiento mutuo, llegar a un consenso y enriquecer la colaboración para alcanzar el equilibrio entre los intereses de los diferentes actores y diseñar mecanismos que nos reporten ganancias a todos.

Damas y caballeros, estimados amigos:

La humanidad solo tiene un planeta Tierra, que es el hogar de todos los países. El desarrollo común, importante base del desarrollo sostenible, concuerda con los intereses a largo plazo y los intereses fundamentales de todos los pueblos del mundo. Dado que vivimos en la misma aldea global debemos fomentar el sentimiento de destino compartido, adaptarnos a la corriente de la época, marchar en la dirección correcta, permanecer unidos en los tiempos difíciles y garantizar que el desarrollo de Asia y el mundo suba a una nueva altura.

Primero, debemos atrevernos a reformar e innovar para proveer una fuerza motriz inagotable al desarrollo conjunto. Desde hace mucho tiempo, los diversos países y regiones han desarrollado excelentes prácticas para mantener la estabilidad y promover el desarrollo. Estas prácticas tenemos que seguir desarrollándolas. Sin embargo, las cosas en el mundo están en constante evolución. "El entendido introduce cambios con el paso del tiempo; el sabio establece regímenes según el desarrollo de los asunto"[2]. Debemos dar al traste con los conceptos anacrónicos, obsoletos, con los reglamentos antiguos que restringen el desarrollo y explotar todos los potenciales del desarrollo. Tenemos que redoblar los esfuerzos del cambio de las modalidades de desarrollo y del reajuste de la estructura económica, atribuyendo mayor importancia a la elevación de la calidad del desarrollo y a la mejora de la vida del pueblo. Vamos a propulsar a paso firme la reforma del sistema económico y financiero internacional, perfeccionar los mecanismos de la gobernación global y garantizar un crecimiento sostenido y sano de la economía mundial. Asia, dotada de la capacidad para adaptarse a los cambios, debe atreverse a cabalgar sobre las olas de estos tiempos para hacer que la reforma en esta región y el desarrollo del mundo se fortalezcan y beneficien mutuamente.

Segundo, debemos unir voluntades para defender la paz, garantizando un entorno seguro para el desarrollo conjunto. La paz es un deseo eterno de los pueblos. La paz, como el aire y la luz del Sol, es apenas perceptible cuando nos beneficiamos de ella. Pero ninguno de nosotros puede vivir sin la paz. Sin paz no cabe hablar de desarrollo. Todos los países, grandes o pequeños, fuertes o débiles, ricos o pobres, deben hacer su aportación al mantenimiento y la defensa de la paz; no puede ser que unos monten el escenario y otros lo desmonten, sino que hay que montarlo entre todos y ofrecer continuamente espectáculos atractivos. La comunidad internacional debe promover los conceptos de seguridad integral, seguridad compartida y seguridad cooperativa para que nuestra aldea global devenga en un gran escenario de la búsqueda conjunta del desarrollo y no en la arena donde se pelean los gladiadores. Nadie tiene derecho a sembrar el caos regional y mucho menos mundial en la persecución de los intereses particulares. Con la frecuente interacción entre las naciones es inevitable que surjan diferencias. Lo importante es que los países resuelvan esas discrepancias y contradicciones a través del diálogo, las consultas y las negociaciones pacíficas por el bien de la situación general de las relaciones recíprocas.

Tercero, debemos promover el papel de la cooperación como la vía eficaz para mejorar el desarrollo conjunto. "Una sola flor no anuncia la primavera pero cien flores abiertas traen la primavera al jardín". Todos los países del mundo están estrechamente relacionados y sus intereses integrados por lo que deben suplir entre sí sus necesidades y complementarse con sus respectivas ventajas. Cuando un país persigue sus propios intereses, debe respetar las preocupaciones legítimas de los demás. Cuando procura su propio desarrollo, debe promover el desarrollo conjunto de todos y ampliar constantemente los puntos de convergencia de los intereses en común. Debemos potenciar la cooperación Sur-Sur y el diálogo Norte-Sur para impulsar el desarrollo equilibrado entre los países desarrollados y en vías de desarrollo, sentando así las bases del desarrollo duradero y estable de la economía mundial. Hemos de crear activamente más oportunidades de cooperación, elevar sus dividendos, hacer que los logros del desarrollo beneficien aún más a los pueblos de los diversos países, y contribuir en mayor medida al crecimiento económico del mundo.

Por último, debemos mantener la mentalidad de apertura e inclusión, para ampliar el abanico de la promoción del desarrollo común. "El mar es inmenso porque se alimenta de cientos de ríos". Tenemos que respetar el derecho de los diversos países a elegir su propio sistema social y camino de desarrollo, eliminar los recelos y el distanciamiento, transformar la diversidad de nuestro mundo y las diferencias entre los países en dinamismo e ímpetu. Debemos, a la luz del espíritu de la apertura, tomar como referencia las experiencias de otras regiones en materia de desarrollo, compartir los recursos para este y fomentar la cooperación regional. En los más de diez años transcurridos desde el inicio del nuevo siglo, el comercio en la región de Asia elevó su volumen de 800.000 millones de dólares estadounidenses a tres billones de dólares estadounidenses, mientras que el comercio de Asia con otras regiones pasó de los 1,5 billones de dólares estadounidenses a los 4,8 billones de dólares estadounidenses. Esto demuestra que la cooperación de Asia es abierta, va de la mano de su colaboración con el resto del planeta y genera beneficios para todos los actores. Asia debe dar la bienvenida a los países fuera de sus dominios para que desempeñen un papel constructivo en la estabilidad y el desarrollo de la región. Al mismo tiempo, estos países deben respetar la diversidad de Asia y sus tradiciones de cooperación ya instauradas para que se configure una situación positiva en la cual el desarrollo de Asia y el de otras regiones alcancen una interacción virtuosa y un avance simultáneo.

Damas y caballeros, estimados amigos:

China es un importante miembro de Asia y de la gran familia del mundo. El desarrollo de China es inseparable del de Asia y el mundo, que a su vez necesitan a China para lograr su prosperidad y estabilidad.

En su XVIII Congreso Nacional celebrado en noviembre del año pasado, el Partido Comunista de China definió el plan de desarrollo del país para los próximos años. Los objetivos de nuestra lucha son: para el 2020, duplicar el PIB y la renta per cápita de la población urbana y rural en 2010, culminando la construcción integral de una sociedad modestamente acomodada; y, para mediados del presente siglo, concluir la transformación de nuestro país en un país socialista moderno, próspero, poderoso, democrático, civilizado y armonioso, haciendo con ello realidad el sueño chino de la gran revitalización de la nación china. Mirando hacia delante, tenemos plena confianza en el futuro de China.

También somos conscientes de que China sigue siendo el país en vías de desarrollo más grande, y se enfrenta en su desarrollo a muchas dificultades y desafíos, por lo cual necesitamos hacer esfuerzos incansables y prolongados para lograr que el pueblo chino tenga una vida mejor. Vamos a persistir sin vacilación alguna en la reforma y apertura, concentrarnos en el cambio de la modalidad de desarrollo económico como línea principal, en la administración eficiente de nuestros asuntos y en el avance constante hacia la modernización socialista.

"Los vecinos se desean el bien entre ellos como lo hacen los miembros de una misma familia". Respecto a los países vecinos, China se empeñará en tratarlos con buena fe y tenerlos como socios, consolidará las relaciones de buena vecindad y amistad y profundizará la cooperación de beneficio mutuo, en un esfuerzo dirigido a que su desarrollo genere beneficios aún mayores para estos países.

Vamos a seguir contribuyendo al desarrollo y la prosperidad tanto de Asia como del mundo. A partir del nuevo siglo, el comercio entre China y los países circundantes ha aumentado de 100.000 millones de dólares estadounidenses a 1,3 billones de dólares estadounidenses, lo que ha convertido a China en el mayor socio comercial, el mayor mercado de exportación y la mayor fuente de inversión de muchas de estas naciones. La integración de los intereses de China con los de Asia y el resto del mundo ha alcanzado una magnitud y profundidad sin precedentes. En la actualidad, y en los años que están por venir, la economía china mantendrá su tendencia de desarrollo saludable; la demanda interna, sobre todo la orientada al consumo, crecerá ininterrumpidamente y lo mismo sucederá con las inversiones al exterior. Según se calcula, en los próximos cinco años, China importará bienes por valor de 10 billones de dólares estadounidenses aproximadamente, sus inversiones en el exterior alcanzarán los 500.000 millones de dólares estadounidenses, y el número de viajeros chinos al exterior superará probablemente los 400 millones. Cuanto más se desarrolle China, mayores oportunidades de desarrollo creará para Asia y el mundo.

Vamos a salvaguardar firmemente la paz y la estabilidad de Asia y el mundo. Nuestro pueblo tiene grabadas en la memoria las penalidades acarreadas por las guerras y los disturbios y busca incansablemente la paz. China procura un entorno internacional pacífico para desarrollarse a sí misma, al tiempo que salvaguarda y promueve la paz mundial a través de su propio desarrollo. China seguirá tratando adecuadamente sus discrepancias y diferencias con ciertos países y, sobre la base de la firme defensa de la soberanía, la seguridad y la integridad territorial del Estado, se esforzará por mantener sus buenas relaciones con los países vecinos, así como la paz y la estabilidad general en la región. Continuará jugando un papel constructivo en los problemas candentes internacionales y regionales, y perseverará en la promoción del diálogo y las negociaciones de paz, haciendo incansables esfuerzos para resolver apropiadamente los problemas respectivos mediante el diálogo y las negociaciones.

Vamos a impulsar activamente la cooperación regional en Asia y a nivel mundial. Consolidaremos nuestra conexión y comunicación con los países vecinos, exploraremos la construcción de una plataforma de financiación regional e impulsaremos la integración económica dentro de la región para aumentar su competitividad. Tomaremos parte activa en el proceso de cooperación regional en Asia, y fuera de ella persistiremos en llevar adelante la cooperación regional y subregional con otras regiones y países. Continuaremos fomentando la liberalización y la facilitación del comercio y la inversión, intensificaremos la inversión bilateral entre los diversos países y promoveremos nuevas áreas de inversión. Apoyaremos enérgicamente la apertura de Asia y su colaboración con otras regiones por el desarrollo común. Acortaremos la brecha entre el Sur y el Norte, y respaldaremos a los países en vías de desarrollo para que aumenten su capacidad de desarrollo autónomo.

Damas y caballeros, estimados amigos:

El principio de buena vecindad es una tradición china desde la antigüedad. La causa del desarrollo pacífico, la cooperación de beneficio mutuo de Asia y el mundo es una carrera que tiene un punto de partida tras otro y que no conoce la línea de meta. China está dispuesta a aunar esfuerzos con los amigos de los cinco continentes para crear juntos un futuro brillante para Asia y el mundo y el bienestar para sus pueblos.

Para terminar, anticipo mis votos por la celebración exitosa de la reunión anual.

Notas

1 Shengxiao, el zodiaco chino –ciclo de 12 años. Cada año está relacionado con un animal –dígase la rata, el buey, el tigre, el conejo, el dragón, la serpiente, el caballo, la cabra, el mono, el gallo, el perro y el cerdo.

[2] Véase la nota 1 de "Mejorar la divulgación y la labor ideológica" en el presente libro, pág. 198.

Mantengamos y desarrollemos juntos una economía mundial abierta[*]

5 de septiembre de 2013

Su Excelencia presidente Vladimir Putin:
Distinguidos colegas:

Me complace mucho reunirme con todos ustedes aquí en la hermosa ciudad de San Petersburgo, donde vamos a deliberar sobre las políticas para la promoción del crecimiento económico y la creación de empleo en el mundo. Ante todo, permítanme expresar mi más sincero agradecimiento al presidente Vladimir Putin y al gobierno ruso por sus activos esfuerzos y esmerados preparativos para esta cumbre.

Actualmente, la economía mundial se está recuperando paulatinamente y la situación sigue desarrollándose hacia un rumbo favorable. Al mismo tiempo, subsisten todavía los efectos negativos de la crisis financiera internacional, algunos países siguen sumidos en la recesión, por lo que queda un largo trecho por recorrer para la recuperación de la economía global.

La situación determina nuestras tareas y nuestras acciones determinan el éxito. Por ello, debemos, con la mirada en el futuro a largo plazo, hacer esfuerzos para crear una economía mundial basada en el desarrollo y la innovación, la interrelación del crecimiento y la integración de los intereses de los diversos países, y mantener y desarrollar firmemente una economía mundial abierta.

— El desarrollo y la innovación son la exigencia para un crecimiento sostenible de la economía mundial. Un crecimiento que depende

---

[*] Intervención sobre la situación económica del mundo hecha en la reunión de la primera fase de la Cumbre del G-20.

únicamente de las políticas de estímulo y de la intervención directa y a gran escala en la economía por parte del gobierno, será solo una solución paliativa y no definitiva al mal, mientras que un crecimiento basado en el consumo de grandes cantidades de recursos y la contaminación ambiental será mucho menos sostenible. Debemos mejorar la calidad y la rentabilidad del crecimiento económico y evitar medir sus logros simplemente por la tasa de crecimiento del PIB. Los países deben, mediante una reforma estructural activa, estimular la vitalidad del mercado y aumentar la competitividad económica.

—El crecimiento interactivo es crucial para un fuerte crecimiento de la economía mundial, el cual depende a su vez del crecimiento económico conjunto de los diversos países, que deberán promover el concepto de comunidad de destino y entender cabalmente el efecto dominó, es decir, "el beneficio de uno, es el beneficio de todos y si uno pierde, pierden todos". Debemos cooperar mientras competimos y alcanzar el beneficio mutuo a través de la cooperación. Un país debe tener en cuenta los intereses y el desarrollo de sus pares en la persecución de los suyos propios. La ayuda mutua entre los distintos países para resolver los problemas prominentes es la exigencia objetiva del desarrollo de la economía mundial. Hay que hacer que el desarrollo de cada país sea capaz de crear un vínculo con el crecimiento de otros países, para así producir efectos de derrame positivos y no negativos en sus respectivos desarrollos.

—La integración de intereses es una demanda para el crecimiento equilibrado de la economía mundial. Un crecimiento de este tipo no supone un juego de suma cero basado en la transferencia del crecimiento, sino uno que permita a los diversos países compartir los beneficios. Todos debemos aprovechar al máximo las ventajas comparativas y, a nivel global, optimizar conjuntamente la asignación de los recursos económicos, mejorar la distribución de la industria mundial, construir una cadena de valor global que comparta los beneficios equitativamente y fomentar un gran mercado mundial que favorezca a todas las partes, con el fin de alcanzar un desarrollo de beneficio mutuo.

Para dar forma a este tipo de economía mundial, se requiere que los miembros del G-20 construyan una relación de asociación económica más estrecha y asuman la responsabilidad que les corresponda.

Primero, es necesario adoptar políticas macroeconómicas responsables. Las principales economías debemos, ante todo, administrar como es debido nuestros asuntos y garantizar que nuestras economías sean sólidas. Esta es nuestra responsabilidad básica. Hay que mejorar los mecanismos coordinadores de nuestras políticas macroeconómicas y fortalecer la comunicación y la coordinación.

Las políticas macroeconómicas y microeconómicas y políticas sociales tienen que estar integradas. Todos los países deben apoyar las políticas económicas con las políticas sociales y crear condiciones favorables para la aplicación de políticas macro y micro económicas. Es correcta la decisión tomada en la reunión de los ministros de Hacienda y gobernadores de los bancos centrales y en la reunión de ministros de Trabajo y Empleo del G-20 de reforzar la coordinación en las políticas económicas y de empleo y debemos seguirla invariablemente.

En este aspecto, China adapta sus políticas económicas no solo por el bien de su propia economía sino también por el bien de la economía mundial. Los fundamentos de la economía china son buenos. En el primer semestre de este año, el PIB creció un 7,6%. Sin embargo, China también afronta problemas como la deuda de los gobiernos locales, una excesiva sobrecapacidad productiva en ciertas industrias, etc. Estos problemas son controlables y estamos adoptando medidas para su solución.

Somos conscientes de que para arrancar el mal de raíz de nuestro desarrollo económico a largo plazo hemos de ser firmes en la promoción de la reforma estructural de nuestra economía, aún cuando esto suponga ralentizar nuestro ritmo de crecimiento. Toda empresa exige un pensamiento integral y previsor. Un modelo de desarrollo basado en la práctica de matar a la gallina para recoger los huevos de oro o la de drenar el estanque para coger los peces no puede ser sostenible.

La economía china está integrada en muy alto grado a la economía mundial. Una China con una operación económica más estable, un crecimiento económico de calidad superior y perspectivas más sostenibles constituye un factor favorable a largo plazo para el desarrollo económico del mundo. China tiene las condiciones y la capacidad necesarias para alcanzar un desarrollo sostenido y sano de su economía, crear un mercado más vasto y un espacio de desarrollo más amplio para todos los países, y proporcionar más efectos positivos de derrame a la economía mundial.

Segundo, es preciso mantener y desarrollar juntos una economía mundial abierta. "Una sola flor no anuncia la primavera pero cien flores abiertas traen la primavera al jardín". Los países crecerán si sus economías están abiertas y declinarán si sus economías están cerradas. Debemos seguir la tendencia, oponernos a toda forma de proteccionismo y hacer buen uso de los mercados y recursos tanto nacionales como internacionales.

Vamos a mantener un sistema comercial multilateral que sea libre, abierto y no discriminatorio. Debemos evitar las normas, reglas y sistemas comerciales exclusivos para prevenir la fragmentación del mercado global y la desintegración de los sistemas comerciales. Debemos estudiar el perfeccionamiento de las reglas de la inversión global, guiar el flujo racional del capital del desarrollo global y distribuir con mayor eficiencia los recursos para el desarrollo.

Tercero, se precisa perfeccionar la gobernación económica global, haciéndola más justa y equitativa. El G-20 es una importante plataforma en la que los países desarrollados y en vías de desarrollo mantienen consultas sobre los asuntos económicos internacionales. Debemos hacer del G-20 una fuerza relevante que contribuya a estabilizar la economía mundial, edificar una red de seguridad financiera internacional y mejorar la gobernación económica global.

En nuestros continuos esfuerzos por reformar las instituciones financieras internacionales, los países pertinentes debemos intensificar la debida implementación del proyecto de reforma respecto a la asignación de cuotas y el ordenamiento del Fondo Monetario Internacional. Hay que elaborar una nueva fórmula de repartición de cuotas que refleje el peso del agregado económico de los diferentes países en la economía mundial. Se debe seguir afianzando la supervisión y el control del mercado financiero internacional, de modo que el sistema financiero pueda, en el verdadero sentido de la palabra, apoyarse en el desarrollo de la economía real, ponerse a su servicio y promoverlo. Es necesario implantar un sistema monetario internacional estable y resistente a los riesgos, reformar la canasta de divisas para los Derechos Especiales de Giro, potenciar los vínculos entre los mecanismos de cooperación financiera internacional y regional, y levantar un muro de contención contra los riesgos financieros.

China apoya el fortalecimiento de la cooperación multilateral contra la evasión fiscal y está presta a contribuir a la mejora del mecanismo de saneamiento de recaudación tributaria internacional.

Quisiera destacar que China impulsará firme e invariablemente la reforma con vistas a promover un desarrollo económico y social del país sostenido y sano. Estamos haciendo un estudio general sobre la profundización integral de la reforma, con el objetivo de llevar adelante de modo coordinado la reforma de los sistemas económico, político, cultural, social y de civilización ecológica; y dar nuevos pasos hacia la emancipación y el desarrollo de las fuerzas productivas sociales, y la emancipación y el fomento del poder creativo de toda la sociedad. China fortalecerá la construcción de un sólido sistema de mercado y propulsará la reforma en los sectores de la regulación y control macroeconómico, tributación, finanzas, inversión y administración para que el mercado desempeñe a cabalidad su papel básico en la distribución de los recursos. China profundizará la reforma de los tipos de interés y las tasas de cambio, aumentará la flexibilidad de la tasa de cambio del yuan o renminbi y realizará gradualmente su convertibilidad en las cuentas de capital. Persistiremos en la estrategia abierta con base en el beneficio mutuo, profundizaremos la reforma de los regímenes de inversión y comercio, perfeccionaremos las leyes y reglamentos, crearemos un marco legal que permita la gestión en pie de igualdad de las empresas extranjeras en China, y resolveremos mediante consultas las disputas comerciales con los países pertinentes.

Estimados colegas:

Siempre que concertemos nuestros esfuerzos en la construcción de una asociación más estrecha, el G-20 disfrutará de un desarrollo futuro más seguro y mejor, y los pueblos de todos los países tendrán mayor confianza en la economía mundial y en nuestra vida futura.

¡Muchas gracias!

Fomentemos el "espíritu de Shanghai" y el desarrollo conjunto[*]

13 de septiembre de 2013

Su Excelencia presidente Almazbek Atambayev:
Distinguidos colegas:

Estoy muy contento de asistir a la Cumbre de la Organización de Cooperación de Shanghai, aquí en Bishkek. Quisiera expresar mi agradecimiento a Kirguistán, país que asume la presidencia de la organización, por sus esmerados preparativos y arreglos minuciosos para la feliz celebración de este encuentro. De un año a esta parte, Kirguistán ha hecho un trabajo enorme y fructífero en el desarrollo de la organización, lo que la parte china tiene en alta estima.

Ante la reciente evolución y cambios en la situación internacional y regional, y de acuerdo con la demanda común de los países miembro de mantener la estabilidad, desarrollar la economía y mejorar la vida del pueblo, la presente cumbre, que tiene como misión la implementación del Tratado de Buena Vecindad, Amistad y Cooperación a Largo Plazo de los Países Miembro de la Organización de Cooperación de Shanghai, aprobará el itinerario para la ejecución de este pacto y trazará el grandioso plan de desarrollo de la organización para los próximos cinco años. Todo ello abrirá perspectivas más amplias para su desarrollo.

En la misma medida que la Organización de Cooperación de Shanghai disfruta de oportunidades se enfrenta a desafíos extremadamente difíciles. Las "tres fuerzas" del terrorismo, el separatismo y el

[*] Intervención en la XIII reunión del Consejo de Jefes de los Estados Miembros de la Organización de Cooperación de Shanghai.

extremismo, más el tráfico de drogas y el crimen transnacional organizado amenazan la seguridad y la estabilidad de la región. La crisis financiera internacional ha afectado de manera diferente el desarrollo económico de nuestros países, sumiéndolos en un periodo de reajuste y recuperación.

Son retos que difícilmente un país puede afrontar en solitario. Por eso, debemos potenciar la cooperación y unirnos para ser más fuertes. En vista de las circunstancias arriba mencionadas, permítanme proponer a la organización fortalecer la cooperación en los siguientes aspectos:

Ante todo, hay que fomentar el "espíritu de Shanghai"[1]. En su aplicación, aumentaremos continuamente la confianza recíproca entre los países miembro; desarrollaremos la cooperación de beneficio mutuo sobre la base de la igualdad, la consulta y el entendimiento mutuo y la concesión recíproca, en línea con la tendencia de paz y desarrollo de nuestros tiempos y con los intereses y las demandas de los pueblos de los países miembro.

Manteniendo en alto esta bandera, debemos implementar efectivamente el Tratado de Buena Vecindad, Amistad y Cooperación a Largo Plazo de los Países Miembro de la Organización de Cooperación de Shanghai. Igualmente, promover sinceramente la colaboración en diversos sectores dentro del marco de la organización, de modo que los países miembro sean buenos vecinos que conviven en armonía, buenos amigos que se ayudan mutuamente para superar las dificultades, y buenos socios que comparten un mismo destino.

El segundo punto es la necesidad de mantener en común la seguridad y la estabilidad regionales. Un entorno seguro y estable es requisito indispensable para la cooperación de beneficio mutuo y el desarrollo y la prosperidad comunes. Debemos llevar a vías de hecho la Convención de Shanghai sobre la Lucha contra el Terrorismo, el Separatismo y el Extremismo y el Programa de Cooperación, perfeccionar el sistema de cumplimiento de la ley y cooperación en materia de seguridad de la entidad, conferir a los organismos antiterroristas regionales responsabilidades en las operaciones contra el narcotráfico, y sobre esta base, crear un centro integral de respuesta a las amenazas y desafíos a la seguridad.

Las autoridades relevantes dentro de los Estados miembro deben también crear canales para la comunicación e información cotidiana, explorar nuevas formas de operación conjunta y aunar fuerzas en el combate contra las tres fuerzas del terrorismo, el separatismo y el extremismo, con el fin de crear un ambiente favorable para la vida y la producción de los pueblos de la región.

Afganistán es país observador de la organización, y el desarrollo de su situación está íntimamente vinculado con la seguridad y la estabilidad regionales. Esta organización debe apoyar a Afganistán en el proceso de reconciliación nacional y ayudarlo a alcanzar cuanto antes la paz y la estabilidad, defendiendo juntos la seguridad regional.

En tercer lugar, es preciso desarrollar la cooperación pragmática, la base material y fuerza motriz del desarrollo de esta organización. Los seis países miembro y los cinco observadores se ubican a lo largo de la antigua Ruta de la Seda, y como tal, todos tenemos la responsabilidad de transmitir y reanimar el espíritu de esta ruta.

Número uno: abrir grandes canales de transporte y logística. Tenemos que firmar lo antes posible el Convenio Internacional sobre la Facilitación del Transporte Vial. Tras su rúbrica, proponemos que, de acuerdo con el principio de voluntariedad, se incorporen los países observadores para construir corredores de transporte y comunicación expeditos del Báltico al Pacífico y de Asia Central tanto al Océano Índico como al golfo Pérsico.

Número dos: negociar un convenio de facilitación del comercio y la inversión. Partiendo de la consideración de los intereses y preocupaciones de las diversas partes podremos explotar el potencial de la colaboración entre los países miembro en la amplia cooperación en los ámbitos del comercio y la inversión, hacer valer suficientemente el potencial de cooperación de los países miembro complementar nuestras respectivas ventajas e impulsar el desarrollo y la prosperidad comunes.

Número tres: intensificar la cooperación en el terreno financiero. Vamos a promover el establecimiento del Banco de Desarrollo de la

Organización de Cooperación de Shanghai, el cual proporcionará a la organización garantías de financiación y servirá de plataforma de liquidación para la construcción de infraestructuras y proyectos de cooperación económica y comercial. Mientras tanto, la Organización puede abrir cuanto antes cuentas especiales para garantizar la financiación de los proyectos de estudio, intercambio y formación de personal. Tenemos que aprovechar al máximo el mecanismo de la comunidad bancaria de la organización para fortalecer el intercambio y la cooperación entre las instituciones financieras de los países de la región.

Número cuatro: crear el club de la energía para coordinar la cooperación en este sector en el marco de la organización y establecer una relación oferta-demanda estable para garantizar la seguridad energética. Al mismo tiempo, instaremos a ampliar la cooperación en las áreas de la eficiencia energética y desarrollo de nuevas energías.

Número cinco: implantar un mecanismo de cooperación en la seguridad alimentaria para fortalecer nuestra colaboración en la producción agrícola, el comercio de productos agrícolas y la seguridad de los productos alimentarios, con el fin de asegurar el suministro de cereales.

Y por último pero no menos importante tenemos que intensificar los intercambios entre nuestros pueblos y nuestras culturas a fin de sentar sólidas bases populares y sociales para el desarrollo de la Organización. Ampliaremos la cooperación a los sectores de la cultura, educación, cine y televisión, salud, deportes y turismo.

En la cumbre de Beijing, la parte china anunció que en los próximos diez años ofrecería 30.000 becas gubernamentales a los países miembro. Estamos dispuestos a mantener una estrecha cooperación con ellos para llevar a buen término este proyecto.

La parte china creará, en el Instituto de Ciencias Políticas y Derecho de Shanghai, el Centro Internacional de Intercambio, Cooperación y Formación Judicial China-Organización de Cooperación de Shanghai. El objetivo es utilizar esta plataforma para formar al personal judicial de los Estados miembro.

En las ciencias médicas tradicionales, un nuevo sector de cooperación, China se propone cooperar con otros Estados miembro para crear instituciones sanitarias especializadas en medicina tradicional china, que harán un buen uso de los recursos correspondientes al servicio de la salud de los diversos pueblos.

Conforme al consenso alcanzado por las partes, China ha tomado la delantera en la creación de la Comisión de Cooperación de Buena Vecindad y Amistad de la Organización de Cooperación de Shanghai. Proponemos que los países miembro y los observadores establezcan también semejante agrupación social, con el objetivo de incrementar la comprensión mutua y la amistad tradicional entre los diversos pueblos.

La Declaración de Bishkek, anunciada en la presente cumbre, explica la posición de la Organización en el conflicto de Siria. Aquí quisiera destacar que la parte china sigue muy de cerca la situación en este país, apoya a la comunidad internacional en su esfuerzo para lograr el cese del fuego y la violencia, exhortar a la reconciliación y promover las negociaciones, y aboga por una solución política de las partes a la crisis siria. China respalda la propuesta de Rusia para que Siria entregue las armas químicas a la comunidad internacional para su control y destrucción; se ofrece a afianzar la comunicación y coordinación con las partes concernientes a través del Consejo de Seguridad de las Naciones Unidas; y se compromete a hacer incansables esfuerzos para facilitar la solución política del conflicto sirio.

¡Muchas gracias!

Notas

[1] La esencia del espíritu de Shanghai es: la confianza recíproca, el beneficio mutuo, la igualdad, la cooperación, el respeto a las diversas civilizaciones y la búsqueda de un desarrollo común. Fue formulado por Jiang Zemin en la reunión de la fundación de la Organización de Cooperación de Shanghai en junio de 2001, y consignado en la Declaración sobre el Establecimiento de la Organización de Cooperación de Shanghai.

Profundizar la reforma y apertura y crear una región Asia-Pacífico hermosa*

7 de octubre de 2013

Distinguido presidente Wishnu Wardhana,
Damas y caballeros,
Estimados amigos:

Hoy me complace tener la oportunidad de reunirme con grandes amigos y personalidades del círculo industrial y comercial de la región Asia-Pacífico en esta hermosa y paradisiaca isla.

Bali no es solo un lugar turístico mundialmente conocido, sino la cuna del Proceso de Bali y la Hoja de Ruta de Bali. Ahora en su condición de sede de la reunión informal de líderes del Foro de Cooperación Económica Asia-Pacífico (APEC), Bali es la portadora de las expectativas de la región Asia-Pacífico y el mundo.

Actualmente, cuando la economía mundial sigue en la búsqueda dificultosa de la recuperación, la economía de la región Asia-Pacífico ha mantenido una tendencia de desarrollo positivo pese a confrontar nuevos retos. Se espera que esta reunión inyecte un nuevo ímpetu al crecimiento económico de esta región e incluso al del resto del planeta.

Damas y caballeros,

Estimados amigos:

La economía mundial se halla todavía en un periodo de reajuste profundo. Aunque hay señales de recuperación, también hay problemas como la carencia de bases sólidas, falta de fuerza motriz y velocidad desigual. Los problemas estructurales de las principales economías desarrolladas aún están por resolverse, destacando la

---

* Discurso pronunciado en la Cumbre de CEOs del APEC, en Bali, Indonesia.

necesidad de fortalecer la coordinación de las políticas macroeconómicas. Las economías de mercado emergentes, cuyo ritmo de crecimiento se ha ralentizado, se enfrentan a más riesgos y desafíos externos. Las negociaciones de la ronda de Doha de la Organización Mundial del Comercio encuentran dificultades a cada paso, mientras se presentan nuevas manifestaciones del proteccionismo en el comercio y la inversión. En vista de todo ello, alcanzar la total recuperación y el crecimiento sano de la economía mundial será un proceso largo y tortuoso.

De cara a los nuevos desafíos de la situación económica mundial, tanto las economías desarrolladas como las en vías de desarrollo están a la búsqueda de nuevos motores de crecimiento.

¿Dónde encontrarlos? A mi parecer, solo en la reforma, el reajuste y la innovación. La región Asia-Pacífico siempre ha sido un importante motor del crecimiento de la economía mundial. En momentos en que la recuperación de la economía mundial carece de fuerza motriz, las economías del área deben tener la valentía de ser pioneras en la creación de una modalidad de desarrollo de la economía abierta caracterizada por el desarrollo innovador, el crecimiento interactivo y la integración de los intereses. Solo de esta manera, veremos la luz al final del túnel tal y como dicen los versos de este poema chino: "Cuando uno duda si hay una salida entre las interminables cadenas montañosas y ríos serpenteantes, de repente uno encuentra una aldea protegida por los tiernos sauces y las hermosas flores"[1]. Por lo tanto, haremos que la economía de la región Asia-Pacífico juegue un papel protagónico en el repunte de la economía mundial.

Esto es exactamente lo que está haciendo China. En el primer semestre de este año, nuestra economía creció un 7,6% respecto al mismo periodo del año pasado, cifra que marca una desaceleración en comparación con el ritmo superior al 8% registrado en años anteriores. Algunos se preocupan por el futuro de la economía china, y se preguntan si habrá un "aterrizaje duro", si el crecimiento sostenido y saludable es posible, cómo China afrontará la situación y qué impacto tendrá todo esto en el panorama económico de la región Asia-

Pacífico. En relación a estas interrogantes, me gustaría compartir con ustedes algunas de mis observaciones.

Ante todo, quisiera destacar que, a juzgar por el análisis integral de la situación de los diversos aspectos, tengo plena confianza en las perspectivas del desarrollo de la economía china.

Confío porque en primer lugar la tasa de crecimiento de nuestra economía está dentro del rango racional y previsto. En términos generales, no ha habido contratiempos en la transición del crecimiento, que ha pasado de los dos dígitos en años anteriores al 9,3% de 2011 y al 7,8% de 2012, y luego al 7,6% del primer semestre de este año, dato éste que sitúa a China a la vanguardia de las mayores economías del mundo. Los fundamentos de la economía china son favorables, y el crecimiento del PIB y otros principales índices económicos del país se mantienen dentro de las metas previstas. De manera que todo ha ido según lo calculado, sin que hayan ocurrido imprevistos.

La desaceleración de la economía china es resultado de la propia iniciativa reguladora tomada por el país. Un crecimiento del 7% es suficiente para que alcancemos la meta establecida de duplicar en 2020 el PIB y la renta per cápita de la población urbana y rural correspondientes a 2010. Hemos hecho los cálculos necesarios al plantear las metas de desarrollo a mediano y largo plazos. Al mismo tiempo, somos conscientes de que para arrancar de raíz el mal que afecta nuestro desarrollo económico a largo plazo hemos de insistir en la promoción de la reforma estructural, aún cuando esto implique reducir el ritmo de crecimiento. El emprendimiento de una causa exige que seamos previsores y valoremos sabiamente las necesidades a corto y largo plazos porque no perdurará mucho tiempo un desarrollo basado en la práctica de matar a la gallina para recoger los huevos de oro o la de drenar el estanque para coger los peces.

En segundo lugar confío porque la calidad y la eficiencia del desarrollo de la economía china mejora a paso seguro. En el primer semestre de este año, dicho desarrollo se caracterizó por la estabilidad en general de su avance. Por *estabilidad* se entiende que el crecimiento económico se situó en el rango razonable, y por *avance* que el cambio de nuestra modalidad de crecimiento aceleró su ritmo. El desarrollo de la economía china está pasando de la dependencia excesiva de las inversiones y las exportaciones en el pasado a la creciente dependencia de la demanda interna, especialmente del consumo. A juzgar por los datos económicos del primer semestre, se ha puesto de manifiesto el papel de la reestructuración en el impulso al crecimiento. La demanda interna contribuyó 7,5 puntos porcentuales al crecimiento del PIB, de los cuales 3,4 puntos porcentuales corresponden al consumo. Hemos dejado de tomar simplemente la tasa de crecimiento del PIB como criterio para medir los logros. Ahora nos concentramos más en el aumento de la calidad y la eficiencia del crecimiento económico como punto de apoyo básico. Los hechos demuestran que hemos adoptado un enfoque responsable tanto para China como para el mundo.

En tercer lugar confío porque la poderosa fuerza endógena de la economía china sigue y seguirá en aumento. El actual proceso del nuevo tipo de urbanización hará posible que cientos de millones de chinos se trasladen del campo a la ciudad y eleven su nivel de vida. La continua mejora del nivel de la educación en China redundará en una fuerza laboral moderna, profesional dotada de cualidades superiores, una visión más amplia y mejores habilidades técnicas. En su dinámica implementación de la estrategia de desarrollo propulsada por la innovación, China promueve la estrecha vinculación de la ciencia y la tecnología con la economía, así como la innovación científico-tecnológica y el desarrollo de las industrias emergentes. El país ha ampliado sin cesar la demanda interna y el mercado de consumo, lo que va a liberar una enorme fuerza motriz para la demanda y el consumo. China reitera su compromiso con el concepto que considera al ser humano como lo primordial y la práctica de que los logros del desarrollo beneficien a más personas a lo largo y ancho del país. Todo ello se transformará en una poderosa fuerza motriz endógena al servicio del desarrollo de la economía china.

Por último confío porque las perspectivas del desarrollo de la región Asia-Pacífico son brillantes. Gracias a los esfuerzos mancomunados de las diversas economías, la región Asia-Pacífico exhibe elevados niveles de libre flujo de capital, información y personal y una creciente y definida división de trabajo en la industria. Un gran mercado se está levantando en la región Asia-Pacífico. La nueva revolución científico-tecnológica y la nueva revolución industrial, ambas en gestación, reportarán ventajas a la región. En las diversas economías de esta, la capacidad de resistencia contra los riesgos se ha consolidado con creces, los mecanismos relativos a los tipos de cambio se han vuelto más flexibles, el nivel de la reserva de divisas se ha elevado notoriamente, y los diversos arreglos multilaterales y bilaterales en materia de finanzas han proporcionado protección institucional de cara a la compleja situación. China tiene fe en las perspectivas de desarrollo de Asia-Pacífico. Beneficiada por el macro contexto del crecimiento económico de la región, China ha logrado su propio desarrollo. Al mismo tiempo, el desarrollo de China ha contribuido al crecimiento de la economía regional. Me asiste la convicción de que la tendencia a esta interacción cobrará más ímpetu y creará más oportunidades para el desarrollo de la región.

Tengo absoluta confianza en el desarrollo sostenido y saludable de la economía china. Al mismo tiempo, somos conscientes de los problemas y retos como la ralentización de la demanda, la sobrecapacidad productiva, las deudas de los gobiernos locales y la "deficiencia de la banca" y seguimos muy de cerca los posibles impactos del entorno externo. En este sentido, estamos adoptando las medidas adecuadas para anticiparnos a los posibles riesgos.

Damas y caballeros,

Estimados amigos:

Habiendo entrado ya en una nueva etapa de desarrollo, la economía china está experimentando un profundo cambio en su modalidad de desarrollo y un profundo reajuste en su estructura. Esto exige que nos esforcemos sin cesar por avanzar cuesta arriba pese a los baches, atacar plazas fuertes y superar dificultades. Esto también hace inevitable la compañía de los dolores del reajuste y la angustia del crecimiento; no obstante, todo ello es un precio que vale la pena pagar.

Después de la lluvia sale el arco iris. Hay un refrán que describe muy bien nuestra situación y dice así: "No hay montaña por más alta que sea que el hombre no pueda escalar, ni camino por más largo que sea, que no pueda recorrer". Por más alta que sea la montaña y por más largo que sea el camino, siempre que avancemos con perseverancia, llegará el día en que alcanzaremos nuestro objetivo.

Para marchar adelante, China ha de profundizar de modo integral su reforma y apertura. Frente a las nuevas expectativas de las masas populares, debemos fortalecer nuestra confianza en la reforma y apertura; aplicarlas con mayor valentía política y sabiduría, adoptando medidas y métodos enérgicos; y dar un paso más hacia la emancipación del pensamiento, liberar y desarrollar las fuerzas productivas y liberar y mejorar las fuerzas creadoras de la sociedad.

China está elaborando su plan general de profundización integral de la reforma con el objetivo de llevar adelante con visión de conjunto la reestructuración en los ámbitos económico, político, cultural, social y de civilización ecológica; solucionar los problemas peliagudos surgidos en el proceso del desarrollo; eliminar los obstáculos institucionales al desarrollo sostenido y sano de la economía; e inyectar, mediante la reforma, una nueva fuerza motriz al desarrollo económico.

Perfeccionaremos el sistema económico básico; reforzaremos la construcción del sistema de mercado; promoveremos la reforma de los regímenes de macro control, fiscal y tributario, financiero e inversión; e intensificaremos la reforma orientada al mercado de los tipos de interés y las tasas de cambio, flexibilizaremos la tasa de cambio del yuan o renminbi y avanzaremos gradualmente en su convertibilidad en las cuentas de capital. Seguiremos adelante con la reforma del régimen administrativo, la transformación de las funciones gubernamentales y la simplificación administrativa y la descentralización de los poderes para definir claramente la relación entre el gobierno y el mercado, y permitir que el mercado desempeñe su papel básico en la asignación de los recursos en mayor medida y esfera. Paralelo al perfeccionamiento del régimen científico-tecnológico y el incremento de la capacidad innovadora de la ciencia y tecnología, crearemos un nuevo sistema de innovación tecnológica en el que los protagonistas serán las empresas, el mercado será la guía y se integrarán los esfuerzos de las empresas, universidades e institutos de investigación. Tomando como punto prioritario la garantía y la mejora de la vida del pueblo, promoveremos la equidad y la justicia sociales, fomentaremos el empleo de mejor calidad, profundizaremos la reforma del sistema de distribución de los ingresos, y completaremos los sistemas de seguridad social y servicios públicos básicos. Vamos a reforzar la protección del entorno ecológico y fomentar a paso firme el ahorro de los recursos, creando un ambiente favorable para la vida y el trabajo del pueblo y haciendo nuevas contribuciones a la lucha contra el cambio climático.

Vamos a aplicar una estrategia de apertura más dinámica y activa; perfeccionar el sistema de la economía abierta sobre la base del beneficio mutuo, la diversificación, el equilibrio, la seguridad y la eficiencia. Además, incentivaremos la complementariedad recíproca entre las zonas del litoral, interior y fronterizas del país de acuerdo con sus respectivas ventajas para la apertura con la finalidad de crear zonas abiertas que lideren la cooperación y la competencia en la economía internacional, y fomentaremos la creación de zonas piloto de apertura capaces de promover el desarrollo regional. Persistiremos en atribuir igual importancia a las importaciones y las exportaciones y fomentaremos el desarrollo equilibrado del comercio exterior. Daremos la misma importancia tanto a la estrategia "introducir en el interior" como a la de "salir al exterior" para elevar el nivel de la inversión y la cooperación en el ámbito internacional. Profundizaremos las reformas de los sistemas de inversión y comercio y perfeccionaremos las legislaciones correspondientes para crear un entorno legal en el que las empresas extranjeras establecidas en China compitan en pie de igualdad con sus pares nacionales. Vamos a coordinar la apertura y la cooperación bilateral y multilateral, así como regional y subregional, acelerar la aplicación de la estrategia de las zonas de libre comercio y promover la comunicación y los intercambios con nuestros países vecinos.

Somos conscientes de que la reforma es una revolución profunda que contempla el reajuste de la relación entre los importantes intereses y el perfeccionamiento de los diversos regímenes y mecanismos. La reforma de China ha entrado en el periodo de acometimiento de lo más difícil y en una zona de aguas profundas. Los problemas que enfrentamos en esta etapa de la reforma, excepcionalmente difíciles, son huesos duros de roer, razón por la cual debemos seguir adelante, hasta el final, sin flaquear. Si titubeamos o estamos indecisos, no seremos capaces de avanzar y probablemente perdamos todos los logros hasta entonces alcanzados.

Como China es un país grande, no podemos permitir en absoluto que el desacierto subversivo se abra paso porque una vez que esto suceda no habrá forma de enmendar el error. Nuestra estrategia es que tenemos que ser lo suficientemente audaces para explorar y avanzar a paso firme, y lo suficientemente prudentes y cuidadosos en la planificación de nuestras acciones. Mantendremos el rumbo correcto de la reforma y apertura, tendremos la valentía para vencer los desafíos más difíciles, superar los peligros y curar de una vez y por todas los males crónicos acumulados durante muchos años, logrando realmente progresar sin pausa en la reforma y avanzar sin detenernos en la apertura.

Damas y caballeros,

Estimados amigos:

La región Asia-Pacífico es una gran familia y China uno de sus miembros. China no puede desarrollarse aislada de la región Asia-Pacífico, como la última no puede prosperar sin la primera. Un desarrollo sostenido y saludable de la economía china traerá mayores oportunidades para el desarrollo de la región Asia-Pacífico.

China salvaguardará firmemente la paz y la estabilidad regionales, sentando así sólidas bases para el beneficio mutuo en la región Asia-Pacífico. Quisiera aprovechar para repetir aquí lo que reiteré en el Foro Boao para Asia de este año y he reiterado en otros eventos. La paz, como el aire y la luz del Sol, es apenas perceptible cuando nos beneficiamos de ella. Pero ninguno de nosotros puede vivir sin la paz. Sin paz, no cabe hablar de desarrollo. Es como el arroyo sin manantial o el árbol sin raíces. Los chinos decimos siempre que las familias armoniosas prosperan. Como miembro de la gran familia de la región Asia-Pacífico, China está dispuesta a convivir en armonía con todos sus miembros, a protegerse y ayudarse mutuamente. Deseamos que las diversas partes de la región aprecien la paz y la estabilidad que disfrutamos y que tanto nos han costado y trabajemos juntos para construir una región Asia-Pacífico armoniosa de paz duradera y prosperidad compartida.

China realizará ingentes esfuerzos para promover el desarrollo y la prosperidad regionales y ampliar las oportunidades para el beneficio mutuo en la región Asia-Pacífico. De muchas de las economías de la región es China el mayor socio comercial, el mayor mercado de exportación y el principal lugar de origen de las inversiones. En 2012, la contribución de China al crecimiento económico de Asia superó el 50%. Hasta finales del mismo año, el país había aprobado un total de más de 760.000 empresas de inversión foránea, con una inversión directa de 1,3 billones de dólares estadounidenses aproximadamente. China ha firmado 12 acuerdos de libre comercio con 20 países y regiones, y está negociando otros seis. La mayoría de los socios del libre comercio de China son miembros del APEC. En los próximos cinco años, las importaciones chinas superarán los 10 billones de dólares estadounidenses; las inversiones en el exterior, los 500.000 millones, y el número de viajeros al exterior, los 400 millones. A medida que se amplía la demanda interna, sobre todo la del consumo y la inversión, China ofrecerá a los inversores foráneos más oportunidades de cooperación.

China se embarcará en la constitución de un marco de cooperación regional de lado a lado del Pacífico que beneficie a todas las partes. El Pacífico extenso no conoce las barreras naturales y nosotros no debemos levantar barreras artificiales. Tenemos que hacer valer el papel conductor y coordinador del APEC, adherirnos a la idea de la apertura, la inclusión, el beneficio mutuo. Debemos reforzar la coordinación de las políticas macroeconómicas, promover la de los arreglos sobre el libre comercio regional, profundizar el proceso de integración regional y prevenir la aparición del fenómeno "plato de espaguetis", para poder crear una asociación más estrecha a ambos lados del Pacífico y procurar conjuntamente el desarrollo a largo plazo de la región Asia-Pacífico.

Damas y caballeros,

Estimados amigos:

"Infinito es el océano donde navegamos con el viento"[2]. La región Asia-Pacífico ofrece suficiente espacio para que todos progresemos juntos, como lo hacen los ocupantes del barco que navega por este vasto océano. El desarrollo de la región en el futuro concierne a los intereses de cada uno de los miembros del APEC.

Abrigando amplias expectativas en esta reunión informal de líderes del APEC, China espera trabajar junto con nuestros socios para crear una hermosa región Asia-Pacífico que lidere el mundo, beneficie a todas las partes y cree bienestar para las futuras generaciones. Para tal objetivo, quisiera compartir con ustedes mi visión de cuatro puntos:

Primero, la región Asia-Pacífico debe procurar el desarrollo conjunto. Las economías de la región Asia-Pacífico están estrechamente vinculadas entre sí y comparten intereses en común. Debemos sacar partido de nuestras respectivas ventajas, optimizar la distribución de los recursos económicos, mejorar la distribución de la industria, crear una cadena de valores compartidos y un mercado a gran escala en la región Asia-Pacífico que beneficien a todos los actores. Las economías desarrolladas deben brindar más apoyo y ayuda a las en vías de desarrollo, y las segundas alcanzar a las primeras. Solo reduciendo el abismo del desarrollo, podremos levantarnos todos con la corriente de desarrollo de la región Asia-Pacífico.

Segundo, una región Asia-Pacífico comprometida con la apertura del desarrollo. Después de la Segunda Guerra Mundial, 13 economías del mundo vivieron 25 años consecutivos de auge económico. Una característica común de todas estas economías fue la adopción de la política de puertas abiertas. Para adaptarnos a la corriente de la época, debemos mantener el régimen de comercio multilateral basado en la libertad, la apertura y la no discriminación, y combatir toda forma de proteccionismo. Juntos debemos construir un marco de economía abierta y de cooperación regional y con espíritu de apertura e inclusión, crear zonas de libre comercio en la región Asia-Pacífico.

Tercero, esta región debe promover el desarrollo innovador. No podrá sostenerse un crecimiento que se apoye en las políticas fiscales de estímulo y en las políticas monetarias no convencionales. También será demasiado costoso un crecimiento logrado con el consumo excesivo de recursos y la contaminación medioambiental. Debemos innovar tanto en los lineamientos del desarrollo como en los medios para procurarlo. Tenemos que desechar los estereotipos anticuados y dar al traste con los convencionalismos y tabúes y promover el desarrollo ecológico, circular y de bajo carbono. Es preciso mejorar continuamente nuestra capacidad innovadora para dar paso a las nuevas industrias emergentes, explorar nuevos motores del crecimiento y aumentar nuestra competitividad clave.

Por último, la región debe procurar el crecimiento interactivo. Las economías de la región Asia-Pacífico son interdependientes, con intereses integrados y destino compartido: si una prospera, todas prosperarán pero si una pierde, todas perderán. En esta cadena de interacciones dinámicas, el desarrollo de una economía producirá una reacción en cadena en las otras. Debemos implantar firmemente la conciencia de la comunidad de destino de la región Asia-Pacífico, contribuir al desarrollo de otros con el de uno propio, hacer valer al máximo las respectivas ventajas en la coordinación y la interacción, y transmitir la energía positiva para configurar un marco de interacción positiva y desarrollo coordinado entre todas las economías.

En la actualidad, en los países asiáticos, sobre todo en los mercados emergentes y las naciones en vías de desarrollo, hay una enorme demanda de financiación para la construcción de infraestructuras, y, una gran cantidad de desafíos, entre ellos el crecimiento ralentizado y la volatilidad financiera, lo cual requiere que movilicemos una mayor cantidad de fondos para dicha construcción, a fin de mantener un crecimiento económico sostenido y estable, y promover la vinculación y comunicación regionales y la integración económica. Para tal efecto, China propone la creación del Banco Asiático de Inversión de Infraestructuras, y está dispuesta a ofrecer apoyo financiero a los países en vías de desarrollo de la región, incluidos los de la Asociación de Naciones del Sudeste Asiático, en la construcción de infraestructuras. Este nuevo banco trabajará junto con los bancos de desarrollo multilateral existentes dentro y fuera de la región en la promoción del desarrollo sostenido y estable de la economía asiática.

Damas y caballeros,

Estimados amigos:

La comunidad industrial y comercial es una fuerza importante del desarrollo económico y comercial, así como parte integral de la cooperación del APEC. China concede gran importancia al papel de la comunidad comercial y deseamos escuchar sus sugerencias y opiniones, tender puentes y pavimentar caminos en su favor, sobre todo de las empresas pequeñas y medianas y las microempresas, para que puedan participar a fondo y con facilidad en el desarrollo económico y la cooperación regional.

La comunidad industrial y comercial china fundó en agosto de este año el Consejo Chino de Industria y Comercio del APEC, que ofrece una garantía institucional para una mayor participación de la comunidad china en la elaboración de normas económicas y comerciales de la región Asia-Pacífico. Todo ello revela la disposición de esta comunidad a asumir responsabilidades internacionales.

Más amigos, más oportunidades. Muchos de los aquí presentes son viejos amigos del pueblo chino que han participado en la causa de la reforma y apertura de China. Nunca olvidaremos a los viejos amigos y nos llenará de felicidad hacer nuevos. China acoge y estimula a las empresas de todas las economías, sobre todo de miembros del APEC, a invertir en su territorio y participar activamente en su reforma y apertura. Cuantos más amigos tengamos, más prosperará la reforma y apertura de China.

Espero que los amigos de la comunidad industrial y comercial aprovechen a plenitud la plataforma del APEC para presentar sus propuestas sobre cómo mejorar el ambiente comercial e inversor en la región Asia-Pacífico, para que sobre la base de sus ventajas en la información de mercado, incubación tecnológica y propulsión mediante la innovación formulen propuestas y sugerencias estratégicas y previsoras respecto a la liberalización y facilitación del comercio y la inversión, la profundización de la integración económica regional y el futuro desarrollo del APEC.

Damas y caballeros,

Estimados amigos:

En 2014, China auspiciará la reunión informal de líderes del APEC y los eventos correspondientes. Aprovechando la coyuntura y de cara al futuro del Foro, procuremos construir asociaciones más estrechas, profundizar la cooperación pragmática, mejorar el papel de líder de esta organización y esbozar la visión del desarrollo a largo plazo de la región Asia-Pacífico.

Espero que los representantes de la comunidad industrial y comercial aquí presentes vayan a Beijing para ser parte de los debates sobre asuntos importantes y testigos de otro momento trascendental del desarrollo de esta región.

Muchas gracias.

Notas

[1] Lu You: *Paseo por la aldea Shanxi (You Xi Shan Cun)*. Lu You (1125-1210) fue poeta de la dinastía Song del Sur (1127-1279).

[2] Shang Yan: *Despedida al ermitaño coreano de vuelta a casa*. Shang Yan (Fechas de nacimiento y muerte desconocidas), poeta de la dinastía Tang.

Nuevo enfoque para la cooperación de seguridad en Asia*

21 de mayo de 2014

Distinguidos invitados y colegas,
Queridos colegas,
Damas y caballeros,
Estimados amigos:

Quisiera agradecer primero que todo al ministro de Relaciones Exteriores, Ahmet Davutoglu, representante especial del presidente turco, por sus palabras. Quisiera también agradecer a todas las partes participantes en la Conferencia sobre Interacción y Medidas de Fomento de Confianza en Asia (CICA, por sus siglas en inglés), especialmente a Kazajstán, país iniciador de la conferencia, y a Turquía, el último país en ocupar la presidencia rotativa, por su confianza y apoyo a China.

A continuación, haré algunas observaciones en nombre de la República Popular China.

La cumbre de hoy ha reunido aquí en Shanghai a dirigentes y representantes de 47 países y organizaciones internacionales, incluyendo a los países miembro u observadores de la CICA e invitados a la conferencia. Bajo el lema de "Reforzar el diálogo, la confianza y la interacción, construyendo conjuntamente una nueva Asia de paz, estabilidad y cooperación", debatiremos las estrategias sobre seguridad, cooperación, paz y estabilidad duraderas y fomentaremos conjuntamente el desarrollo y la prosperidad, lo que no solo ejercerá un papel

---

* Discurso pronunciado en la IV Cumbre de la Conferencia sobre Interacción y Medidas de Fomento de la Confianza de Asia.

importante y trascendental en la seguridad de Asia sino de todo el mundo.

Actualmente Asia acoge al 67% de la población mundial y representa una tercera parte de la economía del orbe. Es también el punto de encuentro de diversas naciones y civilizaciones. El desarrollo pacífico de Asia está estrechamente vinculado al destino de la humanidad. La estabilidad y la revitalización de este continente favorecen a la paz y el desarrollo de nuestro planeta.

Hoy día, a pesar de los numerosos riesgos y desafíos que enfrenta, Asia sigue siendo la zona con mayor vitalidad y potencial en el ámbito mundial. En la región predominan la paz, el desarrollo, la cooperación de beneficio mutuo, y los países de esta parte del planeta prefieren las políticas que promueven la solución de las divergencias y disputas mediante el diálogo y las negociaciones. Asia ha escalado posiciones más altas en el panorama estratégico mundial. Nuestro continente ejerce un papel cada vez más importante en el proceso de multi-polarización y democratización de las relaciones internacionales. No fue fácil llegar a esta situación saludable y por lo tanto debemos apreciarla.

En la actualidad, destaca la cooperación económica regional entre los países asiáticos. La cooperación de seguridad está avanzando, superando las dificultades. Con mecanismos cooperativos más activos, la cooperación de seguridad regional está viviendo una fase transicional clave.

Dice un refrán chino que "El entendido introduce cambios con el paso del tiempo; el sabio establece regímenes según el desarrollo de los acontecimientos"[1]. La situación cambia y el tiempo avanza. Necesitamos marchar a la par de los cambios de las circunstancias y el tiempo. No podemos vivir en el siglo XXI con la mentalidad de la época de la Guerra Fría y del juego de suma cero. Debemos abogar activamente por el concepto de seguridad común, global, cooperativa y sostenible de Asia, innovar el concepto de seguridad, construir nuevas plataformas de seguridad y cooperación regionales, y buscar un camino a la seguridad que sea compartido por todos y beneficie a todos en el continente.

Por *seguridad común* se entiende que debemos respetar y garanti-zar la seguridad nacional de cada uno de los países. Asia es una tierra caracterizada por su diversidad. Las naciones de la región no solamen-te son diferentes en cuanto a la dimensión, la riqueza y la fuerza, sino también a la historia, la cultura, las tradiciones y el sistema social. Por lo tanto, tienen distintos intereses y aspiraciones de seguridad. Vivi-mos juntos en esta gran familia, Asia. Debido a que nuestros intereses están integrados y enfrentamos los mismos riesgos, estamos consti-tuyendo una comunidad de destino en la cual si uno prospera, todos, prosperarán y si uno pierde, todos perderán.

La seguridad debe ser universal. No es razonable que un país logre la seguridad mientras otros no la tienen, ni tampoco que algu-nos países logren la seguridad mientras otros países no la tienen, ni muchos menos que se procure la llamada seguridad absoluta a expen-sas de la seguridad de otros países. Como dice un proverbio kazajo: "el que intenta apagar la lámpara de aceite de otro de un soplido se quema la barba."

La seguridad debe ser igual. Todos los países tienen los mismos derechos a participar en los asuntos de seguridad regional, así como las mismas responsabilidades de mantener la seguridad. No deben pretender monopolizar los asuntos de seguridad regional, perjudican-do los intereses y derechos de otros países.

La seguridad debe ser inclusiva. Debemos convertir la diversidad de Asia y las diferencias entre los países asiáticos en el motor impulsor de la cooperación de seguridad regional. Hay que regirse estrictamente por las normas básicas de las relaciones internacionales de respetar la soberanía, la independencia y la integridad territorial y de no inter-vención en los asuntos internos. Hay que respetar el sistema social y el camino de desarrollo que cada país elija. Hay que respetar y tomar en consideración las preocupaciones razonables de seguridad de las partes involucradas. Concertar una alianza militar contra una tercera parte no favorece el mantenimiento de la seguridad común regional.

Por *la seguridad global* se entiende reflexionar con visión de conjun-to sobre el mantenimiento de la seguridad en los terrenos tradicionales y no tradicionales. Los asuntos de seguridad de Asia son muy complicados, caracterizados por problemas candentes de interés general y conflictos étnicos y religiosos. Los desafíos acarreados por el terrorismo y el crimen organizado transnacional, la seguridad del medio ambiente, la ciberseguridad y la seguridad de los recursos y la energía, los desastres naturales graves, entre otros, van en aumento. Las amenazas tradicionales y no tradicionales están interrelacionadas por lo que la seguridad es un asunto que crece en términos de enfoque e implicación.

Debemos tener muy en cuenta el trasfondo histórico y la situación actual de la seguridad en Asia, adoptar un enfoque holístico y múltiple y mejorar la gobernanza de la seguridad regional de forma coordinada. Al hacer frente a los desafíos inmediatos a la seguridad regional, es necesario hacer planes con visión de conjunto para afrontar las amenazas potenciales a la seguridad y evitar los enfoques fragmentados o paliativos que solo traten los síntomas del mal.

Debemos mostrar cero tolerancia a las tres fuerzas del terrorismo, el separatismo y el extremismo. Es imperativo reforzar la cooperación internacional y regional, intensificando la lucha contra dichas fuerzas, para que los pueblos de la región puedan vivir una vida feliz en unas tierras pacíficas y tranquilas.

Por la *seguridad cooperativa* se entiende promover la seguridad de los países y de la región mediante el diálogo y la cooperación. Como dice el proverbio: "la fuerza no viene de los músculos de los brazos, sino de la unión de los corazones." Debemos comunicarnos franca y profundamente para afianzar la confianza mutua estratégica, reducir las sospechas, llegar al consenso común mientras resolvemos las discrepancias, y buscar la coexistencia pacífica. Debemos tomar en consideración los intereses comunes de la seguridad de todos los países y, comenzando por las áreas menos sensibles, hacer conciencia de enfrentar las amenazas a la seguridad a través de la cooperación. Es necesario ampliar las áreas de la cooperación, innovar los medios de la cooperación y fomentar la paz y la seguridad a través de la cooperación. Además, hay que persistir en la resolución pacífica de las disputas, oponerse al uso o amenaza de uso de la fuerza y a la creación de problemas y la agudización de las contradicciones en beneficio propio y desechar la práctica de empobrecer al vecino y construir su propio nido a expensas de los demás.

En definitiva los asuntos de Asia tienen que ser administrados por los pueblos asiáticos. Los problemas de Asia deben ser resueltos por los pueblos de esta tierra. El mantenimiento de la seguridad regional depende de nosotros mismos. Los pueblos de Asia contamos con suficiente capacidad y sabiduría para lograr la paz y estabilidad regionales mediante la cooperación.

Asia es un continente abierto al mundo. Los países asiáticos, al fortalecer nuestra propia cooperación, debemos promover con firmeza la colaboración con naciones de otras regiones, organizaciones internacionales y continentes. Cualquier esfuerzo positivo y constructivo por la seguridad y la cooperación asiáticas será bienvenido. Trabajaremos juntos en aras de un compartimiento bilateral, multilateral y común de la seguridad.

La *seguridad sostenible* quiere decir, que para mantener la seguridad a largo plazo, debemos hacer énfasis tanto en el desarrollo como en la seguridad. "Para que el árbol crezca alto, necesita raíces fuertes; para que el río corra lejos, hay que limpiar su nacimiento"[2]. El desarrollo es la base de la seguridad y la seguridad es una condición indispensable para el desarrollo. En la tierra estéril no se ven árboles altos de paz. En la metralla de la guerra no hay cabida para el desarrollo. Para la mayoría de los países asiáticos, el desarrollo constituye la mayor seguridad, y es la "llave maestra" que abre la puerta de los asuntos de seguridad regional.

Para construir el bastión de la seguridad asiática resistente a la prueba de fuertes lluvias y vientos, debemos concentrarnos en el tema del desarrollo, mejorar activamente el bienestar del pueblo, reducir el abismo entre ricos y pobres y consolidar constantemente los fundamentos de la seguridad regional. Debemos promover el desarrollo común y la integración regional, impulsar la interacción virtuosa y el progreso sincronizado entre la cooperación económica y la cooperación de seguridad, y fomentar la seguridad sostenible a través del desarrollo sostenible.

Damas y caballeros,

Estimados amigos:

La CICA es el foro de seguridad regional de Asia con mayor cobertura, mayor número de miembros y mayor representatividad. En los últimos 20 años, el foro ha cumplido la responsabilidad de fortalecer la coordinación y la confianza mutuas, y de promover la seguridad y la estabilidad en Asia. Ha respetado el principio del consenso vía consultas y ha aportado importante contribución a la consolidación del entendimiento y la aglutinación de ideas y al fomento de la cooperación.

Actualmente, los pueblos de Asia desean más que nunca la paz y la estabilidad, y es más enérgica su demanda de enfrentar los desafíos a la seguridad mediante la cooperación.

La parte china sugiere convertir la CICA en una plataforma de diálogo de cooperación sobre seguridad que abarque a toda Asia, y, sobre esta base, establecer un nuevo esquema de cooperación sobre seguridad regional. Proponemos aumentar la frecuencia de las reuniones entre cancilleres y posibles cumbres de los líderes de los países miembro, según las necesidades de las circunstancias, para reforzar la orientación política de la organización y optimizar su planificación del desarrollo.

La parte china propone fomentar la capacidad y los mecanismos de la conferencia, perfeccionar las funciones de la Secretaría de la CICA, crear mecanismos de consulta de defensa entre los países miembro y formar grupos de trabajo para supervisar la aplicación de las medidas de fomento de la confianza en las diversas áreas. Igualmente, propone profundizar los intercambios y cooperación en terrenos como el antiterrorismo, economía y comercio, turismo, protección medioambiental y cultura.

China sugiere establecer una red de intercambios no gubernamentales entre las partes, aprovechando los foros no gubernamentales y otras plataformas de la CICA y sentar fundamentos sociales sólidos para difundir ampliamente los conceptos de seguridad de la conferencia, aumentar su influencia, y promover la gobernanza de seguridad regional.

La parte china espera que la conferencia sea más inclusiva y abierta. Por lo tanto, es necesario que reforcemos la coordinación y cooperación con otras organizaciones de cooperación de la misma región, así como el diálogo y la comunicación con otras regiones y organizaciones internacionales para juntos contribuir al mantenimiento de la paz y estabilidad regionales.

China cumplirá sus responsabilidades como presidente de turno de la CICA, trabajando con todas las partes involucradas para que esta conferencia ocupe una posición cimera, juegue un papel más importante y lleve a un nivel superior la cooperación de seguridad asiática.

Damas y caballeros,

Estimados amigos:

China siempre ha sido una acérrima defensora de la paz regional y mundial, y promotora del desarrollo conjunto. Los Cinco Principios de la Coexistencia Pacífica, planteados conjuntamente por China, India y Myanmar, se están convirtiendo en las normas básicas que orientan las relaciones interestatales. China siempre ha abogado por resolver las disputas sobre soberanía territorial e intereses marítimos con otros países por la vía pacífica, y ha logrado llegar a acuerdo con 12 de los 14 países vecinos sobre las fronteras terrestres mediante negociaciones amistosas. China ha tomado parte activa en la cooperación de seguridad regional, es uno de los fundadores de la Organización de Cooperación de Shanghai y propuso el nuevo concepto de seguridad basado en la confianza recíproca, el beneficio mutuo, la igualdad y la cooperación. Apoyamos a las organizaciones como la Asociación de Naciones del Sudeste Asiático, la Asociación de Asia Meridional para la Cooperación Regional y la Liga Árabe en el desempeño de su papel positivo en los asuntos regionales. China planteó junto con Rusia la Iniciativa de Seguridad y Cooperación Asia-Pacífico, jugando un papel importante en el mantenimiento y consolidación de la paz, la estabilidad y el desarrollo de la región. China impulsa las conversaciones a seis bandas, apoya la paz y la reconstrucción de Afganistán, y se esfuerza incansablemente en la resolución de los problemas candentes mundiales y regionales mediante negociaciones. China coopera con otros países asiáticos y con la comunidad internacional en la lucha contra la crisis financiera en Asia y la crisis financiera internacional, haciendo su debida contribución al crecimiento de la economía regional y global.

China ha persistido sin vacilación en el camino de desarrollo pacífico y la estrategia de apertura de beneficio recíproco. Promueve el desarrollo de relaciones amistosas y la cooperación con todos los países del mundo sobre la base de los Cinco Principios de la Coexistencia Pacífica. El desarrollo pacífico de China empieza por Asia, depende de Asia y beneficia a Asia.

"Los vecinos se desean el bien entre ellos como lo hacen los miembros de una misma familia" China persiste siempre en tratar con buena fe a los vecinos y tenerlos como amigos y socios, y hacer que se sientan tranquilos y ayudarlos a prosperar. Por ello China practica la amistad, la sinceridad, la reciprocidad y la inclusividad, en un esfuerzo para que su desarrollo beneficie a los países asiáticos. China está dispuesta a acelerar, junto con los países de la región, la construcción del Cinturón Económico Ruta de la Seda y de la Ruta Marítima de la Seda del Siglo XXI. Esperamos iniciar lo más pronto posible el establecimiento del Banco de Inversión de Infraestructuras de Asia. China desea tener mayor presencia en el proceso de cooperación regional para garantizar que el desarrollo y la seguridad de Asia se complementen y se beneficien mutuamente.

Como dice el proverbio: "convergiendo con los demás, las montañas se hacen más altas, y los ríos, más caudalosos"[3]. China es uno de los promotores y fiel practicante del concepto de seguridad en Asia. Vamos a promover a paso firme el diálogo y la cooperación sobre seguridad entre las partes, debatir con todos los miembros la elaboración del código de conducta para la seguridad regional y el programa de asociación para la seguridad en Asia con el objetivo de que los países asiáticos sean socios de confianza mutua y cooperación igualitaria.

La parte china está dispuesta a establecer mecanismos de intercambio y comunicación regulares con otros países de la región para luchar juntos contra las "tres fuerzas" del terrorismo, el separatismo y el extremismo. China está dispuesta a construir foros para la cooperación de seguridad en la aplicación de la ley en Asia, el centro de respuesta a las emergencias de seguridad de Asia, etc., para mejorar la cooperación de seguridad en la aplicación de la ley y coordinar la respuesta de los países de la región a las emergencias de seguridad. Proponemos promover los intercambios y el aprendizaje entre las distintas civilizaciones y religiones a través de diferentes vías, como conferencias para el diálogo entre las diferentes civilizaciones, para que aprendan mutuamente y avancen juntas.

Damas y caballeros,

Estimados amigos:

El pueblo chino se esfuerza para hacer realidad el gran sueño de la revitalización de su nación. Al mismo tiempo, estamos dispuestos a apoyar y ayudar a todos los pueblos asiáticos a alcanzar sus metas. ¡Deseamos esforzarnos junto con todos ustedes para que el sueño asiático de la paz duradera y desarrollo común se convierta en realidad y hacer nuestra aportación a la noble causa de la paz y el desarrollo de la humanidad!

¡Muchas gracias!

Notas:

[1] Véase la nota 1 de "Mejorar la divulgación y la labor ideológica" el presente libro, pág. 198.

[2] Wei Zheng: *Diez sugerencias al emperador Taizong (Jian Tai Zong Shi Si Shu)*. Wei Zheng (580-643) fue político de la dinastía Tang.

[3] Liu Yuxi: *Inscripción en la lápida ante la tumba del señor Wang, quien ostentó el título de Shangshu Youpuye, otorgado por el ex Jiancha Yushi de la dinastía Tang (Tang Gu Jian Cha Yu Shi Zeng Shang Shu You Pu She Wan Gong Shen Dao Bei Ming)*.

XVI.
Estrechar los vínculos entre el Partido y el pueblo

Practicar un riguroso régimen de laboriosidad y ahorro y combatir la ostentación y el despilfarro[*]

17 de enero y 22 de febrero de 2013

I

El reportaje revela el impresionante despilfarro de alimentos. Los cuadros y las masas han reaccionado enérgicamente a los diversos actos de despilfarro de alimentos, especialmente al consumo a costa del erario público. Es doloroso ver tamaño problema cuando todos sabemos que muchas personas en nuestro país aún viven en la pobreza. Tenemos que hacer algo, y rápido, para acabar con esta práctica. Tenemos que intensificar nuestra labor de propaganda y orientación, difundir la espléndida virtud tradicional de laboriosidad y ahorro de nuestra nación, exaltar la idea de que la austeridad es sinónimo de honor y el despilfarro de desgracia para que practicar el ahorro y combatir el despilfarro se conviertan en una práctica común de toda la sociedad.

Los órganos a los diferentes niveles del Partido, el gobierno y el Ejército, las entidades institucionales, los grupos populares, las empresas estatales, y los cuadros dirigentes tienen que predicar con el ejemplo al observar estrictamente los reglamentos de las recepciones oficiales y aplicar todas las medidas de ahorro, erradicando así el despilfarro en el consumo a costa del erario público. Tenemos que adoptar medidas relevantes, operables y orientadoras, reforzando la

---

[*] Comentarios sobre los reportajes publicados por la Agencia de Noticias Xinhua y el *Diario del Pueblo*.

supervisión e inspección, alentando los actos de ahorro, y sancionando el despilfarro.

(Comentarios sobre el artículo titulado
"Los internautas llaman a erradicar el 'despilfarro alimentario'"
publicado por la Agencia de Noticias Xinhua, el 17 de enero de 2013)

II

La posición del Comité Central del Partido a favor de la laboriosidad y el ahorro y en contra de la ostentación y el despilfarro ha recibido el apoyo sincero de los cuadros y las masas. Tenemos que ser constantes en este esfuerzo, que debe ser detallado y completo en vez de ser formalista y provisional. Este esfuerzo será en vano si no aplicamos las medidas de forma estricta, contundente y frecuente. En los últimos días, los diversos sectores de la sociedad han ofrecido activamente opiniones y sugerencias. Muchas de ellas merecen nuestra especial atención. Tenemos que ordenar y adoptar las propuestas racionales, sintetizar nuestras experiencias y lecciones y tomar como referencias las buenas prácticas tanto nacionales como extranjeras. Para el siguiente paso, el quid está en, adhiriéndonos a la construcción institucional como centro y teniendo como asidero el perfeccionamiento de los sistemas de las recepciones oficiales, los presupuestos financieros y auditoría, examen y exigencia de responsabilidades y la garantía de la supervisión, instaurar y sanear el sistema institucional tridimensional y omnidireccional, con el fin de contener de manera efectiva todo acto de violación de la ley estatal y la disciplina del Partido en el consumo a costa del erario público, mediante un condicionamiento enérgico del sistema, una ejecución estricta del sistema, una supervisión e inspección poderosas y un mecanismo severo de sanción.

(Comentarios sobre algunos artículos entre ellos
"Análisis y sugerencias de expertos y estudiosos sobre la prohibición del convite a costa del
erario público" publicado por el Diario del Pueblo, *el 22 de febrero de 2013)*

La línea de masas es la arteria vital y la línea de trabajo fundamental del Partido*

18 de junio de 2013

La línea de masas es la arteria vital y la línea de trabajo fundamental de nuestro Partido. Desarrollar las actividades de educación y práctica de la línea de masas del Partido es una importante decisión de nuestro Partido en la nueva situación para perseverar en la necesidad de velar por su propia administración y disciplinarse con rigor. Es una disposición primordial para estar a la altura de las expectativas de las masas, fortalecer la construcción de un partido gobernante marxista que aprende, innova y sirve al pueblo. Es una medida cardinal para impulsar el socialismo con peculiaridades chinas, así que reviste de un significado importante y trascendental para mantener el carácter de vanguardia y la pureza del Partido, afianzar sus cimientos y estatus de gobernante y consumar la construcción integral de una sociedad modestamente acomodada.

En primer lugar, el programa de las actividades de educación y práctica de la línea de masas del Partido es una exigencia inevitable para alcanzar los objetivos de lucha establecidos en su XVIII Congreso Nacional. En este se planteó culminar la construcción integral de una sociedad modestamente acomodada cuando se cumplan los cien años de la fundación del Partido Comunista de China, así como la transformación de China en un país socialista moderno, próspero, democrático, civilizado y armonioso cuando celebre el centenario de la proclamación de la Nueva China. Después del Congreso, el Comité Central del Partido planteó un objetivo más: consumar el sueño chino

---

* Fragmentos de la intervención en la conferencia de trabajo sobre las actividades de educación y práctica de la línea de masas del Partido.

de la gran revitalización de la nación china. La realización tanto de las metas de lucha establecidas en el XVIII Congreso del Partido como del sueño chino requiere que todos los camaradas militantes mantengan los excelentes estilos de nuestro órgano político.

¿Qué significa esto? Significa respetar los estilos de nuestro Partido de integrar la teoría con la práctica, estrechar los vínculos con las masas, ser críticos y autocríticos, así como luchar con tenacidad, actuar con ánimo realista y pragmático, etc. Durante la larga práctica de la revolución, la construcción y la reforma, nuestro Partido siempre ha exigido a todos los camaradas militantes adherirse a la gloriosa tradición y desarrollar el excelente estilo, lo que ha proporcionado una importante garantía para que la causa del Partido y del pueblo marche constantemente de victoria en victoria.

En el nuevo periodo histórico de la reforma y apertura, somos conscientes de que a medida que la reforma se profundiza y la apertura al exterior se amplía, el Partido afrontará ciertamente riesgos y desafíos sin precedentes, así que la construcción de su estilo siempre supondrá una tarea importante y apremiante en la que no podremos relajarnos en lo más mínimo y mucho menos detenernos por un instante.

Ya a inicios de la reforma y apertura, el camarada Deng Xiaoping recalcó: "En el presente periodo de viraje histórico, cuando los problemas se acumulan como montañas y miles de tareas están por acometer, el fortalecimiento de la dirección del Partido y la rectificación de su estilo de trabajo revisten de significación decisiva".[1] Tanto el colectivo dirigente central de la segunda generación del Partido, con el camarada Deng Xiaoping como núcleo, y el de la tercera generación con el camarada Jiang Zemin como núcleo, como el Comité Central del Partido con el camarada Hu Jintao como secretario general dieron suma importancia a la construcción del estilo de trabajo del Partido, y para ello llevaron a cabo una sucesión de programas durante todos estos años —la consolidación del Partido[2], la educación en tres énfasis[3], la educación sobre el mantenimiento del carácter de vanguardia de los militantes del Partido Comunista[4] y el estudio y la práctica a fondo de la concepción científica del desarrollo[5], entre otros. Nuestro Partido enfatiza que su estilo tiene un impacto directo en su imagen, en la simpatía o desaprobación del público y en la supervivencia o ruina del Partido y el Estado. Para fortalecer y mejorar la construcción del estilo del Partido, la clave está en mantener sus estrechos lazos con las masas populares. Igualmente somos conscientes de que el mayor peligro que corre un partido gobernante marxista es su divorcio de estas.

Al volver la mirada, desde la III Sesión Plenaria del XI Comité Central, la fisonomía espiritual de todo el Partido y el estado de su estilo se han renovado por completo debido a que nuestro Partido tiene restablecida la línea ideológica de emancipar la mente y buscar la verdad en los hechos, atribuye siempre suma importancia a la construcción del estilo y hace lo propio con el mantenimiento de sus lazos estrechos con las masas populares, proporcionando así importantes garantías para impulsar sin contratiempo la reforma, la apertura y la modernización socialista.

Tanto la historia como la realidad presente nos enseñan que la estrecha vinculación con las masas encarna la naturaleza y el propósito del Partido, es la señal que lo distingue de otros partidos, y también es una importante razón de su desarrollo y fortalecimiento. Asimismo ratifican que el mantenimiento de los vínculos estrechos con las masas populares determina el éxito o el fracaso de su causa.

Dado que nuestro Partido proviene del pueblo, está arraigado en el pueblo y presta servicio al pueblo, en el pueblo están sus raíces, sangre y fuerza. Si pierde la aprobación y el apoyo del pueblo, será imposible hablar de la causa y el trabajo del Partido. Para continuar superando con éxito las pruebas de la gobernación, la reforma y la apertura, la economía de mercado y el ambiente exterior, el Partido debe estar siempre íntimamente vinculado con las masas. En ningún momento y bajo ninguna circunstancia deberá cambiar la posición de asumir el destino del pueblo, olvidar el propósito de servirle de todo corazón y descartar el punto de vista del materialismo histórico de que las masas son los verdaderos héroes. El Partido deberá persistir siempre en servir a los intereses del pueblo y gobernar el país por el bien del pueblo.

Ahora, con el fin de cumplir los objetivos de lucha establecidos en el XVIII Congreso del Partido y el sueño chino, debemos apoyarnos firmemente en el pueblo y movilizar plenamente el entusiasmo y la iniciativa de las más amplias masas populares. El despliegue de las actividades de educación y práctica de la línea de masas del Partido procura precisamente conseguir que todos los camaradas militantes tengan bien presente y se adhieran al propósito fundamental de servir de todo corazón al pueblo y, con un excelente estilo, unan fuerzas para realizar los objetivos y las tareas definidos en el XVIII Congreso del Partido.

Segundo, el lanzamiento de las actividades de educación y práctica de la línea de masas del Partido es una exigencia inexorable para preservar el carácter de vanguardia y la pureza del Partido y para consolidar su base y estatus de gobernante. Esta preservación y consolidación es una cuestión fundamental y un tema de actualidad que enfrenta el Partido en su propia construcción.

Como hemos dicho en reiteradas ocasiones, el carácter de vanguardia del Partido y su estatus de gobernante no se consigue de una vez ni es inalterable. Haber sido vanguardia en el pasado no significa serlo ahora, ni serlo ahora equivale a serlo por siempre. Haber tenido en el pasado no significa tener ahora, ni tener ahora equivale a tener por siempre. Esta es una conclusión a la que hemos llegado en nuestro análisis sobre la base del materialismo dialéctico e histórico. ¿En qué nos apoyaremos para preservar el carácter de vanguardia y la pureza del Partido y para consolidar su base y estatus de gobernante? El apoyo más importante consiste en persistir en la línea de masas del Partido y mantener estrechos lazos con ellas.

Quien conquista la simpatía del pueblo, conquista el poder y quien la pierde, pierde el poder. La aprobación y el apoyo del pueblo son las bases más sólidas para la gobernación del Partido. La simpatía o la desaprobación del pueblo determinan la supervivencia o la ruina del Partido. Solo dedicándose en cuerpo y alma al pueblo, compartiendo el destino del pueblo y apoyándose constantemente en él para impulsar el avance de la historia, podrá el Partido "permanecer firme"[6], tan tranquilo como el monte Taishan y tan sólido como una enorme roca, a pesar de que "negros nubarrones acechen la ciudad y amenacen con aplastarla"[7]. El lanzamiento de las actividades de educación y práctica de la línea de masas del Partido busca precisamente que los valores de servir al pueblo, proceder con espíritu realista y honestidad se arraiguen en el pensamiento y la acción de toda la militancia, consoliden los cimientos del gobierno del Partido, afiancen su condición de gobernante, y aumenten su fuerza creadora, cohesiva y combativa, de manera que la preservación del carácter de vanguardia y la pureza del Partido y la consolidación de su base y estatus de gobernante cuenten con el amplio, profundo y confiable apoyo popular.

Y tercero, el lanzamiento de las actividades de educación y práctica de la línea de masas del Partido es una exigencia ineluctable para resolver los problemas destacados y que son motivo de queja vehemente de las masas. En términos generales, la situación actual es buena en cuanto a la implementación de la línea de masas del Partido por las organizaciones partidistas de las diversas instancias, militantes y cuadros. También son buenas las relaciones del Partido y los cuadros con las masas. Los militantes y los cuadros, en el cumplimiento de sus diversas labores en la reforma, el desarrollo y la estabilidad, han contribuido con abnegación y jugado el papel de vanguardia y modelo, granjeándose la aprobación y el apoyo de las amplias masas populares. Esta es la corriente principal y debe ser afirmada plenamente.

Sin embargo, tenemos que ser conscientes de que frente a los profundos cambios en la situación del mundo, del país y del Partido, los peligros de la fatiga espiritual, la falta de capacidad, el divorcio de las masas populares, la pasividad y la corrupción, entre otros, se plantean más agudamente ante todo el Partido. En el seno del Partido existe un gran cúmulo de problemas referentes al divorcio de las masas, algunos bastante graves, como los cuatro hábitos malsanos del formalismo, el burocratismo, el hedonismo y la tendencia al derroche y la suntuosidad.

El formalismo se manifiesta principalmente en la falta de concordancia entre el saber y el hacer, la falta de búsqueda de resultados reales, el exceso de documentos y reuniones, la vanidad y la falsedad. Algunos cuadros dejan de estudiar la teoría del Partido o de adquirir los conocimientos necesarios para realizar su trabajo, otros se contentan con el conocimiento superficial, se detienen cuando apenas han empezado y no procuran comprender a fondo, y carecen del deseo y la capacidad para su aplicación concienzuda en la práctica. Otros se refugian en la necesidad de redactar documentos y convocar reuniones para generar más documentos y reuniones. Hay quienes se aficionan a la interpretación de papeles protagónicos. En algunos lugares, la prioridad es destacar los discursos de los dirigentes en los periódicos y la televisión mientras descuidan el trabajo. Otros trabajan sin énfasis en los resultados reales, no tienen interés en la solución de las contradicciones y los problemas existentes –su único objetivo es congraciarse con sus superiores, hacer titulares, decorar sus informes de trabajo o balances de fin de año… Una ceremonia tras otra, un informe tras otro, un premio tras otro. A esto lo llamamos el estilo "Krikun"[8]. Para otros dirigentes las encuestas a nivel de base no son más que un cómodo paseo en coche, una rápida mirada a través de la ventanilla, una afable pose ante las cámaras, una mirada superficial al mundo exterior en vez de una exhaustiva investigación por todos sus rincones y rendijas. No por gusto las masas aseguran que el papeleo mantiene apartados a los dirigentes de la vida real, y que una montaña de formalidades se interpone ante la aplicación de las políticas. Otros, a sabiendas de lo falsos que son las situaciones, las cifras y los informes que les han entregado, los dejan pasar indiferentes, e incluso buscan la forma de pintar un cuadro de paz inexistente.

El burocratismo es el divorcio de la realidad y de las masas, la arrogancia, la indolencia ante la realidad, el engreimiento y el falso ego. Algunos dirigentes del Partido ignoran la realidad y se desentienden de ésta, son reacios a adentrarse en las zonas donde la vida es dura, reacios a ayudar a las entidades de base y las masas a solucionar los problemas prácticos e incluso prefieren no tener nada que ver con ellas para evitar los problemas, trabajan para cubrir las apariencias y eluden todas sus responsabilidades. Otros, desatendiendo la realidad local y las aspiraciones de las masas, suelen tomar decisiones a su antojo y hacer promesas vacías. Lanzan a ciegas proyectos costosos y dan la espalda cuando estos fracasan, dejando a su paso una estela de problemas por resolver. Otros adulan y lisonjean a sus superiores, mandan déspota y rudamente a sus inferiores. Las personas que necesitan de sus servicios encuentran difícil entrar a sus oficinas, plantear sus problemas y conseguir un compromiso de acción. Estos dirigentes llegan incluso a exigir dinero antes de hacer las cosas que son parte de su contenido de trabajo y abusan de su poder una vez que las asumen. Otros sencillamente siguen los planes y disposiciones de sus superiores sin tomarse el trabajo de entenderlos, llevan a vías de hecho las decisiones de sus superiores de manera superficial, y actúan a la vieja usanza sin reparar en lo más mínimo en las circunstancias reales de la propia localidad o departamento. Otros son tan burócratas y autoritarios que creen ser el número uno bajo el cielo, que solo cuenta lo que ellos dicen y rechazan la crítica y la ayuda, excluyen a las demás personas y rehúyen escuchar opiniones distintas.

El hedonismo se manifiesta principalmente en la negligencia espiritual, la falta de superación, la persecución de la fama y el beneficio, la vanidad, la ostentación y la codicia. Algunos dirigentes del Partido, desmoralizados y sin fe, abrazan la filosofía de vida de buscar el placer, "embriagándose en el vino hogaño"[9] y "satisfaciendo su sed hasta la saciedad cuando la vida es ufana"[10]. Otros han abandonado sus ideales a favor del goce material, la vulgaridad, las orgías y el lujo. Otros prefieren las cargas livianas a las pesadas, renegando de las penalidades y el trabajo duro. Les falta motivación porque se contentan con los conocimientos y los logros ya obtenidos, no tienen metas nuevas y "pasan los días hablando y leyendo el periódico con una taza de té en la mano y una pierna cruzada sobre la otra".

El derroche y la suntuosidad lo definen la ostentación y el despilfarro, la dilapidación desmedida, la construcción de obras costosas, las interminables fiestas, el lujo, la lujuria y la disipación, el abuso de poder a la caza de beneficios personales, y la corrupción y la degeneración. Algunos gastaron cientos de millones de yuanes para construir edificios de oficinas magníficos y lujosos que ocupan seis o siete hectáreas de tierra y contienen instalaciones donde se puede comer, beber y hasta divertirse. Otros son amantes de las fiestas y ceremonias y llegan al punto de dilapidar millones e incluso decenas de millones de yuanes en un solo evento. ¡Pero qué derroche de recursos humanos y materiales! A otros no los satisfacen sus mansiones, sus coches de lujo, sus banquetes, ni la ropa de marca que llevan puesta. Otros piden recepciones por encima de las reglas, se hospedan en hoteles, comen todo tipo de manjares, toman vinos finos y aceptan sobornos. Otros tienen tarjetas de miembro y de consumo de muy alto valor en sus bolsillos, buscan placer en los clubes y complejos deportivos costosos, viajan dentro y fuera del país libremente e incluso van a los casinos en el extranjero a gastar grandes sumas de dinero como si fuera agua. Hay quienes se vanaglorian de su mala conducta, de su corrupción moral y vida depravada en vez de avergonzarse.

Hablo de estos problemas para advertir a todos los miembros del Partido. Si permitimos que estos problemas se expandan como la mala hierba, las consecuencias serán desastrosas y la tragedia de "Adiós a mi concubina"[11] , con la que el camarada Mao Zedong solía metaforizar la pérdida del poder, podrá hacerse realidad. Lamentablemente, algunos de nuestros camaradas se han acostumbrado a estos problemas y los dan por hecho. Esto es mucho más peligroso. Como dice el refrán "cuando uno permanece mucho tiempo en la pescadería, se acostumbra al olor del pescado"[12].

Debemos tener bien presente la antigua advertencia de que "el despilfarro y la extravagancia conducen también a la ruina"[13], y hacer una gran revisión, reparación y limpieza de los males del estilo de trabajo y las malas conductas del Partido con el fin de resolver los problemas relevantes que suscitan fuertes quejas entre las masas populares.

Notas

[1] Deng Xiaoping: "Persistir en los cuatro principios fundamentales", *Textos escogidos*, t. II, pág. 178, edición 1994.

[2] Se refiere a la consolidación integral del estilo del Partido y de sus organizaciones que se llevó a cabo desde el invierno de 1983 hasta 1987, con la tarea fundamental de unificar el pensamiento, consolidar el estilo de trabajo, reforzar la disciplina y

depurar las organizaciones.

[3] Se refiere a la educación sobre el espíritu del Partido y el estilo de trabajo del Partido con el estudio, la política y la integridad moral como contenidos principales, emprendida por el PCCh entre noviembre de 1998 y diciembre de 2000 en los equipos de dirección y cuadros dirigentes del Partido y el gobierno a nivel distrital y superior.

[4] Se refiere a las actividades de educación sobre el mantenimiento del carácter de vanguardia de la militancia con la práctica del importante pensamiento de la "triple representatividad" como contenido principal, emprendida por el PCCh en todas sus filas entre enero de 2005 y junio de 2006. Actividades en las que participaron los más de 70 millones de militantes del Partido y sus más de 3.500.000 organizaciones de base.

[5] Se refiere a las actividades de estudio y práctica profunda de la concepción científica del desarrollo emprendidas por turnos por el PCCh entre septiembre de 2008 y febrero de 2010 con los equipos de dirección y cuadros dirigentes del Partido a nivel distrital y superior como sujetos prioritarios y con la participación de toda la militancia.

[6] Mao Zedong: "Melodía Xijiangyue ·Montañas de Jinggang", *Colección de poemas*, Editorial Central de Documentos, edición 2003, pág.13.

[7] "Viaje del prefecto de Yanmen", de Li He (790-816), poeta de la dinastía Tang, nacido en Fuchang (actual Yiyang, provincia de Henan).

[8] Nombre que recibe el reportero que escribe noticias basadas en rumores. Personaje del drama *"Krikun, un periodista en el Frente*, escrito por el ruso A. E. Korneichuk durante la Gran Guerra Patria de la Unión Soviética. De ahí que más tarde se utilizara el nombre de "Krikun" para hacer alusión a la fabricación y exageración de noticias.

[9] *Autoesparcimiento*, poema de Luo Yin (833-919), literato de la dinastía Tang, nativo de Xincheng (actual Fuyang, provincia de Zhejiang), Hangzhou.

[10] *Brindis*, poema de Li Bai.

[11] A finales de la dinastía Qin, el general insurgente Xiang Yu (autoproclamado rey hegemónico de Chu del Oeste), autoritario y ajeno a las opiniones de otros, acabó siendo derrotado y asediado en Gaixia, en la guerra de su Estado de Chu contra el de Han. Entonces, bebía con su amada, la concubina Yu Ji, y cantaba exaltado y triste. La concubina Yu bailó por última vez para Xiang y luego tomó su espada y se suicidó. Xiang Yu rompió el cerco al frente de sus tropas y huyó a la ribera del río Wujiang, donde se quitó la vida. La frase "Adiós a mi concubina" alude aquí al colapso final a causa del autoritarismo y el divorcio de las masas. Refiérase a los *Registros históricos ·biografía esquemática de Xiang Yu*, de Sima Qian.

[12] *Enseñanza familiar de Confucio (Kong Zi Jia Yu)*.

[13] *Nuevo libro de la dinastía Tang (Xin Tang Shu)*.

Captar con precisión el pensamiento guía de las actividades de educación y práctica de la línea de masas del Partido, sus objetivos y exigencias*

18 de junio de 2013

La dirección central ha establecido claramente el pensamiento guía, objetivos y tareas, principios básicos, métodos y pasos de las presentes actividades de educación y práctica. Para implementar las disposiciones de la dirección central, hay que enarbolar la gran bandera del socialismo con peculiaridades chinas, y llevar a la práctica cabalmente el espíritu del XVIII Congreso del Partido. Debemos aferrarnos al marxismo-leninismo, al pensamiento de Mao Zedong, la teoría de Deng Xiaoping, el importante pensamiento de la triple representatividad y la concepción científica del desarrollo como guía para llevar a término las importantes disposiciones y exigencias del trabajo hechas por la dirección central desde el XVIII Congreso del Partido. Actuando estrechamente en torno al mantenimiento y desarrollo del carácter de vanguardia y la pureza del Partido y teniendo la actuación pragmática y la honradez administrativa del servicio al pueblo como contenidos principales, fortaleceremos el punto de vista marxista de las masas de toda la militancia y su educación sobre la línea de masas del Partido. Tomando la implementación del espíritu de los ocho reglamentos de la dirección central[1] como punto de incidencia, resolveremos los problemas relevantes. La clave está en identificar las exigencias en los siguientes aspectos:

---

* Fragmentos de la intervención en la conferencia de trabajo sobre las actividades de educación y práctica de la línea de masas del Partido.

458

En primer término, concentrarnos en los objetivos y las tareas. La práctica de las anteriores actividades de educación en el Partido nos enseñó que es muy importante establecer un objetivo adecuado para coronarlo con éxito.

Cuando emprendemos estas actividades damos por sentado que obtendremos resultados, y que mientras mayores sean, mejor. Al mismo tiempo, debemos ser realistas a la hora de su planificación. Estas actividades durarán un año, serán de solo tres meses para cada entidad en concreto, así que no podemos esperar resolver todas las contradicciones y problemas existentes en el Partido de un golpe. Muchos de ellos los seguiremos tratando en nuestro trabajo cotidiano. Ahí está el dilema de tratar 10 heridas o curar completamente una. Basándose en esta consideración y tras repetidos estudios, la dirección central ha decidido enfocar las tareas principales de las presentes actividades de educación y práctica en la construcción del estilo, con el fin de resolver de forma prioritaria el problema de los cuatro hábitos malsanos: el formalismo, el burocratismo, el hedonismo y la tendencia al derroche y la extravagancia.

¿Por qué tenemos que enfocarnos en los cuatro hábitos malsanos? Porque contravienen la naturaleza y el propósito de nuestro Partido, son males aborrecidos por las masas en la actualidad, de los que se quejan vehementemente y perjudican sobremanera las relaciones del Partido y de los cuadros con las masas. Todos los demás problemas existentes en el Partido están relacionados o han derivado de estos "cuatro hábitos malsanos". Una vez solucionado el problema de los "cuatro hábitos malsanos", contaremos con mejores condiciones para resolver el resto de los problemas en el seno del Partido. Después del XVIII Congreso del Partido, el Buró Político del Comité Central consideró una prioridad, partiendo de esta consideración, la mejora del estilo de trabajo. Hemos de consolidar y ampliar, a través de las actividades de educación y práctica, los logros de la construcción del estilo obtenidos previamente.

Para solucionar el problema de los "cuatro hábitos malsanos" hay que determinar el centro exacto, el punto preciso y poner el dedo en la llaga sin "distraernos" y sin pecar de "astigmatismo". En cuanto a la oposición al formalismo, tenemos con concentrar la atención en resolver el problema de la eficiencia del trabajo, educar a los militantes y cuadros y guiarlos en la mejora de su estilo de estudio, redacción de documentos, convocatoria de reuniones, incentivarlos a asumir sus obligaciones y aferrarse a sus principios a la hora de dilucidar lo correcto de lo incorrecto en los problemas importantes. Tenemos que hacer que los militantes y cuadros se empeñen en acometer empresas, no escatimen esfuerzos para conocer la situación real que enfrenta el pueblo, ideen medidas concretas, hagan cosas prácticas y busquen resultados reales. En cuanto a la oposición al burocratismo, tenemos que dar al traste con el problema de la no protección e incumplimiento del deber en la defensa de los intereses de las masas populares. Es necesario educar a los militantes y los cuadros y guiarlos a adentrarse en la realidad, en las entidades de base y en las masas. Asimismo, deberán mantener su compromiso con el centralismo democrático, aprender de las masas con modestia, asumir sinceramente la responsabilidad que tienen con ellas, servirlas con entusiasmo, aceptar de corazón su supervisión, rectificar decididamente los problemas de la pasividad, evasión de responsabilidades y violación de los intereses de las masas.

En la lucha contra el hedonismo hay que superar con énfasis la idea de disfrutar de placeres a tiempo y el fenómeno de las prerrogativas, educar a los militantes y cuadros y guiarlos para que siempre tengan presente la necesidad de seguir siendo modestos, prudentes y libres de arrogancia y precipitación en el estilo de trabajo y la de perseverar en el modo de vida sencilla y lucha dura,[2] trabajar con abnegación por los intereses del pueblo, desempeñar con diligencia y honradez las funciones públicas, y mantener vivo el espíritu de superación y entrega. En cuanto a la oposición a la tendencia al derroche y la extravagancia, hay que ponerle coto enérgica e implacablemente a la malsana práctica de la disipación, la búsqueda del placer y el lujo, educar a los militantes y cuadros y guiarlos a persistir en la idea y el concepto de que el ahorro honra y el despilfarro deshonra, de llevar una vida sencilla y trabajar honradamente, calcular meticulosamente los gastos y ser ejemplos de laboriosidad y austeridad. Para resolver el problema de los cuatro hábitos malsanos es necesario partir de la realidad, identificar las contradicciones principales, resolver cuanto antes los problemas destacados o apremiantes, localizar con precisión nuestros blancos y disparar la flecha al objetivo, esforzándonos por conseguir resultados concretos.

Segundo, es preciso implementar concienzudamente las disposiciones generales. Durante la campaña de rectificación de Yan'an³, el camarada Mao Zedong propuso rectificar de forma concentrada el subjetivismo, el sectarismo y el estilo de cliché del Partido⁴. Añadió que la eliminación de estos defectos no era fácil, y se hacía necesario aplicar un fuerte estímulo a los pacientes para que recuperen la conciencia y hacerlos sudar antes de mandarlos a recibir un buen tratamiento. Para las presentes actividades de educación y práctica, y en base a las enseñanzas de la rectificación de Yan'an, hemos definido la exigencia general de "mirarnos en el espejo, arreglarnos la ropa y el sombrero, tomar un baño y curarnos la enfermedad". Estas cuatro frases, que se reducen a doce caracteres chinos, pueden resumirse en: autodepuración, auto-perfeccionamiento, auto-renovación y auto-elevación. Sus significados son concisos y claros, pero es más fácil hablar que hacer.

Mirarse en el espejo significa que los militantes del Partido deben tomar como espejo los Estatutos del Partido, poner los problemas sobre el tapete, marcar las distancias y aclarar la orientación en cuanto a la conciencia sobre el propósito del Partido, estilo de trabajo y autodisciplina, conforme a la disciplina del Partido, la esperanza de las masas y los modelos avanzados, y según las exigencias del mejoramiento del estilo de trabajo. Podemos utilizar un espejo para mirarnos en él y también para mirar a otras personas. Pero esta vez, el espejo es para que nos miremos los militantes del Partido. En la vida real, algunos camaradas se sienten muy bien consigo mismos y rara vez se miran en el espejo; otros, conscientes de sus problemas, temen hacerlo. Hay quienes prefieren verse lindos y guapos y suelen mirarse en el espejo sólo después de maquillarse. Hay también camaradas a quienes les gusta mirar a otras personas reflejadas en el espejo, creyendo que ellos son bonitos y los demás son feos. Ninguna de estas actitudes es compatible con los principios comunistas. Los militantes y cuadros deben atreverse a mirarse en el espejo y hacerlo con asiduidad, aprovechar el espejo para hacer una búsqueda a fondo y minuciosa de los defectos y errores y encontrar la más mínima falla. Solo así, será posible hallar las deficiencias propias en aras de la cultivación y la rectificación.

Arreglarse la ropa y el sombrero significa que sobre la base de "mirarse en el espejo", y en conformidad con la exigencia de trabajar de manera pragmática y honesta por el bien del pueblo, es necesario atreverse a mirar de frente los defectos y las deficiencias, respetar estrictamente la disciplina del Partido, en particular la disciplina política, ser audaces en los problemas ideológicos propios y enfrentarnos a las contradicciones y problemas, empezar por cada individuo y por ahora, rectificando la conducta, perfeccionando el cultivo del espíritu del Partido, repasando las obligaciones del militante, y cumpliendo resueltamente la disciplina del Partido y la ley estatal, para mantener una buena imagen de comunista. A menudo no basta "arreglarse la ropa" una vez al día, y hace falta "reflexionar sobre sí mismo tres veces al día"[5]. Mirar de frente y resolver los problemas propios exige valor, y significa que hay que tomar la iniciativa. "El desastre normalmente es resultado de una acumulación de pequeños descuidos. La sabiduría y la valentía son víctimas a menudo de la complacencia"[6]. Desarrollar el hábito de "arreglarse la ropa y el sombrero" con frecuencia nos ayudará a atajar el mal desde el principio y a evitar que "las plumas hundan el barco cuando se acumulen y que la excesiva carga rompa el eje de la carreta"[7].

Tomar un baño significa principalmente ser críticos y autocríticos en el espíritu de la rectificación, analizar a fondo las causas por las que ocurren los problemas, desempolvar el pensamiento y la conducta, resolver no solo los problemas prácticos sino los ideológicos también para preservar la integridad política propia de los comunistas. Estamos expuestos al polvo todo el día y esa es la razón por la que tenemos que bañarnos con frecuencia, enjabonarnos con una esponja y enjuagarnos para sentirnos limpios y frescos. Igualmente, nuestro pensamiento y conducta pueden llenarse de polvo y ser víctimas de los ataques de microbios políticos. Por eso necesitamos "bañarnos", para librarnos de la suciedad y la mugre, refrescar nuestro cuerpo y nuestra mente, limpiar nuestros poros y estimular el metabolismo y así poder desempeñar nuestras tareas responsablemente y mantener la integridad. Hay quienes prefieren ocultar el polvo de su pensamiento y conducta y se resisten a "bañarse". Los camaradas y las organizaciones deben ofrecer ayuda a estos casos.

Curar la enfermedad significa persistir en la orientación de aprender de las lecciones de los errores del pasado para evitar cometerlos en el futuro y curar la enfermedad para salvar al paciente. Nuestro Partido hace distinciones entre los diferentes casos, adecuando el remedio a la enfermedad. Los militantes del Partido y los cuadros aquejados de problemas de conducta son educados y advertidos, y aquellos con graves problemas en el estilo son investigados y sancionados, mientras que se organizan programas específicos para combatir los hábitos malsanos y los males relevantes. Cuando uno se enferma debe ir al médico, quien le pondrá tratamiento o lo remitirá al salón de operaciones si el caso lo requiere. El enfermo debe recibir tratamiento lo antes posible cuando padece de males de ideología y estilo. Pero si oculta la enfermedad y evita al médico puede que un achaque degenere en una afección grave, pasando de la dermis a los órganos internos y acabando sin tener cura. Esto es exactamente lo que queremos decir con "tratar una enfermedad en etapa temprana es fácil pero salvar a un enfermo en estado terminal es imposible"[8]. Las organizaciones del Partido de las diversas instancias deben adoptar medidas eficaces para ayudar a los militantes y cuadros con problemas a identificar con precisión su "enfermedad", recibir el tratamiento adecuado ya sea según la medicina china o la occidental o la combinación de ambas y someterse a un procedimiento quirúrgico para así interpretar efizcamente la exigencia de disciplinar al Partido con rigor.

Tercero, ser críticos y autocríticos en el espíritu de la rectificación. La crítica y la autocrítica son una bella tradición de nuestro Partido, son un arma eficaz para incrementar la fuerza combativa de las organizaciones y defender la unidad y la unificación en sus filas. ¿Por qué hablamos de la necesidad de la crítica y la autocrítica en el espíritu de la rectificación? Porque los problemas de toda clase de divorcio de las masas en el Partido, en especial el de los cuatro hábitos malsanos, son males crónicos y si estamos dispuestos a resolverlos verdaderamente, debemos tener la valentía de sacar a la luz los errores y deficiencias aún cuando nuestra reputación se vea afectada. Tenemos que asumir el espíritu de actuar, enfrentar y adoptar la actitud de extirpar el mal de raíz y tocar el alma. Actualmente, la "cuchilla afilada" de la crítica y la autocrítica está oxidada en muchas localidades, no alcanza a tocar los problemas o los toca superficialmente. Es como si golpeara a alguien con un sacudidor de polvo hecho de plumas que no causa dolor alguno. Incluso en algunos lugares la autocrítica ha evolucionado a autoelogio y la crítica a la lisonja. En nuestras nuevas actividades de educación y práctica, debemos hacer énfasis en la crítica y la autocrítica.

Hay que conducir adecuadamente las reuniones de vida democrática. Las organizaciones de los diversos niveles del Partido tienen que educar a los militantes y cuadros para que se adhieran a la fórmula de "unidad-crítica-unidad", y ayudarlos a librarse de las preocupaciones de ver su reputación dañada a causa de la autocrítica, de sufrir represalias por criticar a sus superiores, de perder la amistad por criticar a sus colegas del mismo rango y perder el apoyo por criticar a sus subordinados. Es necesario tanto autoanalizarse, auto-examinarse a fondo como compartir la crítica recíproca con sinceridad para tocar el pensamiento y el alma. En los rostros sonrojados y sudorosos se encuentra la dirección a seguir en la rectificación. Ya sea a través de la crítica o la autocrítica, debemos buscar la verdad en los hechos, partir de los intereses públicos y las buenas intenciones para con los demás, no aplicar la "política del avestruz", no ser negligentes y llenar solo expedientes, no encubrir los errores, y no desahogar los rencores propios. Los buenos consejos suenan ásperos y los remedios eficaces saben amargos. Frente a las críticas debemos adoptar la actitud de "corrige tus errores si los has cometido, y evítelos si no has cometido ninguno". No podemos usar la crítica como arma contra la crítica o pelearnos entre nosotros sin principios.

Las masas tienen vista de águila. Ven más claro que nadie los problemas que padecen los militantes y cuadros, y están más calificadas que nadie para hacer uso de la palabra. Es preciso persistir en el desarrollo de actividades a puertas abiertas, reunirse con las masas para escuchar sus opiniones y sugerencias. Debemos organizar su participación en cada eslabón de la cadena, y dejarlas supervisar y expresar sus impresiones. Hay que evitar la práctica de "hablar, tocar y cantar para uno mismo", o trabajar a puertas cerradas respirando solo el aire que circula en la habitación.

Cuarto, persistir en que los dirigentes tomen la delantera. Con frecuencia hemos oído decir que algunos problemas pendientes de solución durante largo tiempo se manifiestan en las entidades de base pero que sus raíces están en las de arriba, y que los de abajo toman el remedio cuando los de arriba ya están enfermos. Por cierto, los problemas de toda clase de divorcio de las masas se manifiestan mayormente en los órganos directivos y en los cuadros dirigentes. Las presentes actividades deben tomar a los órganos y equipos de dirección y a los cuadros dirigentes como objetos prioritarios. Como dice el refrán: uno debe disciplinarse a sí mismo antes de disciplinar a otros, y para fraguar el hierro se necesitan herreros fuertes. La decisión de la dirección central de hacer del Buró Político del Comité Central el primero en emprender tales actividades justamente tiene el objetivo de que éste juegue el papel de promotor y dé el ejemplo. Los órganos y equipos de dirección y los cuadros dirigentes a nivel de distrito o sección y superior deben predicar sin falta con el ejemplo.

Los cuadros dirigentes de las diversas instancias son organizadores, promotores y supervisores de las actividades y partícipes de éstas, deben sumarse a ellas en condición de militantes ordinarios, y esforzarse por demostrar un nivel más alto de comprensión, dar un paso al frente en el estudio, en la práctica y analizar y resolver los problemas relevantes de la mejor manera posible.

Que el autoanálisis sea preciso, profundo y severo o no es una importante prueba de si los cuadros dirigentes pueden desempeñar bien el papel de promotor. El desinteresado no teme. Los cuadros dirigentes de los diversos niveles deben dejar a un lado sus aires, escuchar con humildad las opiniones de sus subordinados, las entidades de base, los militantes y las masas. Asumiendo la actitud de sentar pauta y de "mírame a mí en la fila", deben auto-examinarse, sacar a la luz concienzudamente sus problemas más acuciantes de estilo, así como los de sus equipos de dirección, localidades y departamentos, analizar a fondo la raíz y la causa de estos problemas y dictar claramente las orientaciones y medidas concretas para la rectificación. Asimismo, deberán evitar a toda costa, en la revisión de los problemas, concentrarse sólo en los problemas e ignorar a las personas que están detrás de ellos, dirigirse sólo a los demás y no a sí mismos, lidiar con los problemas sencillos y evitar los graves. Con esta actitud y determinación, la crítica y la autocrítica podrán ejercer su papel, la resolución de los problemas destacados verá resultados y la práctica de que los niveles superiores prediquen con el ejemplo encontrará adeptos en los niveles inferiores.

Y quinto, atribuir importancia a la implantación de mecanismos a largo plazo. Mantener los vínculos de uña y carne del Partido con las masas populares es un tema constante. Dado que el problema del estilo es repetitivo y recurrente, su resolución no se puede lograr de un solo golpe ni de una vez por todas. Menos aún, podemos levantar una racha de viento y hacerlo amainar luego. Debemos ocuparnos del problema constantemente y durante mucho tiempo. Debemos basarnos tanto en la realidad actual y solucionar los problemas relevantes motivo de queja vehemente de las masas como descansar la mirada en los intereses a largo alcance para implantar mecanismos de efecto duradero susceptibles de promover que los militantes y cuadros persistan en las acciones pragmáticas y honestas por el bien del pueblo.

Gracias a la exploración y práctica de muchos años, tenemos ya sistemas y estipulaciones bastante completos en lo que atañe a la implementación de la línea de masas y al mantenimiento de los estrechos vínculos con estas. La mayoría de ellos han demostrado ser eficaces en la práctica y son reconocidos por las masas, por lo que en ellos tenemos que continuar persistiendo. La dirección central tiene algunas exigencias nuevas con respecto a las presentes actividades de educación y práctica, al tiempo que las diversas localidades y departamentos también participarán en la creación de experiencias frescas. Combinando las exigencias de la dirección central, las necesidades reales y las experiencias frescas, diseñaremos nuevos sistemas, mejoraremos los ya disponibles y aboliremos los inapropiados. Sean cuales sean los sistemas que implantemos o mejoremos, debemos ceñirnos al principio de la sistematicidad, conexión, operatividad y eficiencia y hacer énfasis en la combinación y conjugación de la reglamentación de carácter de entidad con la de carácter de garantía, en aras a asegurar que posean un fuerte carácter específico, operativo y de guía.

Una vez formados los sistemas, debemos observarlos con rigor, persistir en que todos son iguales ante ellos y que nadie está exento a su aplicación sin excepción alguna, defender con firmeza su seriedad y autoridad, corregir decididamente toda clase de desacato de las órdenes y desobediencia de las prohibiciones, hacer que los sistemas se conviertan verdaderamente en las normas estrictas por las que se rijan el vínculo de los militantes y cuadros con las masas y su servicio a estas, y conseguir que la implementación de la línea de masas del Partido sea auténticamente la acción concienzuda de los militantes y cuadros.

Notas

[1] Se refieren a los ocho reglamentos del Buró Político del XVIII Comité Central para mejorar el estilo de trabajo y estrechar los vínculos con las masas. Sus contenidos principale son: mejorar la investigación y el estudio, reducir las reuniones, reducir los documentos y boletines, reglamentar las visitas, mejorar el trabajo de guardia, mejorar la información de la prensa, controlar estrictamente la publicación de escritos, y practicar un sistema riguroso de laboriosidad y ahorro.

[2] Las "dos necesidades" fueron formuladas por Mao Zedong en su informe a la II Sesión Plenaria del VII Comité Central, en momentos en que el Partido Comu-

nista de China iba a conquistar el poder nacional. Con sus consejos Mao advertía a todo el Partido, que debía superar la prueba de la gobernación y prevenir la ruina de la administración a causa del engreimiento, la presunción, la afición a los placeres y el divorcio de las masas populares.

[3] Se refiere a la campaña de educación ideológica marxista-leninista desplegada entre 1942 y 1945 por el Partido Comunista de China en todas sus filas de militantes. Sus contenidos principales eran: rebatir el subjetivismo, el sectarismo y el estilo de cliché del Partido para rectificar los estilos de estudio, del Partido y de redacción de documentos.

[4] El estilo de cliché, cuya traducción literal del término chino es "ensayo en ocho partes", era un estilo especial de escritos decidido por el sistema de examen imperial de las dinastías feudales Ming y Qing de China. Se trataba de un simple malabarismo lingüístico, estereotipado y carente de todo contenido. Cada una de sus partes estaba sujeta a fórmulas rígidas e incluso a un número determinado de caracteres; de esta manera, para escribir, bastaba con ajustarse mecánicamente a las fórmulas requeridas. Al hablar del estilo de cliché del Partido, nos referimos a los escritos, discursos o trabajo de propaganda de cierta gente en las filas revolucionarias, que en vez de analizar las cosas, no hacen más que amontonar vocablos y términos revolucionarios, llenar un sinnúmero de páginas de palabras vacías.

[5] Véase Las a*nalectas de Confucio (Lun Yu).*

[6] Ouyang Xiu: "Prólogo a las biografías de los cortesanos artistas". Ouyang Xiu (1007-1072), estadista y literato de la dinastía Song del Norte (960-1127).

[7] Sima Qian: *Registros históricos (Shi Ji).*

[8] Fan Ye: *Libro de la dinastía Han posterior (Hou Han Shu).* Fan Ye (398-445) fue historiador de las Dinastías del Norte y Sur (386-589)

Establecer y promover el estilo del "triple rigor y actitud realista en tres aspectos"*

9 de marzo de 2014

La construcción del estilo siempre encabeza nuestra agenda. Si trabajamos con pasión primero y con indolencia después y si lo hacemos primero con intensidad y luego con negligencia, el esfuerzo se perderá en el umbral del éxito. Los cuadros dirigentes de los diversos niveles deben regirse y aplicar un buen estilo, tanto para ser estrictos en la auto-cultivación, en el uso del poder y en la autodisciplina, como para ser realistas en la planificación de las cosas, la dedicación a las actividades emprendedoras y la conducta.

Ser estrictos en la auto-cultivación supone fortalecer el cultivo del espíritu partidista, afianzar los ideales y las convicciones, elevar la moral, perseguir sentimientos nobles, alejarse concienzudamente de los gustos triviales, boicotear a conciencia las prácticas malsanas.

Ser estrictos en el uso del poder supone persistir en utilizarlo en provecho del pueblo, ejercerlo según las reglas y los sistemas, tenerlo enjaulado en los sistemas, y en ningún instante practicar prerrogativas ni procurar intereses personales abusando del poder.

Ser estrictos en la autodisciplina supone saber respetar la disciplina, ser prudentes, autoanalizarse con diligencia, acatar la disciplina del Partido y las leyes del Estado, y desempeñar cargos públicos con honestidad.

Ser realista en la planificación de las cosas significa partir de la realidad en la planificación del trabajo, de manera que las ideas, las políticas y los planes se adapten a las circunstancias reales, la ley obje-

---

* Puntos destacados de la intervención en su participación en la sesión de deliberación de la delegación de la provincia de Anhui durante la II Sesión de la XII APN.

tiva y el espíritu científico, sin intentar alcanzar metas muy elevadas o remotas ni apartarse de la realidad.

Ser realista en la dedicación a las actividades emprendedoras significa tener los pies firmemente puestos en la tierra y trabajar de manera verdadera y pragmática, atreverse a asumir la responsabilidad y encarar las contradicciones, saber resolver los problemas y crear con esfuerzo propio méritos reales capaces de soportar la prueba de la práctica, del pueblo y de la historia.

Ser realista en la conducta significa ser leal al Partido, a la organización, al pueblo y a los camaradas, ser honestos, decir la verdad, trabajar honradamente, ser sinceros, francos y justos.

Debemos desplegar el espíritu de quien clava el clavo —mantener la intensidad y la tenacidad, comenzar bien y terminar bien y saber hacer y hacerlo con éxito—, para así obtener ininterrumpidamente nuevos resultados en la construcción del estilo.

XVII.
Fomento de la lucha contra la corrupción y por la moralización administrativa

El poder debe ser enjaulado por el sistema*

22 de enero de 2013

Todos los camaradas del Partido deben prevenir y tratar la corrupción de una manera más científica y eficaz y profundizar con firmeza en el fomento del estilo del Partido, la moralización administrativa y la lucha contra la corrupción, ateniéndose a las disposiciones del XVIII Congreso Nacional del Partido, perseverando en tomar como guía la teoría de Deng Xiaoping, el importante pensamiento de la "triple representatividad" y la concepción científica del desarrollo, y persistiendo en la directriz de tratamiento tanto paliativo como de raíz, rectificación integral y simultaneidad de castigo y prevención con acento en esta última.

Con el fin de hacer realidad las metas y tareas definidas en el XVIII Congreso Nacional del Partido, los objetivos de la lucha para los dos centenarios: el del Partido en 2021 y el de la Nueva China en 2049, y el sueño chino de llevar a cabo la gran revitalización de la nación china, debemos mejorar la construcción de nuestro Partido. El fomento del estilo del Partido y la moralización administrativa y la lucha contra la corrupción son las tareas prioritarias de la construcción del Partido. Sólo si nos somos honestos y rectos en la gobernación y justos en el ejercicio del poder podremos ganarnos la confianza y la simpatía del pueblo. En los últimos más de 30 años, después de aplicada la política de reforma y apertura, el colectivo dirigente central de la segunda generación del Partido con el camarada Deng Xiaoping como núcleo, el colectivo dirigente central de la tercera generación del Partido con el camarada Jiang Zemin como núcleo y el Comité Central del

* Puntos principales del discurso pronunciado en la segunda sesión plenaria de la XVIII Comisión Central de Control Disciplinario del PCCh.

Partido con Hu Jintao como secretario general han tomado siempre como tareas prioritarias el fomento del estilo del Partido y la moralización administrativa y la lucha contra la corrupción, desempeñando un importante papel en el mantenimiento y desarrollo del carácter de vanguardia y la pureza del Partido, aplicando medidas distintivas, enérgicas y efectivas, y proporcionando una poderosa garantía para la dirección del Partido de la reforma y apertura y la modernización socialista.

La corriente principal del contingente de cuadros de nuestro Partido es sólida. Mientras tanto, debemos ser conscientes de que algunos terrenos siguen siendo propensos a la mala conducta y la corrupción. Algunos casos importantes de violación de la disciplina del Partido y la ley estatal han tenido efectos adversos muy fuertes en la sociedad. La lucha contra la corrupción sigue siendo crítica y las masas populares se sienten descontentas con muchas cosas. El desarrollo del estilo del Partido y la moralización administrativa y la lucha contra la corrupción son una tarea prolongada, complicada y ardua. Por consiguiente, hemos de ocuparnos con perseverancia de esta tarea y permanecer siempre en estado de alerta contra la corrupción y la degeneración. La clave es, por una parte, llevar adelante dicho trabajo de manera permanente y, por la otra, hacer un compromiso a largo plazo.

Debemos fortalecer nuestra decisión y esforzarnos porque todos los casos de corrupción sean investigados y procesados, limpiando todo el suelo donde germina y crece el fenómeno de la corrupción, para ganarnos la confianza del pueblo con la eficiencia real.

El nuestro es un partido marxista y su organización tiene como fundamento los ideales revolucionarios y la estricta disciplina. Esta ha sido siempre la gloriosa tradición y la única ventaja del Partido. Cuanto más compleja sea la situación con que se enfrenta el Partido y más ardua la tarea que tiene sobre sí, tanto más necesitamos reforzar el fomento de su disciplina y defender su cohesión y unidad. De esta forma garantizamos la unión de voluntad y acción del Partido para que avance al mismo paso. Para aplicar rigurosamente la disciplina del Partido, debemos ser estrictos primero con la disciplina política, empe-

zando por observar y defender los Estatutos del Partido. En la obser-
vación de la disciplina política, lo esencial es persistir en la dirección y
en la teoría, la línea, el programa, las experiencias y las exigencias básicos del Partido, mantenernos altamente identificados con el Comité
Central del Partido y salvaguardar a conciencia su autoridad. Respecto
a las importantes cuestiones de principio como el pensamiento guía, la
línea, los principios y las políticas que rigen la situación en conjunto,
todo el Partido debe mantenerse altamente identificado con su Comité
Central en términos de ideología, política y acción. Todas las organizaciones del Partido y todos los cuadros dirigentes a las distintas
instancias deben tener en cuenta la situación en su conjunto y tratar de
manera correcta las relaciones entre el cumplimiento sin contratiempo
de las decisiones de la dirección central y el desarrollo de su labor con
espíritu creador en base a la realidad. Cualquier disposición de trabajo
con características locales debe tener la aplicación del espíritu de la
dirección central como prerrequisito. Debemos prevenir y corregir el
proteccionismo local y departamental y las inclinaciones sectoriales,
sin tolerar en absoluto la adopción de medidas por las instancias inferiores para sortear las políticas de las superiores, el incumplimiento de
órdenes y la desobediencia de prohibiciones. Tampoco permitiremos
que se apliquen las políticas y disposiciones de la dirección central de
manera rutinaria, selectiva y adaptativa. Todos los militantes del Partido, en especial los cuadros dirigentes, deben mejorar su compresión
de los Estatutos del Partido, observar los Estatutos en sus actos y
palabras, y mantener firmes su creencia, posición y orientación políticas. Las organizaciones del Partido a los distintos niveles deben tomar
la iniciativa de cumplir y salvaguardar la disciplina política del Partido
y educar con mayor energía a los miembros del Partido en su respeto.
Los órganos de control disciplinario del Partido a todos los niveles
deben dar prioridad a la defensa de la disciplina política del Partido y a
la supervisión e inspección de su cumplimiento.

El tema del estilo de trabajo no es un asunto pequeño en ningún
sentido. Si no vamos a corregir decididamente la mala conducta,
dejándola seguir rampante, ésta se convertirá en una pared invisible

entre nuestro Partido y las masas populares. Como resultado, nuestro
Partido perderá su base, su elemento vital y su fuerza. Para mejorar
el estilo de trabajo son importantes todas las labores, pero la tarea
más significativa es perseverar y fomentar el estilo de vida sencilla y el
espíritu de lucha ardua. Las tareas para mejorar el estilo de trabajo son
arduas y numerosas. Los "ocho reglamentos" nos ofrecen el punto de
partida y la orden de movilización. Estos no son normas supremas,
ni mucho menos metas finales, sino el primer paso para perfeccionar nuestro estilo de trabajo, y también las exigencias fundamentales
para nosotros, los comunistas chinos. "El que sabe gobernar a través
de la restricción debe restringirse primero a sí mismo antes que a los
demás"[1]. Los cuadros dirigentes a todos los niveles deben compor-
tarse de manera ejemplar, tomar la iniciativa de mejorar la conducta y
cumplir los compromisos contraídos. Debemos practicar la economía
en todos los aspectos de nuestro trabajo, oponernos al despilfarro,
la extravagancia y el hedonismo. Debemos enaltecer la excelente
tradición del ahorro y la laboriosidad de la nación china y difundir
con gran esfuerzo la concepción de gloria al ahorro y vergüenza al
despilfarro, para formar una tendencia social de práctica del ahorro
y oposición al despilfarro. Las diversas autoridades locales y departamentos deben cumplir en su totalidad los reglamentos acerca del
mejoramiento del estilo de trabajo en cada uno de los aspectos y cada
uno de los eslabones de nuestras labores. Para evaluar el mejoramiento del estilo de trabajo, la satisfacción de las masas populares es la
norma. Debemos escuchar ampliamente sus opiniones y propuestas, y
someternos concienzudamente a su evaluación y la supervisión social.
Reordenaremos y rectificaremos de manera inmediata los aspectos
que son motivo de insatisfacción entre las masas populares. La Comisión Central de Control Disciplinario, el Ministerio de Supervisión
y los órganos de supervisión a todos los niveles deben fortalecer la
inspección y la supervisión para asegurar que la disciplina del Partido
se observe en forma efectiva, la responsabilidad sea exigida seriamente y el control se ejerza estrictamente. Debemos luchar contra la
corrupción con fuerte determinación, "dejar huellas cuando pisamos

las piedras o agarramos el hierro", y perseverar en nuestro combate a la corrupción hasta que logremos el éxito final. No podemos empezar gritando con fuerza y acabar murmurando. Debemos someternos a la supervisión de todo el Partido y todo el pueblo y permitir que las masas populares vean cambios y resultados reales en el estilo de trabajo del Partido y la lucha contra la corrupción.

Castigar firme y enérgicamente la corrupción demuestra la fuerza de nuestro Partido y también la voluntad común de todos los camaradas del Partido y las masas populares. La firme decisión y la actitud inequívoca que tiene nuestro Partido al investigar y castigar los casos de violación grave de la disciplina de algunos de sus cuadros militantes, incluyendo los de alto rango, han demostrado a toda la sociedad que no hemos hablado en vano. Investigaremos y castigaremos sin clemencia a cualquier persona involucrada, no importa cuán alto sea su cargo, siempre que viole la disciplina del Partido y las leyes del Estado. Para administrar estrictamente el Partido, no debemos atenuar la severa sanción. Vamos a cazar a los "tigres" y aplastar también a las "moscas". Por una parte investigaremos y sancionaremos decididamente los casos de violación de la disciplina y las leyes por los cuadros dirigentes y por la otra, resolveremos de manera efectiva las prácticas malsanas y los problemas de corrupción ocurridos ante las propias narices de las masas. Debemos insistir en el principio de que todos somos iguales ante la disciplina del Partido y las leyes estatales. No importa quién sea el involucrado en un caso de corrupción, hay que investigarlo hasta las últimas consecuencias, sin un ápice de contemplación. Debemos continuar fortaleciendo en todos los sentidos la construcción del sistema de castigar y prevenir la corrupción, reforzar la educación en la lucha contra la corrupción y por la moralización administrativa y el fomento de la cultura de la moralización administrativa, perfeccionar el condicionamiento y supervisión del ejercicio del poder, intensificar la legislación estatal contra la corrupción, el fomento de los sistemas de los reglamentos internos del Partido en la lucha contra la corrupción y a favor de la moralización administrativa, profundizar la reforma de los terrenos y eslabones propensos a la corrupción, y garantizar que los órganos estatales ejerzan su poder conforme a las atribuciones y procedimientos legales. Debemos intensificar el condicionamiento y la supervisión del ejercicio del poder y poner los poderes en la jaula de los sistemas, formando un mecanismo de escarmiento para que no se atrevan a cometer actos corruptos, uno de prevención para que no puedan hacerlo y uno de garantía para que no sea fácil la corrupción. Los cuadros dirigentes a todos los niveles deben tener siempre presente que nadie tiene el poder absoluto por encima de la ley, y que todos deben ejercer el poder en servicio del pueblo, responder ante él y someterse concienzudamente a su supervisión. Debemos intensificar la supervisión de los jefes máximos, practicar a conciencia el centralismo democrático, completar el sistema de información pública de las actividades administrativas y garantizar que los cuadros dirigentes no actúen de manera prepotente, ni busquen el beneficio personal.

En la lucha contra la corrupción y el fomento de la moralización administrativa debemos oponernos a las ideas y prácticas de privilegio. Los militantes del Partido son para siempre integrantes comunes del pueblo trabajador. Quienesquiera que sean, no podrán perseguir ningún interés egoísta ni prerrogativa fuera de los intereses personales y atribuciones laborales prescritos en el marco de las leyes y políticas. Este no sólo es un importante contenido del fomento del estilo del Partido y la moralización administrativa, sino también un importante problema que atañe a la conservación eterna de la vitalidad y vigor del Partido y el Estado. Debemos adoptar medidas eficaces para combatir y rectificar toda idea y práctica de privilegio.

Para mejorar el fomento del estilo del Partido y la moralización administrativa y la lucha contra la corrupción, toda la militancia debe movilizarse. Los comités del Partido a las distintas instancias deberán asumir la responsabilidad integral de dirección del desarrollo del estilo del Partido y la moralización administrativa dentro de las esferas de sus atribuciones. Debemos perseverar y perfeccionar el régimen de dirección y el mecanismo de trabajo para la lucha contra la corrupción, y poner en pleno juego el papel funcional de los órganos y departamentos de control disciplinario, supervisión, justicia y auditoría, etc, para impulsar juntos el fomento del estilo del Partido y la lucha contra la corrupción. Debemos apoyar a los órganos de control disciplinario y supervisión en su trabajo, preocuparnos y proteger a sus cuadros, en especial a aquellos camaradas que tienen una alta conciencia del espíritu del Partido y se atreven a persistir en los principios, y crearles mejores condiciones para el cumplimiento de sus deberes. Los organismos de control disciplinario e inspección deben intensificar la construcción del contingente de cuadros y elevar la capacidad y el nivel de cumplimiento de sus atribuciones, para garantizar una mejor supervisión e inspección.

Notas:

[1] Xun Yue: *Historia como un espejo (Shen Jian)*. Xun Yue (148-209) fue filósofo e historiador de la dinastía Han del Este.

Promover con la sabiduría histórica la lucha contra la corrupción y el fomento de la moralización administrativa[*]

19 de abril de 2013

Las experiencias históricas merecen atención, y las lecciones históricas merecen más que las tomemos como escarmiento. Frente a la cambiante situación internacional y las arduas y difíciles tareas de promover la reforma, el desarrollo y la estabilidad para alcanzar los objetivos de la lucha fijados para los dos centenarios -el del Partido en 2021 y el de la Nueva China 2049- y el sueño chino de la gran revitalización de la nación china, nuestro Partido debe persistir en velar por su propia gobernación y disciplinarse con rigor, tomar como referencia la excelente cultura de moralización administrativa de la historia china, elevar constantemente su nivel de dirección y gobernación y acrecentar su capacidad de combatir la corrupción, prevenir la degeneración y afrontar los riesgos, para garantizar que nuestro Partido sea siempre el núcleo dirigente de la causa socialista con peculiaridades chinas.

Para promover en profundidad el fomento del estilo del Partido y de la moralización administrativa, así como la lucha contra la corrupción, debemos persistir en el desarrollo de las exitosas experiencias acumuladas por nuestro Partido en su empeño prolongado en la lucha contra la corrupción y el fomento de la moralización administrativa, tomar como referencia activamente las prácticas beneficiosas de los distintos países del mundo en esta área, y también la preciosa herencia

---

* Puntos esenciales del discurso pronunciado cuando presidía el 5° Estudio Colectivo del Buró Político del XVIII Comité Central.

de lucha contra la corrupción y fomento de la moralización administrativa legada por la historia china. Estudiando la historia de lucha contra la corrupción y el fomento de la moralización administrativa de nuestro país, conociendo la cultura de moralización administrativa de la antigua China y analizando los éxitos y fracasos de la lucha contra la corrupción y el fomento de la moralización administrativa en la historia china, podremos adquirir una inspiración profunda, la cual nos ayudará a llevar adelante, con la sabiduría histórica, esta misma lucha y fomento.

A través de una revisión a fondo de las lecciones históricas chinas y extranjeras, nuestro Partido se ha percatado de que la mejora del estilo del Partido, el fomento de la moralización administrativa y la lucha contra la corrupción son vitales para la subsistencia del Partido y el Estado. El problema nuclear es que nuestro Partido debe apoyarse estrechamente en el pueblo, mantener sus relaciones de uña y carne con las masas populares y no divorciarse en ningún momento de ellas. Para lograr hacerlo, debemos hacer mayores esfuerzos para resolver el problema de la corrupción y otros fenómenos negativos, garantizando que el Partido siempre se identifique con el pueblo y asuma su destino.

El Comité Central ha planteado la necesidad de fomentar el estilo de trabajo y combatir el formalismo, el burocratismo, el hedonismo y la tendencia al derroche y la suntuosidad, lo que nos ha dado el punto del empeño de la lucha contra la corrupción y el fomento de la moralización administrativa y el punto de partida para la consolidación de la base de masas en la que nuestro Partido fundamenta su ejercicio del gobierno. Todos los camaradas del Partido debemos conocer dicho problema a esta altura política, ponernos en alerta en lo ideológico, tener bien presente la necesidad de seguir siendo modestos, prudentes y libres de arrogancia y precipitación en el estilo de trabajo y de perseverar en el modo de vida sencilla y lucha dura. Debemos cambiar inalterablemente nuestro estilo de trabajo y luchar firmemente contra la corrupción, hacer realidad "las huellas que dejamos al pisar las piedras y agarrar el hierro", y ganarnos sin cesar la confianza del pueblo con nuevos avances y resultados en la lucha contra la corrupción y por el fomento de la moralización administrativa.

Debemos intensificar con mayor esfuerzo la educación en la lucha contra la corrupción y por el fomento de la moralización administrativa y la construcción de la cultura de la moralización administrativa y persistir en combinar la administración del país según la ley con la ejercida conforme a la moral. Es de importancia fundamental empezar por la mejora de las normas morales ideológicas, pues la pureza ideológica es esencial para que los partidos marxistas se mantengan puros y la integridad moral es un elemento esencial para que los cuadros dirigentes actúen con rectitud y limpieza en la realización de sus labores. Debemos educar y orientar a los militantes y cuadros del Partido a reafirmarse en sus ideales y convicciones, persistir en el hogar espiritual de los comunistas, consolidar constantemente la base ideológica y moral de la honrada dedicación al servicio público de los cuadros militantes del Partido y levantar una sólida barrera de defensa ideológica y moral contra la corrupción y la degeneración. Debemos mejorar la construcción ideológica y teórica del Partido, la educación y el cultivo del espíritu del Partido y el fomento de la moral, educar e incentivar a los militantes y cuadros a estudiar, practicar concienzudamente el marxismo-leninismo, el pensamiento de Mao Zedong y el sistema teórico del socialismo con peculiaridades chinas, tener firmemente arraigada una correcta concepción del mundo, del poder y de la causa y practicar de manera ejemplar la concepción socialista del honor y el deshonor[1], garantizar la firmeza de acción con la firmeza teórica, y garantizar la mente lúcida en el ejercicio del poder estatal con la conciencia ideológica, intensificar constantemente el conocimiento del propósito del Partido de servir de todo corazón al pueblo, y perseverar siempre en el carácter noble y la integridad política de los comunistas.

El problema institucional es fundamental, global y de importancia eterna, y afecta a la estabilidad del país. Lo más importante consiste en perfeccionar el sistema de condicionamiento y supervisión del ejercicio de los poderes, permitir al pueblo supervisar los poderes y dejar que estos funcionen a la luz del día y encerrar los poderes en la jaula de los sistemas. Debemos prevenir y combatir la corrupción de manera más científica y eficaz, promover en todos los sentidos el fomento del sistema de castigo y prevención de la corrupción, incrementar la capacidad ejecutiva de los sistemas jurídicos anticorrupción y garantizar su operación enérgica. Debemos intensificar el análisis de los casos típicos, profundizar la reforma en los terrenos y eslabones propensos a la corrupción, reducir las deficiencias y lagunas institucionales a un mínimo absoluto y eliminar sin cesar el suelo donde germina y crece el fenómeno de la corrupción a través de la profundización de la reforma.

Hemos de ocuparnos con perseverancia de la lucha contra la corrupción y por el fomento de la moralización administrativa, y permanecer siempre en estado de alerta contra la corrupción y la degeneración. Debemos tener siempre presente que "muchos gusanos se comen la madera y que con una grieta grande se derrumba la pared"[2], mantener en todo momento una postura muy severa en el castigo a la corrupción, garantizar que todos los casos de corrupción sean investigados y todos los cuadros corruptos castigados, persistir en cazar a los "tigres" y aplastar a las "moscas" a la vez, salvaguardar efectivamente los derechos e intereses legales del pueblo, y esforzarnos porque los cuadros sean íntegros, los gobiernos honestos y la política limpia.

Notas:

[1] El 4 de marzo de 2006, durante el debate con los miembros de la Liga Democrática de China y la Asociación para la Promoción de la Democracia de China en una reunión de grupo de la IV Sesión del X Comité Nacional de la Conferencia Consultiva Política del Pueblo Chino, Hu Jintao formuló la concepción socialista de los ocho honores y deshonores. Ellos son: amar a la Patria honra y perjudicarla, deshonra; servir al pueblo honra, y volverle la espalda, deshonra; ensalzar el saber científico honra y permanecer en la ignorancia, deshonra; trabajar con laboriosidad honra y holgazanear, deshonra; practicar la unidad y la ayuda mutua honra y beneficiarse a costa de otros, deshonra; ser honesto y cumplidor honra y venderse a la

vista de los intereses, deshonra; acatar la disciplina y la ley honra y quebrantarlas, deshonra; mantener el espíritu de vida sencilla y lucha ardua honra y entregarse al lujo y los placeres, deshonra.

[2] *El Libro del Señor Shang (Shang Jun Shu)*. Este libro es una obra representativa legalista relativa a Shang Yang y sus seguidores. También es una base importante para la investigación de la ideología legalista de la escuela de Shang Yang. Shang Yang (aprox. 390-338 a.n.e.) fue estadista, ideólogo y principal representante de la escuela legalista de mediados del Período de los Reinos Combatientes. Presidió una serie de reformas en el reino de Qin, reformando la esclavitud antigua de manera relativamente cabal y estableciendo el nuevo feudalismo, de forma tal que el reino de Qin se hizo rápidamente poderoso y próspero. En la historia de China este suceso es conocido como "la reforma de Shang Yang".

Profundizar el fomento del estilo del Partido, la moralización administrativa y la lucha contra la corrupción*

14 de enero de 2014

Debemos persistir en el principio de que el Partido vele por su propia administración y se discipline con rigor, intensificar la dirección unificada del Partido en el fomento del estilo del Partido, la moralización administrativa y la lucha contra la corrupción, potenciar la innovación de regímenes y la garantía institucional de la lucha contra la corrupción, reforzar la educación ideológica y política, hacer más estricta la disciplina del Partido, combatir sin tregua el formalismo, el burocratismo, el hedonismo y la extravagancia, ser implacables en el castigo a la corrupción, y esforzarnos por conseguir avances y éxitos que serían de agrado de las masas populares.

En 2013, el Comité Central del Partido concedió suma importancia al fomento del estilo del Partido, la moralización administrativa y la lucha contra la corrupción. La Comisión Central de Control Disciplinario, conforme a las resoluciones y disposiciones del Comité Central del Partido, lanzó una fuerte campaña de intensificación de la disciplina, en especial de la disciplina política, en la investigación y sanción de los casos de corrupción, demostrando las inequívocas características de su trabajo. Gracias a los esfuerzos mancomunados de los comités del Partido, los gobiernos, los órganos de supervisión y de control disciplinario de los distintos niveles, hemos logrado nuevos avances en el fomento del estilo del Partido, la moralización administrativa y

---

* Puntos esenciales del discurso pronunciado en la tercera sesión plenaria de la XVIII Comisión Central de Control Disciplinario del PCCh.

la lucha contra la corrupción. La campaña se inició con el Buró Político del Comité Central, destacando su papel ejemplar. Empezamos por eliminar las malas prácticas y promover la integridad mediante la resolución de los problemas urgentes y logramos un notable progreso. Investigamos resueltamente los casos de corrupción, perseverando en el principio de cazar a los "tigres" y aplastar a las "moscas" al mismo tiempo, manteniendo una actitud enérgica contra todo elemento corrupto. Insistimos en promover la normalización del funcionamiento del poder, intensificar la supervisión, reforzar y mejorar la inspección, hacer más fluidos los canales públicos de denuncia y supervisión, lo que ha sido bien recibido por los cuadros y las masas populares.

Al afirmar nuestros logros debemos ser conscientes de que todavía hay suelo fértil para la corrupción y que la situación de la lucha contra el flagelo sigue siendo un desafío muy serio y complicado. Algunas prácticas malsanas y problemas de corrupción tienen un efecto adverso en la sociedad por lo que deben ser resueltos inmediatamente. Todo el Partido debe darse cuenta de que la lucha contra la corrupción es una tarea prolongada, compleja y ardua. Debemos ser firmes en nuestra determinación y demostrar un gran valor para proceder con medidas rigurosas y sentencias severas para rectificar el fenómeno de la corrupción. Al igual que cuando tomamos una fuerte dosis de la medicina para el tratamiento de una enfermedad grave, debemos aplicar leyes con rigor para abordar el trastorno.

Establecer y perfeccionar un sistema de sanción y prevención de la corrupción es la estrategia nacional y el diseño de máximo nivel. En 2013, el Comité Central emitió el Programa de Trabajo para Establecer y Perfeccionar el Sistema de Castigo y Prevención de la Corrupción 2013-2017. Este es un documento guía para el fomento del estilo del Partido, la moralización administrativa y la lucha contra la corrupción. Los comités del Partido deben aplicarlo concienzudamente y ejecutar esta tarea política prioritaria en todos los trabajos de la reforma, el desarrollo y la estabilidad.

En cuanto al mantenimiento de las relaciones de uña y carne entre nuestro Partido y las masas populares, no es posible lograrlo en una sola acción, sino que se debe hacer un esfuerzo continuo e incansable. Hemos tenido un buen comienzo, y debemos llevarlo adelante paso a paso. Para el fomento del estilo del Partido, ante todo, debemos adherirnos firmemente a los ideales y convicciones, recordar bien el carácter y el propósito del Partido y sus exigencias para los cuadros. Como cuadros del Partido, deben hacer valer su espíritu de absoluta abnegación, separar los intereses públicos de los personales y anteponer los intereses públicos a los personales. Sólo si actuamos siempre por el bien público podremos ser honrados y rectos en nuestra conducta y nos mantendremos limpios y prudentes en el ejercicio del poder. Los problemas del estilo a menudo se relacionan con los intereses públicos y los privados y el uso de los fondos públicos y el poder estatal. Los fondos públicos deben usarse en las causas públicas y no se debe malgastar ni un solo centavo. El poder estatal debe servir al pueblo y jamás ser usado para beneficios personales. Los cuadros dirigentes deben tener todo esto muy presente, distinguir bien los intereses públicos de los individuales, entregarse al servicio público y disciplinarse rigurosamente.

Oponernos resueltamente a la corrupción y prevenir la degeneración durante la prolongada gobernación del Partido es una importante tarea política que debemos cumplir. Tenemos que mantener continuamente una postura muy severa en la lucha contra la corrupción, y perseverar en la cero tolerancia para castigar la corrupción. A todos los corruptos, una vez que sean descubiertos, los investigaremos y sancionaremos sin piedad. Lo importante es tomar medidas para prevenir y combatir la corrupción en su etapa más temprana de desarrollo, abordar los problemas correspondientes tan rápido como los detectemos, de la misma forma en que tratamos una enfermedad con prontitud cuando se diagnostica. Cualquier retraso en el tratamiento de la corrupción puede llevar a problemas más graves y no podemos permitirlo. Cada cuadro debe tener en cuenta lo siguiente: "no tratar de apropiarse de los fondos públicos porque al ladrón siempre lo atrapan" y "cuando vea el bien, persígalo como si no pudiera alcanzarlo; al ver el mal, aléjese de él como si metiera la mano en agua hirviendo".

Los cuadros dirigentes deben sentir miedo de la ley estatal y la disciplina del Partido, en lugar de confiar en la suerte con la esperanza de escapar a las sanciones contra la corrupción.

Debemos promover el fomento del estilo del Partido, la moralización administrativa y la lucha contra la corrupción mediante la profundización de la reforma, reformar el sistema de control disciplinario del Partido, perfeccionar los regímenes y mecanismos de la lucha contra la corrupción, reforzar la eficiencia del condicionamiento y supervisión del poder y garantizar la independencia relativa y la autoridad del poder supervisor de las comisiones de control disciplinario a las distintas instancias. Debemos intensificar el condicionamiento, distribuir científicamente los poderes para formar una estructura científica de poderes y mecanismos de su funcionamiento. Debemos intensificar la supervisión, hacer grandes esfuerzos para mejorar la supervisión del ejercicio del poder por parte de los cuadros dirigentes, en especial de los jefes máximos y reforzar la supervisión interna de los grupos dirigentes. Debemos potenciar la información pública de los asuntos gubernamentales, publicar según la ley los procesos del ejercicio del poder, permitir supervisar a los cuadros y las masas populares y garantizar el correcto ejercicio del poder. Debemos poner en práctica la responsabilidad de sujeto de los comités del Partido y la responsabilidad de supervisión de las comisiones de control disciplinario, intensificar la búsqueda de responsabilidades, y no permitir que nuestros sistemas sean "tigres de papel" ni espantapájaros. Los comités del Partido, las comisiones de control disciplinario y los departamentos relevantes deben cumplir sus responsabilidades del fomento del estilo del Partido y la moralización administrativa. Todas las medidas de reforma deben satisfacer las exigencias de la sanción y prevención de la corrupción, ser consideradas, dispuestas y aplicadas junto con la prevención de la corrupción, cerrar todas las lagunas dejadas por la corrupción para garantizar el feliz y sano desarrollo de la reforma.

Observar la disciplina del Partido es incondicional. Debemos convertir nuestras palabras en acciones y asegurar que la disciplina del Partido se aplique plenamente y se investigue cualquier violación.

No debemos tomar la disciplina como un condicionamiento blando ni permitir que se convierta en un documento de trabajo que descansa en el estante superior. Las organizaciones del Partido a todas las instancias deben intensificar la educación de los militantes y cuadros en la observancia de la disciplina política. Los órganos de control disciplinario del Partido de todos los niveles deben priorizar la defensa de esta disciplina para garantizar que todo el Partido se identifique con su Comité Central tanto en términos de ideología y política como de acción.

La fuerza del Partido procede de la organización y se fortalece constantemente de ésta. Para reforzar la disciplina organizativa es necesario promover el espíritu del Partido. En definitiva, el espíritu del Partido es un problema de posición. Los comunistas, en especial los cuadros dirigentes, debemos tener mentalidad abierta y grandes ideales. Debemos tener siempre en cuenta los intereses del Partido, el pueblo y el país, defender conscientemente el espíritu del Partido y adherirnos a sus principios. Los camaradas de todo el Partido debemos intensificar nuestra conciencia del Partido, recordar siempre que nuestra primera identidad es comunista y nuestra primera atribución es trabajar para el Partido, ser fiel a nuestra organización y compartir su voluntad. Todos los camaradas del Partido debemos intensificar la conciencia organizativa, recordar en todo momento que somos miembros del Partido y de la organización, nunca olvidar las obligaciones y responsabilidades que debemos cumplir, confiar en la organización, apoyarnos en ella, obedecerla y aceptar conscientemente las disposiciones organizativas y el condicionamiento disciplinario, y defender conscientemente la unidad del Partido.

El centralismo democrático, el sistema de vida organizativa interna del Partido y otros sistemas organizativos del Partido son sumamente importantes. Debemos ejecutarlos de manera estricta. Los equipos y cuadros dirigentes de los distintos niveles debemos practicar estrictamente el sistema de pedir instrucciones y presentar informes. Debemos intensificar efectivamente la administración organizativa, orientar a los miembros y los cuadros del Partido tratar correctamente los problemas con la organización, hacer coincidir las palabras con las acciones, decir la verdad y aceptar la educación y supervisión de la organización del Partido. Debemos aplicar efectivamente la disciplina organizativa y no hacer excepciones en este sentido. Todas las organizaciones del Partido de los distintos niveles deben cumplir con audacia sus obligaciones para que la disciplina persevere como una línea de alta tensión de la disuasión.

Los departamentos de organización, propaganda, frente único, seguridad, fiscalía y justicia del Partido deben aplicar las resoluciones y las disposiciones tomadas por el Comité Central. Las organizaciones del Partido en las asambleas populares, los gobiernos, los comités de la Conferencia Consultiva Política del Pueblo Chino, los tribunales y las fiscalías deben llevarlas a vías de hecho. Las organizaciones del Partido en las entidades institucionales, las agrupaciones populares, entre otros, deben también ejecutarlas. Las organizaciones del Partido deben desempeñar su papel. Las organizaciones del Partido en los diferentes terrenos deben responder e informar sobre el trabajo a sus comités y cumplir las labores lo mejor que puedan, dentro del alcance de sus atribuciones, bajo la dirección unificada de los comités del Partido.

Notas:

[1] Chen Yi: "Mantenga las manos en sus propios bolsillos" *Poemas selectos de Chen Yi*, editado por la Editorial Literatura Popular, 1997, Pág. 155. Chen Yi (1901-1972) fue un revolucionario proletario, militar y político de China, uno de los fundadores y dirigentes del Ejército Popular de Liberación de China y mariscal de la República Popular China.

[2] *Las Analectas de Confucio (Lun Yu)*

XVIII.
Elevar el nivel de dirección del Partido

Desarrollar el espíritu de "clavar el clavo" y llevar hasta el final un plan bien hecho[*]

28 de febrero de 2013

Frente a las arduas tareas de la reforma, el desarrollo y la estabilidad nacionales, los equipos directivos y cuadros dirigentes a los diversos niveles deben tener bien presente, de acuerdo con las exigencias de la dirección central, la máxima de que "hablar en vano perjudica al país, mientras que trabajar seriamente lo revitaliza", y avanzar con ánimo emprendedor, alcanzando logros reales capaces de superar las pruebas de la práctica, el pueblo y la historia. En las circunstancias de la reforma y apertura y la modernización socialista, todos queremos encargarnos de algo, tenemos el entusiasmo por el trabajo, deseamos llevar a cabo una empresa con éxito, en un esfuerzo por no defraudar la confianza que el pueblo deposita en nosotros. Sin embargo, durante este proceso debemos tener bien presente un principio: "la política se valora por la constancia en su aplicación". Al ejercerse un cargo gobernante en cualquier lugar y durante un determinado tiempo, naturalmente se debe realizar el trabajo con audacia y avanzar con espíritu emprendedor, al tiempo que se preserva la estabilidad de la situación general y la continuidad de la labor. El XVIII Congreso Nacional del Partido ha definido las metas de la culminación de la construcción integral de una sociedad modestamente acomodada y de la profundización en todos los aspectos de la reforma y apertura, ha ordenado las disposiciones generales referentes al impulso de la causa socialista con peculiaridades chinas en las nuevas condiciones de la época y ha

---

[*] Fragmentos del discurso pronunciado en el segundo pleno de la II Sesión Plenaria del XVIII Comité Central del Partido Comunista de China.

formulado la exigencia sobre cómo elevar integralmente el nivel científico de la construcción del Partido.

Todo el Partido y el país deben, mediante esfuerzos sólidos, poner en práctica, de manera perseverante e incesante, el espíritu de dicho Congreso. Así hemos de aplicar constantemente la línea, los principios y las políticas elaborados desde la III Sesión Plenaria del XI Comité Central, la teoría de Deng Xiaoping, el relevante pensamiento de la triple representatividad, la concepción científica del desarrollo y todas las importantes disposiciones estratégicas hechas por la dirección central que conservan su vigencia. En cuanto a las labores de los gobiernos y departamentos locales, hay que lograr realmente que un plan bien hecho se ejecute hasta el final y conseguir efectivamente resultados en el trabajo. Debemos tener el espíritu propio de quien clava un clavo, cosa que no suele hacerse bien de un solo martillazo, sino que requiere que sigamos dando martillazos hasta que esté bien clavado y seguro, momento en el que podremos empezar a clavar otro. Si continuamos de esta forma, no cabe duda de que obtendremos un gran resultado. Si uno va dando martillazos por aquí y por allá, muy probablemente no logrará clavar ni un solo clavo recto y firme. Debemos tener este espíritu: "el éxito de una causa no debe necesariamente lograrse en mi mandato". Si un buen plan es científico, se basa en los hechos y responde a los anhelos del pueblo debemos seguir trabajando en ello, una administración tras otra, y el resultado de nuestro trabajo será real, apreciado y recordado por las amplias masas y cuadros.

Por supuesto, como la práctica evoluciona continuamente, nuestros conocimientos y trabajo deben desarrollarse avanzando con los tiempos, y aquello en lo que se tenga seguridad se tiene que ajustar y perfeccionar sin tardanza, pero sin trastocar lo hecho por el antecesor tras cada renovación de gobierno ni mucho menos montar aparte algo propio por ostentar eso que llaman méritos administrativos y permitir que vuelen por doquier nuevas consignas vacías. En muchas ocasiones, el que haya o no una nueva fisonomía y atmósfera no está en elaborar programas y formular consignas, sino en convertir las metas científicas establecidas y los planes bien hechos en realidad, teniendo en cuenta las nuevas situaciones, recurriendo a nuevos lineamientos y medidas y trabajando con los pies puestos en la tierra. Tenemos que adquirir un concepto correcto de los méritos administrativos y dedicar mayores esfuerzos al fortalecimiento de la base y de las obras que reportan beneficios a largo plazo. No debemos entregarnos a emulaciones ciegas, apartadas de la realidad. No hemos de emprender "obras de imagen" y "proyectos para ostentar méritos administrativos", que malgastan recursos humanos y materiales. Hemos de actuar con actitud realista en busca de la verdad, tenemos que trabajar con empeño y seriamente y debemos atrevernos a asumir responsabilidades, a fin de cumplir nuestro deber ante la historia y el pueblo.

Apoyarse en los estudios y marchar al futuro[*]

1 de marzo de 2013

Nuestro Partido siempre ha conferido importancia al estudio del conjunto del Partido, sobre todo de los cuadros dirigentes, lo cual es una experiencia fructífera para impulsar la causa del Partido y el pueblo. En cada periodo de viraje importante, frente a las nuevas circunstancias y tareas, nuestro Partido llama siempre a todos los camaradas militantes para que fortalezcan el estudio, y cada una de estas oleadas de estudio ha dado invariablemente a la causa del Partido y el pueblo el impulso que le ha permitido experimentar un gran desarrollo y progreso. Al inicio de la reforma y apertura, el Comité Central subrayó que la materialización de las cuatro modernizaciones es una profunda y gran revolución. En esta gran revolución, avanzamos resolviendo constantemente nuevas contradicciones. Por ello, todos los camaradas del Partido deben saber estudiar y hacerlo nuevamente. En comparación con el pasado, nuestra tarea de estudio, en vez de ser superficial, resulta más ardua. Está determinada por la situación y la tarea a la que nos enfrentamos.

En la actualidad, todo el Partido tiene ante sí un tema de capital importancia: cómo conocer correctamente y tratar adecuadamente las nuevas circunstancias y los problemas surgidos desde que nuestro país consiguió ciertos logros en el desarrollo. Por ahora, de los problemas que nos encontramos, algunos son viejos que no se han resuelto bien pese a nuestro prolongado esfuerzo o que adquieren nuevas manifestaciones, pero la mayor parte de ellos ha surgido recientemente. Los

---

[*] Puntos esenciales del discurso pronunciado en la reunión con motivo del 80 aniversario de la fundación de la Escuela Central del partido –inauguración del semestre de primavera de 2013.

nuevos problemas han aparecido en cualquier momento. Con muchos no estábamos familiarizados o teníamos muy poca referencia de ellos en el pasado. Son resultado de los cambios operados en la situación en el mundo, en el país y en el Partido. La única manera de conocer y dar solución adecuada a los problemas viejos, ya sean con muchos años de existencia o una nueva manifestación, es potenciar nuestra capacidad. Esto requiere intensificar el estudio, no solamente para aplicar los conocimientos a la práctica, sino también para adquirir nuevas habilidades prácticas en la solución de los problemas.

Cumplir las diversas metas y tareas formuladas por el XVIII Congreso Nacional del Partido, enfrentar la situación internacional compleja y cambiante, tener presente la situación general de la reforma, desarrollo y estabilidad y hacer como es debido el trabajo plantean nuevas exigencias a nuestra capacidad. Nuestro Partido ha encontrado toda clase de peligros y dificultades en los diversos periodos históricos de la revolución, construcción y reforma y nuestra causa ha obtenido éxitos tras una ardua exploración y una tenaz lucha. Será imposible intentar impulsar nuestra causa sin contratiempo y alcanzar nuestros objetivos de lucha sin inconvenientes. Podemos prever que en el camino hacia el futuro surgirán seguramente dificultades, riesgos y desafíos provenientes de las diversas áreas y la clave está en si estamos capacitados para superarlos, vencerlos y manejarlos.

En términos generales, en comparación con las exigencias del desenvolvimiento de la causa de nuestro Partido y país, nuestra capacidad tiene su lado adaptable y su lado inadaptable. En especial, a medida que se desarrollan la situación y las tareas, nuestra capacidad de adaptación se reduce y la de inadaptación aumenta. Si no nos apresuramos a reforzar la aptitud, con el tiempo difícilmente podremos ser competentes en nuestra difícil tarea de dirigir la reforma y apertura y la modernización socialista. En la época de Yan'an, nuestro Partido había tomado nota de la "crisis de la capacidad". En ese entonces, el Comité Central del Partido señaló claramente que en nuestro contingente había una crisis para nada relacionada con la economía o la política, sino con la capacidad. La limitada habilidad acumulada en el pasado se agotaría gradualmente con el paso de los días. ¿Enfrentamos ahora el mismo problema? Creo que sí. Muchos camaradas tienen sincera voluntad y también el entusiasmo de llevar a cabo sus tareas, pero carecen de las habilidades necesarias para hacerlo bien en la nueva situación. En respuesta a las nuevas circunstancias y problemas, por su desconocimiento de las leyes y las formas de solución y por su escasez de conocimientos y habilidades, recurren a los antiguos patrones de pensamiento y estereotipos para responder a las necesidades y actuar temeraria y ciegamente, razón por la cual, aunque trabajan mucho y a veces muy duro, obtienen inevitablemente resultados contrarios a sus deseos, como si trataran de dirigirse al Sur con el carruaje apuntando al Norte, porque no están en el camino correcto. Esto significa que los nuevos métodos no son utilizados apropiadamente y los viejos no son efectivos o que no nos atrevemos a adoptar medidas severas cuando las suaves no son adecuadas. A mi modo de ver, este fenómeno existirá en una esfera bastante grande en el Partido durante un periodo bastante prolongado. Por ello, todos los camaradas, sobre todo los cuadros dirigentes de los diversos niveles del Partido, deben tener el sentido de crisis por la falta de aptitudes y esforzarse por aumentarlas y fortalecerlas sin cesar. Cuando todo el Partido incremente de manera constante su capacidad, se realizarán "las metas de los dos centenarios" y se hará realidad el sueño chino de la gran revitalización de la nación china.

La aptitud no es innata, sino que se adquiere con el estudio y la práctica. En la época actual, el ciclo de renovación de los conocimientos se reduce considerablemente, mientras surgen incesantemente todo tipo de nuevos conocimientos, nuevas circunstancias y novedades. Según los estudios de algunas personas, antes del siglo XVIII, el ciclo de renovación del conocimiento humano se duplicó en alrededor de 90 años, cifra que se multiplica por dos cada tres o cinco años desde la década del 90 del siglo XX. En los últimos 50 años, el conocimiento creado por la comunidad humana sobrepasó el total registrado en los últimos 3.000 años. También se creía en la era agraria que lo que se estudiaba en varios años le serviría a uno para toda la vida; en la época de la economía industrial, uno debía estudiar al menos diez años para adquirir el conocimiento útil para toda la vida y en la era de la economía del conocimiento, uno tiene que estudiar toda la vida para ir a la par del tiempo. Si no nos esforzamos por elevar nuestro nivel de conocimiento y formación en todos los aspectos, no estudiamos a conciencia todo tipo de conocimientos científicos y culturales, ni aceleramos por iniciativa propia la renovación del conocimiento, la optimización de su estructura y la ampliación de sus horizontes y visión, no podremos reforzar las aptitudes y mucho menos tendremos la solución para tener la iniciativa, la ventaja y el futuro. Por ello, todos los camaradas del Partido, sobre todo los cuadros dirigentes de las distintas instancias, deben fortalecer la conciencia de la urgencia del estudio.

Justamente partiendo de esta perspectiva estratégica, el XVIII Congreso Nacional del Partido planteó la importante tarea de construir un partido marxista en el poder aplicado en el estudio, orientado al servicio e innovador. El estudio debe ocupar el primer lugar porque es el requisito para servir mejor al pueblo y llevar adelante la innovación. Dado que todos somos cuadros dirigentes y asumimos la responsabilidad que nos confieren el Partido y el pueblo, debemos superarnos, enriquecer nuestros conocimientos, y trabajar con mucha cautela y prudencia para elevar continuamente el nivel y la calidad de nuestra labor. Desde esta óptica, el estudio y las habilidades de los cuadros dirigentes no es solo un asunto de nuestra competencia, sino que está vinculado al desarrollo de la causa del Partido y el Estado. Tal como decían nuestros antepasados: "un erudito no es necesariamente funcionario, pero el funcionario tiene que estudiar"[1]. Siempre que se intensifique el estudio se podrán fortalecer el carácter científico, la previsibilidad y la iniciativa del trabajo, permitiendo a la dirección y a la toma de decisiones interpretar las características de la época, seguir la ley objetiva de las cosas y rebosar de creatividad, a fin de evitar sumirse en el desconcierto por la falta de conocimiento, en la ceguera por la falta de sensibilidad y en el caos por la ignorancia y poder superar las deficiencias, la incompetencia y la obsoleta capacidad. De lo contrario, no somos mejores que "el jinete ciego del caballo ciego que se acerca al profundo estanque a medianoche"[2] —un acto irreflexivo e inaconsejable aunque valiente que pudiera llevarnos a la desorientación y a quedar a la zaga de los tiempos, en vez de ayudarnos a abrir nuevas perspectivas en el trabajo.

La causa socialista con peculiaridades chinas a la que nos estamos dedicando es grandiosa e impetuosa y sin precedente. Por ello nuestro estudio debe ser integral, sistemático, y estar dotado de un espíritu de exploración. Debe ceñirse al centro de gravedad a la vez que prestar atención a la expansión de los terrenos. Debemos aprender tanto de los libros como de la práctica; de las masas como de los expertos y académicos, así como de las experiencias provechosas de los países extranjeros. Debemos adquirir conocimientos teóricos y también prácticos.

Primero que todo, debemos estudiar a conciencia la teoría marxista, un requisito especial que nos permitirá hacer bien nuestro trabajo así como un requisito necesario para los cuadros dirigentes que les ayudará a destacar y lograr el éxito en el trabajo. El camarada Mao Zedong señaló: "Si entre los camaradas encargados de las principales responsabilidades en el trabajo de dirección, hay de cien a doscientos con una compresión del marxismo-leninismo sistemática y no fragmentaria, real y no huera, la capacidad combativa de nuestro Partido será considerablemente acrecentada."[3]. Hoy en día ésta sigue siendo una tarea real de nuestro Partido. Sólo estudiando y comprendiendo el marxismo-leninismo, el pensamiento de Mao Zedong, la teoría de Deng Xiaoping, el importante pensamiento de la triple representatividad y la concepción científica del desarrollo, y especialmente asimilando las posiciones, puntos de vista y métodos que se aplican en estas ideologías, podremos ser lúcidos y clarividentes, conocer a fondo y observar correctamente las leyes de gobernación del Partido Comunista, de la construcción socialista y del desarrollo de la sociedad humana, afianzar siempre las convicciones y los ideales, persistir en el pensamiento guía científico y el rumbo correcto de nuestro avance en una situación variopinta y compleja, dirigir al pueblo por el camino correcto e impulsar el avance incesante del socialismo con peculiaridades chinas.

Estudiar la línea, las orientaciones y las políticas del Partido, y las leyes y reglamentos estatales supone la preparación básica de los cuadros dirigentes para comenzar el trabajo, además de ser una importante cualidad política a tener. Si no disponemos de estos conocimientos, ¿cuáles son nuestros fundamentos para tomar decisiones y resolver los problemas? Sin ellos, en nuestro trabajo podrían surgir diferentes males. Los cuadros dirigentes de todas las instancias debemos estudiar y conocer también la historia del Partido y el país para amarlos. Hay que conocer los antecedentes y la evolución de la causa de nuestro Partido y el país, asimilar sus experiencias y comprender correctamente sus importantes personalidades y acontecimientos históricos. Estos estudios son muy necesarios para conocer la situación del Partido y el país y crear el futuro, pues la historia es el mejor libro de texto.

Los cuadros dirigentes deben adquirir conocimientos de economía, política, historia, cultura, sociedad, ciencia-tecnología, asuntos militares y diplomacia a tenor de las necesidades del trabajo, elevando de continuo su nivel de profesionalismo y dotación de amplios conocimientos. Hay que persistir en estudiar todo lo relacionado con el trabajo y estudiar lo que no saben, adquirir específicamente todos los conocimientos indispensables para ejercer bien sus labores de dirección y cumplir sus deberes profesionales, y esforzarse por ser verdaderos expertos en su trabajo y directores competentes. Los cuadros dirigentes deben estudiar también literatura e historia y cultura tradicional china, con el fin de explotar su intelectualidad y fomentar su formación personal. Dada la riqueza y profundidad de la cultura tradicional china, resulta muy provechoso estudiar y dominar la quintaesencia de la diversidad de su pensamiento con miras a establecer una correcta concepción del mundo, de la vida y de los valores. Las palabras de los antepasados sobre las aspiraciones políticas —"velar antes de que todo el mundo vele y gozar después de que todo el mundo goce"[4]–, sobre la disposición de servir a la patria —"pese a mi humilde posición social, no me permito olvidar mi preocupación por el país"[5]; "siendo yo indiferente a la vida y la muerte por el bien del país, ¿cómo voy a eludir lo malo a cambio de lo bueno?"[6]–, sobre las nobles cualidades –"no corromperse por la riqueza ni los honores, ni degradarse por la pobreza o condición de humilde, ni doblegarse ante el poder o la fuerza"[7]– y sobre el espíritu abnegado –"ya que la muerte es inevitable, lo que uno procura es tener un corazón leal, gloriosamente recomendado en los anales"[8]; "servir con la mayor devoción hasta el último aliento"[9]–, encarnan sin excepción la excelente cultura tradicional y el espíritu de la nación china que debemos heredar y desarrollar. Los cuadros dirigentes deben también estudiar literatura para formar su carácter y sentimientos nobles por la vida, mediante la mejora de los criterios literario y estético. Muchos revolucionarios de la vieja generación tenían una profunda formación literaria y un alto nivel académico en términos de poesía y canciones. En resumen, el estudio de la historia nos permite comprender los éxitos o fracasos del pasado y conocer las causas del florecimiento y la decadencia de las dinastías. Con el estudio de la poesía podemos liberar los sentimientos, elevar la voluntad y ser sagaces y elegantes. Con el estudio de la ética podemos conocer el sentido del honor, comprender la gloria y la desgracia y distinguir lo correcto de lo incorrecto. Además de aprender la historia y cultura de China, debemos abrir los ojos para observar el mundo, conocer las historias y culturas de todas las naciones, desechar su escoria y asimilar su quintaesencia, a fin de encontrar inspiración y utilizarla en provecho propio.

Los cuadros dirigentes deben controlar la orientación de sus estudios. Si pasan por alto el rumbo que señala el marxismo, serán víctimas fácilmente de la ceguera y la confusión, al punto de extraviarse y no saber qué hacer en las situaciones complejas y difícilmente podrán contrarrestar las corrientes ideológicas erróneas. Sin la orientación correcta, no solo no aprenderán conocimientos provechosos, sino que se perderán y serán prisioneros de las palabras halagadoras al oído y las cosas divorciadas, ridículas y extremadamente erróneas de la realidad.

El objetivo de los estudios está en la práctica. Los cuadros dirigentes fortalecen sus estudios con el objetivo esencial de reforzar su capacidad de trabajo y elevar su nivel de resolución de los problemas reales. "Las palabras vacías perjudican al país, mientras que el trabajo arduo lo revigoriza" se refiere a la oposición "al vacío contra el vacío" en el estudio y el trabajo. Todos debemos tomar como escarmiento las lecciones históricas de "hacer la guerra sobre el papel" de Zhao Kuo[10], del Periodo de los Reinos Combatientes (475-221 a.n.e.), y "cacarear y no poner huevos" de los letrados de las dinastías Jin del Oeste y el Este (265-420). La lectura y la aplicación son formas de aprendizaje y la última es la más importante. Los cuadros dirigentes deben promover el estilo de estudio marxista de vincular la teoría con la práctica, estudiar los problemas, estimar al pueblo como maestro, insistiendo en ir aprendiendo mientras trabajan y trabajando mientras estudian, aplicar lo aprendido en la vida cotidiana, promover el perfeccionamiento mutuo del estudio y la práctica. Debemos evitar las conversaciones vacías y nunca convertirnos en un "Krikun".

El interés en el estudio es el mejor maestro. "Saber simplemente es nada comparado con interesarse por saber, interesarse por saber no es nada comparado con la alegría que se deriva del aprendizaje"[11] explica esta verdad. Los cuadros dirigentes deben tomar el estudio como afán, gusto o forma de vida sana, estudiar con ahínco y alegría. Con un marcado interés por el estudio se puede pasar del "estudio porque me lo piden" al "estudio porque quiero", y de "estudiar un rato" a "estudiar toda la vida". El estudio y la reflexión y el estudio y la práctica se complementan mutuamente. Tal y como dijo Confucio: "Estudiar sin reflexionar conduce a la perplejidad; reflexionar sin estudiar, al peligro"[12]. Cuando tengas en la cabeza los problemas y quieras resolverlos y encontrar una mejor solución, llevarás a cabo el estudio y lo harás a conciencia. Hay que afianzarse en "la erudición, el cuestionamiento, la reflexión prudente, el discernimiento y la diligencia en la práctica"[13]. Es indispensable hacer tiempo para estudiar. He oído a menudo a algunos camaradas diciendo que quieren estudiar pero "no tienen tiempo porque están muy atareados en su trabajo". Parece que

tienen algo de razón, pero de ninguna manera es un motivo para rela-
jar el estudio. El Comité Central ha enfatizado en el cambio del estilo
de trabajo, y es un importante aspecto de este cambio si pueden dedicar más tiempo al estudio y la reflexión, y menos a los compromisos
sociales absurdos y al formalismo. Las masas dicen que ahora algunos
cuadros no tienen ganas de estudiar, pero se aficionan al entretenimiento. ¡Cómo aquellos en la oscuridad intentan alumbrar el camino
de otros![14] Podrán retrasar el trabajo y perjudicar los asuntos importantes. Si no prestan atención al estudio y se ocupan en los asuntos
cotidianos, tendrán con facilidad una mente anquilosada y vulgar. Es
menester estudiar con toda dedicación y perseverancia para llegar a
una comprensión clara, en vez de ser impulsivos, detenerse después
de adquirir un poco de conocimiento y entendimiento superficial. Los
cuadros dirigentes tienen que situar el estudio en un lugar de promi-
nente importancia y hacerlo con gran avidez. Aunque solo dediquen
media hora al día a la lectura de unas cuantas páginas, con la persistencia pasará su conocimiento de lo poco a lo mucho, harán una pagoda
amontonando la arena y viajarán miles de kilómetros paso a paso.

En fin, estudiar con ahínco permite progresar. Los miembros del
Partido Comunista de China hemos avanzado hasta hoy apoyándonos
en el estudio y en el mismo avanzaremos hacia el futuro. Para que
nuestros cuadros, Partido y país progresen, es imperativo fomentar
con toda energía el estilo de estudio y persistir en estudiar, estudiar y
estudiar, y en practicar, practicar y practicar.

Notas

[1] *Xunzi.*

[2] Liu Yiqing: *Shishuo Xinyu* (*Novedades sobre las historias de este mundo*). Liu Yiqing
(403-444), oriundo de Pengcheng (hoy Xuzhou, provincia Jiangsu), escritor del Estado de Song de las Dinastías del Sur. *Novedades sobre las historias de este mundo* es
una colección de cuentos antiguos que registra frases y anécdotas de funcionarios y
hombres de letras de entre finales de la dinastía Han y principios de la Jin del Este.

[3] Mao Zedong: "El papel del Partido Comunista de China en la guerra nacional",
Obras escogidas, t. II. Página 215.

[4] Véase la nota 3 de "Buena época para la innovación y la realización del sueño" en el presente libro, pág. 77.

[5] Lu You: *Bingqi Shu Huai (Expresión sentimental en la enfermedad)*.

[6] Lin Zexu: *Palabras a mis familiares antes de mi partida a la frontera*. Lin Zexu (1785-1859) fue patriota y estadista de la dinastía Qing, quien abogó por la prohibición del opio y la resistencia a la agresión de Occidente durante la Guerra del Opio.

[7] *Mencio (Meng Zi)*.

[8] Wen Tianxiang: *Cruzando la bahía Lingding*. Wen Tianxiang (1236-1283) fue ministro de la dinastía Song del Sur y literato.

[9] Zhuge Liang: *Hou Chushi Biao (Memorial posterior para la expedición norteña)*.

[10] Zhao Kuo (¿?-260 a.n.e), jefe militar de Zhao durante el Periodo de los Reinos Combatientes. Se dedicó a fanfarronear sobre el arte de la guerra, sin poseer experiencias de combate. En el año 260 antes de nuestra era, su ejército fue cercado en Changping (hoy noroeste de Gaoping, Shanxi) por Bai Qi, general de Qin. Zhao no pudo romper el cerco y murió víctima de las flechas del enemigo. Más de 400.000 soldados de Zhao fueron capturados y enterrados vivos.

[11] *Las analectas de Confucio (Lun Yu)*.

[12] Véase la nota 30 de "Los jóvenes deben practicar concienzudamente los valores socialistas clave" en este libro, pág. 223.

[13] Véase la nota 32 de "Los jóvenes deben practicar concienzudamente los valores socialistas clave" en este libro, pág. 223.

[14] *Mencio (Meng Zi)*.

"Se debe gobernar el país con el mismo cuidado con el que se cocina un pescado pequeño"*

19 de marzo de 2013

Cada vez que me reúno con los dirigentes de algunos países, siempre me hacen sorprendidos la siguiente pregunta: ¿Cómo gobernar un país tan grande como China? En efecto, no es fácil gobernar un país como China con 1.300 millones de habitantes. Tan solo estar al corriente de su situación concreta es un reto. Suelo decir que conocer China requiere de ingentes esfuerzos y no es suficiente visitar uno o dos lugares. Como China tiene una superficie territorial terrestre de 9,6 millones de km², 56 etnias y 1.300 millones de habitantes, hay que evitar conocerla como los "ciegos que imaginan la forma del elefante según la parte que palpan".

En China reza un viejo refrán que dice que "los primeros ministros tienen que haber sido funcionarios locales y el general intrépido tiene que salir de entre los soldados"[1]. Nuestro mecanismo de selección y colocación de los cuadros se realiza por instancias. Por ejemplo, yo trabajé en el campo como secretario de la célula del Partido de una brigada de producción y luego ocupé cargos directivos a nivel de distrito, municipio, provincia y en el Comité Central. Los cuadros dirigentes, al poseer ricas experiencias de trabajo en entidades de base, pueden establecer mejor el punto de vista de las masas, conocer las condiciones nacionales y saber lo que necesita el pueblo, acumular continuamente experiencias y conocimientos especiales en los diferentes campos en la práctica e intensificar su capacidad de trabajo y otras habilidades. Estos son requisitos básicos para desempeñar cabalmente nuestra labor.

* Parte de la respuesta a una entrevista conjunta ofrecida a los medios de comunicación de los BRICS.

Hay mucho trabajo por hacer para satisfacer las necesidades básicas de la población, tales como el vestir, la alimentación, la vivienda, garantizar el funcionamiento cotidiano de la sociedad y del aparato estatal, así como asegurar la construcción y la administración del Partido gobernante. Para mí, si el pueblo me coloca en este puesto, debo situar al pueblo en el plano más destacado de mi corazón, tener bien presente la importante misión que me ha confiado el pueblo, y ser consciente de que la responsabilidad es de suprema importancia. Frente a un país tan grande, de población tan numerosa y condiciones tan complicadas, los dirigentes debemos conocer la situación nacional y las aspiraciones del pueblo, debemos ser conscientes como si camináramos por un fina capa de hielo y estuviéramos parados al borde del abismo"[2], debemos asumir la actitud de "gobernar el país con el mismo cuidado que cocinamos un pescado pequeño"[3], y dedicarnos día y noche con diligencia al trabajo y los intereses públicos, sin ningún tipo de relajación ni descuido. El pueblo es la fuente de nuestra fuerza. Siempre y cuando compartamos tanto las alegrías como las penas y luchemos junto con el pueblo, no habrá dificultad que no seamos capaces de superar ni tarea que no podamos cumplir.

En cuanto a la cantidad de trabajo, ustedes ya podrán imaginarlo. Al asumir este cargo, no tengo casi tiempo para mí. Mi trabajo muy diversificado implica una multitud de cosas. Por supuesto, puedo diferenciar lo sencillo de lo complejo. "Las llamas crecen cuando cada uno las alimenta con un leño". Contamos con una colectividad directiva en el Comité Central en que se colabora según la división del trabajo y un mecanismo de trabajo relativamente eficaz en el que cada uno asume sus responsabilidades, llevando a cabo conjunta y felizmente el trabajo.

A pesar de que siempre estoy muy atareado, "me las ingenio para hacer tiempo en mi ocupada vida"[4] y dedicar ese tiempo a pasarlo con mi familia.

Tengo muchos pasatiempos y el principal es la lectura que se ha convertido en mi modo de vida. También soy aficionado a los deportes. Me gusta la natación, el alpinismo, entre otros. Cuando era joven me gustaban el fútbol y el voleibol. Extiendo mis felicitaciones a Brasil por organizar nuevamente el Mundial de Fútbol de la FIFA'2014. Lo que hace a las competiciones deportivas especialmente fascinantes y sobre todo al fútbol es su difícil pronóstico. En la edición anterior, estaba el pulpo Paul. Me pregunto si habrá otro pulpo el próximo año que vaticine los resultados de los partidos. Brasil disfrutará de la ventaja de ser el equipo anfitrión y espero que tenga buena suerte.

Notas:

[1] *Han Feizi.* Han Fei (c.280-233 a.n.e.) fue el principal representante de la escuela legalista a finales del Periodo de los Reinos Combatientes. Sus principales obras están coleccionadas en *Han Feizi.*

[2] *Shi Jing (Clásico de la poesía).*

[3] *Daode Jing (Libro clásico del camino y la virtud).*

[4] Li She: *Inscripción de poema en el muro del templo Helin.* Li, cuya fecha de nacimiento y de muerte se desconoce, era poeta de la dinastía Tang.

Esforzarse para preparar y seleccionar los buenos cuadros que necesitan el Partido y el pueblo[*]

28 de junio de 2013

En la actualidad, todo el Partido y el pueblo de todas las etnias del país luchan unidos para completar en todos los aspectos la construcción de una sociedad modestamente acomodada y materializar el sueño chino de la gran revitalización de la nación china. Frente a una situación internacional compleja y cambiante y las tareas arduas y difíciles de la reforma, el desarrollo y la estabilidad, debemos estar preparados para emprender una gran lucha dotada de muchas características históricas nuevas. Esta frase que acabo de citar aparece en el informe del XVIII Congreso Nacional del Partido. El concepto de "características históricas nuevas" tiene una profunda connotación y es un importante juicio adoptado al examinar y juzgar de modo integral la tendencia general de desarrollo tanto de la situación nacional como de la internacional.

La clave para llevar adelante la gran lucha dotada de muchas características históricas nuevas y materializar las metas y tareas establecidas por el XVIII Congreso Nacional del Partido reside en el Partido y la persona. Por eso es indispensable asegurar que el Partido se mantenga en todo momento como el firme núcleo dirigente del proceso de construcción de un socialismo con peculiaridades chinas y formar un gigantesco contingente de cuadros altamente cualificados.

Nuestro Partido siempre ha concedido gran atención a la selección de los cuadros dirigentes según su honestidad y el nombramiento, según su capacidad. Ha tomado la selección y el nombramiento del

---

[*] Fragmentos del discurso pronunciado en la Reunión Nacional sobre la Labor de Organización.

personal como un asunto crucial y fundamental que atañe a la causa del Partido y el pueblo. La importancia de la administración del país se basa primero en el empleo del personal. Así como dijeron los antepasados: "La esencia de la gobernación del país consiste en respetar a las personas honradas y capaces"[1] y "el empleo del personal es lo primordial para gobernar". [2]

En los últimos años, en la implementación de la línea de cuadros, la tendencia principal de selección y nombramiento del personal por los comités del Partido a distintas instancias y sus departamentos organizativos ha sido buena, pero existen también problemas de una u otra índole, los cuales podrían socavar la voluntad del Partido y decepcionar al pueblo, si no se solucionan apropiadamente.

En la actualidad todos reflexionan y debaten principalmente las siguientes tres cuestiones: ¿qué significa ser buenos cuadros? ¿cómo llegar a ser buenos cuadros? y, ¿cómo emplearlos de forma apropiada? Al responder y resolver correctamente estos problemas, se llevará a mejor término el trabajo de los cuadros.

La primera cuestión, ¿qué significa ser buenos cuadros? Esta debería ser una pregunta con una respuesta muy clara, pues los Estatutos del Partido formulan las exigencias definitivas al respecto. Sin embargo, debido a la influencia de las prácticas malsanas en la selección y el nombramiento del personal, y a que los cuadros seleccionados en ciertos lugares no cumplen evidentemente con los requisitos de cualidad y capacidad, incluidos algunos "promovidos con enfermedad" y otros promovidos violando el reglamento, no pocos camaradas se muestran confusos al respecto. Esto evidencia que nuestro trabajo de organización tiene mucho por mejorar, porque si todos no pueden esclarecer el criterio de buenos cuadros mediante la selección, es evidente que algunos de los seleccionados, en lugar de desempeñar un papel ejemplar, hayan jugado uno negativo. Esta cuestión debe llevarnos a la profunda reflexión.

El criterio de un buen cuadro debe coincidir, desde una visión amplia, con el principio de integridad moral y competencia profesional. Al mismo tiempo, el criterio es concreto e histórico. Los requerimientos concretos son distintos en los sucesivos periodos históricos. En los años de la guerra revolucionaria, eran buenos los cuadros leales al Partido que combatían con valentía sin miedo al sacrificio. En el periodo de la revolución y la construcción socialistas, los cuadros versados en los conocimientos políticos y profesionales eran buenos. A comienzos de la reforma y apertura, fueron buenos los que se adhirieron a la línea, orientaciones y políticas establecidas en la III Sesión Plenaria del XI Congreso del Partido, dotados de los conocimientos y la capacidad profesional y entregados con acérrima voluntad a la reforma. En la actualidad, las exigencias concretas que imponemos para ser confiables en lo político, tener habilidad laboral y un estilo de trabajo excelente, y ganarse la confianza de las masas resaltan la connotación de la época del criterio de un buen cuadro.

En resumen, los buenos cuadros deben tener una convicción firme, servir al pueblo, ser diligentes y pragmáticos, atreverse a asumir sus responsabilidades y mantenerse íntegros y honestos. En cuanto a la convicción firme, los cuadros del Partido han de ser fieles creyentes del gran ideal del comunismo, abrazar sinceramente el marxismo, luchar invariablemente por construir un socialismo con peculiaridades chinas, adherirse sin titubeos a la teoría, la línea, el programa, las experiencias y el requisito fundamentales del Partido. Al servir al pueblo, los cuadros del Partido deben ser servidores públicos y fieles al pueblo, tomar la preocupación y la alegría, así como las penas del pueblo como suyas, y servirlo de todo corazón. Respecto a la diligencia y el pragmatismo, los cuadros del Partido deben contar con cualidades como laboriosidad y dedicación profesional, buscar la exploración activa y la actitud realista y práctica, y trabajar de manera real y sólida para lograr la máxima perfección, creando méritos administrativos concretos que puedan superar la prueba de la práctica, el pueblo y la historia. En lo que concierne al cumplimiento de las responsabilidades que asuman, los cuadros del Partido deben sustentar los principios, trabajar de forma consciente y responsable, tener valor para actuar resuelta y valientemente ante los problemas relacionados con lo correcto y lo incorrecto, y atreverse a salir al encuentro de las adversidades frente a las contradicciones, dar el paso al frente en el enfrentamiento del peligro, asumir la responsabilidad cuando aparezcan los desaciertos y luchar con firmeza contra las tendencias malsanas. Acerca de la integridad y la honestidad, los cuadros del Partido tienen que sentir miedo por el poder, administrarlo bien y utilizarlo de manera prudente, resguardando su vida política y manteniendo las cualidades políticas de no claudicar ante la corrupción. Estas son exigencias que comprende todo el mundo, pero que no son fáciles de cumplir.

Las exigencias de estos puntos son muy importantes y las he subrayado en distintas ocasiones en los últimos tiempos. Aquí quiero destacar el ideal, la convicción y la valentía de asumir responsabilidades, dos problemas prominentes surgidos en el contingente de cuadros de la actualidad.

La firmeza del ideal y convicción es el primer criterio para determinar un buen cuadro. Un cuadro, por más capacitado que sea, no es tan bueno como necesita nuestro Partido si no tiene afianzados sus ideales y convicciones, le falta fe en el marxismo y el socialismo con peculiaridades chinas, no está políticamente calificado ni puede superar las embestidas del viento y las olas. Solo afianzando los ideales y las convicciones y forjando con estos un "súper cuerpo", los cuadros podrán asumir una posición bien definida ante los problemas importantes relativos a lo correcto, ser intrépidos frente a las pruebas del viento y las olas, mantenerse firmes ante todo tipo de tentaciones y ser dignos de confianza en los momentos clave.

Los ideales y las convicciones competen a la voluntad del pueblo. Nuestros ancestros decían: "Las nobles aspiraciones pueden llegar a los lugares más distantes, más allá de las montañas y los confines del mar, y romper la defensa más acérrima de las tropas selectas".[3] En los diversos periodos históricos de la revolución, construcción y reforma, numerosos militantes del Partido Comunista murieron estoicamente por la causa del Partido y el pueblo, apoyados precisamente en los ideales revolucionarios más sublimes.

Debemos afirmar plenamente que la mayor parte de nuestros cuadros tienen firmes ideales y convicciones y son confiables en lo político. Al mismo tiempo, en nuestro contingente de cuadros, algunos se muestran escépticos sobre el comunismo, considerándolo como una ilusión absolutamente irreal y difícil de materializar; otros no creen en el marxismo sino en fantasmas y dioses, tratando de hallar en las supersticiones su sustento espiritual y se obsesionan con estas prácticas hasta llegar al punto de visitar a adivinos para saber su suerte, quemar incienso ante las imágenes de Buda implorando sus favores y pedir ayuda a Dios ante cualquier problema; otros tienen un concepto banal de la distinción entre lo correcto y lo incorrecto y un débil sentido del principio, hacen de señor mandarín con la cabeza atolondrada y viven atontadamente; otros incluso aspiran al sistema social y los valores de Occidente, perdiendo la confianza en el destino del socialismo; otros sostienen una actitud equívoca hacia las provocaciones políticas para las cuestiones de principio relativas a la dirección del Partido y el camino socialista con peculiaridades chinas, eludiéndolas negativamente sin atreverse a mantenerse en la verdad, hasta confundir intencionadamente la posición y obrar con astucia. ¿Acaso no es de extrañar que los cuadros dirigentes del Partido, sobre todo los de alto rango, no tengan una actitud ante los problemas relacionados con lo correcto y lo incorrecto y se muestren indiferentes ante los acontecimientos políticos y temas sensibles?

Algunas personas dicen que se debe "tener aprecio por la pluma" o la llamada "reputación", pero hay que ver qué reputación aprecias: ¿es una egoísta aclamada por gente con segundas intenciones o la del mantenimiento de la posición del Partido y el pueblo? Como comunistas, solo deben tener la segunda. Sería muy peligroso poner el alma en la búsqueda de la primera.

¿Por qué proliferan ahora el formalismo, el burocratismo, el hedonismo y la extravagancia? ¿Por qué siempre hay gente corrupta o que traiciona y se pasa al campo enemigo dirigiéndose al abismo delictivo? En fin de cuentas, se trata de la pérdida de firmes ideales y convicciones. Suelo decir que los ideales son como el "calcio" espiritual de los comunistas: con firmes ideales y convicciones, se tienen huesos fuertes, sin ellos, se carecerá de "calcio" en lo espiritual y se padecerá de "osteoporosis".

La realidad demuestra una y otra vez que la vacilación y la caída más peligrosa es la de los ideales y convicciones. Me pregunto desde hace mucho tiempo que si algún día se diera ante nuestros ojos una situación compleja como la "revolución de los colores", ¿podrían nuestros cuadros salir a defender la dirección del Partido y el sistema socialista? Estoy convencido de que la mayoría de los militantes del Partido y cuadros lo harán sin duda.

En los periodos de la guerra revolucionaria, la mejor manera de poner a prueba la firmeza de los ideales de un cuadro era ver si podía luchar por la causa del Partido y el pueblo desafiando a la muerte y si podía lanzarse al combate inmediatamente después de escuchar el llamado a la lucha. Se trata de una verificación directa. En tiempos de paz y construcción, sigue habiendo pruebas de vida o muerte, pero ya no se presentan con frecuencia, y es difícil probar si un cuadro afianza sus ideales y su convicción. Ni los rayos X, las tomografías axiales computarizadas (CT) o las resonancias magnéticas nucleares ayudarían.

Por supuesto, la verificación no es imposible. Esta consiste principalmente en ver si un cuadro puede mantenerse políticamente firme ante las importantes pruebas políticas, tener implantado fuertemente el sentido del propósito del Partido, tener un infinito sentido de la responsabilidad en el trabajo, ser el primero en soportar las penalidades y el último en disfrutar de las comodidades, llevar sobre los hombros las cargas pesadas de las tareas urgentes, difíciles, peligrosas y arduas, y resistir la tentación del poder, el dinero y la seducción sexual. Esta prueba requiere de tiempo, es un proceso que depende de ver su comportamiento de muchos años hasta el de toda la vida, no es algo que se soluciona de una vez, mediante una o dos acciones o varias consignas.

La persistencia en los principios y la audacia para asumir la responsabilidad son cualidades básicas que deben tener los cuadros del Partido. "Es un deshonor para los funcionarios eludir la responsabilidad ante los problemas". La asunción grande o pequeña de la responsabilidad refleja la aspiración, el valor y la moralidad de un cuadro, y cuanto mayor sea la asunción, mayor empresa acometerá.

En la actualidad, algunos cuadros prefieren practicar la mentalidad del "bonachón" con todo el mundo, y se ven muchos casos de falta de valor, falta de espíritu de crítica y de atrevimiento a asumir la responsabilidad. Algunos temen ofender a la gente o perder su voto, se mantienen en buenos términos con todos a costa de los principios, creen en la filosofía vulgar de adular más y ofender menos, se ocupan solo de lo suyo y se muestran indiferentes a los asuntos que no les conciernen, sintiéndose satisfechos de actuar como el señor mandarín pacífico que pasa los días vegetando. Otros en altos puestos directivos permanecen inertes, evaden las contradicciones y eluden las reivindicaciones de las masas, se pasan entre sí la pelota y cumplen sus funciones superficiales, haciendo que el problema pequeño se convierta en grande y este a su vez en un tremendo desastre. Otros son más astutos en el trato social y saben manejar muy sagazmente los asuntos, eligiendo los trabajos fáciles y eludiendo los difíciles, y utilizan el puesto para su beneficio personal, manteniéndose hábilmente encubiertos ante los problemas, robándose los méritos ajenos con rapidez y esquivando las responsabilidades. Lo más temible es que semejantes personas puedan actuar a sus anchas y sentirse en su medio, haciendo menos sacrificios y obteniendo más beneficios. ¿Cómo se desarrollará entonces la causa del Partido y el pueblo si aumentan "los señores mandarines de tacto", "los bonachones", "los que le pasan el cubo a otros" y "los que actúan como la hierba en lo alto del muro que se inclina en la dirección del viento" que no procuran ofrecer servicios meritorios sino que se preocupan únicamente por evitar los reproches? Estos problemas son extremadamente perniciosos y deben ser solucionados con toda dedicación.

En fin de cuentas, sólo se es intrépido y responsable si se es desinteresado. "Sin ningún egoísmo uno siente un mundo espacioso". Un buen cuadro debe tener la conciencia de que la responsabilidad es de suprema importancia, mantener la prioridad de los principios y la causa del Partido, y de los intereses del pueblo, ser intrépido al desafiar las duras pruebas con una posición bien definida, trabajar diligentemente sin quejarse de nada, dedicando todas sus energías al país, acometiendo bien la empresa de principio a fin y procediendo con detenimiento. "La fuerza del viento prueba la resistencia de la hierba, y el oro puro prueba su valor en el fuego voraz". Por la causa del Partido y el pueblo, nuestros cuadros deben atreverse a pensar, a actuar y a asumir la responsabilidad, a ser la hierba resistente y el oro puro de nuestra época.

Desde luego, tener la audacia de asumir la responsabilidad es para la causa del Partido y el pueblo, y no para hacer ostentación, actuar como tiranos y considerarse el ombligo del mundo. Zheng Kaofu, alto funcionario del Estado Song en el Periodo de Primavera y Otoño (770 a.n.e.-476 a.n.e.), era muy exigente consigo mismo a pesar de ser un veterano de varios reinados. Zheng grabó la siguiente admonición en el trípode de su templo familiar: "Hay que actuar cada vez más prudentemente al ser nombrado o promovido, bajando la cabeza la primera vez, encorvándose la segunda y agachándose la tercera, hasta caminar junto a la pared. En la vida basta con tomar la sopa preparada con este trípode".[4] Luego de leer esta historia quedé muy impresionado. Nuestros cuadros son todos del Partido, y sus poderes se los confieren el Partido y el pueblo, por lo que deben tener el valor de hacer una gran aportación y avanzar con ánimo emprendedor en el trabajo y proceder con modestia, prudencia, libres de arrogancia y precipitación en su comportamiento.

Segunda cuestión, ¿cómo llegar a ser un buen cuadro? Este no nace naturalmente. Su crecimiento depende primero de sus propios esfuerzos y segundo de la formación ofrecida por los organismos del Partido. Hablando de su desarrollo, sus propios esfuerzos constituyen la causa interna, o sea, el factor decisivo.

El cultivo del espíritu partidista de un cuadro, su conciencia ideológica y nivel ético no se elevan naturalmente con el aumento de la antigüedad de su militancia ni los ascensos logrados, sino que necesitan de sus esfuerzos de toda la vida. Ser un buen cuadro requiere transformar constantemente el mundo subjetivo, y potenciar el cultivo del espíritu del Partido y la formación de cualidades morales. Es menester exigirse estrictamente a sí mismo cumpliendo los requisitos de los Estatutos y de la militancia del Partido Comunista, mantener el espíritu de "ser estricto con uno mismo e indulgente con los demás"[5], conducirse en todo momento con respeto, auto-examinarse, estar alertas para "no ser seducidos por los beneficios ni deslumbrados por los diversos colores", y ser honestos, proceder con los pies puestos en la tierra y ejercer sus cargos honradamente.

El estudio ayuda a progresar. Los cuadros deben estudiar con ahínco, reflexionar con agilidad, estudiar a conciencia las teorías maxistas y en especial el régimen teórico del socialismo con peculiaridades chinas, dominando sus posiciones, puntos de vista y métodos de trabajo, ampliar la capacidad de pensar desde una perspectiva estratégica, innovadora, dialéctica y de exigencia mínima, evaluar la situación de manera acertada y permanecer en todo momento lúcidos y firmes en lo político. Además deben aprender a conciencia conocimientos sobre diversas materias, enriqueciendo sus reservas y perfeccionando su estructura, y afianzar una sólida base de conocimientos para el cumplimiento de la responsabilidad.

Además de fortalecer el aprendizaje, los cuadros buenos deben llevar adelante la experimentación. "Es mejor ver que oír, y practicar que ver"[6]. Los conocimientos y las experiencias son como las alas del águila, que podrá volar más alto y lejos únicamente teniendo el coraje de salir al encuentro de las tempestades y de enfrentar al mundo. Mientras trabajan en los lugares de condiciones severas y con mayores dificultades y contradicciones, más templarán su voluntad. Los cuadros deben adentrarse en las entidades de base, en la realidad y en las masas para forjar sus cualidades y elevar su capacidad en el principal campo de batalla de la reforma y el desarrollo, en la primera línea de la salvaguarda de la estabilidad y a la vanguardia del servicio a las masas.

Los buenos cuadros dependen de la formación ofrecida por los organismos del Partido. Cuanto más cambie la situación y más se desarrolle la causa del Partido y el pueblo, mayor atención debe prestarse a su formación. Para este fin, es imperativo tomar la inculcación del espíritu del Partido como tarea central y la formación ética como la base, y empeñarse en el fomento de la conciencia del propósito del Partido y el servicio al pueblo. Hay que reforzar el temple de los cuadros en la práctica y estructurar activamente las plataformas para su temple y crecimiento. Esto no significa buscar el "dorado" ni mucho menos llevarse a cabo solo para conseguir que lo promuevan porque si un cuadro se templa en la práctica contra su voluntad, será sin duda ajeno a las masas y este temple se reduce a la falsedad y el fraude. Es menester fortalecer la administración y supervisión rutinaria de los cuadros, restringiéndolos con rigor. Es la ley férrea que un poder sin supervisión origina indudablemente la corrupción. No es fácil formar cuadros, los organismos del Partido deben administrarlos y supervisarlos bien, manteniéndolos en alerta como si estuvieran caminando por una fina capa de hielo y parados al borde del abismo. El mantenimiento a menudo de diálogos y conversaciones en camaradería con los cuadros, indicando sus defectos e incentivando su entusiasmo al mismo tiempo, es una buena tradición que se debe mantener y desarrollar.

Tercera cuestión, ¿cómo emplear a los buenos cuadros? La clave reside en el empleo de los cuadros bien crecidos y formados. El no empleo o el empleo inadecuado significa que no hay buenos cuadros. Emplear a una persona de valía posibilita agrupar a personas sobresalientes y ayuda al imperio de la práctica general de que cuando veas a una persona virtuosa y de talento, piensa en cómo imitarla. El tipo de persona a seleccionar determina el estilo de los cuadros hasta el del Partido.

Es preciso ver que en algunos lugares y departamentos no se manifiesta de forma adecuada la orientación del correcto empleo del personal, por lo que personas de moral y habilidad limitadas y oportunistas han sido promovidas a cargos importantes en repetidas ocasiones, mientras que otras no tienen estas oportunidades de progreso porque trabajan con los pies bien puestos en la tierra y se niegan a la caza o la pedidera de cargos, actos que provocan el descontento de los cuadros y las masas. Los comités del Partido de diversos niveles y los departamentos de organización deben adherirse al principio de control de los cuadros por parte del Partido y a la orientación del correcto empleo del personal, simultaneando la integridad moral y la competencia profesional con la primera como lo primordial, en un esfuerzo por seleccionar a las personas de valía basadas en su honestidad y el nombramiento, en su capacidad, saber juzgarlas y asignarles trabajos apropiados para que desplieguen su capacidad, con el fin de descubrir oportunamente buenos cuadros y emplearlos de manera razonable.

Para un empleo adecuado, se debe primero conocer al personal. El poco conocimiento y la evaluación incorrecta del personal resultan en el empleo inadecuado y desacertado. "No puedes emplear y enseñar a nadie si no conoces sus deficiencias, puntos fuertes, deficiencias relativas a los puntos fuertes y viceversa"[7]. El conocimiento de un cuadro no debe permanecer como ideas o impresiones y es necesario perfeccionar el mecanismo y los métodos de inspección para conseguir un profundo conocimiento a través de los múltiples canales y niveles y de manera indirecta.

Hay que mantenerse en estrecho contacto con los cuadros, observar sus reflexiones sobre los importantes problemas, su perspicacia y opiniones; apreciar su sentimiento hacia las masas, sus cualidades emocionales; observar su actitud hacia la fama y el beneficio, sus horizontes espirituales; valorar su trabajo en el proceso de solución de los problemas complicados y los resultados logrados, su capacidad y nivel de trabajo. Se deben hacer ingentes esfuerzos para probar y evaluar a los cuadros en tiempo ordinario, y prestar atención también a los momentos cruciales. "Se logra apreciar la buena música después de interpretar mil piezas y distinguir la buena espada luego de apreciar mil de ellas"[8]. Las hazañas de los cuadros se materializan a través de la práctica, y su reputación es reconocida por el pueblo. Es imprescindible adentrarse con frecuencia en las masas y conocer a los cuadros por medio de las alabanzas orales del público, viendo su integridad moral tanto en los "asuntos importantes" como en "las pequeñeces".

Para un empleo adecuado del personal, hay que persistir en valorar a los cuadros de forma general, histórica y dialéctica, teniendo presente su comportamiento consecuente y todo el trabajo. Cuando aparece la desigualdad de opiniones sobre aquellos cuadros con capacidad y peculiaridades temperamentales con valentía para la asunción de la responsabilidad y perseverancia en los principios, sin temer a ofender a las personas involucradas, los organismos partidistas han de defender con firmeza la justicia a su favor. Es además una cuestión difícil cómo evaluar con exactitud y verdaderamente las hazañas de los cuadros. Hay que mejorar los métodos de evaluación, viendo tanto su desarrollo como su base, tanto sus hazañas notorias como potenciales, considerando como importante criterio los índices y resultados concretos de la mejora de la vida del pueblo, el progreso social y los beneficios ecológicos, sin que debiera jamás juzgarse a un cuadro simplemente por el aumento del PIB. Resulta inviable que algunos cuadros se acostumbren a tomar decisiones a su antojo, actuar irreflexivamente e irse luego sin dar explicaciones, dejando una gran cantidad de cuentas confusas, y que asciendan finalmente sin asumir ninguna responsabilidad. Ya he dicho que para este problema se debe aplicar el sistema de responsabilidad y exigirla de por vida. Ruego que el Departamento de Organización del Comité Central trabaje a conciencia para estudiar y ponerlo en práctica.

Para un empleo adecuado del personal es menester emplear a los cuadros de manera científica y razonable, en otras palabras, emplearlos en el momento oportuno y explotar sus puntos fuertes. En la actualidad, algunas localidades, en su empleo concreto, suelen tomar en primera consideración la jerarquización por antigüedad de los cuadros y el equilibrio de su trato preferencial, sin juzgar quién es más sobresaliente y apropiado, razón por la cual, al personal colocado en un puesto en el que no puede desplegar sus habilidades le cuesta mucho abrir perspectivas de trabajo, enfrentándose a un sinnúmero de problemas. Sobre a qué personas debemos emplear y en qué puesto debemos colocar, es imperativo partir de las necesidades del trabajo y seleccionar, según éste, al personal, por lo que no vale de ninguna manera tomar simplemente los puestos directivos como medios de compensación a los cuadros. "El buen caballo galopa por senderos peligrosos pero no puede arar la tierra como el buey. La carreta fuerte puede cargar una carga muy pesada pero no puede cruzar los ríos como el barco". Debemos establecer la concienciación de personas de talento, procurando buscarlas con vehemencia, tratarlas como un tesoro valiosísimo, no ceñirnos a un solo modelo en su descubrimiento y recomendación y aprovechar sus puntos fuertes en su empleo. Sólo de este modo, surgirá incesantemente un gran número de buenos cuadros y se pondrán en pleno juego la inteligencia y aptitudes de todos.

Hay un fenómeno que merece gran atención: en un lugar o una entidad, pese a la opinión pública de las masas, la comparación de las prácticas y la comprensión de los dirigentes sobre un cuadro calificado o no, el resultado del empleo concreto ha sido muy divergente al de las necesidades de la causa y las esperanzas de las masas. Su motivo reside en los trastornos ocasionados por las ideas egoístas y consideraciones personales de algunos cuadros dirigentes, o sea la "red de relaciones" y la "regla tácita" que comenta la gente. Precisamente por estos factores perjudiciales se ha dejado a un lado el principio de basar el nombramiento en los méritos y surgen los problemas de favoritismo y búsqueda de intereses propios. Estas tendencias malsanas han despertado el aborrecimiento y el odio más profundo en los cuadros y las masas populares. Es preciso seguir con firmeza su rectificación para que la práctica del empleo del personal se depure verdaderamente.

Notas

[1] Véase la nota 8 de "Buena época para la innovación y la realización del sueño" en el presente libro, pág. 77.

[2] Sima Guang: *Zizhi Tongjian* (*Espejo completo para la ilustración del gobierno*). Sima Guang (1019-1086) fue ministro e historiador de la dinastía Song del Norte (960-1127). Esta gran obra es la primera historia analítica general en la historia china.

[3] Jin Ying: *Una colección de Máximas* (*Ge Yan Lian Bi*).

[4] *Crónicas de Zuo* (*Zuo Zhuan*).

[5] *El libro de documentos* (*Shang Shu*).

[6] Liu Xiang: *Anécdotas antiguas* (*Shuo Yuan*).

[7] *Antología de Wei Yuan* (*Wei Yuan Wen Ji*).

[8] Liu Xie: *El corazón de la literatura y el cincelado de dragones* (*Wen Xin Diao Long*). Liu Xie (c. 465-c.532), fue crítico literario de Liang de la Dinastía del Sur. Esta es una obra de crítica literaria de la antigua China.

Apéndices

"Las masas populares son la fuente de nuestra fuerza"

Apuntes sobre Xi Jinping, secretario general del Comité Central del Partido Comunista de China

El 7 de diciembre de 2012, Xi Jinping, elegido 23 días antes secretario general del Comité Central del Partido Comunista de China, salió por primera vez de Beijing para inspeccionar otros lugares del país y llegó a la provincia de Guangdong, vanguardia de la reforma y apertura de China y escogió Shenzhen como su primera parada. Durante este recorrido, se desplazó en un coche ligero, acompañado por una pequeña delegación, y contactó directamente con las masas populares e intercambió ideas con ellas cariñosamente.

El 18 de diciembre, llegó a Lianhuashan, en Shenzhen. Bajo la mirada de numerosos turistas, depositó una ofrenda floral ante el busto de Deng Xiaoping. Luego, Xi Jinping se adentró en la multitud, intercambió apretones de manos y saludó al pueblo agitando la mano.

Durante su inspección en Guangdong señaló enfáticamente que todo el Partido y el pueblo de las diversas etnias de todo el país han de seguir con firmeza el camino de la reforma y apertura, camino que hace poderosa a la nación. Llamó a prestar mayor atención a la sistematicidad, la integración y la coordinación de la reforma, hacer que la reforma no se interrumpa y la apertura no se detenga.

El itinerario seguido por Xi Jinping durante su gira de inspección en Guangdong fue el mismo de Deng Xiaoping hace 20 años durante su recorrido por el Sur, lo que posee un significado muy profundo. Los medios de prensa lo reflejaron de la siguiente manera: "Este es un dirigente que trae aire fresco a la gobernación, impulsa con firmeza y sin vacilación la reforma y apertura y conduce a la nación china a materializar el sueño chino".

Xi Jinping, de 59 años de edad, fue elegido secretario general del Comité Central del Partido Comunista de China el 15 de noviembre de 2012 en la I Sesión Plenaria del XVIII Comité Central del Partido Comunista de China, convirtiéndose así en el primer dirigente supremo del Partido Comunista de China nacido después de la fundación de la Nueva China. Luego de experimentar los colectivos de la dirección central con Mao Zedong, Deng Xiaoping y Jiang Zemin como núcleos y el colectivo de la dirección central del Partido con Hu Jintao como secretario general, el Partido Comunista de China que ha recorrido un trayecto de 91 años acoge ahora a su nuevo piloto.

Cuando China ha entrado en la etapa decisiva de la consumación de la construcción integral de la sociedad modestamente acomodada, Xi Jinping ha llegado al centro del escenario político chino, tomando el testigo de la historia. Al mismo tiempo, en calidad de dirigente de la segunda mayor economía del mundo, marcha a la cabeza también del escenario mundial.

Toda China y todo el mundo dirigen la mirada hacia Xi Jinping:

–¿Cómo dirigir al Partido más grande del mundo con más de 82 millones de miembros para servir mejor al pueblo?

–¿Cómo guiar a los 1.300 millones de chinos en la lucha por la materialización de las metas de los dos centenarios –"consumar la construcción integral de la sociedad modestamente acomodada para el centenario de la fundación del Partido Comunista de China y hacer de China un país socialista moderno, rico, poderoso, democrático y armonioso para el centenario de la fundación de la Nueva China" –?

–¿Cómo dirigir a China para hacer las debidas contribuciones a la paz y el desarrollo del mundo?

...

Al mediodía del mismo día en que se clausuró la I Sesión del XVIII Comité Central del Partido Comunista de China, Xi Jinping mantuvo un encuentro con más de 500 periodistas chinos y extranjeros. Habló francamente de la pesada carga que lleva sobre los hombros. Resumió la misión del nuevo colectivo de la dirección central en tres responsabilidades: la responsabilidad para con la nación, la responsabilidad para con el pueblo y la responsabilidad para con el Partido.

Este solemne compromiso manifiesta que Xi Jinping asumirá la responsabilidad histórica de la nación china como la fe y la búsqueda de su propia gobernación y tratamiento de los asuntos administrativos.

"La aspiración del pueblo a una vida hermosa es la meta de nuestra lucha"

"La aspiración del pueblo a una vida hermosa es la meta de nuestra lucha." En el primer discurso abiertamente pronunciado luego de ser elegido secretario general, Xi Jinping dio a conocer en términos transparentes su firme decisión de dirigir al Partido Comunista de China para gobernar en bien del pueblo.

Tras asumir el cargo, Xi Jinping y los demás miembros del Comité Permanente del Buró Político del Comité Central del Partido Comunista de China visitaron la exposición "El Camino hacia la Revitalización". En la ocasión sentenció: "Ahora, todos nosotros estamos hablando del sueño chino. En mi opinión, la materialización de la gran revitalización de la nación china constituye el sueño más grandioso abrigado por nuestra nación desde el inicio de la época moderna".

Xi Jinping siempre considera el sueño del pueblo como el suyo propio. Hace 43 años, trabajó como joven instruido en una aldea del norte de la provincia de Shaanxi durante siete años. Su primer "cargo oficial" fue secretario de la célula del Partido de la brigada (aldea administrativa), "célula" que integra el sistema organizativo del Partido Comunista de China. En 2007, luego de muchos años de experiencia en el trabajo de base y en las instancias locales, fue elegido miembro del Comité Permanente del Buró Político del Comité Central del Partido Comunista de China, asumió el cargo de secretario del Secretariado del Comité Central del Partido Comunista de China simultáneamente con el de rector de la Escuela del Partido del Comité Central del Partido Comunista de China. Luego asumió la vicepresidencia de la República Popular China y de la Comisión Militar Central. De cinco años a esta parte, participó directamente en el estudio, la investigación y la elaboración de las grandes políticas del Partido y el Estado, así como en la organización de la ejecución de las importantes decisiones de la dirección central.

De Shaanxi a Beijing, de Hebei a Fujian, de Zhejiang a Shanghai, de las zonas pobres del Oeste al centro político y cultural del Estado, de las zonas subdesarrolladas orientales a las zonas desarrolladas del litoral, la experiencia política de Xi Jinping abarca las misiones en cargos de dirección en las aldeas, distritos, municipios (prefecturas), provincias (municipios bajo jurisdicción central) y en los principales puestos centrales del Partido, el gobierno y el ejército. Con frecuencia dice que como "funcionario" que asume una responsabilidad, debe crear felicidad, y "mantener la concienciación sobre las posibles adversidades y recordar siempre la misión encomendada por el pueblo". Con el objetivo de materializar el sueño de hacer poderoso al país y enriquecer al pueblo, ha reflexionado profundamente y realizado prácticas repetidas durante su carrera política. En torno a la disposición global del quinteto de la causa del socialismo con peculiaridades chinas, ha formulado una serie de tesis y propuestas:

–En lo referente a la construcción económica, es preciso persistir en considerar el desarrollo como razón primordial, pero no estimular el desarrollo ciego y bárbaro. Hay que persistir en el desarrollo científico en vez de en el desarrollo sobre la base del agotamiento de los recursos. Tampoco hay que procurar el desarrollo "que drena el estanque para coger los peces" o el desarrollo vacío como si trasladara ladrillos de un lado a otro;

–En la construcción en el campo político hay que persistir en el concepto de que todo el poder estatal pertenece al pueblo, promover la reforma del régimen político con entusiasmo y a paso estable y firme, seguir sin vacilación el camino del desarrollo político del socialismo con peculiaridades chinas. Asimismo, observar estrictamente los principios establecidos en la Constitución, enaltecer el espíritu de la Constitución y cumplir la misión constitucional, persistir en gobernar el país según la ley y gobernar según la Constitución;

–En la construcción cultural es necesario prestar atención a la formación de talentos, a la formación del espíritu de la nación, especialmente el definido en la letra del Himno Nacional: "construir nuestra nueva Gran Muralla con nuestra sangre y nuestra carne";

–En la construcción social hay que poner los pies en la situación nacional básica que es la etapa primaria del socialismo, garantizar y mejorar la vida del pueblo constantemente sobre la base del desarrollo de la economía, constituir la concepción de la felicidad correcta, reforzar los conceptos según los cuales se cree la vida feliz a través del trabajo arduo y construir con una única voluntad y fuerzas coordinadoras la sociedad armoniosa;

–En la construcción relacionada con la civilización ecológica hay que persistir en la política estatal básica del ahorro de los recursos y la protección del medio ambiente, seguir el camino del desarrollo sostenible y hacer las contribuciones debidas al desarrollo permanente de la humanidad.

El Partido Comunista de China es el núcleo dirigente que conduce al pueblo chino a la materialización del sueño chino. Antes de ser dirigente supremo del Partido, Xi Jinping fue responsable durante mucho tiempo del Partido y el gobierno de las autoridades locales. Luego de ascender a la dirección central presidió los trabajos cotidianos del Secretariado Central, encargándose de los asuntos del Partido. Conoce a fondo la importancia de la construcción del Partido. Presta atención al fomento de los reglamentos jurídicos en el seno del Partido y orienta en la redacción de muchos documentos de reglamentos jurídicos en el seno del Partido muy enfocados.

Enfatiza reiteradamente la necesidad de que el Partido debe administrar el Partido y administrarlo con rigor. El 17 de noviembre, en el primer Estudio Colectivo del Buró Político del XVIII Comité Central del Partido Comunista de China señaló que "un objeto se pudre primero y luego aparecen los gusanos"[1], "gran cantidad de hechos nos demuestran que el problema de la corrupción evoluciona cada vez con mayor fuerza y acabará sumiendo en la ruina al Partido y al Estado.

¡Hemos de mantenernos alerta!"

Aboga enérgicamente porque las investigaciones y el estudio "sean aplicados en todo el proceso de la toma de decisiones", enfatiza en la necesidad de persistir en "de las masas a las masas", escuchar ampliamente las opiniones de las masas, sobre todo hacer sin dejar a un lado y realizar por iniciativa propia investigaciones y estudios sobre los problemas que más preocupan y de los que más se quejan las masas".

Desde 2008, el Partido Comunista de China lleva a cabo en todas sus filas la actividad de estudiar y practicar la concepción científica del desarrollo. Xi Jinping asumió el cargo de jefe del Grupo de Dirección Central. Ha hecho inspecciones especiales a las instancias locales y centrales, y, sobre algunos ejemplos típicos, ha formulado criterios muy precisos, ofreciendo orientaciones concretas. La actividad que transcurrió cerca de dos años hizo que la concepción científica del desarrollo se convirtiera en motivo de consenso de todo el Partido y el país, como la fuerza poderosa que impulsa el desarrollo económico y social.

Xi Jinping fue el responsable de la redacción del Informe al XVIII Congreso Nacional y del informe del Grupo de Revisión de los Estatutos del Partido Comunista de China. Estos dos documentos fueron entregados al XVIII Congreso Nacional del Partido Comunista de China y aprobados por el mismo por su carácter programático que guía el desarrollo de China en los tiempos venideros.

Xi Jinping mantiene un lazo indisoluble con las fuerzas armadas. Hace algún tiempo, trabajó durante tres años en el Departamento General de la Comisión Militar Central, lo que lo unió profundamente a las fuerzas armadas. Cuando asumía cargos en las instancias locales, fue sucesivamente primer comisario político del Departamento de las Fuerzas Armadas Populares de distrito, primer secretario del Comité del Partido de subzona militar municipal (prefectura), primer comisario político de la División de Reserva de la Artillería Antiaérea de provincia, primer secretario del Comité del Partido de sub-zona militar provincial, dirigente de la Comisión de Movilización para la Defensa Nacional de zona militar y otras funciones del ejército. Está muy familiarizado con las fuerzas armadas. Apoya al ejército y ama al ejército. Ha ayudado activamente al ejército en la solución de muchas dificultades prácticas. Luego de asumir el cargo de vicepresidente de la Comisión Militar Central, participó activamente en los trabajos de dirección de la defensa nacional y la construcción del ejército. En la I Sesión Plenaria del XVIII Comité Central del Partido Comunista de China, tomó posesión de la presidencia de la Comisión Militar Central.

Xi Jinping tiene el corazón unido a Taiwan, Hong Kong y Macao. Las experiencias de trabajo en la provincia de Fujian durante 17 años le permitieron conocer a fondo Taiwan y las relaciones entre ambas orillas del estrecho de Taiwan. Cuando estaba trabajando en Fujian, se fundó el primer Club de Empresarios Taiwaneses en Xiamen, el primero en la parte continental, y la Aldea Industrial en Fuzhou, la primera con empresas de capital de Taiwan como principal. Se encargó de muchos asuntos dirigidos a solucionar las inquietudes y dificultades de los compatriotas taiwaneses. Muchos lo consideran un buen amigo.

En el período cuando Xi Jinping se ocupaba del trabajo de la dirección central relacionado con Hong Kong y Macao, se entrevistó en múltiples ocasiones con personalidades de los diversos sectores sociales de las dos regiones administrativas especiales, conoció la situación social y la voluntad del pueblo de Hong Kong y Macao, impulsó activamente la cooperación económica entre la parte continental y Hong Kong y Macao, elaboró y ejecutó muchas e importantes medidas por la prosperidad, la estabilidad y el desarrollo a largo plazo de Hong Kong y Macao. Cuando las dos regiones sufrieron el fuerte embate de la crisis financiera internacional, estuvo sucesivamente en Hong Kong y Macao, contactó con los diversos sectores sociales y los animó con la siguiente frase: "siempre hay más medios que dificultades, siempre y cuando tengamos una firme determinación". En 2012, durante la celebración de las sesiones de la Asamblea Popular Nacional y del Comité Nacional de la Conferencia Consultiva Política del Pueblo Chino, en una conversación con los diputados procedentes de Hong Kong y Macao citó una frase de un clásico que sentencia que "cuando los hermanos unen voluntades, su fuerza es suficiente para romper el metal"[2] para incentivar a los compatriotas de Hong Kong y Macao a unirse y coordinar esfuerzos, crear en conjunto un hermoso mañana, lo que le valió el reconocimiento de las sociedades de Hong Kong y Macao.

A comienzos de 2008, Xi Jinping recibió la orden de asumir el cargo de jefe del Grupo de Dirección del Trabajo Preparatorio para los Juegos Olímpicos y Paralímpicos Beijing 2008 y puso gran energía y desempeñó un importante papel para hacer de estos unos juegos solemnes "con peculiaridades y de alto nivel".

"Amar al pueblo como a nuestros propios padres"

"Hay que recordar siempre el término 'popular' que modifica a nuestro gobierno", "el peso de los cuadros en el corazón de las masas lo determina el peso de las masas en el corazón de los cuadros", "hay que estar íntimamente ligados al pueblo de corazón, compartir con el pueblo las alegrías y las penas y luchar junto con el pueblo"… En distintos períodos y diferentes ocasiones, Xi Jinping ha manifestado en un lenguaje sencillo el amor que siente por el pueblo.

Llevar en el corazón al pueblo, pensar en todo momento en el pueblo, hablar pegado al pueblo, luchar por el pueblo –el sentimiento de Xi Jinping hacia el pueblo procede de sus experiencias de crecimiento especiales llenas de rigor.

Desde 1962, Xi Jinping, aún muy joven, por estar relacionado con el injusto caso de su padre, Xi Zhongxun, veterano del Partido Comunista de China, fue objeto de discriminación. Durante la "revolución cultural" fue criticado y censurado, pasó hambre, vagabundeó e incluso fue encarcelado.

A inicios de 1969, Xi Jinping, sin haber cumplido los 16 años de edad, presentó por iniciativa propia la solicitud para ir a trabajar en una aldea en el norte de la provincia de Shaanxi. Llegó entonces a la brigada de Liangjiahe, comuna de Wen'anyi, distrito Yanchuan. Invadido literalmente por los piojos y las pulgas, cuyas picaduras cubrían todo su cuerpo, no tuvo más remedio que rociar insecticida agrícola en su cama para acabar con la plaga.

Por aquellos años, Xi Jinping no se detuvo nunca a descansar: labró la tierra, cargó carbón, construyó diques, cargó sobre sus hombros hasta heces fecales… Hizo todo tipo de trabajo rural y sufrió todo tipo de penalidades. Para los campesinos, Xi Jinping, capaz de caminar cinco kilómetros llevando una vara con dos cestas en sus extremos que pesaban entre 50 y 100 kilogramos de trigo sin cambiar de hombro era "un buen chico que soporta las penalidades, un chico resistente". "Por no escatimar esfuerzos en el trabajo", "por sus vastos conocimientos e ideas" se fue ganando gradualmente la confianza de la gente del pueblo. No sólo fue admitido en la Liga de la Juventud Comunista de China y el Partido Comunista de China, sino que asumió también el cargo de secretario de la célula del Partido de la brigada.

La vida en la meseta Loess fue extraordinariamente dura, pero fue el primer escenario en que se templó, creció y dejó expuestos sus habilidades y talento. Con el objetivo de aumentar la superficie agrícola, en temporadas de poca faena durante el frío invierno, encabezaba a la gente en la construcción de diques. Siempre era el que limpiaba descalzo el helado fondo de los diques. Organizó a los ferreteros aldeanos para fundar el taller de ferretería. Las herramientas que producían eran más que suficientes para abastecerse por lo que se vendía el excedente en las aldeas cercanas y aumentaban así los ingresos colectivos. En el periódico leyó la noticia sobre el metano en Sichuan, se fue a adquirir conocimientos y de regreso en la aldea construyó el primer tanque de metano y posteriormente junto a los aldeanos construyó la primera aldea de metano de toda la provincia de Shaanxi, dando solución a las dificultades de los aldeanos para preparar la comida y alumbrarse. Repartía entre los aldeanos los panecillos de harina de trigo que la aldea daba a los jóvenes instruidos mientras él comía los alimentos que se preparaban con la paja del cereal. Beijing lo premió con un triciclo motorizado tras nombrarlo "joven instruido modelo". El triciclo era una novedad y un medio de locomoción precioso por entonces en la zona pero Xi Jinping hizo lo posible por cambiarlo por un minitractor, un molino de harina, una máquina para secar y limpiar el trigo, una bomba de agua y otras herramientas para uso de los aldeanos.

Aunque sus estudios fueron interrumpidos, el afán de Xi Jinping por adquirir conocimientos se mantuvo inmutable. No dejó de leer y estudiaba autodidácticamente. Llegó a Liangjiahe con una caja pesada de libros. De día trabajaba la tierra y en sus descansos entre faenas leía. Cuando pastoreaba a las cabras en las laderas de la meseta Loess, también llevaba encima los libros... Por la noche, leía hasta muy tarde a la luz de una lámpara de queroseno. Según recuerdan los aldeanos, Xi Jinping leía libros "tan gruesos como un ladrillo" mientras comía.

En 1975, Xi Jinping fue recomendado para estudiar en la Universidad Tsinghua, Beijing. El día en que abandonó la aldea, todos los aldeanos, en una larga fila, lo acompañaban. Muchos de ellos se echaron a llorar, no querían que se marchara y lo acompañaron gran parte del camino. Los aldeanos le regalaron un espejo en el que manifestaron su elogio sincero con la siguiente inscripción: "Buen secretario de los campesinos pobres y campesinos medios de la capa inferior".

Después de abandonar el norte de la provincia de Shaanxi, Xi Jinping nunca olvidó a los aldeanos. Ayudó en repetidas ocasiones a la aldea a tener acceso a la electricidad, a construir un puente y reconstruir una escuela primaria. Cuando fue secretario del Comité del Partido del municipio de Fuzhou hizo un viaje especial a Liangjiahe y fue de casa en casa, dándoles algo de dinero a los aldeanos más longevos, mochilas nuevas, útiles de escritorio y relojes despertadores a los niños en edad escolar. Cuando estaba en la dirección de la provincia de Fujian, llevó a un amigo campesino gravemente enfermo a Fujian para que recibiera mejor atención médica y pagó de su bolsillo todos sus gastos.

Siete años de vida en las zonas rurales, siete años de compartir alegrías y penas. Este período que estuvo con los aldeanos sencillos y puros de la meseta Loess, comiendo, viviendo y trabajando con ellos, no solo despertó en Xi Jinping profundos sentimientos de simpatía por el pueblo sino que le permitió conocer a fondo lo que eran las zonas rurales de China. Aprendió cuáles eran los motivos de la alegría, la ira, la tristeza y el júbilo del pueblo sencillo y cuál era la situación nacional básica de China. El profundo sentimiento que sentía por el pueblo y la responsabilidad con la tierra que pisaba se mezclaron profundamente en la búsqueda de su vida.

Dijo cierta vez con toda franqueza que en su vida, las mayores ayudas que recibió fueron: "primero, la de los miembros de la antigua generación de la revolución, luego la de mis paisanos al norte de Shaanxi". Cuando llegó a la meseta Loess sin haber cumplido los 16 años de edad, se desconcertó y vaciló por momentos. Cuando abandonó el lugar, ya era un hombre de 22 años con la firme determinación de "hacer por el bien del pueblo".

En 1979 se graduó de la Universidad Tsinghua. Xi Jinping trabajó en el Departamento General del Consejo de Estado y el Departamento General de la Comisión Militar Central. En 1982, cuando algunos jóvenes empezaron a "irse al mar" para dedicarse al comercio y salir al extranjero a estudiar, tomó la iniciativa de renunciar a las excelentes condiciones de Beijing y se fue al distrito Zhengding, en la provincia de Hebei, donde asumió funciones. En 1981, el ingreso per cápita de este distrito no alcanzaba los 150 yuanes al año. Al principio fueron muchos los que dudaron del joven subsecretario del Comité del Partido del distrito que recién había salido de la "barraca". Xi Jinping que actuaba bajo perfil y de forma realista, vivía en la oficina y comía en el comedor de los empleados. Hacía la cola como los demás para recibir su ración, comía junto con ellos a la sombra de un árbol mientras conversaba. Siempre iba en bicicleta por las aldeas, abordaba a la gente del pueblo para interesarse por los asuntos de la familia, se preocupaba hasta por si pasaban frío o calor. Así se hizo muy pronto amigo de todos.

Las masas ocupan el mayor peso en el corazón de Xi Jinping. La base era su destino más frecuentado.

En 1988, Xi Jinping llegó a Ningde, en la provincia de Fujian donde asumió el cargo de secretario del Comité del Partido de la prefectura.

Ningde era una de las 18 zonas más pobres del país. Xi Jinping viajaba varios días seguidos para llegar a todas las aldeas de la prefectura en un jeep, sin importar lo tortuoso o montañoso que fuera el camino. De tanto viajar por el camino accidentado, con frecuencia le dolía la espalda al punto que no podía ni caminar erguido o bajar del vehículo. En las zonas montañosas remotas a donde no llegaban las carreteras, hacía el recorrido a pie por senderos lodosos y peligrosos. Para llegar al cantón Xiadang estuvo caminando desde las siete y media de la mañana hasta pasadas las doce del mediodía. Fue acogido con el mayor ardor. Los paisanos lo calificaron como "el funcionario de más alto rango que llega aquí". Xi Jinping promovió la transformación de las barracas donde miles de aldeanos vivían de generación en generación; la construcción de viviendas en tierra firme para los pescadores que flotaban de generación en generación en el mar, lo cual posibilitó que los pescadores fueran a pescar al mar y vivieran felices en tierra firme.

Cuando trabajaba en Ningde, planteó el sistema de "ir a la base en cuatro trabajos", es decir, para atender las quejas expresadas por correspondencia o personalmente en la base, despachar los asuntos de oficina en la base, conducir investigaciones en la base y hacer propaganda política en la base. Luego, cuando asumió funciones en Fuzhou, estableció un sistema que estipulaba que los cuadros realizaran visitas para atender las quejas de las masas, y él mismo recorrió los cinco distritos urbanos y los ocho distritos del municipio de Fuzhou. A la cabeza de los dirigentes municipales y distritales de Fuzhou atendió a más de 700 visitantes en dos días. In situ o en fecha definida resolvió cerca de 200 problemas. Después, cuando trabajaba en la provincia de Zhejiang, promovió enérgicamente este sistema. Entonces aseveró: "Ir de visita a la base para atender a las masas constituye un gran escenario de examen que pone a prueba la capacidad y el nivel de los cuadros dirigentes. Las masas visitadas son las encargadas del examen, las quejas son el tema del examen y la satisfacción de las masas populares constituye la respuesta". En septiembre de 2003, al frente de los principales dirigentes a tres niveles de la provincia de Zhejiang llegó al distrito Pujiang, donde los problemas eran numerosos, se concentraban las contradicciones y las quejas de las masas populares. Entonces se propuso hacer de conocimiento público esta visita. La visita a Pujiang fue el preámbulo. En la provincia de Zhejiang se desplegó de modo integral la práctica de visitas a la base por los cuadros dirigentes. En toda la provincia se establecieron por lo general mecanismos de efecto duradero de visitas de los dirigentes a la base.

En vísperas de la Fiesta de la Primavera en 2005, Xi Jinping llegó a la mina de carbón Changguang de Zhejiang, donde bajó al fondo del pozo de cerca de mil metros y caminó por un túnel estrecho e inclinado de más de 1.500 metros hasta donde los mineros estaban enfrascados en la extracción del mineral para saludarlos.

Xi Jinping concedía mucha atención a los intercambios con las masas a través de los medios de comunicación. Publicó en una columna especial del rotativo *Zhejiang Ribao* 232 artículos firmados con el sobrenombre de Zhe Xin y en tono de intercambio de igualdad, respondía oportunamente a algunas cuestiones de preocupación en la vida cotidiana de las masas, explicando las razones de forma sencilla para facilitar su comprensión. Sus escritos fueron muy bien acogidos. Las masas populares sentenciaron que "usaba un lenguaje directo para hablar de temas grandes".

Xi Jinping trataba a todos con tolerancia y honestidad, pero ante los problemas de principio relacionados con los intereses de las masas populares era intransigente. Con frecuencia afirma que es necesario actuar en bien del pueblo con el "sombrero de gasa negra" en la mano en vez de ser un funcionario por interés personal con el "sombrero de gasa negra" escondido. Cuando algunos cuadros se mostraban temerosos en la investigación de los casos de construcción ilegal de viviendas por algunos dirigentes en Ningde, se enojó al hacer la crítica severa y preguntó: ¿Vamos a ofender a varios miles de cuadros o a varios millones de integrantes de las masas populares? Cuando servía en la provincia de Zhejiang, impulsó enérgicamente el fomento de la virtud entre los cuadros. En un año, muchos cuadros fueron sancionados por no actuar.

Xi Jinping es, a la vez, un dirigente con sensibilidad humana. No olvida la labor de sus maestros y cada vez que llega el Año Nuevo les envía saludos y felicitaciones. También respeta a las personas de avanzada edad y ama a los niños. Cuando trabajaba en Zhengding, suministró el primer automóvil del distrito para el uso de los cuadros veteranos; hizo construir una clínica para los cuadros veteranos enfermos y un club de esparcimiento especialmente para ellos. Cuando trabajaba en Fuzhou, subsidió durante muchos años los estudios de los niños con dificultades económicas hasta que estos empezaban a trabajar.

El estilo de años de arraigamiento profundo en la base, la asiduidad y el cariño profesado al pueblo hicieron que Xi Jinping se ganara el elogio popular de "secretario del pueblo común y corriente". Xi Jinping declaró: "Para nosotros los comunistas, el pueblo es nuestro padre y nuestra madre, de quienes dependemos para vestir y comer. Debemos amar al pueblo tal como a nuestros propios padres, procurar intereses en bien del pueblo y llevar al pueblo a marchar hacia las buenas condiciones de vida."

"El éxito de una causa no debe necesariamente lograrse en mi mandato"

Luego de asumir el cargo de secretario general del Comité Central del Partido Comunista de China, Xi Jinping dio a conocer la decisión de la reforma en varias ocasiones. Aboga activamente por la emancipación de la mente, la iniciativa y la innovación. Para las masas populares y los cuadros, Xi Jinping es un dirigente de mentalidad abierta, de visión amplia, mirada de largo alcance y un rico espíritu reformador.

Cuando trabajaba en Xiamen, una de las zonas económicas especiales de China, dirigió la elaboración de la Estrategia de Desarrollo Socioeconómico de Xiamen 1985-2000, documento que fue un importante fundamento para la elaboración y ejecución de los planes de desarrollo, así como para la redacción de las políticas económicas de Xiamen en tiempos posteriores. Cuando era responsable de las autoridades dirigentes municipales enfrascadas en las reformas financiera, administrativa y la construcción de la zona económica especial estudió y elaboró una serie de medidas políticas que impulsarían la reforma y apertura de la zona económica especial, promovió activamente que Xiamen figurara como ciudad designada específicamente en el plan estatal, resolvió algunos problemas políticos importantes relacionados, propiciando condiciones favorables para el desarrollo de Xiamen a largo plazo.

Xi Jinping considera que como dirigente debe conocer la actualidad y más importante aún mirar a lo lejos, estar dispuesto a allanar el camino para sus sucesores sin hacer a un lado los asuntos que no son posible de concluir en su mandato. Hay que instaurar la concepción correcta de los méritos administrativos. Hay que adoptar la actitud de "el éxito de una causa no debe necesariamente lograrse en mi mandato", "no codiciar los éxitos momentáneos, no procurar la fama temporal", "pintar el plano hasta el final", "hacerlo grupo por grupo".

Cuando trabajaba en Zhengding, provincia de Hebei, se enteró de que el grupo de la teleserie "Sueño en el Pabellón Rojo" buscaba un set de rodaje en exteriores. Xi Jinping se percató de la oportunidad comercial yacente, tomó la iniciativa de dialogar con el grupo, descartó las objeciones masivas, persuadió a los departamentos correspondientes y autoridades del distrito para invertir grandes sumas de dinero en la construcción de la Mansión de Rongguofu como el set de rodaje y la construcción de áreas escénicas del turismo alrededor de la mansión. En el mismo año de la conclusión de la mansión, el ingreso por concepto de turismo superó los diez millones de yuanes, cifra con la que no solo se recuperó la inversión sino que se obtuvieron ganancias. Pero en ese momento Xi Jinping ya había abandonado Zhengding para trabajar en Xiamen. La "Modalidad de Turismo de Zhengding" creada por Xi Jinping permitió beneficiar sustancialmente a Zhengding más tarde. Después de terminar la grabación de "Sueño en el Pabellón Rojo", más de 170 teleseries se han grabado en el sitio. En momentos de más afluencia de visitantes, llegaron más de 1,3 millones de turistas al año.

En 1992, Xi Jinping propuso y presidió la elaboración del "Proyecto 3820 de Fuzhou", planteando metas estratégicas, pasos, medidas, etc. del desarrollo socioeconómico en distintas etapas por tres, ocho y 20 años. Las principales metas definidas entonces se materializaron del todo hace varios años, se introdujeron y construyeron proyectos enormes como AOC Electronics, Chunghwa Picture Tubes, Ltd., Soueast Motor, Souther Aluminium Industry (China) Co., Ltd., etc., accionando e incentivando a un grupo de industrias poseedoras de peculiaridades y sentando una base sólida para el desarrollo de Fuzhou durante 20 años. Aún hoy en día estas compañías siguen siendo las empresas líderes de Fuzhou.

Cuando asumió la gobernación de la provincia de Fujian, Xi Jinping se puso al frente de las labores específicas para eliminar la "contaminación en las mesas de comer", y desplegar "proyectos para la seguridad de los alimentos", granjeándose el elogio del pueblo.

En 1999, Xi Jinping lideró la formulación de la construcción de "Fujian Digital" y en 2000, la Asamblea Popular de la provincia de Fujian tomó oficialmente las decisiones al respecto. Xi Jinping fue jefe del grupo dirigente de la construcción de "Fujian Digital". Durante más de 10 años, esta "red" invisible comunicó a todas las esferas de la producción y vida de los habitantes, los servicios administrativos públicos, la administración de la ciudad, cambiando en silencio el modo de vida del pueblo. En 2010, Fujian fue la única provincia en todo el país en incluir todos sus hospitales en la red de tarjetas de asistencia médica.

En 2002, Xi Jinping confirmó y apoyó el trabajo de la reforma del sistema de derechos de propiedad de los bosques colectivos del distrito Wuping. Con ello, la provincia de Fujian fue también la primera en aplicar dicha reforma, cuyo contenido principal era "esclarecer la propiedad, activar el derecho de gestión, poner en práctica el derecho al tratamiento y asegurar el derecho a los beneficios". Más tarde se convirtió en el ejemplo a seguir en todo el país en la reforma del sistema de derechos de propiedad de los bosques colectivos.

"Queremos montañas de oro y plata y también agua cristalina y montañas verdes." Xi Jinping presta suma atención a la protección ecológica, formula la necesidad de transformar la superioridad ecológica en superioridad económica, posibilitando que la ecología y la naturaleza creen felicidad a las generaciones futuras. Frente al serio problema de la erosión del suelo y la escasez de agua en Changting, provincia de Fujian, en 2002 fue el primero en plantear el esquema estratégico para la construcción de la provincia ecológica. Posteriormente, Fujian se convirtió en una de las provincias piloto del primer grupo nacional en la construcción de provincias ecológicas. Pasados 10 años de esfuerzos, un millón de *mu* de montañas eriales de Changting volvieron a cubrirse de verde. Fujian fue la única provincia sobresaliente en términos de calidad de agua, aire y ambiente ecológico.

En 2002, Xi Jinping fue a trabajar a Zhejiang, una de las provincias económicamente desarrolladas de China. Luego de cuantiosas investigaciones y estudios amplios y profundos, Xi Jinping formuló en 2003 y organizó la ejecución de la "Estrategia 8 más 8"[3], que consistía en "explotar la superioridad en ocho aspectos e impulsar ocho importantes medidas", sentando una sólida base para el desarrollo a largo plazo de Zhejiang.

Enfocando el impulso del cambio radical de la modalidad de crecimiento económico y el reajuste estratégico de la estructura económica, formuló imaginativamente la tesis de "las dos aves", exigiendo a Zhejiang materializar el "nirvana" mientras "vaciaba la jaula y cambiaba las aves". "Vaciar la jaula y cambiar las aves" significa combinar "la salida" y "la entrada", participar activamente en la cooperación e intercambios regionales de todo el país, crear el espacio para el desarrollo, cultivar e introducir "aves buenas" que coman poco, pongan muchos huevos y vuelen alto. El "nirvana" significa tener la valentía del "guerrero poderoso que se corta el brazo", librarse de la dependencia del crecimiento extensivo y consumar el "renacimiento entre las llamas del fuego" y la remodelación radical de los sectores económico y empresarial.

En 2004, hizo extensivas en Zhejiang las experiencias de la fundación del "Comité de Supervisión sobre los Asuntos Aldeanos" fuera de la célula del Partido de aldea y del comité de aldeanos logradas en el distrito Wuyi, estableció mecanismos de equilibrio del poder a nivel de aldea, haciendo realidad la supervisión tangible y transparente de los asuntos de las aldeas. La autonomía de los aldeanos se impulsa en medio de la construcción mancomunada y compartimiento conjunto, la democracia de base deja de ser un concepto abstracto, se hace permanente en la vida de las zonas rurales, aparece en la vida cotidiana de los campesinos, realizando una activa exploración y exitosa práctica de la forma de materialización del fomento de la democracia de base. A juicio del pueblo, "este mecanismo es muy sencillo, nos permite supervisar a los cuadros de la aldea y evitar que actúen a su antojo." En 2010, el Comité Permanente de la Asamblea Popular Nacional modificó la Ley Orgánica de los Comités de Aldeanos, estipulando claramente que "las aldeas deben fundar comités de supervisión de los asuntos aldeanos u otras formas de organismos de supervisión de los asuntos aldeanos".

Xi Jinping planteó, además, la necesidad de poner los pies en Zhejiang para desarrollar Zhejiang. Usó figurativamente el término de economía de "los tres viejos" para metaforizarlo, que explicó de la siguiente forma: la economía de Zhejiang es una economía legada por los "viejos ancestros", porque desde tiempos antiguos Zhejiang tiene la tradición cultural de considerar como lo fundamental la industria y el comercio y simultanear la rectitud y los beneficios; la economía del "viejo señor Cielo" que nace de las obligaciones, pues son escasos los recursos naturales que te da el viejo señor Cielo, lo cual te obliga a aprender a "lograrlo de la nada" y salir a "desbrozar el mundo"; la economía de la "gente del pueblo" creada porque las grandes masas populares de Zhejiang cuentan con un fuerte sentimiento del emprendimiento autónomo y densa conciencia de la economía mercantil. Al mismo tiempo, enfatizó en la necesidad de saltar de Zhejiang para desarrollar Zhejiang, pedir prestados barcos para salir a la mar, subir a las alturas pidiendo prestadas escaleras, tomar la iniciativa de comunicarse con Shanghai, reforzar la cooperación con Jiangsu y otras provincias y municipios colindantes, complementarse en las respectivas ventajas y desarrollarse en conjunto. La ejecución de estas medidas no solo promovió directamente el desarrollo socioeconómico de Zhejiang, sino que fomentó el proceso de integración en todo el delta del río Yangtsé[4].

En 2007, Xi Jinping comenzó a dirigir Shanghai, metrópoli internacionalizada. Después de llegar a Shanghai, continuó proponiendo la promoción de la integración del delta del Yangtsé. Cuando planeaba el desarrollo futuro de Shanghai, Xi Jinping señaló que Shanghai no podría en absoluto desarrollarse dependiendo de sí misma ni le sería posible; que había que reflexionarlo y planearlo según las disposiciones generales del Estado respecto al desarrollo regional del delta del Yangtsé y que Shanghai debería ser la "cabeza de dragón" del delta del Yangtsé, sin ceder ante sus responsabilidades.

Al "espíritu urbano de Shanghai", caracterizado por "admitir como el mar que admite cien corrientes y procurar sobresalir", añadió los términos de "sensatez, perspicacia, esplendor y modestia". Los medios de comunicación de Shanghai aseguraban que sus declaraciones no solo acertaban en los puntos que confortan los tendones y activan la circulación de la sangre de Shanghai, ampliando el diapazón del "espíritu de Shanghai" sino que más bien eran una manifestación de la actitud que Shanghai adoptaba hacia el "mundo exterior", bien reflexionada y más elevada. Los cuadros dirigentes y masas populares de muchos otros lugares aseguran que "Shanghai ha cambiado".

"Trabajar arduamente y marchar en la primera fila"

"Hablar en vano perjudica al país, mientras que el trabajo arduo lo revitaliza". Con tan solo 15 días en el cargo de secretario general del Comité Central del Partido Comunista de China, Xi Jinping manifestó la decisión de trabajar arduamente para hacer realidad el sueño chino al visitar la Exposición "El Camino hacia la Revitalización".

Con el objetivo de poner en práctica el espíritu de trabajo arduo, presidió una reunión del Buró Político del Comité Central del Partido Comunista de China en la que se debatieron y definieron los Ocho Puntos del Reglamento para mejorar el estilo de trabajo y estrechar los

vínculos con las masas populares y que estipulaban acudir frecuentemente a las masas, viajar en coches sencillos con una reducida delegación, celebrar reuniones cortas, ser breves en el discurso, reducir
los controles del tráfico, aplicar un rigoroso sistema de laboriosidad
y economía, etc., etc., lo que le valió la crítica favorable tanto dentro
como fuera del país.

"Tan solo trabajando arduamente es posible marchar en la primera
fila". Xi Jinping siempre recalca la necesidad de la dedicación auténtica y el trabajo arduo, exige resolver los problemas que más preocupan
a las masas populares y llama a acometer acciones concretas a paso
firme. Considera siempre que si no se lleva a la práctica, por más
bonito que sea el plano será un castillo en el aire.

Cuando trabajaba en Zhengding, Hebei, Xi Jinping planteó que
para cambiar la fisonomía de pobreza y atraso era muy importante
"leer bien el 'sutra de los talentos'". Para ello visitó personalmente en
muchas ocasiones a hombres de talento y elaboró incluso la Lista de
Admisión de Talentos" para todo el país.

A inicios de 1983, en pleno invierno, Xi Jinping y el entonces
alcalde Cheng Baohuai del distrito Zhengding, hicieron un viaje especial a Shijiazhuang, capital de la provincia de Hebei, para visitar a un
trabajador ocupado en las investigaciones científicas sobre la cosméti-
ca de uso médico. Al no saber la dirección exacta, fueron preguntando
de casa en casa. Pasadas las 10 de la noche no lo habían localizado
todavía. Xi Jinping empezó a gritar entonces por las calles y callejuelas
el nombre de la persona que buscaban y así fue como la encontraron.
Hablaron hasta la madrugada y el científico se comprometió en el acto
a llevar cuanto antes su proyecto de investigación científica para establecerse en Zhengding, proyecto que generó en el mismo año ganancias superiores a los 300.000 yuanes para el distrito.

En el mismo año, Xi Jinping presidió la redacción y promulgación del "Reglamento de los Nueve Puntos", dirigido a dar al traste
con los conceptos tradicionales y reclutar talentos, que fue publicado
abiertamente. El *Diario de Hebei* se hizo eco del reglamento y publicó
en primera plana el artículo titulado "El distrito Zhengding abre de

par en par las puertas a los hombres de buena voluntad", que tuvo una gran repercusión en toda la provincia. Xi Jinping envió más de 100 cartas a expertos, académicos, centros docentes y de investigación científica y, al mismo tiempo, invitó personalmente a varias decenas de expertos. En menos de dos años, Zhengding recibió a 683 talentos de distintas disciplinas, contrató a 53 expertos de fama nacional, entre ellos al renombrado matemático Hua Luogeng, como asesores de economía del distrito.

Para trabajar seriamente es preciso persistir en buscar la verdad en los hechos. Cuando trabajaba en Zhengding, Xi Jinping y la entonces subsecretaria Lü Yulan del Comité del Partido del distrito, pese a la presión, presentaron a las instancias de nivel superior el problema de la excesiva y pesada carga de los cereales a ser adquiridos por el Estado. Gracias a sus esfuerzos, el volumen de cereales de adquisición estatal se redujo en 14 millones de kilogramos, lo que alivió en gran medida la carga de Zhengding y le permitió quitarse el "fardo" y marchar con un equipaje más ligero.

Después de comenzar a trabajar en Ningde, provincia de Fujian, Xi Jinping persistió en partir en todo de la práctica y dio solución a muchos problemas reales, basándose en las condiciones locales. Enfocando la superioridad particular de la "Tierra de la *Larimichthys crocea*" (una especie de pez), planteó la necesidad de explotarla a plenitud, concentrar recursos para realizar investigaciones científicas que conquistaran fortalezas y dieran solución al problema de por qué este pez no se podía criar artificialmente. Gracias a su enérgica promoción, se obtuvo el éxito en la cría artificial, lo que aumentó sustancialmente los ingresos de los campesinos del lugar.

Xi Jinping enfatiza que al despachar los asuntos, los órganos del Partido y gobierno deben "aplicar el principio del pueblo como lo fundamental". En Fuzhou, promovió "el despacho especial de los asuntos especiales y el despacho inmediato". Con el cambio de funciones del gobierno se atrajo a gran cantidad de empresas de capital de Taiwan que potenciaron el desarrollo de la economía de Fuzhou. En 1992, se situó al frente del país en la aplicación de la modalidad de gestión y administración de empresas de tres tipo de capital (se refiere a las empresas de gestión de capital mixto chino-extranjeras, las empresas de gestión cooperativa chino-extranjeras y las empresas de capital exclusivamente extranjero), para lo que seleccionó a 12 empresas estatales grandes y medianas. Promovió además la redacción y publicación de los libros *Guía de Despacho de los Asuntos en Fuzhou* y *Guía de Despacho de los Asuntos en Fuzhou para Habitantes Urbanos* que facilitaron la inversión y gestión comercial de los empresarios foráneos y la vida y desplazamiento de los residentes urbanos, así como elevaron la eficiencia del despacho de los asuntos.

En 2000, Xi Jinping tomó la vanguardia en Fujian en la abogacía y promoción del fomento de la eficiencia de las instituciones y fue jefe del Grupo Dirigente del Fomento de la Eficiencia de los Órganos Provinciales. Planteó la necesidad de acelerar el cambio de funciones del gobierno, reducir los asuntos y eslabones de examen y aprobación, no administrar aquellos asuntos que no se deben administrar, desocupar las manos para administrar bien los asuntos que sí se deben administrar, establecer gobiernos limitados y gobiernos de tipo servicio. Hasta 2001, Fujian había reducido 606 renglones sometidos a examen y aprobación administrativos, representando el 40,4% del total de asuntos para examen y aprobación administrativos. En 2001, Fujian fue el primero en todo el país en promulgar, en forma de decreto del gobierno provincial, los Medios de Ejecución de la Apertura de los Asuntos Gubernamentales; todos los distritos (municipios y distritos urbanos) de la provincia promovieron la apertura de los asuntos administrativos a nivel de distrito; ejecutaron el sistema de escarmiento sobre la eficiencia, hicieron más estricta la administración de los órganos, crearon una atmósfera en la cual "ser devoto del trabajo significa el mérito y mostrarse negligente el castigo"; establecieron un centro de queja de la eficiencia, dando a la población un espacio para expresar sus opiniones. Ello fue calificado como el "puente que une los corazones" de los órganos del Partido, el gobierno y las masas populares.

En agosto de 2002, en un periódico de circulación nacional, Xi Jinping publicó un artículo que resumía y promovía en todo el país las "experiencias de Jinjiang", caracterizadas por "tener el mercado como orientación guía, el fomento con sinceridad y el crédito al desarrollo, basarse en la superioridad del lugar, reforzar los servicios del gobierno, poner en juego el espíritu de lucha y fomentar el desarrollo de la economía de jurisdicción distrital mediante la activación de la economía extragubernamental". En el mismo año, combinando las investigaciones y las reflexiones sobre la selección y envío de cuadros del municipio de Nanping a las zonas rurales, extrajo el hilo de ideas consistente en "injertar en las altas esferas y trasladar el centro de gravedad hacia abajo, consolidar la base del trabajo rural", así como introdujo los mecanismos para la selección de los enviados especializados en ciencia y técnica, secretarios de la célula del Partido de aldea y asistentes de circulación de cantones y poblados que trabajarían en las zonas rurales. La aplicación extensiva en Fujian de los "mecanismos de Nanping" estrechó aún más las relaciones entre los cuadros y las masas populares rurales y contribuyó a formar en las filas de cuadros la orientación guía de "no correr hacia los niveles superiores sino ir a la base, no mirar a las relaciones sino a los méritos".

Cuando gobernaba Zhejiang, Xi Jinping impulsó la construcción de una provincia "Zhejiang Pacífica", una "Zhejiang Ecológica", una "Zhejiang Cultural", una "Zhejiang Regida por la Ley" y concedió especial importancia a la economía marítima.

Para construir las "cuatro Zhejiang", lo único que se debía hacer era trabajar arduamente. Xi Jinping, por un lado, se dedicó a la disposición global y por el otro, aprovechó los modelos comenzando por la base. Escogió como su propio punto de contacto la aldea de Xiajiang, en el poblado Fengshuling, distrito Chun'an, zona subdesarrollada del suroeste de la provincia de Zhejiang. En menos de dos años estuvo cinco veces en Xiajiang, que calificó como la "ventana" a través de la cual "conocía el impacto de las decisiones tomadas por el Comité del Partido de la provincia en la base". La aldea de Xiajiang está en la montaña, a más de 60 kilómetros de la cabecera del distrito. Cada vez que Xi Jinping iba a hacer investigaciones y estudios, visitaba los hogares campesinos, las tierras labrantías para escuchar la voz del pueblo.

El 22 de marzo de 2005, cuando inspeccionaba in situ la construcción del tanque para el almacenamiento del gas metano en la aldea de Xiajiang dijo a sus aldeanos y cuadros: "hace más de 30 años, cuando trabajaba como joven instruido en las zonas rurales, yo era "especialista" en la construcción de tanques de metano; ahora las condiciones han mejorado, deben reforzar la administración y hacer de Xiajiang una aldea modelo en el uso del metano".

La provincia de Zhejiang, en el litoral del país, tiene una inmensa población pero poca tierra labrantía. Al llegar a Zhejiang, miró a las azules aguas del mar, cuya superficie es 2,6 veces la terrestre de toda la provincia, y fue en varias ocasiones a las islas Zhoushan para conducir investigaciones y estudios. Interrogó: "¿dónde se encuentran el cielo y la tierra de Zhejiang para desarrollar su economía en el nuevo siglo y en la nueva etapa? ¡En el mar!" En diciembre de 2002, Xi Jinping formuló que Zhejiang debía "esforzarse para convertirse en una provincia poderosa de la economía marítima". Luego de las debidas investigaciones, estudios y demostraciones, se dieron a conocer sucesivamente los documentos, entre ellos "Algunas propuestas acerca de la construcción de provincia poderosa de la economía marítima" y "Reseñas del programa sobre la construcción de Zhejiang como provincia poderosa de la economía marítima". Más tarde, la economía marítima de toda la provincia de Zhejiang se desarrolló vertiginosamente a una tasa de crecimiento del 19,3% anual. En 2005, el peso específico que ocupaba la producción de la economía marítima en el PIB de toda la provincia ascendió al 8%.

Xi Jinping abogó enérgicamente por impulsar la integración de Ningbo y el puerto Zhoushan, conectar a las todas las islas de Zhoushan, acelerar la integración de los puertos de toda la provincia, creando condiciones para la "gran salida" y la "gran entrada". El Consejo de Estado aprobó en 2011 la fundación de la nueva zona del archipiélago Zhoushan. Impulsó la consumación de la construcción del Gran Puente en la bahía Hangzhou, un puente transmarino, el más largo del mundo hasta entonces. Se trata de un hito en los anales de la historia de la construcción de puentes transmarinos de

China. La gente del pueblo lo ha bautizado como el "puente económico", "el puente de los saltos y los vuelos" que comunica al delta del Yangtsé. En 2006, el volumen de carga y descarga anual del puerto Ningbo-Zhoushan llegó a ser de 420 millones de toneladas, ocupando el segundo lugar nacional y figurando entre los primeros puestos a nivel mundial.

En 2013, Xi Jinping planteó la necesidad de "guiar la construcción de las nuevas comunidades rurales sobre la idea de la construcción de las comunidades urbanas y hacer bien el trabajo de construcción integral de un grupo de aldeas y poblados de ejemplo de nivel de vida acomodada", "lograr reducir paulatinamente las diferencias de la calidad de vida entre las zonas rurales y urbanas para que todos puedan compartir la civilización contemporánea". Zhejiang, con ello, accionó de modo integral el trabajo en las "mil aldeas demostrativas y las diez mil aldeas renovadas", los servicios públicos urbanos se ampliaron a las zonas rurales, se impulsaron los proyectos concretos del desarrollo conjunto urbano y rural en juegos complementarios y se formó preliminarmente un mecanismo de fomento de la agricultura mediante la industria y la conducción de las zonas rurales con las ciudades. Hasta finales de 2007, las tareas de construcción previstas para cinco años ya se habían cumplido con anticipación, un tercio de las aldeas de toda la provincia ya estaba renovado integralmente y se recogieron y trataron de forma unificada los desechos de dos tercios de las aldeas. Numerosos campesinos manifiestan que se trata del logro más significativo hecho por el Partido y el gobierno por el bien del campesinado después de la reforma agraria, la contratación de las tierras labrantías en base a la familia y la reforma tributaria.

Durante el período de su gobernación, las metas de construir las "cuatro Zhejiang" se hicieron realidad paulatinamente. En 2005, el índice del estado del entorno ecológico de Zhejiang se ubicó en el primer lugar de todas las provincias, regiones autónomas y municipios bajo jurisdicción central de China. En 2006, la tasa de satisfacción del sentido de seguridad por las masas populares fue del 94,77%

y Zhejiang, por ello, fue considerada una de las entidades a nivel provincial poseedoras de mayor sentido de seguridad de todo el país. En 2006, la capacidad de desarrollo sostenible de Zhejiang ocupó el cuarto lugar, solo superada por Shanghai, Beijing y Tianjin. Zhejiang llevó la vanguardia nacional en la materialización de las metas de librar de la pobreza a todos los cantones, poblados y distritos. El PIB de Zhejiang en 2004 superó el billón de yuanes; en 2005, el PIB per cápita superó los 3.000 dólares estadounidenses y en 2006, el PIB per cápita se aproximó a los 4.000 dólares estadounidenses.

En 2007, Xi Jinping fue trasladado a Shanghai. Allí, durante el primer mes de su gestión empezó a trabajar en las investigaciones sobre las condiciones de vida del pueblo, el desarrollo, la Expo Shanghai 2010 y la lucha contra la corrupción. Condujo investigaciones y conversó con los cuadros con el corazón en la mano, consultó a las grandes masas populares las medidas a tomar, tuvo éxito en la convocatoria del IX Congreso del Partido Comunista de Shanghai, estabilizó la situación del municipio, incentivó el espíritu de los cuadros y las masas populares, plasmó de nuevo la imagen de Shanghai y trazó un nuevo plan de desarrollo quinquenal para Shanghai.

"Como secretario del Comité del Partido de distrito, uno debe recorrer todas las aldeas; como secretario del Comité del Partido de la prefectura (municipio), debe recorrer todos los cantones y poblados; como secretario del Comité del Partido provincial, uno debe recorrer todos los distritos, municipios y distritos urbanos." En Zhengding, visitó todas las aldeas; en Ningde, pese a asumir el cargo solo durante tres meses, visitó los nueve distritos y luego la absolutamente mayor parte de los cantones y poblados; después de asumir el cargo en Zhejiang, dedicó poco más de un año a recorrer los 90 distritos, municipios y distritos urbanos de la provincia; en Shanghai, en solo siete meses, visitó 19 distritos urbanos y distritos de todo el municipio; tras empezar a trabajar en la dirección central, ha dejado sus huellas en 31 provincias, regiones autónomas y municipios bajo la jurisdicción central.

"Cuando se procura el bien propio hay que procurar también el del prójimo"

Hace poco, en ocasión de un encuentro con un grupo de expertos extranjeros que trabaja en China, Xi Jinping dijo que China es un país responsable, que no solo se esfuerza en la gestión correcta de sus asuntos sino también en sus relaciones con el mundo exterior. Al mismo tiempo, China fomenta un entorno externo más favorable para el desarrollo y se esfuerza para hacer mayores contribuciones a la paz y el desarrollo del mundo.

"China necesita conocer más al mundo y el mundo también necesita conocer más a China." Desde su trabajo en las instancias locales hasta las centrales, Xi Jinping ha concedido suma atención a los intercambios con el exterior y a la amistad con otros países. Durante el período que trabajó en las instancias locales, visitó más de 60 países y regiones de los cinco continentes, atendió a numerosos visitantes extranjeros. Luego de comenzar a trabajar en la dirección central, siempre procura en lo posible encuentros con visitantes extranjeros. En menos de cinco años, ha visitado más de 40 países y regiones de los cinco continentes y ha mantenido contactos e intercambios amistosos con personalidades de los distintos sectores sociales de los diversos países del mundo.

Xi Jinping presenta con sinceridad y franqueza a las personalidades de los distintos sectores sociales extranjeros cómo el pueblo chino ve su propio país, cómo ve al mundo de nuestros días y al mismo tiempo se alegra de escuchar las opiniones de sus homólogos, de saber cómo piensan. Numerosos dignatarios extranjeros que han tenido contacto con Xi Jinping consideran que el presidente chino es un dirigente lleno de autoconfianza, pragmático, sagaz, amistoso y bondadoso.

Xi Jinping dice con frecuencia a las personalidades de los distintos sectores sociales extranjeros que la comunidad internacional se ha convertido, con el tiempo, en una comunidad de destino; el desarrollo vertiginoso de China beneficia a la paz y el desarrollo mundiales, al mismo tiempo que ha proporcionado a los diversos países del mundo preciosas oportunidades y amplio espacio para el desarrollo manco-munado. Tanto la una como la otra parte deben materializar resultados de beneficio recíproco y el desarrollo conjunto en medio del respeto mutuo y la cooperación pragmática.

En julio de 2012, en el Foro sobre la Paz Mundial celebrado en la Universidad Tsinghua, Beijing, indicó de nuevo que un país que procura su propio desarrollo tiene que permitir que los demás se desarrollen; al buscar la seguridad propia, tiene que permitir que los demás conozcan la seguridad; cuando persigue vivir bien, tiene que dejar que los demás vivan bien. Durante su visita a Singapur, se entrevistó con Lee Kuan Yew[5]. En la ocasión, Xi Jinping señaló, que un país poderoso no necesariamente será hegemónico. Agregó que China transmitirá de generación en generación el camino del desarrollo pacífico, la estrategia de beneficio mutuo y la apertura, y reiteró el compromiso chino de oposición a la hegemonía.

Debemos aunar fuerzas para sobreponernos a las dificultades, obrar de común acuerdo y desarrollarnos en conjunto, establecer relaciones más equitativas y equilibradas de socios del desarrollo global, aumentar los intereses mancomunados de la humanidad y hacer de la Tierra un lugar mejor. Estas son sentencias reiteradas continuamente por Xi Jinping en sus visitas al extranjero.

Durante la visita de cinco días a Estados Unidos en 2012, Xi Jinping participó en 27 actividades y mantuvo intercambios e interactuó con el presidente Barack Obama y otras personalidades de los sectores político, económico y público. Con tal de que ambas partes, China y Estados Unidos, se aferren a la línea principal de los intereses conjuntos, sin lugar a duda, se podrá emprender el camino de las relaciones de socios de nuevo tipo entre países grandes caracterizadas por el respeto mutuo y la cooperación recíproca. El planteamiento de Xi Jinping sobre las relaciones China-Estados Unidos fue bien acogido por los diversos sectores sociales estadounidenses. Hace poco cuando se entrevistó con el ex presidente, Jimmy Carter, enfatizó que entre China y Estados Unidos es necesario acumular energías positivas.

Cuando visitó Rusia, Xi Jinping transmitió la atención que concede China al desarrollo de las relaciones entre ambos países. Las relaciones de socios de coordinación estratégica China-Rusia son las más estrechas, más dinámicas, más importantes, más fuertes, más ricas en connotación del mundo actual. Las relaciones China-Rusia siempre han sido una orientación prioritaria de la diplomacia china. Xi Jinping asistió al acto de inauguración de la Segunda Reunión del Mecanismo de Diálogo entre los Partidos Gobernantes China-Rusia y efectuó un amplio y profundo intercambio de ideas con los dirigentes de los diversos partidos rusos, intensificando aún más las relaciones China-Rusia.

Xi Jinping considera que consolidar y desarrollar las relaciones con otros países en vías de desarrollo constituye el punto de partida y destino de la política exterior de China. En la República de Sudáfrica, Xi Jinping asistió a la IV Sesión Plenaria del Comité Bilateral China-Sudáfrica y describió la bella perspectiva de la cooperación bilateral. Enfatizó en el simposio en ocasión del X Aniversario de la Fundación del Foro de Cooperación China-África que "es necesario referirse a los sentimientos y ver los sentimientos auténticos en medio de los peligros y las dificultades". En un discurso pronunciado durante su visita a Arabia Saudita indicó que una China más próspera y abierta traerá enormes oportunidades de desarrollo a los países del Medio Oriente y la región del Golfo. Propuso en un discurso pronunciado cuando visitaba Chile que China y la región latinoamericana se esforzarán por ser buenos socios en cuatro áreas –política, económica, humana y de asuntos internacionales– y propuso un plan de desarrollo de las relaciones China-América Latina para el siguiente decenio.

En el escenario internacional Xi Jinping ha expuesto al mundo su permanente estilo: pragmático y altamente eficaz. En un solo día, al asistir a las actividades conmemorativas por el CLX aniversario de la unificación de Italia, mantuvo intercambios amistosos con dirigentes de más de 20 países y organizaciones internacionales. Durante su visita a Alemania y otros cuatro países europeos, estuvo presente en cinco actos de firma de acuerdos económicos y comerciales, participó en seis foros sobre economía y comercio, impulsó la firma de 93 acuerdos de diversos tipos sobre la cooperación con distintos países por valor de 7.400 millones de dólares estadounidenses.

La cultura constituye la riqueza espiritual creada en conjunto por la humanidad. Xi Jinping presta especial atención a la promoción de la construcción de un mundo armonioso a través del fortalecimiento de los intercambios culturales mundiales. En 2009, cuando asistía junto a la canciller alemana, Angela Merkel, al acto de inauguración de la Feria del Libro de Frankfurt, formuló en su discurso: "Precisamente los intercambios mutuos de culturas distintas permiten a los pueblos de los diversos países conocer al Confucio de China, al Johann Wolfgang von Goethe de Alemania, al William Shakespeare del Reino Unido. Impulsar los intercambios culturales en el mundo constituye una importante fuerza motriz que promueve el progreso de la humanidad, la paz y el desarrollo del mundo". En 2010, cuando visitaba Rusia, entró con su homólogo Vladimir Putin al gran salón de actos del Palacio del Kremlin y juntos corrieron el telón del Año del Idioma Chino en Rusia. Al hacer uso de la palabra afirmó: "La cultura se enriquece con los intercambios, el corazón se comunica con los intercambios y la amistad se profundiza con los intercambios".

Xi Jinping sabe utilizar la sabiduría cultural china, explica las razones con lenguaje sincero y franco, vivaz y directo y diluye las dudas y la incertidumbre. Durante su visita a Estados Unidos, al referirse a las relaciones China-Estados Unidos que "no cuentan con antecedentes a seguir", demostró su confianza y gran visión de dirigente chino a través de la letra de una canción de la teleserie china Peregrinación al Oeste: "Me atrevo a preguntar dónde está el camino. El camino está debajo de tus pies". Interrogado por el estado de los derechos humanos en China, dijo con franqueza que en el área de los derechos humanos de los diversos países del mundo, "no existe el bueno, sino el mejor". Señaló además en forma figurativa que la situación es distinta entre los países, el camino es diferente. "Sólo el que se pone los zapatos sabe si le quedan bien".

Las relaciones entre países las determinan los nexos entre los pueblos. Xi Jinping comenta con frecuencia que los sólidos cimientos de la amistad entre los países dependen de la profundidad de la amistad entre los pueblos. En cierta ocasión comentó a los funcionarios del Ministerio de Relaciones Exteriores que le acompañaban en su viaje que la vida depende del movimiento y la diplomacia de las actividades. En otras palabras, los diplomáticos chinos deben viajar más y hacer buenos amigos.

Cuando fue a Laos, dispuso de tiempo para visitar a los familiares del ex dirigente laosiano, Quinim Pholsena. Varios de los hijos de Quinim Pholsena vivieron y estudiaron en Beijing. Con ellos, Xi Jinping rememoró alegremente sus estudios juntos en la Escuela Primero de Agosto de Beijing. Recordó que al segundo hijo de Pholsena, lo apodaban el "Gordo". Todos los presentes se echaron a reír a carcajadas. El "Gordo" dijo muy emocionado: "Nunca pensé que lo recordaras".

En su visita a Estados Unidos, hizo una parada en Muscatine, en el estado de Iowa, para visitar a sus viejos amigos de hace 27 años. Se reunió con más de 10 amigos de antaño, conversaron y tomaron té al lado de la chimenea, rememorando juntos la visita al lugar que hizo Xi Jinping en 1985. Hablaron mucho sobre las experiencias propias, la consolidación de la cooperación de las localidades, el aumento de la amistad entre los pueblos, etc.

Cuando estuvo en Rusia, Xi Jinping fue especialmente al Centro Océano para Niños que atendió a los niños chinos de las zonas damnificadas por el terremoto de Wenchuan, en 2008, y manifestó su sincero agradecimiento al personal que trabajaba en la instalación.

Durante su visita a Irlanda, Xi Jinping, amante del fútbol, aprovechó para pegarle a un balón en el Croke Park. En su visita a Estados Unidos presenció un juego de la NBA. En ambos casos, los medios de comunicación dieron la bienvenida a estas actividades como "evidencia de su imagen cordial".

...

"Ha conseguido demostrarle al mundo con éxito no solo su carisma y porte personal sino la imagen y el atractivo de China," comentaba un medio extranjero sobre la diplomacia de Xi Jinping.

"Actuar con transparencia"

Xi Zhongxun, padre de Xi Jinping, fue dirigente del Partido Comunista de China y del Estado. Cuando asumió la presidencia del gobierno de la región fronteriza de Shaanxi-Gansu-Ningxia no había cumplido los 21 años de edad y fue calificado por Mao Zedong como "líder de las masas populares salido de las masas populares". A partir de 1962 fue víctima de un tratamiento injusto durante 16 largos años, pero nunca claudicó ante las adversidades, fue valiente en insistir en la defensa de la verdad, abogó por la justicia a favor de los camaradas implicados y aclaró los hechos. Tras el fin de la "revolución cultural", cuando numerosas obras esperaban por su realización, aceptó la misión de ir a la provincia de Guangdong, en la primera línea de la reforma y apertura para asumir el cargo de primer secretario del Comité Provincial del Partido. Xi Zhongxun, de estilo sensato, abierto, práctico y pragmático, "abriendo un camino sangriento en la lucha a muerte" y dando "el primer paso", hizo importantes contribuciones de carácter fundamental al establecimiento de las zonas económicas especiales en la provincia de Guangdong.

Qi Xin, con casi 90 años de edad y madre de Xi Jinping, también fue un cuadro veterano y militante del Partido Comunista de China. Xi Jinping siente una gran piedad filial y respeto por su madre. Cada vez que tiene tiempo conversa con ella y la acompaña en sus paseos después de las comidas.

La familia Xi tiene la tradición de ser estricta con los hijos y llevar una vida sencilla. Xi Zhongxun consideraba que como cuadro dirigente de alto rango del Partido, antes de disciplinar a los demás tenía que comenzar por él mismo y por su familia. Con la exigencia rigurosa de los padres, Xi Jinping llevó una vida sencilla. Cuando era niño, Xi Jinping y su hermano menor se vestían con la ropa y los zapatos que se les habían quedado a sus hermanas mayores. Cuando comenzó a ocupar puestos dirigentes, Qi Xin convocó especialmente una reunión familiar para prohibir a sus hijos involucrarse en actividades comerciales en ninguna de las áreas donde trabajara su hermano Xi Jinping. Con la enseñanza de los padres, Xi Jinping heredó la conducta familiar y es exigente para con su familia. En calidad de cuadro dirigente, en cada lugar donde trabajó, advertía a familiares y amigos no dedicarse a ninguna actividad comercial en el lugar donde él trabajaba, que no hicieran nada usando su nombre porque sería implacable con ellos. Tanto en Fujian, Zhejiang como en Shanghai, manifestó abierta y solemnemente en las reuniones de cuadros que no permitía que nadie usara su nombre para procurar beneficios personales y daba la bienvenida a la supervisión de todos.

Peng Liyuan, esposa de Xi Jinping, es una famosa cantante conocida por todas las familias chinas. En 1980, en representación de la delegación de la provincia de Shandong, llegó a Beijing a participar en un festival artístico nacional y sus canciones "Melodías Baoleng" y "Mi tierra las montañas Yimeng" fueron muy populares en la capital nacional. Fue la primera máster en música armónica nacional, personalidad representativa de la música armónica nacional contemporánea de China y también fundadora de la escuela de música armónica nacional de China. Entre las obras más representativas de su repertorio figuran: "En el campo de la esperanza", "Los paisanos de mi aldea", "Somos el río Amarillo y el monte Taishan" y "Ríos y montañas". Todas estas y otras canciones han conquistado los corazones de las grandes masas populares.

Peng Liyuan participó en un sinnúmero de concursos de música armónica a nivel nacional y ganó el primer premio en múltiples ocasiones. Recibió la "Medalla de Oro", el "Premio Disco de Oro de China", el "Gran Premio de Audiovisuales Estatales" en la primera edición, y muchas otras distinciones.

Interpretó papeles protagónicos en las óperas nacionales, tales como "La muchacha del cabello plateado", "Madrugada triste", "La hija del Partido", "Oda a Mulan", y también conquistó el lauro más importante otorgado por el sector teatral –el Premio Flor del Ciruelo" y el "Premio Esplendor Cultural", ambos de la tercera edición del Ministerio de Cultura.

Desde su dedicación a la causa del canto, siempre atribuyó al pueblo sus logros artísticos e hizo grandes aportes al sentimiento de las masas populares. Como artista del pueblo que ha ganado el título del honor nacional a la "Excelencia en la virtud y el Arte", Peng Liyuan metaforiza frecuentemente con la expresión "un árbol de mil *chi* de alto no puede olvidar sus raíces" las relaciones cariñosas entre los artistas y las masas populares. Ha dicho: "El pueblo me ha formado. Solo aportando todo mi talento a las masas podré compensar los 'favores por la formación'".

Durante 30 y tantos años, en varios centenares de veces fue a la base a actuar para las grandes masas populares. De las zonas montañosas pobres hasta las zonas fronterizas y de defensa marítima, de los campos petroleros y minas a los cuarteles y puntos de vigilancia, de la frontera y el vasto desierto a las altiplanicies nevadas, Peng Liyuan ha dejado su huella al Sur y al Norte de los grandes ríos y montañas de China y su voz retumba por doquier. En la zona damnificada por el desastroso terremoto de Wenchuan, en las primeras filas de combate contra el SARS en Xiaotangshan, Beijing, en el frente de la lucha contra las inundaciones en Jiujiang, Jiangxi… hay imágenes de su labor artística.

Con el fin de llevar la música armónica nacional y las óperas nacionales de China por el mundo, en 1993, Peng Liyuan fue la primera artista en salir por la "puerta nacional" para ir a Singapur a ofrecer un concierto. En múltiples ocasiones en representación del Estado actuó en más de 50 países y regiones. Como "Enviada Cultural" de China goza de fama en ultramar. Peng Liyuan produjo e interpretó el papel protagónico en la ópera "Oda a Mulán" presentada en el Centro Lincoln de las Artes Escénicas de la ciudad de Nueva York, donde recibió el premio a la "Artista más destacada" y en la Ópera Estatal de Viena, Austria, donde fue distinguida con el lauro a la "Excelente contribución artística" otorgado por el Comité Teatral Federal de Austria y de la propia Ópera Estatal de Viena.

Ahora Peng Liyuan ha orientado su carrera a la educación artística, dedicando su energía a la formación de jóvenes talentos y guiando la creación de productos artísticos.

Peng Liyuan participa en obras de beneficio público. Es embajadora de buena voluntad de la Organización Mundial de la Salud en la lucha contra la tuberculosis y el Sida, es "promotora de la campaña de prevención del Sida", "embajadora de la lucha contra el tabaquismo y "embajadora del cariño por el bien de mañana" de la campaña para prevenir la delincuencia juvenil. Participó en Beijing en las actividades de propaganda por el Día Mundial del Sida 2012. Los huérfanos del sida en China la llaman cariñosamente "Mamá Peng".

Xi Jinping y Peng Liyuan se enamoraron en 1986 y contrajeron matrimonio ese mismo año. Luego de casarse y por tener cada uno su propia agenda, no podían verse con frecuencia pero siempre se apoyaban mutuamente. Peng Liyuan, como cantante del ejército, a menudo recibía la tarea de ir a actuar a otros lugares, la mayoría de ellos zonas remotas, fronterizas, de condiciones muy difíciles. A veces se ausentaba hasta dos y tres meses, pero Xi Jinping siempre estaba pendiente de ella. Siempre que las condiciones lo permitían y sin importar la hora, Xi Jinping se comunicaba por teléfono al menos una vez al día con Peng Liyuan, su esposa, y no se quedaba tranquilo hasta saber que estaba bien. Así pasaron varios decenios. Cada víspera de Año Nuevo, Peng Liyuan participaba en las galas de la Fiesta de la Primavera de la Televisión Central China. Xi Jinping, quien trabajaba en otro lugar, si regresaba a Beijing a pasar el Año Nuevo chino, siempre preparaba los tradicionales *"jiaozi"* (masa de harina con diferentes rellenos y que se cocina en agua hirviendo muy similar a los ravioles italianos) mientras veía la gala, esperando el regreso a casa de su esposa terminada la velada para cocinarlos y comerlos juntos. Peng Liyuan califica a Xi Jinping como "un buen esposo", "un buen padre" y dice demostrarle siempre su cariño y prodigarle atenciones cuando tiene la oportunidad de reunirse con él. Aprovecha esos momentos para cocinarle platos de diferentes estilos culinarios.

Para Peng Liyuan, su esposo es un hombre diferente a los demás y, al mismo tiempo, un hombre común y corriente. Le gusta la comida hecha en casa al estilo de la provincia de Shaanxi (tierra natal de Xi Jinping) y dě la provincia de Shandong (tierra natal de Peng Liyuan). Cuando se reúne con sus amigos, Xi se deja llevar por la atmósfera festiva y toma una que otra copa. Le gusta la natación y el alpinismo, ver el baloncesto, el fútbol, el boxeo. A veces se queda tarde en la noche viendo deporte en la televisión.

La pareja tuvo una hija a la que dieron el nombre de Mingze, que significa "ser una persona honesta y útil a la sociedad". Mingze es la esperanza del matrimonio y el reflejo del estilo de vida sencilla de la familia.

Notas

[1] Véase la nota 25 de "Actuar estrechamente en el mantenimiento y el desarrollo del socialismo con peculiaridades chinas para estudiar, difundir y aplicar el espíritu del XVIII Congreso Nacional del Partido" en el presente libro, pág. 26.

[2] Véase la nota 4 de "Cumplir juntos el sueño chino de la gran revitalización de nuestra nación" en el presente libro, pág. 301.

[3] Por "Estrategia 8-8" se entiende que en julio de 2003, la IV Sesión Plenaria (ampliada) del XI Comité del Partido Comunista de China de la provincia de Zhejiang formuló la práctica de las ocho superioridades y las ocho medidas para su desarrollo futuro: aprovechar la superioridad de los regímenes y mecanismos de Zhejiang, promover enérgicamente el desarrollo mancomunado de la economía de múltiples propiedades teniendo la pública como sujeto principal y mejorar constantemente el régimen de economía de mercado socialista; poner en mejor juego la superioridad de ubicación zonal de Zhejiang, tomar la iniciativa para conectarse con Shanghai, participar activamente en intercambios y cooperación en la región del delta del Yangtsé, elevar constantemente el nivel de apertura al interior y al exterior; explotar la superioridad sectorial peculiar de manera segmentada de Zhejiang, acelerar la construcción de base de la industria manufacturera avanzada, emprender el camino de la industrialización de nuevo tipo; sacar partido a la superioridad de Zhejiang en el desarrollo coordinado ciudad-campo, planificar en conjunto el desarrollo socioeconómico de las zonas urbanas y rurales, acelerar el impulso de la integración ciudad-campo; aprovechar la superioridad ecológica de Zhejiang, crear una provincia ecológica, formar una "Zhejiang Ecológica"; poniendo en mejor juego la supe-

rioridad de Zhejiang en términos de recursos montañosos y marítimos, desarrollar enérgicamente la economía marítima, promover el desarrollo a modo de salto de las zonas subdesarrolladas, esforzarse por hacer que el desarrollo de la economía marítima y de las zonas subdesarrolladas se convierta en un punto de nuevo crecimiento de la economía de la provincia de Zhejiang; aprovechar la superioridad de Zhejiang en cuanto a medio ambiente, promover activamente la construcción de infraestructuras, reforzar de efecto el fomento de la legalidad, el fomento del crédito y de la eficiencia de los órganos; poniendo en mejor juego la superioridad humanística de Zhejiang, impulsar activamente la revigorización de la provincia mediante la ciencia y la educación, hacer poderosa a la provincia a través del esfuerzo de las personas de valía y acelerar la construcción de provincia cultural.

[4] El delta del río Yangtsé es una de las zonas económicas importantes de China, que comprende al municipio de Shanghai, y las provincias de Jiangsu y Zhejiang.

[5] Lee Kuan Yew, fundador y primer ministro (1965-1990) del gobierno de la República de Singapur.

Directorio

图书在版编目 (CIP) 数据

习近平谈治国理政：西班牙文 / 习近平著；西班牙文翻译组译.
-- 北京：外文出版社, 2014

ISBN 978-7-119-09059-7

I. ①习… II. ①习… ②西… III. ①习近平 – 讲话
–学习参考资料 – 西班牙文②中国特色社会主义 – 社会主义
建设模式 – 学习参考资料 – 西班牙文 IV. ① D2-0 ② D616

中国版本图书馆 CIP 数据核字 (2014) 第 209199 号

习近平谈治国理政

© 外文出版社有限责任公司

外文出版社有限责任公司出版发行

（中国北京百万庄大街 24 号）

邮政编码：100037

http://www.flp.com.cn

鸿博昊天科技有限公司印刷

2014 年 10 月（小 16 开）第 1 版

2014 年 10 月第 1 版第 1 次印刷

（西班牙文）

ISBN 978-7-119-09059-7

08000（平）